晚清的士人与世相

增订本

杨国强 著

生活·讀書·新知三联书店

Copyright © 2017 by SDX Joint Publishing Company.
All Rights Reserved.
本作品版权由生活·读书·新知三联书店所有。
未经许可,不得翻印。

图书在版编目(CIP)数据

晚清的士人与世相/杨国强著.—增订本.—北京:生活·读书·新知三联书店,2017.5(2023.6重印)
(当代学术)
ISBN 978-7-108-05894-2

Ⅰ.①晚… Ⅱ.①杨… Ⅲ.①知识分子–研究–中国–清后期 Ⅳ.①D691.71

中国版本图书馆CIP数据核字(2017)第027317号

特邀编辑	孙晓林
责任编辑	冯金红
装帧设计	宁成春
责任校对	常高峰 张 睿
责任印制	董 欢
出版发行	生活·讀書·新知 三联书店
	(北京市东城区美术馆东街22号 100010)
网　址	www.sdxjpc.com
经　销	新华书店
印　刷	天津图文方嘉印刷有限公司
版　次	2017年5月北京第1版
	2023年6月北京第4次印刷
开　本	635毫米×965毫米 1/16 印张30
字　数	387千字
印　数	15,001-18,000册
定　价	72.00元

(印装查询:01064002715;邮购查询:01084010542)

当代学术

总 序

生活·读书·新知三联书店从1986年恢复独立建制以来，就与当代中国知识界同感共生，全力参与当代学术思想传统的重建和发展。三十年来，我们一方面整理出版了陈寅恪、钱锺书等重要学者的代表性学术论著，强调学术传统的积累与传承；另一方面也积极出版当代中青年学人的原创、新锐之作，力求推动中国学术思想的创造发展。在知识界的大力支持下，通过多年的努力，我们已出版众多引领学术前沿、对知识界影响广泛的论著，形成了三联书店特有的当代学术出版风貌。

为了较为系统地呈现中国当代学术的发展和成果，我们以上世纪八十年代以来刊行的学术成果为主，遴选其中若干著作重予刊行，其中以人文学科为主，兼及社会科学；以国内学人的作品为主，兼及海外学人的论著。

我们相信，随着当代中国社会的繁荣发展，中国学术传统正逐渐走向成熟，从而为百余年来中国学人共同的目标——文化自主与学术独立，奠定坚实的基础。三联书店愿为此竭尽绵薄。谨序。

生活·读书·新知三联书店
2017年3月

目　录

自　序 ——— *1*

清代的功名与富贵 ——— *1*

二百年人口西迁的历史因果 ——— *18*

世运盛衰中的学术变趋 ——— *35*

鸦片战争与儒学 ——— *83*

理与势的冲突：中英鸦片战争的历史因果 ——— *98*

论"庚申之变" ——— *118*

太平天国起落与土地关系的变化 ——— *134*

晚清的清流与名士 ——— *146*

甲午乙未之际：清流的重起和剧变 _____ 215

1900 年：新旧消长和人心不变 _____ 263

清末新政：历史进化中的社会圮塌 _____ 284

新学生社会相 _____ 329

论清末知识人的反满意识 _____ 335

20 世纪初年知识人的志士化与近代化 _____ 393

革命家的良心：民生主义的历史思辨 _____ 413

西潮与回声 _____ 423

新文化运动：从"美国思想"到"俄国思想" _____ 430

历史的矛盾与"社会主义的讨论" _____ 448

新版后记 _____ 468

自　序

读史多年，大半都在与晚清士大夫缠磨于古今中西之变的感慨苍凉之中。因此积久而发为论说，其间的一得之见便多以这段历史里的士人与世相为题目。

在二千多年的自成路轨之后，晚清中国因中西交冲而脱出了旧轨。时人称之为"万国梯航成创局"，称之为"天地自然之运会至于今而一变其局"，称之为"智勇俱困之秋"，说的都是不能用历史经验来对付的陌生和窘迫。而七十年中立起于陌生和窘迫之间，自觉代表中国社会回应西潮逼来的，则始终是传统文化养育出来的士大夫。在当日统称"四民"的人口中，他们是忧时的人，也是先觉的人，随后，在回应西潮逼来的漫长过程里，他们又成了最深地卷入了历史变迁的中国人。19世纪60年代，曾国藩以"师夷智制船造炮"说借法自强，沈葆桢以"万不得已之苦心，创百世利赖之盛举"说借法自强，用意都在取新法以守护旧物。而二十年后王韬议时政，已主张"取士之法宜变"，"练兵之法宜变"，"学校之虚文宜变"，"律例之繁文宜变"，他也在回应西潮，但笔下的这一串排比的"宜变"则显然地说明，借来的西法正在化作尺度，并被直接用来规范本自另有一种尺度的中国。至90年代康有为、梁启超引"万国行立宪之政"比中国，从西方移入的是"明定宪法，君民各得其分"。同时的严复取"天演公理"说物竞天择，其笔锋扫过，摧折的都是儒学义理。他们志在借西法以尊中国，然而由此牵动天下，以取新卫旧为愿想的过程已不能不一变而为日趋日急的除旧布新。从曾国藩到康有为，其间的前后相连和前后相异非常明白地显示了同一个社会群类的一变再变。这是一种在节节回应里生成的节节嬗蜕，而晚清的士大夫则因之而成了当日变化最剧烈的中国人。与这种剧烈变化相伴随的，同时是士大夫群类在整体上由分化而分裂。

以取新卫旧为愿想，借用西法本与"万不得已之苦心"的那一腔委屈不平相表里。而在除旧布新的旨意里，却是委屈不平正在化为羡慕和向往。谭嗣同说："今中国之人心风俗政治法度，无一可比数于夷狄，何有一毫所谓夏者。即求并列于夷狄犹不可得，遑言变夏。即如万国公法，为西人仁至义尽之书，亦即公羊春秋之律。"这种举"人心风俗政治法度"统括而唾弃之的独断论，正说明了羡慕和向往西法，相对应的一面便不能不是中国自我形象在人心中的整体破碎。因此樊锥说："事至今日，欲中国之必不亡"，则须"一革从前，搜索无剩，唯泰西者是效"。更极端一点的，是唐才常说："既不得有中外夷夏之疑，又乌有并为人类而无可通种之理。"易鼐说：莫若以郡主县主嫁西国世子，又以亲王贝勒娶列国之公主郡主，并官绅庶民各与泰西互相嫁女娶媳，"此所谓以爱力绵国运，以化合延贵种也"。他们仍然在竭蹶地回应西潮逼来，而脚下的重心却已移到了中国的西化。半个世纪里，中国的士人由夷夏之辨走到了"以化合延贵种"，其间图强的血诚和惶迫中的臆断交相为用，而由此造成的一派天翻地覆则使后人读史常常要百感交集，既惊且诧。当庚子与辛丑过去之后，晚清最后十年的新政已广涉兵制、教育、法律、财政、官制以及地方自治与满汉关系等等。在西法的笼罩之下和比照之下，十年新政一个一个地打破了曾被称作祖宗家法并久经苦心守护的东西，而锤起锤落，主张都出自一时之士议。其中最耐久想的是历经千年的科举制度与彼时的兴学育才之旨相扞格，而后这种为万千士人托身托命的制度也被推到了砧上，在士议的重锤之下打得粉碎。士议促成了科举制度的废止，然则以一个特定的社会群类而论，士人也自己消灭了自己。在人类的历史演化里，一个群类消灭另一个群类的事是常常可以看到的，但像这样同一个社会群类自己消灭自己则显然是一种异态。以中西交冲的屡起屡挫为背景，这是一种逼出来的异态。

从19世纪中叶到20世纪初年，中国的士大夫在效西法图自强的过程里一变再变，一直走到了自己的尽头。他们无负于那个多劫多难的时代。然而作为七十年间回应西潮的主体，这个过程留给历史的正面和反面又都是以他们为源头的。因此后来人沿波讨源，他们便非常自然地成了被追究者。当举子士人的时代过去之后，后起的"智识阶级"出自学校，已属另外一类。他们各自从西方取来理想，以此相聚，也以此相分。随后的漫长岁月里，知识人做成的是一种理想的冲突，并以此深深地影响了中国的历史变迁。与上一代士人相比，已是别成一重境界了。

收入本书的各篇文字都是在这一理路之下写出来的。它们汇积了我对晚清士人以及他们那个世界的思考、理解和解释。而一脉蜿蜒，亦间有论及民国初年者。其中的一部分曾收入《百年嬗蜕》一书。承蒙孙晓林女士的好意和建议，这些原本分散的文字才得以辑集出版，成了一本可供评点的书。

2007年10月

清代的功名与富贵

嘉庆四年，漫长的乾隆时代刚刚过去，"怙宠贪恣"的和珅即被逮治赐死。从他家中抄出来的巨万财富使人看了目眩，以此律彼，读史之际便常常容易推演。然而在18世纪与19世纪之交，和珅所体现的其实是一种"从来罕见罕闻"[1]的殊相。以此度量那个时候的功名与富贵，大半不能切中彼时官界中人的本来面目。

自有科举制度以后，中国便产生了一个功名社会。一群群儒学知识分子通过读书考试脱颖而出，成为不同于编户齐民的官与绅。由此划出来的贵贱高低非常明白地构筑起人与人之间的不平等。但作为朝廷名器，由考试得来的功名又是一种与人间的生业和经济隔得非常遥远的东西，它们本身并不带有金气和铜气。因此，别尊卑而造成的不平等很难用来辨贫富，名器的价值与界限都在这里。虽说世人憧憬富与贵的同一，然而在近代化剧变来临之前，清代功名社会里的富与贵却往往是不对称的居多。

当北京正在查抄和珅的时候，苏南有过一次"杖责诸生之狱"。起因于债务的纠纷把成群秀才拽入官司，"掌嘴锁项，凌辱不堪"，斯文人

---

[1] 嘉庆皇帝语。见《庸庵笔记》卷三，《查钞和珅住宅花园清单》，商务印书馆1937年版。

剥尽体面，被弄得灰头土脸。于是清议鼓噪而起。一个在籍侍郎说："诸生寒士居多，求贷于富户，乃事理之常。伊等或以教课为业，或以笔墨为生，无力偿还，亦是常分。赖有父母师保之责，正宜加之怜惜，或代为宽解，或再为分限，俾得从容措缴。即使伊语言粗率，亦何至不能稍贷，乃至扑责寒士，以媚富户，实无情理。"[1]这些话意在向杖责诸生的地方官讨公道，而说理之中又提供了一种实录，使人可以大概地了解到：在江南地区的贫富对比中，已从边沿挤入了功名社会的诸生们多数仍在穷窘之中，并因此而常常求贷和欠债，既被蔑视，又被同情。这种矛盾说明，功名是一回事，生计是另一回事。两者的不相吻合，会使朝廷给予绅衿的尊严变得非常脆弱。在那个时候，也有因贫穷而受到赞美的"寒士"。一个叫李巽占的定海诸生"授徒数里外"而"每食必归"，不肯吃东家的饭菜。"主人诘其故，泣不语。久之乃曰：'家贫，母食番薯，何忍独食饭也。'"经学家焦循作《番薯吟》记其事，非常感动地说："母食米，儿食薯，母心不豫；母食薯，儿食米，儿能不涕泣。海水汹汹浪拍天，中有斯人行独贤。"[2]孝道自是美德，然而以"母食番薯，何忍独食饭也"衬映出来的孝道，终究使人感到凄楚。

从入泮到出仕是一条拥挤的狭路。成千上万的举子士人在这条路上疲惫地走掉了自己的大半生。嘉道年间颇负时誉的包世臣曾"六赴秋闱"而后成举人，继之又既韧且拗地十三次入都会试，等到最后歇手的时候已是六十一岁了，而进士一阶，仍可望而不可即。他后来由大挑试令江西，当过一任县官，但"年余被劾"，就此退出了官场。"六赴秋闱"和十三次入都会试，是数十年漫长而且困顿的岁月。一面是功名的天梯还没有爬到头；一面是"食指日增，世路日窄"，为了爬梯必须觅食。在这段漫长的岁月里，他先后做过塾师、西席、幕客，佐

---

[1]《啸亭杂录》，中华书局1980年版，343页。
[2]《清诗铎》下册，中华书局1960年版，697页。

戎务、佐河工、佐钱谷、佐刑名；常年流转于芜湖、武昌、江宁、扬州、常州、苏州、上海、崇明、淮安、济南、丹阳，西面到过四川，南面到过广东，北面到过直隶。他留下了一长串风尘脚迹，而在时人眼中却经常显出"自给不足"的憔悴。[1] 在那个时候的中国，功名社会里的许多人都经历过这种生涯。他们一次一次地出入场屋，又一年一年地游学、游幕，劳碌于功名和生业之间。《冷庐杂识》说："海宁徐楚畹学博善迁，乡荐后，困于公车，家徒壁立，以星命之学游历江湖三十余年。"[2] 比之游学游幕的笔墨生活，一个以星相巫卜谋食的举人无疑更加落泊竭蹶。这个过程造出了成批不断流动的人口，也产生过催人白发的旅愁和乡思。袁枚作《随园诗话》，提到一个多年"作幕"的苏州文人"有得意句云：'惟有乡心消不得，又随一雁落江南。'每旅夜高吟，则声泪俱下"。[3] 他所说的"得意"，正是心头的一腔酸苦能够转化为文字的意思。显然，这种日子的滋味是非常寡淡的。半生羁旅的包世臣后来以"倦游阁"名居室、名文集，直露出长期漂游之后精神上的劳累和疲倦。他以自己的劳累疲倦憔悴困乏写照了功名社会中的读书人上坡时的沉重和蹒跚。

　　那些在艰难跋涉之后爬完天梯的人们便由绅而官，成了功名社会中的翘楚。虽说他们的翎顶补服光焰迫人，把朝廷名器之尊贵威荣演绎得非常辉煌，但光焰的背后常常可以看到局促。嘉庆十九年，在翰林院做编修的林则徐致书友朋，自述"近移寓于虎坊之东，与浙绍乡祠对宇，鼕鼕戏鼓，终日扑门，而不免有冲途之累。新兼国史馆尚未办过书传。所劳劳者只此无谓之应酬，不了之笔墨耳。现就一教书馆地，拟到馆后清厘积纸，便当辞绝无益之事"。[4] 翰林院中的人多闲

---

[1]《包世臣传》、《包慎伯先生年谱》、《包世臣全集·小倦游阁集·说》，黄山书社1991年版，201、235、202、223、217页。
[2]《冷庐杂识》，中华书局1984年版，22页。
[3]《随园诗话》上册，人民文学出版社1960年版，316页。
[4] 林则徐：《致敬舆函》，转引自《林则徐年谱》，上海人民出版社1981年版，39页。

适,所以能优游于"无谓之应酬"。然而他们的俸禄显然经常不够用,因此,已经当官的林则徐还要兼做家庭教师,并在拮据之中天天与令人厌烦的锣鼓声相对峙。经济上的捉襟见肘是一个普遍而且长久的难题,一代一代的京官都在它面前显得气弱。道光二十一年八月,刚刚做了翰林院检讨的曾国藩在家书中禀告说:"男目下光景渐窘,恰有俸银接续,冬下又望外官例寄炭资,今年尚可勉强支持。至明年则更难筹画。借钱之难,京城与家乡相仿,但不勒追强逼耳。"[1]这些父子之间说家常的话头无须矜持作态,也因之而愈能道出真相。后人读史,可以想见众多京官以举债为常态的模样。他们在债务丛中走来走去,"东扯西支",脚下的路不会越走越宽。[2]所以,京外地方官馈送的冰敬和炭资虽然来路不尽清白,在京官们的眼中却犹如旱境中的云霓,可以寄托一点期望。但来自馈送的东西终究没有十足的可靠性,有时候眼中的云霓老是飘不过来,心头便会怏怏。同年十二月,曾国藩在另一封家书中说:"男今年过年,除用去会馆房租六十千外,又借银五十两。前日冀望外间或有炭资之赠,今冬乃绝无此项。"[3]从秋天到冬天,落空的冀望化成了一片怅惘。在那个时候,林则徐和曾国藩还都是小京官。与他们相比,嘉庆朝的朱珪晚年做尚书做大学士,已是京官中的巨擘,然而言及生计,他和小京官们的拮据况味正在伯仲之间。一个与他时相过从的人记叙说:

乙丑除夕,余至公家,问公岁事如何,因举胸前荷囊示曰:"可怜此中空空,押岁钱尚无一文也。"有顷,阍人以节仪呈报曰:"门生某爷某爷节仪若干封。"公因谓余曰:"此数人太呆,我

---

[1] 《曾国藩全集·家书》(一),岳麓书社1985年版,10页。
[2] 同上书,8页。
[3] 同上书,18页。

从不识其面，乃以阿堵物付流水耶！"其谐谑如此。[1]

这段记叙侧写出一个高官的清贫，以实例抉示了贵与富之间的不相同一。这种不相同一使立朝五十年的朱珪身死之日"卧处仅一布被布褥，其别舍则残书数箧而已，见者莫不悲感"。[2]他以个人的贫困显出了一种个人的清操，但由此折射出来的却是朝廷养官的吝啬和苛薄。一个不图法外之财的人，即使官居极品，也走不出穷境，其日行起居中的破洞和缺口遂不能不用儒学的道德定力来弥合。世人的起敬和"悲感"都在于此。苛薄能够磨砺道德，然而苛薄也能够消磨道德。嘉道年间，梁绍壬说："余屡次入都，皆寓京官宅内，亲见诸公窘状，领俸米时，百计请托，出房租日，多方贷质。"[3]他以同情的态度为京官们叹苦，但"百计请托"又说明，久处困乏容易使人气短，能够以淡泊从容表现一己之清操的人其实是不多的。因此，京官多穷并不同义于京官多廉。咸丰、同治、光绪三朝久做京官的李慈铭曾在日记中因事发议，深致感叹说："庚午同年来告：十二日方盛馆张乐公宴安徽巡抚裕禄。其弟编修裕德，庚午举人也，故宴之。京官贫不能自存，逢一外吏入都，皆考论年世乡谊，曲计攀援。先往投谒，继以宴乐，冀获微润。彼外吏者分其朘削所得，以百分之一辇致权要，罄其毫末遍散部院诸司，人得锱铢以为庆幸。于是益冥搜广询，得一因缘，动色相告，趋之若鹜，百余年来成为故事。"他所描画的京城社会相，使人非常清楚地看到了受穷的京官们心头那一腔熄灭不了的利欲。利欲常常淹没廉耻和自尊，因此，与朱珪的淡泊从容相比，"百余年来"的京官大半都穷得十分猥琐。

在京师之外，数目众多的地方官们汇成了功名社会里的另一个群

---

[1]《竹叶亭杂记》，中华书局1982年版，105页。
[2]《郎潜纪闻初笔二笔三笔》下册，中华书局1984年版，334页。
[3]《两般秋雨庵随笔》，上海古籍出版社1982年版，60页。

类。"昔之设官也以抚字,而催科次之;今之课吏也以催科,而抚字不问焉。"[1]朝廷以催科为要目,天下的"外吏"便纷纷然以教化为轻而以钱粮为重。吏治侵入了经济关系,使地方官经常要与银子打交道,被称作"守令"的州县官们因之而在世人眼中显得面目可憎。而催科衍生的浮收演为常态,又使取自民间的钱粮和运入国库的正供在州县官们的手里老是对不拢,其间被蚀掉的那一部分遂成为长久议论的话题。冯桂芬说:

> 向来开仓,多派丁壮守护大斛,此古之道也。今则斛不必甚大,公然唱筹计数,七折又八扣(斛自五斗四升起,约至六斗止,两次七折八扣,即一石变为三四五斗),而淋尖、踢斛、捉猪(仓役格外任取米数囊入仓,乡民拒之,声如猪,故曰捉猪)、样盘米、贴米(挑除米色,不出私费,即讲贴米)等犹在其外。又有水脚费、花户费、验米费、灰印费、筛扇费、廒门费、差费,合计约米直一二斗。总须二石五六斗当一石。道光初元,御史王家相疏云:官以其私征米一石当正供七斗,民不堪命。不知三十年间何以遽增至此。[2]

这段叙述以具体的细节记录了朝廷的催科演为地方官"私征"的过程。与正课相比,附加于国赋的那个部分显然更多些直露狰狞的勒取性。过手钱粮的州县官们也因此而显出了一脸的龌龊。在一个农业社会里,这种由"私征"而汇积起来的财富远不是个小数,它们应当制造出一个富裕的官僚群体。然而细看历史,由此而成显富的守令似乎并不多。龚自珍作《明良论》,非常明白地说过:"谓外吏富乎?

---

[1]《守令》,《皇朝经世文编》卷十五《吏政》,49页。
[2]《显志堂稿》卷五《与许抚部书》,360页。

积逋者又十且八九也。"[1]"积逋"是一种负数，与富足恰成反义。而"十且八九"所对应的，则是那个时候的多数和普遍。他是一个留心时务的人，其观察所得无疑与冯桂芬的记述具有同样的可信性。然而以"私征"比照"积逋"，又说明了外吏的贫富比京官需要更多的解说。

嘉庆初年，洪亮吉说：官大省、据方面者，"出巡则有站规、有门包，常时则有节礼、生日礼，按年则又有帮费。升迁调补之私相馈谢者，尚未在此数也。以上诸项，无不取之于州县，州县则无不取之于民。钱粮漕米，前数年尚不过加倍，近则加倍不止。督、抚、藩、臬以及所属之道、府，无不明知故纵，否则门包、站规、节礼、生日礼、帮费无所出也"。[2]可见由州县牧令用私征浮收得来的那些钱粮，其实是不归州县牧令私有的。在一层与一层之间的重重制约中，它们久已被当作官场的公产，并以种种名目由下而上地一次次分配。由此形成的，是一种俸禄之外的供给关系。而从州县官们手里取得了"包"、"规"、"礼"、"费"的府、道、臬、藩和督抚们，又须分出所得，从别的途径送出去。道光年间，一个由道员升任按察使的地方官进京觐见，花掉了不少银子。他在年谱中记述说："即日进城拜客，困于酒食，外官之常态也。别敬军机大臣，每处四百金，赛鹤汀（尚阿）不收；上下两班章京，每位十六金，如有交情，或通信办折者，一百、八十金不等；六部尚书、总宪百金，侍郎、大九卿五十金，以次递减；同乡、同年以及年家世好，概行应酬，共用别敬一万五千余两。"[3]这种分配和再分配的过程把大块切成小块，从民间勒取的钱粮也随之而由近处流向远处。

以儒学的道理来衡量，私征浮收都是不义之财。局中人未必全无

---

[1]《龚自珍全集》，上海人民出版社1975年版，30页。
[2]《清史稿》第37册，中华书局1977年版，11313页。
[3]《道咸宦海见闻录》，中华书局1981年版，89—90页。

心肝，人人都乐于醒醒狰狞。然而私征浮收又长久地存在于吏治之中，既不为言路的弹劾所动，也不为时论的道德批判所动。做过多年地方官的梁章钜曾以阅历说甘苦曰：

>今朝廷所设官司廉俸，一切银两，非扣俸即折捐，百不存一。然而官之室家赖之，亲友赖之，仆从赖之；而又以奉上司，而又以延幕丁，而又以迎宾客，而又有不可计度之需。计其所费，何止一端。官司自廉俸以外，如思展拓，何一非侵渔牟利之端？事实出于无可奈何。[1]

清代以薄俸养官，又常常喜欢用"扣俸""折捐"来弥补国库的不足。然而地方官的开支却要兼及公私两面。当两面都顾不过来的时候，局中人另辟蹊径，向廉俸以外"思展拓"便成为一种管不住的事了。因此，"侵渔牟利"大半不是为了致富，而是为了开销；来路不正的银子半耗之于私，半耗之于公。梁章钜自京官外放以后，辗转湖北、江苏、山东、甘肃、广西，由知府做到巡抚，是个饱更世故而熟识外省官场情状的人。他的话虽是一面之词，但以事理而论，自有许多真实性。与京官相比，外吏以支配人力物力见胜，也以支配人力物力为累。是以私征浮收常常与千疮百孔相表里。嘉庆朝大学士王杰曾上疏论吏治，罗举州县的可恶和可悯。其中驿递一节说得非常具体："州县管驿，可以调派里民。于是使臣乘骑之数，日增一日"，并"任意随带多人，无可查询"。及"差使一过，自馆舍铺设，以及酒筵种种糜费，并有夤缘馈送之事"。大抵"视气焰之大小，以为应酬之隆杀"。迎送之间，节节破费。"其他如本省上司及邻省大员，往来住宿，亦需供应，其家人借势饱恣，不厌不止。而办差丁胥，浮开冒领，本官亦无可稽

---

[1]《退庵随笔》卷六。转引自《国史旧闻》第三册，中华书局1980年版，639页。

核。凡此费用，州县之廉俸断不能支，一皆取之库帑，而亏空之风又以成矣！"[1]这个过程公私镠辖，地方官承当的差遣已辨不清分内分外，到头来只能用银子才能了结。由此造成的支出，最初当然是从浮收来的钱粮里开销的。但州县与州县的肥瘠不同，浮收所入也颇不相同。当这一类支出漫过了浮收所得之后，当差的州县官们便只能"取之库帑"，即侵蚀到归属国库的那些钱粮里去了。于是，普遍的私征浮收与普遍的积逋亏空相映成趣，组成了那个时候奇特的官场景观。嘉庆初期，御史张鹏展说："州县亏空仓库，挪新掩旧，各省积弊皆然。近年间有督抚实力稽查，设法补缀一二，而一转手又已荡然。各州县见积习相沿，愈生玩狎，终无完补之日。"[2]虽说康乾盛世刚刚过去，而地方的亏空则久已为人熟视惯见。由"玩狎"一词可以想见，亏空成为一种普遍现象之后就会有人在这个题目下做花样，黠者未尝不能脱身而走。然而玩狎只能转嫁亏空，不能消弭亏空。脱身而走之后留下的仍然是一个漏洞。因此，朝廷常常一层一层地追究这种官员与国家之间的债务："令各督抚于地方官交代（离任），如限内未能交清，应将该员截留，俟款项交清，方准赴任回籍，并禁止私立议单。"[3]许多因公务造成的亏空，在这个时候都要用私产来偿还。官场的交代，往往演为一次次的清查和追赔。其间的愁状，与困于租税的穷民相去并不太远。道光十七年，"宁远通判锡纶病故，亏短仓库四万有奇"，结果在死后"抄家产"赔抵。一个奉命查抄的官员说："余到宁远，见其门户萧条，孤寡号泣，实惨于心。所抄衣物，半属破烂，估值无几。"[4]另一则记载说，石门秀才赵屏山"精钱谷之学，在某大令幕中数年。某故后，遗孤尚幼，囊橐萧然，且仓库亏短甚多。后来者将

---

[1]《清史稿》第37册，11088页；《清代通史》中册，商务印书馆1928年版，261页。
[2]《请厘吏治五事疏》，《皇朝经世文编》卷二十《吏政》，109页。
[3]《清史稿》第17册，3536—3537页。
[4]《道咸宦海见闻录》，30页。

以上闻,赵设计弥缝,复为经纪其丧,乞援于其素所识者,俾其妻孥得扶柩以归"。[1]前一个故事里的"门户萧条"和后一个故事里的"囊橐萧然",都写照了亏空下的生计破落。因此,旁观的同情常常在他们一边。

亏空和赔累都是吏治中的病象,然而在清代却久被视为官界常态。乾隆年间,湖南人聂继模曾给做外吏的儿子写过一封信,其中一段文字专论"赔垫":"尔家书屡言办过军需,并未赔垫,此殊可疑。湖南州县,无不赔垫者。况尔初任,几户穷民,额粮不满二万,又适逢荒歉之岁,肯于此时加一分恩,全活实多,兼可不误大件。人笑尔迂,我心弥喜。若云全不赔垫,则将取之谁耶?"[2]这段话以仁者襟怀谈论宦途得失,二百多年以后依旧能够使人产生敬意。但若以功名论物利之多寡,则更能给人以深刻印象的却正是他由"湖南州县,无不赔垫"而想见天下牧令,把赔累当作外吏本分的那些议论。从中可以读出一种世相,使人看到做官的不便宜。嘉道两朝的名臣陶澍曾提到过州县牧令易任之际往往有"勒接交代"。接任的新官须把前任的亏空认下来才能够受印。"勒接"之外,又有分配摊捐,名目有"等补"、"帮助"、"贴赔"等等。就像私征浮收得来的银子被当作官场里的公产一样,地方官为朝廷当差留下的亏空也在"勒"与"摊"之下成了公共的债务。本来应该算得清楚的账目遂越弄越算不清楚。虽说这些规矩不合国家法度,却在官界通行已久,自成一套是非情理。然而不明不白地为亏空所累的人也随之而越益增多。他们中因赔垫而被抄家产者当然不会占多数,但因赔垫而破财则是题中应有之义。道光初,安徽布政使张师诚作《杜州县交代积弊议》,说到州县钱粮"节次清查案内,竟有以陈设玩器以及衣物等暂行作抵者"。[3]"陈设玩器"和"衣物"一起被

---

[1]《冷庐杂识》,187页。
[2]《诫子书》,《皇朝经世文编》卷二一《吏政》,106页。
[3]《杜州县交代积弊议》,《皇朝经世文编》卷二七《户政》,149页。

抵押入库，既说明了地方财政正在变成一本烂账，也说明了当事人手头的银子太不宽裕。这些人未必没有勒取过不义之财，而悖入悖出之后，留得下来的东西却已经不多了。等而下之的还要靠家财来养功名。《清稗类钞》说，嘉道之际的朝官陈用光甚贫，而"家素封，以诸父仕宦，中落"。[1]短短十个字的记述，说出了家族变迁的今昔和因果。从"素封"到"中落"，祖宗的产业多半是沿着赔垫的窟窿漏掉的。做官做到这个地步，说来也委实有点悲哀。

自有官僚制度之后，清官现象和贪官现象就成为世间熟见的东西。由此引发的抑扬褒贬用人心划出了一种非常古老而又历久弥新的善恶界限。然而在清代中国，地方官的清浊贪廉大半模糊漫漶，不易辨识。[2]一方面，普遍的私征浮收常演为敛剥公行，使他们与经久不息的民间怨愤缠结在一起，在世人的指指点点中洗不掉一身污秽。另一方面，屡见的亏空和赔累又像无底的漏卮，使他们经常要面对公私交绌而不得不挪东补西，挹此注彼。这种矛盾使地方官们自由的人格空间非常狭小。他们当中会有人在取予之际内省良知而踌躇阢陧；也会有人踏着麻木的良知攫获捆载，长袖善舞而去。这两种人对比分明，但大约而论，在当日的官场里这两种人都是少数。嘉庆九年，皇帝与直隶总督对话论官界风气，以为"方今中外吏治，贪墨者少，疲玩者多"。这是一个居高临下的人物俯视天下九年的结论。又过了九年，两广总督蒋攸铦应诏陈言，以一个疆吏的眼光言吏治，也说："臣观近日道、府、州、县，贪酷者少而委靡者多。"[3]所见非常相似。嘉庆一朝，国运居盛衰之交，当洪杨之役造出来的大批捐纳入仕者涌入官场以前，这些议论与清代吏治的真相大致相去不远。在上谕与奏疏中，"贪墨者少"和"贪酷者少"本意都是映衬"疲

---

[1]《清稗类钞》第七册，原文作陈夬，据《清史列传》改，中华书局1986年版，3391页。
[2] 清代盐官、河官和关税官多贪。但这些都另有因果，此处不论。
[3]《清史稿》第37册，11350页；第38册，11446页。

玩""委靡"之习久成风，并非旨在表彰。而以此觇地方官的众生相，正可以见宦味之淡薄。嘉道之交，以经世之意究天下利弊的人物曾接着嘉庆和蒋攸铦的话头往下讲："内外大小之臣，具思全躯保室家，不复有所作为，以负圣天子之知遇，抑岂无心，或者贫累之也。"[1]"疲玩"和"委靡"因之而与功名社会的生业连在一起，合为一种深深的感慨。

清代中国造出了中世纪的最后一个盛世，不会久匮物力。然而与名器相对的财富却多在功名社会之外。黄钧宰说盐商之利曰："扬州繁华以盐盛。两淮额引一千六百九万有奇，归商人十数家承办，中盐有期，销引有地，谓之纲盐。以每引三百七十斛计之，场作斛止十文，加课银三厘有奇，不过七文，而转运至汉口以上，需作五六十不等。"以此计赢利，则两淮盐商岁入当在二千万两以上。[2]这个数目已经超过了盛世期间户部库存银两的四分之一。[3]由此孕育出来的是一批巨富。在小农经济的国度里，这些人曾长久地代表了奢汰和侈豪，并以奢汰和侈豪使功名社会的光华相形减色。一段出自诏书的文字说他们"衣物屋宇，穷极华靡；饮食器具，备求工巧。俳优伎乐，恒舞酣歌；宴会嬉游，殆无虚日；金钱珠贝，视为泥沙。甚至悍仆家奴，服食起居，同于仕宦，越礼犯分，罔知自检；骄奢淫佚，相习成风。各处盐商皆然，而淮扬尤甚"。[4]财富太过集中，便会衍生出恣肆。能以多金而与盐商相埒的，还有包揽了对外贸易的行商。美国人亨特（W.E.Hunter）1824年来中国，之后，在广州经商近二十年。他所作的《广州番鬼录》一书时常以羡慕之心述及行商和他们的财富。其中一节说："他们自己的住宅，我们曾去过几处，都是园林深

---

[1]《龚自珍全集》，30页。
[2]《金壶浪墨》卷一《盐商》。其中"一千六百九万"应为一百六十九万。
[3] 乾隆三十七年，户部存银七千八百余万两。见《清高宗实录》九二〇卷，23页。
[4]《清朝文献通考》二八卷。

邃,叠石为山,引水为湖,溪上架桥,圆石铺路,奇花异卉,极为幽静。潘启官的住宅,距商馆三四英里,临河而居,盛名尤著。他的私人宫殿中,有大批的仆役,包括侍役、门丁、信差、名厨与轿夫。"人间的春色,都被商人买到自己家里去了。与这种外观的靡丽相比,另一节以货币计家财,说得更为具体:"伍浩官究竟有多少钱,大家常常辩论。但是有一次,因提到他在稻田、住宅、铺店、银号与在英美船上的货物,在1834年,他计算一下,共约值二千六百万元。当时的购买力约等于现在的两倍,以现在的钱币来说,他拥有五千二百万元。"[1]后来的那场鸦片战争,战败的中国在炮口勒迫下交出二千一百万元的赔款,国库因之而缺了一大块。若亨特的估算与事实相去不远,则伍秉鉴(浩官)一个人的家产就可以打一场鸦片战争。而在当日的行商里,像他那样的人恐怕还算不上首富。[2]盐商和行商都是以垄断致富的财阀。与他们相比,经营典当、票号、钱庄、船运的那些商帮更多些持筹握算的精刻和老辣,其世业也能够绵延得更加长久。在中世纪中国,这些人常常成为功名社会的债主:

> 古来交通不便,各省士子率由陆路入都会试,沿途川资概由票庄汇兑,然士子未授官以前,川资多不充足,而票庄因以贷付若干以助之,以图巨利。

而后,进入了仕途的功名之士又要继续举债:

> 按清国定制,凡授外官,国家并不颁给旅费,故有职者一旦

---

[1]《广州番鬼录》,中国近代史资料丛刊《鸦片战争》(一),神州国光社1954年版,270页。
[2] 近人梁嘉彬作《广东十三行考》,提到咸丰十年同孚行商潘绍光家资在一亿法郎以上。其时虽然已无十三行,但潘氏家私由行商一脉传来则是非常明白的。

外任，非数千金不能敷衍，若款无着，则不能赴辕任事，而票庄因之贷付若干以济其急。该官吏等不惟不计息之轻重，反感荷票庄之厚情。

这种借贷以自愿为前提，而吃亏的总是负债一方。盖"票庄付此等官金之利息，实骇人听闻。例如借金一万两者，仅交现金七千，其余三千作为扣息。日后该官吏偿还之时，仍以万金纳付。如此重利，该官吏等非不知之，盖实出于不得已耳"。[1]举手投足之间，票庄收到了重利，而背债的朝廷命官们则被刲割得体无完肤。嘉庆十四年，有一道上谕说协办大学士兼户部尚书戴衢亨与京城德泰钱铺"交易数十余年，现在尚欠伊铺内银六百五十两"，[2]户部尚书管国库，是一个为天下理财的人，而其一身一家却久为钱铺债户，以贵比富，实多调侃。因此，后来魏源作《都中行》十三首，列"山西债"为其中之一，于此深致不平："山西债，山西债，乘急居奇真市侩。京宦俸苦贫，外宦远选行遭迍。借贷无门典无质，惟汝西侩敢乘急。网罗一入天地窄，蝼蚁反被蛟龙食。"[3]在这种官与商之间的金钱交往中，容或有一时的"感荷"，而长久留下的却终究是难以泯除的痛恶。

功名社会里的人都有一种守护名器之心，所以，他们大半不愿意用财富淹掉官界与商侩之间的贵贱之分。《履园丛话》说："吾乡邹晓屏相国归田时，年已七十又四，一裘三十年仅存其鞟，赖门生赠遗以为薪水。其子光骏官徽州司马署府篆，有巨商某尝捐郎中，在刑部行走，其家出丧，以三千金为寿，乞太守一至为荣，往返再三，终不应。笑曰：'岂能以阿堵物污吾家风耶？'其廉如此。"[4]从不肯折节的清廉

---

[1]《中国经济全书》第八册，1908年版，101页。
[2] 转引自杨端六：《清代货币金融史稿》，三联书店1962年版，150页。
[3]《魏源集》下册，中华书局1976年版，679页。
[4]《履园丛话》下册，中华书局1979年版，639—640页。

里透露出来的其实是世宦之家对商人的蔑视。在这种蔑视面前,捐来的郎中一点都不济事。然而,累积的财富毕竟是一种经济力量。它们自会推着商人越过贵贱之界。乾隆六次南巡,留下过许多与两淮盐商有关的故事。其中一则说:"某日,高宗幸大虹园。至一处,顾左右曰:'此处颇似南海之琼岛春阴,惜无塔耳。'江(两淮总商江春)闻之,亟以万金贿近侍,图塔状。既得图,乃鸠工庀材,一夜而成。次日,高宗又幸园,见塔巍然,大异之,以为伪也,叩之,果砖石所成。询知其故,叹曰:'盐商之财力伟哉!'"[1]盐商用财力作法以谀帝王,遂使他们在帝王眼中变得妩媚起来。那个曾一夜之间造出一座塔来的江春后来因"召对称旨",也因捐输、河工、赈灾,"百万之费,指顾立办"而被赏加布政使衔,成为一个兼有财富和名器的人。[2]乾隆二十二年,"翠华南幸"之后还有过一次普降甘霖,使"承办差务"的"两淮众商"们沾润俱足:"伊等本身原有职衔,如已至三品者,俱著赏其奉宸苑卿衔;其未至三品者,俱各加顶戴一级。"[3]这些用银子巴结来的东西虽是虚衔,却分属名器,它们使本无功名的商界中人能以同样的翎顶补服周旋揖让于功名社会之中,被人尊为缙绅。后人述史,慨乎言之曰:"商为四民之末,盐商特邀圣主之知,或召对,或赐宴,赏赉优厚,拟于大僚。盖盐商际遇之隆,至此而极矣;盐商奢侈之弊,亦至此而深矣!"[4]其言词之中自有一股无可奈何的愤懑。与盐商相仿佛,同时的行商和其他巨商也大半身带道衔、盐运使衔、布政使衔,岸岸然以富致贵。功名社会里长久同一不起来的两种东西,在这些人身上似乎轻易地联为一体了。

在功名造出来的不平等里,个人的财富本来并不是一种价值。然

---

[1] 转引自《徽商研究论文集》,安徽人民出版社1985年版,469页。
[2] 嘉庆《两淮盐法志》卷四四《人物·才略》。
[3] 高晋等:《南巡盛典》卷六九《褒赏》,16页。
[4] 王守基:《长芦盐务议略》,《盐法议略》,中华书局1991年版,10页。

而财力之歆动人心，又常常使功名造出来的不平等显得非常空泛。道咸间名士金安清说："乾隆中，江浙殷富至多，拥巨万及一二十万者更仆难数，且有不为人所知者，惟至百万则始播于人口。"其间有大富王江泾陶氏"偶至苏阅绝秀班，优者厌其村老，戏诮曰：'尔好观，何不于家中演之？但日需风鱼、火腿方下箸耳！'是时戏价需二百金。陶归，遽定一百本。闭之厅事使其自演，无人阅者，一日两餐，舍风鱼、火腿无他物。十日后，诸伶大窘，乃谢过始罢"。[1]诸伶以口舌轻薄自取其辱，本无可悯。但陶氏以二万金掷倒诸伶，洋洋乎以富而傲，表现出来的正是一种自负财力而睥睨一时的气概。另一个江南"富翁"更刻薄，"尝谓人曰：'钱财，吾役使也；百工技艺，吾子孙也；官吏缙绅，亦吾子孙也。'人有诘之者，富翁答曰：'吾以钱财役诸子孙，焉有不顺命者乎？'"[2]他用钱财评点天下，目中已全无贵贱尊卑之界。时人叹为："语虽刻薄，而切中人情。"[3]这些都说明人间的财富能够自造声势。因此，天下财力多归于商，则以士、农、工、商序四民往往会靠不住。

自近代中国的开新之士倡商战以来，贤者多热心为历史上的商人鸣不平，以"抑商"致讨。然而读史至清代的功名与富贵之际，则颇疑过申"抑商"之说，或未尽得真相。[4]道光间，沈垚作《费席山先生七十双寿序》，说过一番非常醒目的话："古者士之子恒为士，后世商之子方能为士，此宋元明以来变迁之大较也。天下之士多出于商，则纤啬之风日益甚，然而睦姻任恤之风，往往难见于士大夫，而转见于商贾，何也？则以天下之势偏重在商，凡豪杰有智略之人多出焉。其业则商贾也，其人则豪杰也。为豪杰则洞悉天下物情，故能为人所不

---

[1] 《水窗春呓》卷下，中华书局1984年版，42—43页。
[2] 《履园丛话》上册，197页。
[3] 同上注。
[4] 陈长华君作《"抑商"质疑》，《史林》1995年第3期，先揭此意，思而有得。

为,不忍人所忍,是故为士者转益纤啬,为商者转敦古谊。"[1]这一套道理里的许多东西都是可议的,但抑士扬商的意思却非常明白。沈垚以经学知名公卿间,是文苑传中的人物,这些话都可以作为思想史上的资料。商人之备受出格恭维,表达了一个文人对富与贵的一种称量。显然,在"天下之势偏重于商"面前,功名社会之尊有时而穷。

(1996年)

(说明:本文最初发表于《史林》杂志,题目为《清代的功名与富贵》;后收入《百年嬗蜕》一书,题目改为《科举制度下的功名和生业》,今收入本书,仍用最初的题目。)

---

[1]《落帆楼文集》,卷二四,126页。

二百年人口西迁的历史因果

如果在读清史的时候勘对历史地图,则会非常容易地看到,出现在乾隆末年至咸丰初年的湘黔苗民起义、川楚白莲教起义与广西金田起义,都集中地先后起于东经110度附近的中南山区。这种屡现的历史迭合是一个富有内涵的题目。由此切入,可以见二百年人口西迁的历史因果。

一

清代人口西迁,主要是指金田起义以前的两百年间,中国人口从东南地区向西南地区所做大规模迁移的历史过程。今天被泛称为西南地区的川滇桂黔四省,在明清之交曾长久地延烧过熄灭不了的兵火。自明熹宗天启元年(1621)奢崇明之乱起到康熙二十年(1681)三藩之乱芟平,中经张献忠五次入川与南明武装长期抗清,六十年间厮杀、屠戮、践踏、蹂躏连绵不断,成为战乱蔓延之区。当兵燹终于过去之后,这个地区留下的是满目疮痍,一片残破。四川汉中一带,在昔"烟户稠密,无地不耕",此时却是"弥望千里,绝无人烟",[1]四顾荒

---

[1] 乾隆《续商州志》卷三《食货志》,29页;刘余谟:《垦荒兴屯疏》,《皇朝经世文编》,卷三四,9a页。

凉。在那一片广袤的地区里，类似的景象比比皆是。六十年战乱造成的人口锐减，使川滇桂黔四省人丁在全国丁口总数中由万历六年（1578）的百分之十降到康熙二十四年（1685）的百分之一点六，仅四川一省就由明末六十八万余丁减少到清初的一万八千五百丁。嘉庆《四川通志》追叙当时情景，叹为："蜀省有可耕之田，而无耕田之民。"如果把这些直观的描述换算作统计数字，那么，康熙二十四年（1685）时，西南四省的人口密度是东南八省（江浙皖赣闽粤湘鄂）的三十四分之一，是华北六省（冀鲁豫晋陕甘）的二十四分之一。显然，这种由战事造成的人口凋残之后将会是社会经济的长久失调。

与此成为鲜明对比的是，三藩之乱结束以后全国总人口的迅速增加。从康熙二十年（1681）到咸丰初年，中国人口的总数大约增加了三亿一千万。其中仅东南八省就增加了一亿八千万，占百分之六十左右。在一百七十年的时间里，这个地区成为中国人口压力最重的区域。但这一地区的土地资源却自宋明以来已被反复开发，在几百年时间里一面是人口的日见其多，一面是余地的日见其少。有些地方，《宋史》已称"虽硗确之地，亦耕耨殆尽"。这是一种人与自然之间的矛盾，但这种矛盾却不能不导致农业人口日益过剩的社会后果。当东南与西南的人口密度存在着一种悬殊落差的时候，过剩的人口由高密度地区向低密度地区移动，就会成为不可阻遏的潮流。乾隆年间，由地方官起家的兵部尚书甘汝来曾以广东为例指述说："潮惠二府，嘉应一州，所属之县或系层岩叠嶂之区，或系海边斥卤之地。此两府一州生齿最繁，田畴甚少，耕佃资生之民，终岁劳苦，止供输租，不敷口食，所以一闻川省田土肥美，欣然欲往。"他所描述的是一种自发趋势。这种自发趋势被拿到朝廷里来讨论，又往往会化作政府的自觉导向，于是而有人口西迁的漫长历史。

在这个过程中出现最早，持续最久的一次移民高潮后来被称作"湖广填四川"。自顺治十年（1653）战火平息以后，外省人口越来越多地涌入四川盆地,此后绵延不绝,长达半个多世纪。其间,从康熙三十六年(1697)到康熙五十二年,仅湖南零陵一县就有十余万人移民入川。[1]至雍正五年(1727),一年当中就有"不下数万户"的楚粤移民逃荒入川。[2]这是一股寻求生存空间的人流,它们在荒芜的土地上开始了自然经济下生产和再生产的过程,也开始了人口的生产和再生产过程。迨乾隆八年(1743),原本空旷的川省遂"无荒土可辟",以至朝廷不得不劝阻外省人口入川。即使如此,在以后的五年里"赴川就食者"仍多达二十四万。当然,这些人已是第一次移民高潮的余波了。

五十多年移民之后,四川盆地已无余田可耕。但相邻的川陕楚山区却仍然地旷人稀,除少数河谷盆地有人移垦外,连片深山老林"实无一人一民出作其间"。虽说山区比不上盆地,但对贫无立锥之地的人们来说,山区毕竟提供了他们所匮乏的生息之地。于是,向川陕楚山区的移民,形成了人口西迁的第二次高潮。乾隆三十八年(1773),湖北巡抚奏告说,鄂西"郧阳、施南二府所属向多荒地,近年户口日繁,流寓人众,所在开垦"。稍后,陕西巡抚也奏报朝廷,乾隆四十三年和四十四年,因两湖被灾而流入陕南汉中、兴安、商州三府的灾民不下十余万人之多。此后,大批移民不断地西迁,不断地落户,到嘉庆初年,侨寓川陕楚山区的外省移民已达数百万人。与川鄂黔三省交界的湘西地区,本被称作"苗疆"。自乾隆二十九年(1764)废除"苗不出境,汉不入峒"的禁令以后,苗汉之间的空间界限被撤除了。西迁而来的汉族客民遂纷纷深入当地置业落户,成为这个时期移民潮流的另一个潴留地。其间,仅永绥一厅在乾隆年间就增一千九百多户,大约近万人,以至于有的地方土著眇,人民多为内地迁入者。

从嘉道之交起,接纳过大批客民的川陕楚山区在土地资源与人口

---

[1]《康熙朝汉文朱批奏折汇编》第五册,档案出版社1985年版,336—337页。
[2] 陈振汉等编:《清实录经济史资料》,农业编第2分册,北京大学出版社1989年版,288页。

的结合上日趋饱和，但来自东南的移民却并没有断流，他们只能继续向西迁移，走向云南、广西、贵州。于是而渐渐形成第三次移民高潮。在云南，自嘉庆以后已惯见湖广川黔等省流民不绝地入境，百十成群地前往偏远的开化、广南二府，靠租种山地谋生。在贵州，时人记叙道光年间由湖南入黔的移民流，说是："一路扶老携幼，肩挑背负者，不绝于道。"[1]在广西，则有过"乾隆以来，东省潮嘉氓庶挈妻抱子，寄托我疆，布满原野"[2]的记载。具体地说，当时粤闽移民多溯西江而上，散居于桂南一带，而湘赣移民多沿湘江，过灵渠，散居于桂北一带。到咸丰初年，客籍已占通省人口的十成之六七。[3]东南地区日益沉重的人口压力，使西迁桂滇黔的移民潮一浪接着一浪涌动，直到广西金田起义与云贵少数民族起义相继爆发，才戛然而止。

由三次移民高潮形成的漫长西迁过程，带来了西南地区人口数量的巨大变动。以四川一省而论，从1685年到1851年的一百六十多年里，西来的移民与他们的后裔使这个地区的人口增加了二千二百二十万左右。[4]在同一时期里，属于川陕楚山地区域的陕南汉中、兴安、商州三府与鄂西郧阳、宜昌、施南三府，约增加了四百六十万余人。[5]另外，在湘西地区的三府（永顺、辰州、沅州）四厅（永绥、乾州、凤凰、晃州）一州（靖州），因移民生聚而增长的人口至少在九十六万以上。处在更加僻远的云贵两省，至金田起义前后其总人口

---

[1] 罗绕典：《黔南职方经略》卷一。
[2] 光绪《贺县志》卷一。
[3] 《清史列传·周天爵传》第11册，3332—3342页；孙玉庭：《延厘堂集》，《秦陈地方情形疏》。
[4] 对这一数字的精确性是可议的。但它提供了一种大概的规模。参见刘洪康主编：《中国人口·四川分册》，中国财政经济出版社1988年版，58页；珀金斯：《中国农业的发展（1368—1968年）》，上海译文出版社1984年版，286页。
[5] 在1820年时共有人口五百七十五万人（梁方仲：《中国历代户口、田地、田赋统计》，上海人民出版社1980年版，404、406页）。据史料记载，"川陕边徼，土著之民十无一二"（严如熤：《三省边防备览》）。现以外省流民占当地总人口十分之八的比例推算。

已达一千七百万,其中外省移民要占五分之一,约三百四十万人。[1]同期广西人口为七百八十二万。[2]若以三分之一估算,则因移民而增的人数就有二百六十万。总算起来,到咸丰元年(1851年),包括川滇黔桂四省与陕南、鄂西、湘西三地在内的整个西南地区,因人口西迁而输入的移民及其后裔有三千三百万人左右。

千百万移民涌入西南地区,不能不对西南地区的社会生活和经济生活产生重大的影响。

一方面,集群而来的移民以自己的劳动和智慧大大加速了这一地区的经济开发,于是出现耕地大面积增加、农业与手工业生产跳跃式发展。西南四省因之而成为全国又一个重要的经济区域。其中,四川一省在雍正年间已骎骎乎成为全国最大的余粮产区。"于是川米贯于东西,视楚米尤多",遂使"东南各省均赖其利"。[3]来华的德国旅行家李希霍芬在1870年说:"正常情况下,四川显得处处存在着对生活物资充裕的满足和幸福,这在中国其他省份是不常见的。"[4]这些描述反映的是当日曾经有过的一种田园之乐。

但移民的生存和繁衍是靠胼手胝足来支撑的,其中的艰难困苦远远过于田园之乐,于是便产生了问题的另一方面。

二

乾隆年间的《洵阳县志》在描述移垦川陕楚山区的客民时说:"舍沃壤而趋硗土,伐木栖山,刀耕火种,岂其情哉?特以生齿日繁,口分之田,豪强兼并",笔端流露的显然是一种同情。

东来的移民初入异乡,面对的是"邑境平田无几,又多沙碛石

---

[1] 李中清:《1750年至1850年中国西南的人口增长粮食和供给》,云南省历史研究所编:《研究集刊》1985年第2期,172、180页。
[2] 梁方仲编:《中国历代户口、田地、田赋统计》,262页。
[3] 王庆云:《石渠余记》卷四,嘉庆《四川通志》卷首,乾隆上谕。
[4] 转见何炳棣:《1368—1953中国人口研究》,上海古籍出版社1989年版,143—144页。

碎,余尽属荒山,土著者不能垦,则课之流寓"。[1]他们在异乡能够得到一块土地,但山高土薄,长不出多少稻米菽麦。山地的贫瘠与移民的众多成为一种突出的矛盾。在移民与山地的结合过程中,由异域传入的玉米便在不知不觉中被广泛引入西南的山区。它是五谷之外的第六种粮食作物,高产耐旱,并可以在陡坡生长。这些优点,使它很快成为西南山地的主要农作物。

玉米的广泛种植,一面促成了山区人口容量骤然大增和他们在古木丛篁的深山穷谷中辛劳力作。《栈道山田》一诗说,"山中有客民,乃与造物争。利之所在何轻生,悬崖峭壁事耘耕。有土即可施犁锄,人力所至天无功"。从而"深山邃谷,到处有人,寸土皆耕"。但另一面,越来越多的移民毁林垦荒,又大规模地破坏了自然生态。时人记述说:开荒之初,其"一二年内,杂粮必倍至"。[2]所种包谷"高至一丈许",可谓"种一收千,其利甚大"。[3]而"四五年后,土既挖松,山又陡峻,夏秋骤雨冲洗,水痕条条,只存石骨"。[4]所种玉米便变成高仅二三尺,产量随之大减。严如熤的《棚民叹》写出了移民们的悲哀和愁苦:"远从楚黔蜀,来垦老林荒","指望收成好,满籉歌穰穰",谁知山地薄,"一年肥于肪,三载五载后,硗确铦刀铓";"玉黍两三尺,荞麦一尺强";"荞落黍花萎,青风不升浆。磊磊紫洋芋,蒸馍当饤饾。籽种不能彀,借债几时量?辛苦开老林,荒垦仍无望。"然后深叹曰:"地势本如此,丰歉宁能长?"[5]

生态一旦恶化,所带来的便是一个人口迁移长久不定的过程,处在这个过程中的移民今年在此,明年在彼,甚至一岁之中迁徙数次。并非他们好动,而是他们托身于其间的自然不允许他们不动。千辛万

---

[1] 嘉庆《山阳县志》卷十《物产》。
[2] 民国《汉南续修郡志》卷之二一,《附志山内风土》。
[3] 严如熤:《三省边防备览》卷十一《策略》。
[4] 民国《汉南续修郡志》卷之二一,《附志山内风土》。
[5] 严如熤:《三省边防备览》卷十四《艺文下》,76页b。

苦垦出的山地，只要"偶被雨水冲刷"，便会一夜之间成为不能再耕的"石田荒山"，迫使种地人不得不另寻山地耕种。这种游耕式的生产方式，反过来又会进一步加快毁林开荒的速度和水土流失的程度，移垦者越穷越垦，越垦越穷。

移民背井离乡而来，又在频频的灾难中跌仆起落。背井离乡产生的困苦渴求群体之间的互助；灾难中的跌仆起落又渴求群体之间的精神慰抚。这种物质与精神的匮乏为白莲教的传播提供了适宜而且多量的社会对象，作为流传于下层社会的秘密教门，白莲教能给人以物质互助，也能给人以精神慰藉。"入彼党伙，不携赀粮，穿衣吃饭，不分尔我。"[1] "有患相救，有难相死，不持一钱可以行天下。"[2] 并且，"煽惑山民，称将咒念经可免劫余，立登仙佛"。[3] 对于困苦无靠中的移民来说，这些东西无疑都具有吸引力。由于惯用游耕抛荒的生产方式，山地移民有点近乎游民。与宗法制度下的农民相比，他们"或徙或居，若鸟兽之无羁缚者"。[4] "无族姓之联缀，无礼教之防维"，[5] "呼朋招类，动称盟兄"，[6] 甚至连"姓亦子虚乌有之类"。[7] 对于地方当局来说，这些人"转移无定，来去不常，故地日辟而不能升科，民日增而不能编籍"，[8] 是一批国法难以管辖的人。"保正甲长相距恒数里数十里，讵能朝夕稽查。"[9] 吏治不到的地方天然地为秘密会社留下了纵横驰骋的场所。从乾隆五十四年（1789）到乾隆五十九年，短短数年之间，白莲教各支派就在川楚陕广大山区获得了成千上万的信

---

[1] 严如熤：《三省边防备览》卷十四。
[2] 周凯：《内自讼斋文抄》卷一《纪邪匪齐二寡妇之乱》。
[3] 严如熤：《三省边防备览》卷十四。
[4] 卓秉怡：《川陕楚老林情形亟宜区处》。
[5] 严如熤：《三省边防备览》卷十四。
[6] 同上注。
[7] 同上注。
[8] 民国续修《陕西省通志稿》卷六十四。
[9] 严如熤：《三省边防备览》卷十二。

徒,可以轻易地一呼百应。

白莲教使散布于满山遍野的移民汇聚为一种组合的社会力量,这个过程又会汇聚移民们在长期困苦中滋生的愤懑和郁怒。当他们在神道的感召下聚为一团的时候,正好面对着乾嘉之交"山内连岁荒旱"的天灾。这次长久持续的灾荒,使开山的移民颗粒无收,又因粮价暴涨,使本来"资木厢、盐井、铁厂、纸厂、煤厂佣工为生"的移民"无资以生,嚣然不靖"。天灾使他们更紧地集聚起来,而"既聚之众,不能复散,纷纷多事,防范最难"。只要"一二奸民倡之以吃大户",众多的饥民便会"蚁附蜂起,无所畏忌"。[1]另一方面,迁移过程中久已存在着土著和客民的矛盾。土著中的痞棍常与差役勾结,"无风生浪,遇有棚民有事,敲骨吸髓",而"山民受其凌虐,无可告诉,无为申理",[2]怨愤日积。这种矛盾因天灾带来的普遍贫困而激化。加上乾隆五十九年(1794)朝廷以霸道治白莲教,对各地教徒厉行搜捕屠杀,而官吏乘机罗织,"不遂所欲,即诬以邪教治罪",[3]使天灾造成的社会动荡因人祸而益趋剧烈,终于逼成了嘉庆初年的白莲教起义。

历时九年的白莲教起义带有明显的山地特点和山民特点。时人谓之"川楚接壤一带大山,素习邪教之人,处处皆有。""山僻村庄,邪教尤多。"[4]起事之后,"行不必裹粮,住不借棚帐,党羽不待征调",所到之处,"有屋舍以栖止,有衣食火药以接济,有骡马刍草以夺骑更换",有人"为之向导负运",而且一茬接一茬源源不绝。"此番各股贼匪窜过郧西、商南、商州一带,随入逆伙者不下数千",[5]官兵常常眼

---

[1] 严如煜:《三省边防备览》卷十八。
[2] 同上书,卷九。
[3] 《皇朝经世文编》卷八九,梁上国:《论川楚教匪事宜疏》。
[4] 《军机处录付奏折》革命运动类,秘密结社,卷号1989(6),嘉庆二年四月二十五日庆成奏。
[5] 以上引文均出自魏源:《圣武记》卷九《嘉庆川湖陕靖寇记·二》。

睁睁地看着造反的白莲教徒们"倚恃老林无忌惮","万山之中任奔走"[1]而赵趄叹息。

但是,对于转战数省的农民武装来说,山地既提供了屏障,也造成了限制。提供屏障的东西同时也是造成限制的东西。在一个交通闭塞、地瘠物贫的环境里,自然界不可能为那么多武装的人群长期供给生存的物资。当最初的激情过去之后,这种因物资短缺而造成的困窘就会成为时时悬在头上的灾难。嘉庆四年(1799)大巴山区一战,白莲教中的人们饿死的比战死的还多。时人记叙说:"贼深入老林,无从觅食,饥死尤众。时久雨泥泞,老林冬雪未化,贼冻死者与饥死等。"[2]这种困境曾把白莲教武装逼出山区,涌向江汉、关中与成都平原。其兵锋一度直指武昌、西安和成都。但在这片开阔的土地上,还没有那么多过剩的人口压力。究其底里,正是西迁的移民把这个地区的压力带到了川陕楚山区,因此当川陕楚社会矛盾激化的时候,这个地区的社会矛盾却远远没有突破界度。白莲教造反者在这个地区找不到像山地里那么多的响应者,所以他们只能在优势的官军面前迭连失败,终至澌灭。

白莲教起义失败后,川陕楚山区的大规模移民也从此日渐低落。因为镇压了起义的朝廷并不能恢复那个地区的生态环境,道光以后,"高山棚民一往而空","山内连年饥荒,地主流徙他方"。[3]"川楚客民之有家可归者皆已迁回原籍。"[4]与曾经出现过的移民潮相比,显出来的是一片荒凉。

三

与川陕楚白莲教同时轰然而起的,还有湘黔苗民起义。自改土归

---

[1] 《清仁宗御制诗初集》卷二六至三一。
[2] 石香居士:《戡靖教匪述编》卷四。
[3] 《佛坪乡土志》户口,张鹏飞:《来底堂文集》卷二。
[4] 民国《镇坪县新编简要县志》。

流以来，外来的汉族客民曾先后移居被称作"苗疆"的地域。至乾隆中叶，移民益多。这个过程带来的苗汉杂处，造成显著的社会变动，与生产技术传播同时产生的，是民族矛盾、阶级矛盾的错综化与尖锐化。这种错综化与尖锐化会普遍地导致矛盾的激化，当日而言，尤以湘西镇筸道直辖的凤凰、乾州、承绥三厅为最突出。

镇筸三厅是湘西苗族集中聚居的地区，曾长久地被一道数百里长的边墙隔离。处在封闭之中的苗人社会"有族属，无君长"，进化相当缓慢。因此，外来客民大批迁入，输来的不仅仅是人口，而且与改土归流交叉在一起，带入了另外一种社会制度。由此引起的震荡是不容易平息的，对于朝廷委派的流官来说，客民来自内地，久沐王化，比之陌生的苗人当然更易沟通。因此，他们常常自觉地鼓励客民深入苗疆落户，并且委之以甲长、保正、百户、寨长之任，以期呼应之效。这是一种非常明显的偏斜，由此派生出来的，是地方当局在苗汉之间的两失其平："一任客民肆意欺凌置之不问，以致苗民仇激生事。"[1]不仅如此，流官与客民中的痞棍人物还常常借保甲连坐法株连罗织土著苗民，使之冤抑莫伸。客民借助官方权力而势张，其结果则是苗汉之间的感情日益恶化，仇恨日益加深。

在经济交往和经济活动中，苗汉之间的这种民族矛盾又常常与阶级矛盾交错在一起，并因此而越益激化。这主要表现在客民中的一部分凭借自己的优势，用汉族社会经营方式掠取苗民手中的土地。归纳起来，其常用的办法主要有：（一）代办田赋。即运用充当保正、寨长的利权之便，与官府结纳，倍加苗民之赋，并通过代办田赋，使苗民与国家的纳税关系转变为苗民与自己的债务关系，这种债务关系以土地为抵押，一旦债务逾期，就马上收取土地。这种方法，明显地表现了政治利益向经济利益的转化。（二）商品交易。即利用苗民不谙交易

---

[1]《苗匪档·乾隆六十年二月初五日内阁奉上谕》。

之道的弱点,事前将日用什物高价赊卖给苗民,令秋后还谷并以土地作押。秋后无力还谷的人遂不得不交出土地。这种方法则具有显目的欺诈性。(三)放高利贷。自然经济下的天灾人祸永远会制造出困苦无告的借方和残酷盘剥的贷方。苗民一经举债,便难以摆脱高利的无情剥削:"往往收获甫毕,盎无余粒。此债未清,又欠彼债,盘剥既久,田地罄尽。"[1]用这种方法勒取土地,表现了赤裸裸的掠夺性。

一部分客民因此而致富,成为移民中的地主阶级。时人以承绥厅为例,记载过这个过程:"居民自内地迁入者,家计淡泊者多,历数十年来,或买土开垦,或贸易经营,渐觉充裕。"[2]而众多的苗民却在同一个过程中沦为佃农。承绥"环城外寸地皆苗,不数十年,尽占为民地"。[3]"是以苗众转至失业,贫难无度者日多"。[4]"在客民之侵占日见其多",而"苗疆田地日见其少"。这种变化本质上是一种阶级矛盾,但由此产生的苗汉"积怨相仇",却首先表现为民族矛盾。曾经用暴烈手段对付汉族移民的苗人后来说:"实因苗子的田地都被客民占了去,小的们不服,因此起事烧杀客民。"[5]

改土归流之前,苗族聚居区久被视为化外之地,苗民"居住深山穷谷之中",时需"打牲防兽","比户皆藏"刀矛火铳。一面是不讲王道只讲霸道的官府;一面是人人习武而不喜以口舌争是非的苗人。酿积已久的民族矛盾遂不能不发展为武力与武力之间的冲突。于是而有乾隆六十年(1795)湘西镇筸三厅与黔东松桃一厅的苗民暴动。随之,"穷苗闻讯,无不攘臂相从"。[6]很快聚合了近十万人之众。从初起到扑灭,前后历时十二载。

---

[1] 严如熤:《苗防备览》卷二二《杂识》。
[2] 宣统《承绥厅志》卷六《风俗》。
[3] 魏源:《圣武记》卷七《乾隆湖贵征苗记》,中华书局1984年版,314页。
[4] 和琳:《奏拟湖南苗疆善后六条折》(嘉庆元年)。
[5] 《乾隆六十年苗匪档》,吴八月、吴三保等起义首领被捕后的供单。
[6] 和琳:《奏拟湖南苗疆善后六条折》(嘉庆元年)。

乾嘉之间的湘黔苗民起义被扑灭后，苗族人口一时锐减。镇筸三厅的苗寨数量从四千减至一千二百，人口从近四十万降为十一万五千，减幅达百分之七十以上。[1]苗族聚居区的范围也从近两万平方公里压缩到四千平方公里左右，减少了百分之八十。[2]当局在胜利之后用赶苗夺地的残酷手段，在湘西苗族聚居的七个厅县安置了十万余户流民，为外来人口的迁入腾出了空间。这个事实，表现了人口西迁中的悲剧色彩。

四

川陕楚白莲教起义失败之后，东南的移民潮流转入了广西、云南、贵州。西南边陲，素称地瘠民贫，夷多汉少，本不是一块移民的乐土。嘉道年间，东南各省过剩的人口却数量越来越多，时人谓之"不士、不农、不工、不商之人，十将五六"。[3]因此，涌动的移民潮流老是息不下来。而潮流一旦涌动，总会千方百计地寻求一个宣泄的空间。于是，向西南边陲迁移的人口既带着很多希望，也带着很多盲目。以贵州为例，虽然那里"已无不垦之山"，"且地多烟瘴，新徙之民不服水土，辄多死亡"，但外省"极贫之户仍多搬往，终岁不绝"。[4]

就桂滇黔三省而论，云贵两地是中国山地面积最大的区域（均在百分之八十以上）。山地限制了农田面积的扩展，也限制了移民人口的增加。相比之下，广西的山地少一些，平地多一些，而且有西江湘江与湘粤贯通。因此，迁入广西的客民便非常自然地要比云贵两省更多。

乾隆以前，广西本是地广人稀的宽乡，从那个时候起，来自广东的移民便源源不断地迁入。他们"男女俱勤农事，不惮辛劳，故春耕

---

[1] 严如熤：《苗防备览》卷三《村寨篇》；《凤凰厅志》卷十一；《承绥厅志》卷六；《乾州厅志》卷十一。
[2] 转见吴荣臻：《乾嘉苗民起义史稿》，贵州人民出版社1985年版，158页。
[3] 龚自珍：《西域置行省议》，《龚自珍全集》，106页。
[4] 贺长龄：《复奏汉苗土司各情形折》，《耐庵奏议存稿》卷五。

秋获较他田倍利，有田者咸愿佃与耕种"，造出了一片繁荣。除了务农之外，还有以经商为业的，当时的桂林，"城内外商贾远集，粤东江右人居多"，梧州也是"商贾辏集，类多东人"。[1]一时称为"无东不成市"，其间的一部分正出身迁来的移民。

但时至嘉道之际，总观广西一省，能供农耕的土地在西江沿岸区域约占百分之二十，丘陵地区约占百分之十，桂西山区则不足百分之五，[2]宽乡已经不再宽了。从自然经济的意义上说，广西地貌虽好于云贵，但与涌来的人口相比，可耕之地仍相形见绌。因此，移垦的趋势是一步一步地由地势低平的西江沿岸，转向地势高峻的桂西山区，以至"深山穷谷，居住俱系来人"。在后来的历史叙述中非常有名的桂平县紫荆山区，"延袤七百余里……深山密箐，人迹罕到，惟粤东无业贫民利开垦者往焉"。[3]由于山多田少，不敷耕种，许多人不得不以烧炭种蓝或挑运为生，无疑，这些人已经成为农业生产中的过剩人口。

从地广人稀到人多田少是个经历了漫长岁月的过程。但当人多田少的局面一经出现，就会使人口矛盾牵动社会矛盾。其直接的后果之一，就是租佃关系中地主与佃农的利益愈益对立。当时人记述说："山间佃众田稀，供不应求，谋耕急切，则租约必重。岁晚供所获之半于田主，自非岁时大变，则成分不能稍减。""租或短缺，则易佃之声立至。"[4]与东南地区相比，广西的家庭手工业非常落后。当地人说："布帛之利遍天下，惟吾乡所出甚稀。"[5]显然，在那里是谈不上以织助耕的。而山地客民尤甚，"处舟舶不通之地，力穑而外谋生之路少"。于是，租田成为唯一的狭路。佃农"匪惟租不敢负，且或先期

---

[1] 此数处引文引自光绪《浔州府志》卷五十、《临桂县志》卷八十、同治《苍梧县志》卷五。
[2] 中国科学院地理研究所编：《华南地区经济地理·广西》，7页。
[3] 中国近代史资料丛刊《太平天国》（三），上海人民出版社1957年版，288页。
[4] 民国九年刊《桂平县志》卷二九。
[5] 龙启瑞：《经德堂文别集》卷下《致各府绅士书》。

而缴,或奉钱作质。因是鬻及儿女者,往往有之。斯山居之农所常见"。[1] 但佃耕到了不得不"鬻及儿女"的地步是不可能长久维持下去的。它们一定会招来反抗和动乱。嘉庆十一年(1806)"紫荆山客民谋为乱",正是社会矛盾在激化过程中喷涌出来的一股愤火。它预示了四十年之后声势更大的熊熊烈火。

移民人口所造成的压力不仅激化了阶级矛盾,而且激化了土(著)客(民)矛盾和民族矛盾。土(著)客(民)都是汉人。但前者"先民均系湘江、江南、山东等省之人"。他们入桂时间较早,可以追溯到宋元,甚至秦汉。由于世代居广西,比之后来者即为土著。这些人往往先得天时地利,占据了境内大部分平坦易耕之地。明清以后迁来的移民则多半出自粤湘闽赣四省,并以广东客家人为主。他们因迟来而不得天时地利,入桂以后很少能在平原立足,多数不得不移垦"僻处偏隅"的山区。而一批一批汉民的蜂拥而入,又无情地迫使原先世居其地的少数民族从平原退入深山。先到的土著、后来的客民与少数民族都在同一片有限的土地上求生存和发展。当客民初来而荒地有余的时候,土著居民多半取旁观态度,很少有人断断相争,迨移民日多一日之后,土地遂成为土客争斗的焦点,并由争斗而相仇视,相对峙,形成一种以方言、地域、宗族、姓界为划分彼己标准的特殊社会冲突。这种冲突因土客双方的势均力敌而得以强化和延续;又因土客双方的贫富分化而变得错综复杂。由此划出的界限,使众多客民常"不与村众为邻,筑屋另居,男女力作,不变乡音"[2] 而自成一团,既注重乡情族谊,又好勇斗狠,"一呼百诺,荷戈负锸而至,瞥不畏死"。[3] 一般地说,客民多贫苦,但也间有靠经商、放高利贷而富的地主,他们在土客冲突中常常把阶级矛盾与民族矛盾也带了进来。这就使土客矛

---

[1] 民国九年刊《桂平县志》卷二九。
[2] 梁廉夫:《潜斋见闻随笔》,《近代史资料》1955 年第 1 期,17 页。
[3] 同治十三年《浔州府志·风俗》。

盾从一开始就与多种社会矛盾交织在一起，互相牵动，愈演愈烈，造成了广西社会的动荡与分裂。

当广西社会日益走向动荡与分裂的时候，作为广西移民主要源头的广东和湖南两省，却在鸦片战争之后酿发着更尖锐的社会危机和更沉重的人口压力。五口通商以后，外贸中心北移，原来由广州至九江与湘潭的两条商路因之而急剧衰落。这一变化，把沿线近百万挑夫商贩及依附他们为生的人们驱入了失业的茫茫苦海之中。加上连续九年的洪涝重灾，又从农业中析出一部分不能糊口的人。在这种情况下，因鸦片战争而募集起来的数万广东壮勇一旦遣散，则"归根谋业者少，相聚为盗者甚多"。[1]湖南屡遭天灾之后，不少地方"堤垸尽溃"，"禾稼无收"，"惨遭饿毙和疫死者，不可胜计"。[2]下层社会因之而在困境中聚会呼应，"会党之多，人所共知"。与两广交界的湘南一带"万山丛薄，尤为匪徒卵育之区"。[3]在湘粤官府的缉捕之下，这些由饥民变为流民，由流民变为暴民的人们往往沿着熟悉的移民西迁路径向广西走去。一种记述说："自禁鸦片起衅，中国与泰西构兵。广东召募乡勇，防守海滨。军务平，遣散之勇，半系无业游民，流入广西，剽掠为生。"[4]另一种记述说："道光二十七年，粤西岁饥多盗，巡抚郑祖琛严檄捕治，不能骤戢。适有湖南叛民雷再浩扰至粤境，盗乃益肆，柳、庆、思、浔及南宁、梧州各郡尤甚。按察使劳崇光驰往督捕，南路稍平。二十九年，湖南新宁县民李沅发复作乱，窜及柳州、桂林。三十年四月，沅发逭回新宁，即就擒戮而粤贼复蜂起，有陈亚癸、颜品瑶、欧祖润、山猪箭等各率党羽数千，四路劫掠。此外未著名者尚数十股。"[5]武装起来的"乱民"大批涌入广西，是饥寒交迫之下一

---

[1] 转见《太平天国学刊》第四辑，399页。
[2] 《湖南省志》第一卷，《湖南近百年大事记述》，16页。
[3] 《曾文正公全集·奏稿》（一），岳麓书社1987年版，44页。
[4] 《粤寇起事记实》，《太平天国史料丛编简辑》第一册，中华书局1962年版，3页。
[5] 《平定粤寇纪略》，《太平天国资料汇编》第一册，中华书局1980年版，1页。

种特殊的人口迁移。但它又把外省的人口压力与尖锐社会矛盾一起带到了广西。于是，广西成为南中国种种矛盾的汇聚地。远在嘉庆年间，已有天地会众"潜入西省，与依山附岭种地之各省游民结伙抢劫，兼勾引东地愚民，或拜弟兄，或拜添弟"[1]之事，遂使广西拜会之风"日炽"，但在相当长的一段时间里，这种不宁的骚动还只是四散的潜流。由于自湘省入桂的雷再浩与李沅发都以天地会为号召，广西本来就有的天地会潜流在呼应之中"浸成燎然之势"。但由于天地会山堂纷多，其起事多半各自为战，旋起旋落，他们造成了一种声势，却未能聚成一种磅礴的力量。

当旧式的天地会以自己此起彼伏的暴动吸引了官府注意的时候，新式的拜上帝教却日益广泛地在广西穷乡僻壤中蔓延滋长。这种蔓延滋长又常常与土客矛盾缠绕在一起，并因而愈益产生凝聚力和感召力。洪仁玕后来回忆金田起义说，在洪秀全传教的过程中，发生过客家人与本地人的大规模械斗，往往致客家人屋宇被焚，无家可归。"在此患难中彼等央求拜上帝会徒之庇护，此时拜上帝会徒人数约有三千，散居于各县。客家人甘愿遵守教规典礼因而避去仇人之攻击，且得物质之接济。"随后，"不特有患难之村民，而且有被官兵击败之贼匪，均视拜上帝会为逋逃薮，老幼男女，携眷挟财产大队加入"。这种情况，反过来又增固了洪秀全用拜上帝教为人间造天堂的雄心。后来久被历史学家评说的"近世烟氛大不同，知天有意启英雄"一诗正是在这个时候做成的。自为数众多的客家人依附洪秀全之后，金田起义之势始为增大。虽说土客壮瑶都参加了金田起义，但在传教转为起义的过程里，客家人无疑是此中的中坚。首义诸王当中除了萧朝贵之外，洪、冯、杨、韦、石都是原籍广东的客家人。而孕育出金田起义的紫荆山地区烧炭耕山之民，全部是从广东迁来的客家人。有人因此而

---

[1]《清宣宗实录》卷十二。

称客家人是拜上帝会之母。后人读史,容易从这一脉络想见人口西迁与金田起义之间的联系。

太平天国从广西揭竿而起到涌入两湖,浩浩荡荡地顺长江而下,借助的也是当时中国人口压力下的社会动荡。当他们进入湖南以后,"土匪之迎降,会匪之入党,日以千计",[1]"凡入添弟会者,大半附之而去"。[2]长江中下游平原地区庞大的过剩人口,为天父天兄的圣库制度和平等精神所吸引,成为太平军源源不断的兵源。比之广西一隅,其数目又要大得多。因此,初出广西时的一二万"老兄弟",到攻克武汉后已猛增为五十多万,而建都天京时已号称二百万人以上。其间大部分都是"新兄弟"了。于是而有与北京朝廷对峙十四年之久的另一个政权。

清代人口西迁由富饶的四川盆地,一变为山高林密的川陕楚山区,由川陕楚山区再变为贫瘠的桂滇黔三省,时间愈后,迁入地域的自然环境越差,而迁出地域的人口压力愈见增大,与此相伴随,政府当局对迁移的控驭力则越来越弱。所以人口迁移的社会效果呈现一种明显的递减趋向。在这个过程中,历尽苦难的人们便非常自然地成为一种不安定的社会力量;但在异乡找到了自己生活空间的移民,则多半成了一种有序的社会力量。因此,川陕楚山区与桂滇黔三省爆发的白莲教与太平天国起义,使清代二百多年的统治由盛而衰,由衰而危。而同样接纳过大批移民的川湘两省,则为朝廷提供了剿灭农民起义的人力物力,挽救了王朝危机。人口西迁与近代中国社会新陈代谢的关系令人感叹和深思。

(1994年)

(附记:本文由张景岳、唐克敏提供初稿)

---

[1]《江忠源遗集》卷一《致刘霞仙书》。
[2]《曾国藩全集·奏稿》(一),44页。

世运盛衰中的学术变趋

自明清易代后,曾经鼓荡起伏于宋明之世的学风和士气在不长的时间里便余波消歇了。接踵而起的是一个没有议论的时代。章太炎后来统括而言之曰:"清世理学之言,竭而无余华;多忌,故诗歌文史桔;愚民,故经世先王之志衰。家有智慧,大凑于说经,亦以纡死,而其术近工眇踔善矣。"[1]这个过程使读圣贤之书的士大夫们在精神上日趋蜷缩,并越来越远地疏离了二千年儒学涵育出来的担当世运之气。

一

清代早期的士大夫当中产生过不止一个循吏和名儒,他们的私德都是经得起后人评说的。康熙年间由江苏巡抚迁礼部尚书的汤斌一生恪守天理人欲之界,风骨棱棱,被称作"清兴以来,八座之中一人而已"。[2]但当他与君权离得很近的时候,又会不知不觉显出气馁。康熙二十六年夏,灵台郎董汉臣应诏上书,"指斥时事,语侵执政,下廷

---

[1]《检论》卷四《清儒》,《章太炎全集》(三),上海人民出版社1984年版,473页。
[2]《郎潜纪闻初笔二笔三笔》(下),671页。

议"。作为一个君子儒，汤斌同情董汉臣。[1]而在皇帝的"诘问"面前，他却缺乏足够的胆气去评论"时事"和"执政"，把应当说出来的话都咽了回去。遂以"词多含糊"、"遮饰具奏"，成为一场宫廷官司里的懦弱者。这种天威俯视下的拘谨畏惧，与宋明之世的儒者气象已经显然不同了。

儒学尊君，但儒学中的优秀人物又常常怀抱一种自觉的师道意识。宋儒程颐受命做讲官，曾上《论经筵劄子》，非常明白地向皇帝争师道：

> 人主居崇高之位，持威福之柄，百官畏惧，莫敢仰视，万方承奉，所欲随得。苟非知道畏义，所养如此，其惑可知。

在人间的纲纪之中，天泽分严而不可度越，皇帝是至尊者；但在"德义"和圣人之教面前，则君心有待启沃，皇帝并不是天然的至尊者。因此，事关师道，人主应当有起敬之心：

> 臣以为，天下重任，惟宰相与经筵：天下治乱系宰相，君德成就责经筵。由此言之，安得不以为重？[2]

这些议论以从容意态表述了一派尊严，直露出儒学精神中敢于规范君权的一面。所以，程颐进讲，"色甚庄，言多讽刺"，每"以师道自居"：

> 闻帝在宫中盥而避蚁，问："有是乎？"帝曰："有之。"颐曰："推此心以及四海，帝王之要道也。"帝尝凭槛偶折柳枝，颐正色

---

[1]《清史稿》第33册，9933页。
[2]《二程集》第二册，中华书局1981年版，539—540页。

曰："方春时和，万物发生，不可无故摧折。"帝不悦。[1]

程颐是一个理学家，理学家多半可敬而不可亲。于是而有"帝不悦"。柳枝的故事也因此而成为一个话柄，被人用来讥嘲宋儒的迂腐。这种讥嘲当然反映了一面的道理。但若以程颐的怀抱来理解程颐的讽谏，则可以从另一面体验到迂腐与师道有时候是掰不开来的。在局外人看到迂腐的地方，往往是局中人守护师道的苦心所在。

自汉唐以后，像程颐这样在君权面前辞色毕露地力争师道的人并不多。但儒学的师道意识是从孔子和孟子那里一脉传来的，因此，能够读懂孔孟之书的知识分子都会久受浸润，并在心里执守这种意识。另一个理学家朱熹在一封信中评点汉唐帝王说：

> 老兄视汉高帝、唐太宗之所为而察其心，果出于义耶？出于利耶？出于邪耶？正耶？若高帝私意分数犹未甚炽，然已不可谓之无。太宗之心则吾恐其无一念之不出于人欲也。直以其能假仁借义以行其私，而当时与之争者才能知术既出其下，又不知有仁义之可借，是以彼善于此而得以成其功耳。若以其能建立国家，传世久远，便谓其得天理之正，此正是以成败论是非，但取其获禽之多而不羞其诡遇之不出于正也。千五百年之间，正坐如此，所以只是架漏牵补过了时日。其间虽或不无小康，而尧、舜、三王、周公、孔子所传之道，未尝一日得行于天地之间也。[2]

他以自己心中的尺度来衡量汉高祖和唐太宗，显然自信"尧、舜、三王、周公、孔子所传之道"是自己懂得更多。比之程颐，尤见其不肯多让。

---

[1] 《续资治通鉴》第五册，中华书局1957年版，1994页。
[2] 《朱文公文集》，《四部丛刊初编缩印本》卷三十六，579页。

程颐和朱熹都是理学精神最有资格的代表。他们的师道意识出自于"为天地立心,为生民立命,为往圣继绝学,为万世开太平"[1]的理想,归宿则在于儒者的天下国家之责。从宋代到明代,理学流布天下,成为中国文化的主流。虽然其间曾有过程朱与陆王的互歧,但儒学的理想和儒者的天下国家之责却一以贯之地传承于这六百年之间;并以主流文化的感染力影响了越来越多的知识分子。与这个过程相伴的,是知识分子的士气日益高涨。

用儒学的理想来度量并不合乎理想的时政,一定会产生批评。而儒者的天下国家之责则成为一种内存的动力,驱使读书人把批评发为朝廷的谏争和在野的议论。在中世纪中国,知识分子的士气大半是从谏争和议论中涌出来的。明代君主动辄用廷杖来对付言路,但"血溅玉阶、肉飞金陛"之下也出现过一个一个不肯在箠楚面前低头的人。这种勇气里含有那个时候的知识分子在悬杖下的儒学思考。写过《呻吟语》的吕坤说:

> 天地之间惟理与势为最尊。虽然,理又尊之尊也。庙堂之上言理,则天下不得以势相夺。即相夺焉,而理则常伸于天下万世。故势者,帝王之权也;理者,圣人之权也。帝王无圣人之理则其权有时而屈。然则理也者,又势之所持以为存亡者也。以莫大之权,无僭窃之禁,此儒者之所不辞,而敢于任斯道之南面也。[2]

与宋儒相比,明儒与君权之间有着更多的隔阂。虽说吕坤并不是那个时代最有思想影响的人物,但他用"势"与"理"来分辨"帝王之权"和"圣人之权",则无疑代表了以廷争对抗廷杖的人们心头共有的信念。因此,明世士气屡经摧锄而起落跌仆,"敢于任斯道之南

---

[1] 这段话是张载说的,但反映的却是宋儒共有的精神。
[2] 《呻吟语》,学苑出版社1993年版,79页。

面"的儒学中人却后继不绝。天启一朝首尾不过七年,而士大夫因廷争之罪由庙堂入诏狱,由诏狱致折肱断骨,残身绝命者已经前后相接,累累成群:

> 初,魏忠贤乱政,首攫祸杖死者,万燝也。后因汪文言狱逮死者六人:杨涟、左光斗、魏大中、袁化中、周朝瑞、顾大章。后因李实诬奏逮死者七人:则周起元、周顺昌、高攀龙、李应升、黄尊素,并先逮周宗建、缪昌期也。以吏部尚书遣戍遇赦,为逆党所抑,卒死于戍所者赵南星,以争挺击首功为逆党论劾逮死狱中者王之寀,各有传,共十六人。他如刘铎之以诗语讥讪弃市;夏之令以阻挠毛帅逮死,苏继欧、丁乾学、吴裕中、张汶、吴怀贤或缢死、怖死、仰药死、杖死,皆以逆珰死者也。[1]

这些人大半都是那个时候的社会精英。他们面对附生于君权之中的阉祸,用自己的生命表达了儒学精神中慷慨激昂的一面,并在身后留下了长久的光彩。左光斗被逮之日自度必死,勉其弟曰:"率诸儿读,勿以我戒,而谓善不可为",[2]全无一点彷徨气沮之意。在他待死于牢狱之中的最后一段日子里,史可法曾潜入探视:

> 至左公处,则席地倚墙而坐,面额焦烂不可辨,左膝以下筋骨尽脱矣。史公跪抱公膝而呜咽,左公辨其声,而目不可开,乃奋臂以指拨眥,目光如炬,怒曰:"庸奴,此何地也,而汝来前。国家之事,糜烂至此,汝复轻身而昧大义,天下事,谁可支持者?不速去,无俟奸人构陷,吾即先扑杀汝!"因摸地上刑

---

[1] 吴应箕:《熹朝忠节死臣列传》,转引自《明代特务政治》,群众出版社1983年版,390页。
[2] 《冷庐杂识》,中华书局1984年版,258页。

械,作投击势,史噤不敢发声,趋而出。后常流涕述其事以语人曰:"吾师肺肝,皆铁石所铸造也。"[1]

左光斗以担当世运之气"务为危言覈论",在皇帝面前为天下争善恶是非,[2]并因此而得祸。但当他备受榜掠,体无完肤之后,托付给心中传人的"国家之事"和"天下事"里仍然是一片担当世运之气。史可法后来以一介书生督师抗清,苦守危城,力竭被俘,从容授命,其间未尝没有老师留给学生的精神感召。

在近代国家观念产生之前,国家一词是用社稷做诠解的。时当一姓之天下,能够维系国家而代表社稷的只有一个君主。因此,儒学崇尚"忠君",其忠忱所托的对象大半是一种国家和社稷的人格化,而并不尽在时君的一人一身。[3]由此划出来的一片空间,保留了忠君的知识分子批评一个一个的人间帝王的权利。这种意思,宋儒称为"正君"。自理学作始之初起,为后世开风气的人们就曾用力发擿此中意蕴,并亢然引为己任。[4]知识分子能够批评帝王,是因为君位与圣人之教是分开来的两种东西。但对于君权来说,批评所代表的又是一种限制。所以,在此后的六百多年里,知识分子的士气鼓荡常常会直接或间接地造成君权与士大夫之间的紧张。从宋代到明代,君权日趋而日尊,天子的敬惮之心也越来越少。立意"正君"的人们便常常要为议论付出自己的鲜血。然而士大夫手中的圣道并不是从帝王那里得来的,因此,即使是廷杖和诏狱也不能把圣道从士

---

[1] 顾公燮:《消夏闲记摘抄》,转引自《明清之际党社运动考》,中华书局1982年版,55—56页。
[2] 《明史》第21册,中华书局1974年版,6331—6332页。
[3] 陈寅恪作《王观堂先生挽词》,前有序文一篇,论及王国维死因,有谓"所殉之道,所成之仁,均为抽象理想之通性,而非具体之一人一事"。他所说的正是儒学中的这一层意义。但这一层意义在论史的时候又常常容易被人漠视。
[4] 《二程集》第二册,538页。

大夫的手里剥夺殆尽。于是，廷杖和诏狱之后，圣人之教还会继续酿发出士人的讽议和批评。出现于明代最后一段岁月里的黄宗羲无疑是其间走得最远的人。他在《明夷待访录》一书中直言人君"以我之大私为天下之大公"，[1]由此表露出来的沉痛和愤激在当时和后世都具有足够的震撼力。正像廷杖代表了君权的极端一样，《明夷待访录》代表了儒学知识分子批评君权的极端。就君权与士大夫之间的紧张而言，后者正是前者的直接对应物。追寻中国古代民主思想萌蘖的人们后来常常热烈地评赏《明夷待访录》，并总想在其中引发出一点反封建的深意来。其实，黄宗羲不是一个儒学的异端，而是"嗣轨阳明"，接理学之绪余的大儒。虽说他在批判君权的时候以独有的尖锐和峭刻表现了鲜明的个性，但作为一个从理学时代的思想环境中产生出来的人物，他的情感和理路与前代儒者规范君权的师道意识之间又有着一种可以辨识的心心相印。[2]因此，就其本来意义而言，《明夷待访录》里的放言正代表了宋明之世知识分子批评精神的最后一阵隆隆潮音。

清儒很少有师道意识，他们在另一种世路中趋入了另一种士风。康熙一朝曾宏奖理学，而能够真知理学批评精神的前朝遗民则多怀种族之痛，漠漠然视新朝。是以热心在帝王身边侍讲的便只剩下一些专以理学邀宠的小智小慧者了。他们帮助皇帝做成过卷帙可观的"御纂诸经"，而理学关怀世运的一面却从此日渐萎蕤。当前朝的遗民一个一个离开人世之后，接下来的漫长岁月是一个文祸绵延的时代。

清代因文字获罪起始于对明清之际那一段历史的著述和评论。叙史传播的种族之见触痛了尚未愈合的满汉创口，种族之见也就此成为文字狱长久追究的一个题目。由此产生的残酷和霸蛮，常常给

---

[1]《明夷待访录》，中华书局1981年版，2页。
[2]《明夷待访录·原臣》："出而仕于君也，不以天下为事，则君之仆妾也；以天下为事，则君之师友也。"其说与程颐颇近。黄宗羲痛贬君权，而明亡之后，又终身以故国遗民自处，社稷之思至死未泯。其苍凉心事适以见儒者忠君之念终难以去怀。

世运盛衰中的学术变趋

人以非常深刻的印象。雍正六年,湖南人曾静懵懵然投书大吏岳锺琪,以种族之说策动他造反。经穷治之后,这件事又牵出了浙江人吕留良。虽说此时吕留良已经死去四十五年了,但被雍正称作"逆物"的曾静却是由他留下的著作点化出来的。所以,"曾静之谤讪,由于误听流言;而吕留良则自出胸臆,造作妖妄。是吕留良之罪大恶极,有较曾静为倍甚者也"。[1] 这种以此量彼的比较,说明了雍正心里是把制造思想的人看得比传播思想的人更可怕,吕留良也因此而成为一个须由天子亲自动手力施笔伐的罪人了。然而吕留良的种族之界来自孔夫子的夷夏之辨,雍正能够批判吕留良,却不能批判孔夫子。于是其挞伐之辞便常常绕过夷夏之辨,转入君臣纲纪和礼义廉耻:

> 当流寇陷北京时,吕留良年方孩童。本朝定鼎之后,伊亲被教泽,始获读成立,于顺治年间应试得为诸生。嗣经岁科屡试,以其浮薄之才,每居高等,盗窃虚名,夸荣乡里。是吕留良于明毫无痛痒之关,其本心何曾有高尚之节也。
>
> 且吕留良动以理学自居,谓己身上续周程张朱之道统。夫周程张朱,世之大儒,岂有以无父无君为其道,以乱臣贼子为其学者乎!此其狎侮圣儒之教,败坏士人之心,真名教中之罪魁也。[2]

这些话虚实参半,着力于把吕留良刻画成一个假遗民。其辞缺乏说理的深刻,却具有足够的机巧。比之就思想论思想的辩驳,一个假遗民的形象无疑更容易毁掉吕留良的人品;也更容易毁掉吕留良留给后人的耿耿孤愤和血性文字。方吕留良以夷夏别满汉之日,曾说过"今欲使斯道复明,舍目前几个识字秀才,无可与言者"。[3]他把一腔心事托

---

[1] 《清代文字狱档》下册,上海书店1986年版,908页。
[2] 同上书,905、908—909页。
[3] 转引自《清代通史》上册,中华书局1986年版,924—925页。

付给了天下士子。雍正用满纸憎恶痛诋吕留良的人品,着眼的也是天下士子。因此,他喜欢把文字狱的场面做得很大。雍正八年,"刑部等衙门会议"后,合词陈奏:"吕留良应挫尸枭示,财产入官;伊子吕葆中曾叨仕籍,世恶相济,前此一念和尚谋叛案内连及吕葆中,逆迹彰著,亦应挫尸枭示;吕毅中应拟斩立决;伊子孙并兄弟、叔伯、兄弟之子及女、妻、妾、姊妹、子之妻、妾,应行文该督查明,按律完结。并行知各省、府、州、县,将大逆吕留良所著文集、诗集、日记及他书已经刊刷抄录者,于文到日出示遍谕,勒限一年,尽行焚毁。"这种剿洗异路思想的严酷手段本是从雍正的诏书里揣度出来的,但雍正犹嫌未能得其旨要。他更想借吕留良的尸骸做教具,向每个读书人昭示思想和文字出界之后带来的家破人亡。所以,雍正把"刑部等衙门"的廷议布告天下,富有创意地叫每个读书人都来裁决吕留良:

  朕思吕留良之罪,从前论旨甚明,在天理国法,万无可宽。然天下至广,读书之人至多,或者千万人中,尚有其人谓吕留良之罪不至于极典者。朕慎重刑罚,诛奸锄叛必合乎人心之大公,以昭与众弃之之义。

这些话因虚伪而显得阴险。但天下士子却因此而不能不在朝廷和吕留良之间做公开的选择:

  著将廷臣所议行文直省学政,遍行询问各学生、监等,应否照议将吕留良、吕葆中剉尸枭示,伊子吕毅中斩决,其所著文集、诗集、日记及他书已经刊刻刷印暨抄录者尽行燔毁之处,著秉公据实,作速取具该生、监等结状具奏。其有独抒己见者,令其自行具呈,该学政一并具奏,不可阻挠隐匿。[1]

---

[1]《清代文字狱档》下册,953—954页。

虽说诏书允许"独抒己见",但刀锯迫视之下的思考产生出来的只能是恐惧。当恐惧汩没士气之后,读书人的思想便呈现出了一种虚假的同一。至雍正十年,各地奏报已先后送来,都说"所属读书生、监,各具结状,咸谓吕留良父子之罪罄竹难书,律以大逆不道实为至当。并无一人有异词者"。[1]人人都接受了由刑法界定的思想是非。这正是雍正一心期待的结果。与"普天率土之公论"相比。此后吕氏家族的破棺戮尸、杀头充军其实都已经是次一等的事了。

中国知识分子的种族意识是从儒学里演绎出来的。作为一种文化观念,它们与儒学旨义中的其他部分又有着内在的同一性,并会因这种同一性而彼此牵动,由一个命题引出另一个命题。那个以夷夏之辨策动岳锺琪造反的曾静,在另一个地方说过:"皇帝合该是吾学中儒者做,不该把世路上英雄做,周末局变,在位多不知学,尽是世路中英雄,甚至老奸巨滑,即谚所谓光棍也。"按他的心愿,孔子、孟子、二程、朱熹、吕留良都应该做皇帝。[2]用君权的眼光审视,这些话里的意思显然更"悖逆"。因此,以读书人为对手的文字狱虽从究治种族之见开始,而一旦罗网张开,其范围一定会超出种族之见。雍正七年,主持边地军务的锡保奏告广西人陆生枏作《通鉴论》,"抗愤不平之语甚多";另一个广西人谢济世"注《大学》,诽谤程朱"。这两个人原本都是京官。谢济世因弹劾一个大吏而被雍正目为结朋党以"扰乱国政";陆生枏则由于和谢济世同属广西籍,在雍正看去平日必有"结为党援之处",遂一同革职,"发往军前效力"。他们既已自愿入仕,心头当然不会再有种族芥蒂,而且一个读史,一个注经,做的都是与圣贤对话的事业。然而不知不觉之间读史和注经都出了毛病,使他们被一个武人举劾,与吕留良一样被收进了文字狱。因为他们在文祸临头之前已有前科,是雍正的旧识,所以本来寻常的文字,雍正都能联想前后,

---

[1] 《清代文字狱档》下册,965—966页。
[2] 见《大义觉迷录》卷二,转引自《雍正传》,人民出版社1985年版,231页。

读出些别有用心的含义来。比如锡保举发谢济世"诽谤程朱",说的其实都是外行话,但到了雍正手里则意思又深了一层:"朕观济世所注之书,意不止谤毁程朱,乃用《大学》内'见贤而不能举'两节,言人君用人之道,借以抒写其怨望诽谤之私也。其注'有拒谏饰非,必至拂人之性,骄泰甚矣'等语,观此则谢济世之存心,昭然可见。"[1]比起"谤毁程朱"来,雍正更留心搜寻的是文人谤毁君主的心迹。然而他所摘举出来当作罪证的东西半是经义中的原文,半是读经所得的体会;把这些东西与"怨望诽谤"连在一起,显出来的是一种不可知和不可测,以文字致罪也因此而越益使人感到可怕。儒学经典中的很多章句都是说给人君听的,其用意大半在于警诫。读书人以"明道"为正路,学问和思想的起点即在这些章句之中。所以,沿着圣贤的话头讲下去本是非常自然的事。但谢济世以自己的祸难向天下士人说明,圣贤留下的道理当中也包藏着许多为时君所忮忌的东西,涉笔其间,便会成为一种危险。人人都怕靠近祸难。于是,在趋避危险的过程中,读书人与儒学精神的义理一面也离得越来越远了。

与注经相比,论史需要更多的创见,也更容易捕捉出能够立罪的文辞。因此,雍正对写了《通鉴论》的陆生枏尤觉痛恶。他作过一篇四千多字的上谕,专门批诘《通鉴论》,而包裹于这个篇幅里的则是满腔愤怒。陆生枏读的是历史,议论的都是《资治通鉴》里的故事,这些东西与雍正那个时代至少相隔了九百多年。然而用心读去,他所谈到的许多题目都使雍正想到了自己:"其(陆生枏)论人主云:'人愈尊,权愈重,则身愈危,祸愈烈。盖可以生人、杀人、赏人、罚人,则我志必疏而人之畏之者必愈甚。人虽怒之而不敢泄,欲报之而不敢轻,故其蓄必深,其发必毒'等语。人主身为天子,富有四海,自尧舜禹汤以来,一人有庆,兆民赖之,岂有位尊而即危祸者乎?至于生杀赏罚,人

---

[1] 转引自《明清史讲义》下册,中华书局1981年版,556页。

主皆奉天命天讨以行之；其生杀赏罚者，皆其人之自取耳。"陆生枏的议论以普遍性为本意，而雍正却处处都要追究出具体性：

> 朕临御以来，日理万机，皆奉若天道，因物以付，未尝以己意生杀人，赏罚人。而陆生枏为畏之、怒之、报之说。试问在廷诸臣，朕自雍正元年以来，曾因藩邸旧人而擢用者何人？曾因当时宿怨而治罪者何人？且朕从前与外廷之人毫无恩怨，又何所庸其畏，何所庸其怒，何所庸其报哉！
>
> 又云虽怒之而不敢泄，欲报之而不敢轻，乃陆生枏自述其心也明矣。虽蓄怒而不敢显言，是以托于论列《通鉴》，以微泄其愤，又怨而欲报，欲报而不能，但以身危祸烈等语肆为咒诅，其逆谋发露，公然形于纸笔矣。

雍正写了那么多话，而笔下流泻出来的不过是一股帝王的霸气。从孔夫子以来，读史的意义就在于能够引发议论，从前人的行迹中讨求是非成败之理。在陆生枏之前，也以《通鉴》为题作过史论的王夫之说："取古人宗社之安危，代为之忧患，而己之去危以即安者在矣；取古昔民情之利病，代为之斟酌，而今之兴利以除害者在矣。得可资，失亦可资也。同可资，异亦可资也。故治之所资，惟在一心，而史特其鉴也。"[1]因此，论史总是危惧之词多而谀颂之词少。就儒学本意而言，危惧表达的正是一种深沉的关切。但雍正与儒学精神的这一面很难沟通，他更执著地把读史所得看作是读史人"自述其心"，并且一意要从他们的危惧之词里剥出"狂悖恶乱"。显然，这些推理都是作论的陆生枏所料想不到的。除开"论人主"之外，经雍正从《通鉴论》中摘举出来，并归为一类的"悖逆"论题还有另外七个。它们加在一起，彰

---

[1]《读通鉴论》，中华书局1975年版，1114页。

显了以文字触怒君主的"罪大恶极,情无可逭",陆生楠因之而被"军前正法,以为人臣怀怨诬讪者之戒"。[1]陆生楠因认真读史而获心得,因读史有得而人头落地。他以自己个人的悲哀向世人显示了史学的悲哀。在一个没有政治学的时代里,史学曾培植灌溉了中国知识分子的政治意识,并以兴亡、安危、利病使他们与国家社会相维系。因此,有经世之心的知识分子总是在精神上与史学靠得很近。然而文字狱以实例演示了读史论史招来的杀身之祸。史学沾上了斑斑血迹,遂使史学成为一种不可亲近的东西。从这个时候起,18世纪的中国很少有人再用陆生楠那样的态度去读历史了。保留于历史记述中的"关国家盛衰,系生民休戚,善可为法、恶可为戒"[2]的政治意识也随之而日见淡漠。

雍正以君权的力量改变了那个时候的士气和士风。但就个人学识而言,他对儒学其实懂得并不多,他更喜欢的倒是佛典。因此,在待罪的读书人面前,他所撰作的批判文字常常显得辞不达意,肤浅浮躁,使人不明不白,最后只能靠杀气解决问题。与之相比,乾隆对儒学无疑要内行得多,从言论里编织出罪状的手段也更见老辣。出现于乾隆四十六年的尹嘉铨一案由小题目引出种种大议论,尤能见其用心之深鸷。

尹嘉铨本是一个致休京官,然而心头那一点与名利相关的热衷却老是息不下来。所以,当乾隆西巡之际,他愤愤然在半路上递折,"为父请谥",又"请将伊父从祀文庙"。这些乞请因痴迷而出格,不知不觉中已经把手伸入皇帝最疑忌的地方了,乾隆称为"丧心病狂,实出寻常意料之外",并直截地联想到"尹嘉铨如此肆无忌惮,恐其平日竟有妄行撰著之事"。与"请谥"、"从祀"相比,他更容不得"撰著":"如果

---

[1]《十朝东华录》,光绪二十五年石印本《雍正·十五》,34页b—35页。
[2]《进书表》,《资治通鉴》,中华书局1956年版,9607页。

有狂妄字迹诗册及书信等件，务须留心搜检，据实奏出。"[1]于是，从尹嘉铨孜孜矻矻写出来的文稿中轻易地寻出了许多可以定罪的句子。在清代文字狱众多的受害人里，尹嘉铨是被自己的热衷驱着走进罗网的。这种无意间得来的奇祸多少显得有点可笑，遂使他在后人笔下受到的奚落多，同情少。但自乾隆看去，尹嘉铨用文字记录下来的私议里多袤慢僭妄，不少话题事关君臣名分，尤触痛了自己心头最碰不得的东西。因此，他决不肯轻轻放过。然而尹嘉铨评判是非的标准是以儒学命题为源头的。乾隆对这一点看得明明白白。是以他对尹嘉铨的痛挞也随之而深入到儒学的肌理之中，成为一个用帝王私意重新诠释儒学命题的过程。在这种地方，乾隆比雍正更多自信，也更多悍气。他说：

> 朋党为自古大患。我皇考世宗宪皇帝御制《朋党论》，为世道人心计，明切训谕。乃尹嘉铨竟有"朋党之说起而父师之教衰，君亦安能独尊于上哉"之语。古来以讲学为名，致开朋党之渐，如明季东林诸人讲学，以致国是日非，可为鉴戒。乃尹嘉铨反以朋党为是，颠倒是非，显悖圣制，不知是何肺肠。且其书又有为帝者师之句，竟俨然以师傅自居。无论君臣大义，不应如此妄语，即以学问而论，内外臣工各有公论，尹嘉铨能为朕师傅否？昔韩愈尚言：自度若世无孔子，不应在弟子之例，尹嘉铨将以朕为何如主耶！[2]

乾隆以"明季东林诸人"为比，把朋党看作是由"讲学"派生出来的大患。他所不能容忍的显然是知识分子以讽议相呼应的批评精神。东林人物当天下滔滔之际起而讲学，本意在于"卫道救时"。在他们身上，

---

[1]《清代文字狱档》下册，555、559页。
[2] 同上书，590页。

被称作"朋党"的东西是与儒学的济世之心连在一起的。然而从君权看过去，读书人因济世而讲学，因讲学而聚汇，因聚汇而议论，因议论而批评，正是一种人主无法驾驭的力量。这种力量能够与朝廷立异同，所以尹嘉铨为"朋党"辩公道的那些道理在乾隆脚下都成了被践踏的东西。

由朋党深入一层，遂及师道。虽然君临天下的人很少喜欢知识分子的师道意识，但只要他们还不能把"尧、舜、三王、周公、孔子所传之道"化为一己私有之物，则代表了圣人之教的知识分子群体仍然是天下师道之所在。因此，像乾隆那样操笔犹如操刀一般着力诛杀师道的皇帝还没有过。在这一点上，乾隆用文字显示了比明代廷杖更厉害的独尊之心。他以"君臣大义"排拒师道，取的是儒学中的一面之词。孟子说过另外一面："汤之于伊尹，学焉而后臣之，故不劳而王；桓公之于管仲，学焉而后臣之，故不劳而霸。"〔1〕从那个时候起，伊尹、管仲就成了一种象征。虽说这些故事与18世纪的中国已十分遥远了。然而这些故事又是读书人非常熟悉的。它们保留在四书五经之中，使乾隆痛挞尹嘉铨的千钧霹雳常常要打到孔庙里正在受用祭祀的先圣和先贤头上。当他"即以学问而论"，与尹嘉铨比长短的时候，显出来的是非常明白的蔑视。但他的话又是讲给天下读书人听的，每个人都能从这里体会到人主面前已无师道。中国知识分子规范君权的意识于是乎一天比一天委顿。

在乾隆朝的文字狱里，比朋党和师道更富有深度的题目是"名臣"。尹嘉铨编过一本《名臣言行录》，"胪列"的高士奇、高其位、蒋廷锡、鄂尔泰、张廷玉、史贻直等等都是与他同一个朝代的人物。乾隆说：

> 至名臣之称，必其勋业能安社稷方为无愧。然社稷待名臣而

---

〔1〕《孟子正义》上册，中华书局1957年版，154页。

> 安之,已非国家之福。况历观前代,忠良屈指可数而奸佞则接踵不绝,可见名臣之不易得矣。朕以为本朝纪纲整肃,无名臣,亦无奸臣。何则?乾纲在上,不致朝廷有名臣奸臣,亦社稷之福耳。乃尹嘉铨竟敢标列本朝名臣言行录,妄为胪列,谬致品评,若不明辟其非,将来流而为标榜,甚而为门户、为朋党,岂不为国家之害、清流之祸乎?

这些话训诫的是已经出仕和将要出仕的知识分子。名臣体现了儒学的一种理想人格。因此名教中的知识分子都不能忘情于名臣。然而乾隆用另一副眼光去看,在名臣身上见到的却是君权的衰弱。与前代帝王相比,这种眼光的深刻和雄猜都是十分独到的。每个时代的名臣,都是那个时代里以天下为己任的人。儒学涵育出来的士气尽在于以天下为己任之中;乾隆视名臣为不祥之物,心中疑忌的也在于以天下为己任。所以,他在骨子里非常不喜欢鼓荡士气的宋儒,并由尹嘉铨上溯,与六百年前的程颐做过论辩:

> 昔程子云天下之治乱系宰相,此只可就彼时朝政阘冗者而言。若以国家治乱专倚宰相,则为之君者不几如木偶旒缀乎?且用宰相者非人君其谁为之?使为人君者深居高处,以天下之治乱付之宰相,大不可;使为宰相者居然以天下治乱为己任,而目无其君,尤大不可也![1]

自两汉以来,一代一代的知识分子都能够在中国社会里找到自己的位置。但乾隆却以虎视之态把四海治乱,生民利病划出读书人的思考范围,森森然剥夺了儒学赋予读书人的悲天悯人之权。从这个时候起,

---

[1]《清代文字狱档》下册,597—598页。

知识分子群体便无法找到自己在社会中的位置了。他们在恣睢的君权面前一点一点地变得奄奄无气。有人记录过 18 世纪中一个读书入仕者的始末，以几个细节描述了文字狱下士人的跌仆和难堪：

> 乾隆癸未岁，杭州杭大宗（世骏）以翰林保举御史，例试保和殿，大宗下笔为五千言。其一条云：我朝一统久矣，朝廷用人，宜泯满、汉之见。是日旨交刑部，部议拟死。上博询廷臣，侍郎观保奏曰：是狂生，当其为诸生时，放言高论久矣。上意解，赦归里。
>
> 乙酉岁，纯皇帝南巡，大宗迎驾，召见，问汝何以为活？对曰：臣世骏开旧货摊。上曰：何谓开旧货摊？对曰：买破铜烂铁，陈于地卖之。上大笑，手书"买卖破铜烂铁"六大字赐之。
>
> 癸巳岁，纯皇帝南巡，大宗迎驾。名上，上顾左右曰：杭世骏尚未死么？大宗返舍，是夕卒。[1]

这个故事写照了帝王贱视斯文的顾盼自雄；也写照了有心报国的士人在失路之后的苍凉和气短。前者的顾盼自雄与后者的苍凉气短都说明：宋明六百年之间曾经有过的那种儒者气象已经变得遥远而且陌生了。

二

当明代的宗庙社稷在天下板荡中分崩离析之后，中国人的学术思想也正在发生变化。

儒学以修己治人为宗旨。由前一面言之，则不能不正自己的心；由后一面言之，则不能不正别人的心。因此，人心始终是儒学关怀的

---

[1]《龚自珍全集》，161 页。

一个大题目。朱熹曾经以"天理"、"人欲"来讲这个题目,王阳明接着朱熹,以"良知良能"来讲这个题目。就儒学思想的历史发展来说,从"天理"到"良知",曾为理学提供了能够延续气脉的东西。所以,力倡"致良知"的王学在一百多年里长久地影响了中国的社会思想。然而"良知"本质上是一种意志。它可以用棒喝唤起世人的道德自觉;也容易沿着"心上功夫"越走越远,一代与一代不同,衍生出面目全非的东西。时至晚明,一面是心学数传之后渐失本旨,"泰州之后,其人多能赤手搏龙蛇,传至颜山农、何心隐一派,遂复非名教之所能羁络矣"。另一面是心学笼罩下的士林风气日久而日趋空疏,"舍'多学而识',以求'一贯'之方"。[1]这个过程与明代最后一段岁月里的天崩地坼交织在一起。因此,经历了天崩地坼的那一代人在尘埃落定之后不能不从世运追究到学风,并向儒学传统重求复兴之路。于是理学便成为一种渐被非议的东西。

顾炎武说:"理学之名,自宋人始有之。古之所谓理学,经学也,非数十年不能通也。故曰:君子之于《春秋》,没身而已矣。今之所谓理学,禅学也,不取之五经,但资之语录,校诸帖括之文而尤易也。"[2]在明清之际那一辈大儒中,顾炎武是最鲜明地以经学来排拒"今之所谓理学"的人。同理学相比,经学代表了一个更加古老的时代和一种更加古老的学风。但在明人的浮虚已经走到尽头之后,经学的义疏博征之风却能够演绎出为儒学开新局的实证精神。乾嘉人物后来说:"有明一代,囿于性理,汩于制义,无一人知读古经注疏者。自梨洲起,而振其颓波。亭林继之,于是承学之士知习古经义矣。"[3]这种植根于"古经义"之中的实证精神强调的是"探讨本源"以"明六经

---

[1] 顾炎武:《答友人论学书》,转引自《饮冰室合集》,专集之三四,中华书局1989年版,8页。
[2] 《与施愚山书》,《亭林文集》卷三,22页a。
[3] 《国朝汉学师承记》卷八,中华书局1983年版,132页。

之旨"。时至17世纪,当日述经的文字和文理在二千多年岁月流逝之后已经羼入了后人的误读误解。顾炎武谓之"世日远,而传日讹"。[1] 他极信圣人留下的章句须经一番考据才能够字字读出本意,而后始可言理义。因此,其读书治学多以辨证绵密见功,"每一事必详其始末,参以证佐,而后笔之于书,故引据浩繁,而抵牾者少"。[2] 他以实证精神自别于流俗,也把实证精神带入了与"古经义"相关的许多专门学问;并留下了供人临摹引申的范例和方法,景从渐多之后,遂为后世的小学、音韵、校勘、辨伪、辑佚开先河。所以,在后来人的心目中,"国朝称学有根柢者,以炎武为最"。[3] 但顾炎武那一代人本以旧朝遗民而做清初大儒,他们在身世家国之变中由世运追究到学风,其学术思考不会不因之而表现出明显的经世意向。在他们的心里,从"详其始末,参以佐证"而得的学问最终都被纳入明道知耻、通经致用的怀抱:

> 所谓圣人之道者如之何?曰"博学于文",曰"行己有耻"。自一身以至于天下国家,皆学之事也;自子臣弟友以至出入、往来、辞受、取与之间,皆有耻之事也。耻之于人大矣!不耻恶衣恶食,而耻匹夫匹妇之不被其泽,故曰:"万物皆备于我矣,反身而诚。"呜呼!士而不先言耻,则为无本之人;非好古而多闻,则为空虚之学。[4]

在这些地方,他们与六百年以来的理学精神保持着一种截不开的相印和相通。是以与实证精神剥离不开的,还有"目击世趋,方知治乱之

---

[1] 《音学五书序》,《亭林文集》卷二,2a页。
[2] 《四库全书总目提要》卷一一九,子部杂家类三《日知录》。
[3] 《清史列传》第17册,5437页。
[4] 《亭林文集》卷三《与友人论学书》,26页。

关,必在人心风俗。而所以转移人心,整顿风俗,则教化纲纪为不可缺矣"。[1]他拳拳关注的人心和世风,也正是王阳明一生倾心倾力,不能去怀的东西。虽说顾炎武由痛诋王学而后自成一代宗师,然而他与王阳明一样,都是有心经世的人。因此,在儒学留给知识分子的天下国家之责面前,他们的人生信念里又有着人同此心,心同此理的一面。[2]这种学风嬗递之际的同一,保留了读书人与斯世斯民的一脉相通。

"古学之兴也,顾氏始开其端。"[3]在亲身经历了明清两个朝代的知识分子当中,顾炎武是对后世学术影响最大的人。但就儒学在清代一路演变的行迹而言,后来的知识分子并没有把他心中的意想全部接受过去。全祖望作《亭林先生神道表》,已援引时人之论慨乎言之曰:"宁人身负沉痛,思大揭其亲之志于天下,奔走流离,老而无子,其幽隐莫发,数十年靡诉之衷,曾不得快然一吐,而使后起少年,推以多闻博学,其辱已甚,安得不掉首故乡,甘于客死!噫,可痛也!"天崩地坼过去之后,清代康、雍、乾三朝为中世纪中国造出了最后一个盛世。"后起少年"多半不会再有遗民的那种沉痛,因此,"读先生之书者虽多,而能言其大节者已罕"。[4]这种由时间与空间造成的隔膜,使他们在读顾炎武的时候不容易体验"行己有耻"和"通经致用"中所含结的"遗民心怀"。而"行己有耻"和"通经致用"一旦失去了与时事相接的具体内容,也不能不在另一代人的眼里成为空泛的迂谈。乾嘉年间,钱大昕为《廿二史劄记》作序,非常明白地说过:"经以致用,迂阔刻深之谈,似正实非正也。"[5]可见,明清之际的大儒曾经

---

[1] 《亭林文集》卷四《与人书·九》,22b页。
[2] 梁启超说:"亭林是教人竖起极坚强的意志抵抗恶社会。其下手方法,尤在用严正的规律来规律自己,最低限度,要个人不至与流俗同化;进一步,还要用个人心力改造社会。我们试读亭林著作,这种精神几乎无处不流露。"(《梁启超论清学史二种》,158—159页,复旦大学出版社1985年版。)比照王阳明当日首创"致良知",其本旨也在于此。
[3] 汪中:《国朝六儒颂》,转引自《梁启超论清学史二种》,11页。
[4] 《鲒埼亭文集选注》,齐鲁书社1982年版,118页。
[5] 《廿二史劄记校证》下册,中华书局1984年版,886页。

注以心血的命题,在这个时候却已变得没有一点吸引力了。与钱大昕相比,写过《国朝汉学师承记》的江藩对顾炎武显得更为疏离。他说:

> 甲申、乙酉之变,二君(黄宗羲、顾炎武)策名于波浪砺滩之上,窜身于榛莽穷谷之中,不顺天命,强挽人心,发蛙黾之怒,奋螳螂之臂,以乌合之众,当王者之师,未有不败者矣。逮夫故土焦原,横流毒浪之后,尚自负东林之党人,犹效西台之恸哭,虽前朝之遗老,实周室之顽民。当名编薰胥之条,岂能入儒林之传哉?[1]

作为一个经学家,江藩不会不知道他用来对付经义的许多东西都是直接或间接受益于顾炎武的。[2]但他评述顾炎武的这段文字则纯是以柔顺奚落"行己有耻"的悲壮,醒目地显示了盛世文人与前朝遗民之间不可沟通的一面。

当"博学于文"远离了"行己有耻"、"六经之旨"远离了"通经致用"以后,明清之际蓬蓬然澎湃一时的思想嬗变就只剩下了以细密见长的实证精神。

就学术史自身的脉理而言,儒学既有"尊德性"的一面;也有"道问学"的一面。从宋人到明人,"尊德性"的一面曾绵延地辉煌了六百余年,"至于阳明良知之论,鞭辟近里,已达极度"。[3]"极度"是理路的巅峰,也是理路的止境。出现在巅峰和止境后面的实证精神因之而成为一种转换,它所代表的儒学中"道问学"一面在长久沉寂之后遂为天下学术别开生面。实证精神内含的这些历史合理性,使它能够以学术本身的力量吸引一批一批的学问中人;而文字狱造成的触笔

---

[1] 《国朝汉学师承记》卷八,133页。
[2] 参阅钱穆:《中国近三百年学术史》上册,中华书局1986年版,320页。
[3] 同上书,9页。

即犯时讳，又会使原本别有抱负的英达之士自愿或不自愿地走入实证精神里，去亲近这种用不着议论的学问。于是，以考据为功夫的实证和博征便挤挤插插地汇聚了那个时候的大知识分子和小知识分子，在经学、朴学、汉学、古学、实学的名目之下蔚为一时显学。

用实证的态度来对待儒学，则多半会把儒学当成一门考史的学问。凌廷堪说："昔河间献王实事求是。夫实事在前，吾所谓是者，人不能强辞而非之也；吾所谓非者，人不能强辞而是之也；如六书、九数及典章制度之学是也。虚理在前，吾所谓是者，人既可别持一说以为非；吾所谓非者，人亦可别持一说以为是也，如义理之学是也。"[1]在另一面，从实证中求得是非又是一种以光阴研磨心血的生涯。为经学扬焰的大吏阮元说过："我朝儒学笃实，务为其难，务求其是。是以通儒硕学，有束发研经，白首而不能究者。岂如朝立一旨，暮即成宗者哉！"[2]这种以光阴研磨心血来换取"实事求是"的精神，被叙史的后人称作"为学问而学问"，"为考证而考证，为经学而治经学"。[3]由此造就出来的人物和著述，曾为中国学术史带来过不同于宋明理学的另一种光彩。20世纪初，刘师培作《近代汉学变迁论》，叙之津津有味：

> 江、戴之学兴于徽歙，所学长于比勘，博征其材，约守其例，悉以心得为凭。且观其治学之次第，莫不先立科条，使纲举目张，同条共贯，可谓无征不信者矣。即嘉定三钱，于地舆、天算各擅专长，博极群书，于一言一事必求其征。而段、王之学，溯源戴君，尤长训故，于史书诸子，转相证明，或触类而长，所到冰释。即凌、程、三胡，或条例典章，或诠释物类，亦复根据分明，条理融

---

[1] 凌廷堪：《校礼堂集》，转引自《梁启超论清学史二种》，31页。
[2] 阮元：《国朝汉学师承记序》，《国朝汉学师承记》，1页。
[3] 《梁启超论清学史二种》，40、44页。

贯，耻于轻信而笃于深求。征实之学，盖至是而达于极端矣。[1]

他提供了汉学鼎盛时期的一种鸟瞰。这些东西都是由实实在在的功夫凝聚起来的，它们以学术的深度和广度显示了学术本身的价值。因此，当朴学所代表的时代过去很久之后，它们留下的绪余还能够继续影响后来的学问中人。

然而，在"征实之学"日趋而日成显学的过程里，持考证训诂为天下造风气的人们也在精神上和学术上日趋而日益褊狭了。乾隆年间的程晋芳是一个兼治经义、诗古文，并出入乎训诂之门的学人。他作过一篇《正学论》，略云："海内儒家，昌言汉学者，几四十年矣。其大旨谓唐以前书，皆寸珠尺璧，无一不可贵，由唐以推之汉，由汉以溯之周秦，宋以后，可置勿论也。余尝静而思之，有二故焉，曰：天也，人也。天之道，气运往复而已矣。自明中叶以后，士人高谈性命，古书束高阁，饱蠹蟫，其所教人应读之书，往往载在文集，真所谓乡塾小儒，抱兔园册子者，足令人喷饭也。物极则反，宜乎今之儒者，得唐以前片言只字，不问其理道如何，而皆宝而录之。人心之巧，则又有暗与事合者。唐以前书，今存者不多，致功既易，又足以动人。若更浸浮于宋以来七百年之书，浩乎若涉海之靡涯，难以究竟矣。是以群居坐论，必《尔雅》、《说文》、《玉篇》、《广韵》诸书之相砺角也。必康成之遗言，服虔、贾逵末绪之相讨论也。古则古矣，不知学问之道，果遂止于是乎？"[2]他对汉学中的人物弃置"宋以来七百年之书"的做法表达了一种深思之后的异议。

实际上，最早倡导实证精神的那一代人虽曾痛诋明季积久而成的凿空之风，但这些人自身则都是"有闻于宋明之绪论"，而且"于

---

[1]《近代汉学变迁论》，《左庵外集》卷九《刘申叔遗书》，江苏古籍出版社1997年版，1541页。
[2]《正学论一》，《皇朝经世文新编》卷十九，9a页。

宋学有甚深之契诣"[1]者。因此,他们对于"清谈害实"的凌厉掊击并没有一意要划清汉宋之间的界限。然而,当实证一旦成为治经的正宗以后,历史上的经学就显然是明人不如宋人,宋人不如唐人,唐人不如汉人了,盖"两汉经学所以当尊行者,为其去圣贤最近,而二氏之说尚未起也"。因此,"自元和惠栋严画汉宋之界,其弟子江声、余萧客承之,于是汉学之壁垒乃森严矣"。[2]这个过程无疑内含着一种学术本身的走势。惠栋和他的传人们筑起的这一道壁垒,本是实证精神一路演变而来的结果,但当壁垒既成之后,实证也不知不觉地变作了笃信,其"流风所被,海内人士无不重通经,通经无不知信古"。[3]这种"信古"并不都是考证出来的,梁启超称为"不问'真不真',惟问'汉不汉',专以'古今'为'是非'之标准"。[4]由是,尊汉和诋宋都带上了明显的盲目性,而风会所趋,又使盲目性成了影响多数的东西。相比之下,与惠栋中分学界并同为一时领袖的戴震则更多些理论的自觉,其褒贬汉宋之辞也更显得言深旨远。他说:

> 言者辄曰:有汉儒经学,有宋儒经学,一主于故训,一主于理义。此诚震之大不解也者。夫所谓理义,苟可以舍经而空凭胸臆,将人人凿空得之,奚有于经学之云乎哉?惟空凭胸臆之卒无当于贤人圣人之理义,然后求之古经;求之古经,而遗文垂绝,今古悬隔也,然后求之故训。故训明则古经明,古经明则贤人圣人之理义明,而我心之所同然者乃因之而明。
>
> 经之至者,道也;所以明道者,其词也;所以成词者,未有能外小学文字者也。由文字以通乎语言,由语言以通乎古圣贤之

---

[1]《中国近三百年学术史》自序,1页。
[2] 阮元:《国朝汉学师承记序》;《清代通史》中卷,商务印书馆1928年版,549页。
[3] 王昶:《惠定宇墓志铭》,转引自《清代通史》中卷,569页。
[4]《梁启超论清学史二种》,26、28页。

心志,譬之适堂坛之必循其阶而不可以躐等。[1]

因此,持六经本旨以论长短,则

> 汉儒故训有师承,亦有时傅会;晋人傅会凿空益多;宋人则恃胸臆为断,故其袭取者多谬,而不谬者转在其所弃。

这是一种等而下之的趋向。沿此以往,则"宋已来,儒者以己之见硬坐为古贤圣立言之意,而语言文字实未之知;其于天下之事也,以己所谓理强断行之,而事情原委隐曲实未能得,是以大道失而行事乖"。[2] 显然,在严划汉宋之界的过程里,惠栋重在尊汉而戴震更着力于诋宋。

"宋以来儒者"的优势在于义理,戴震从咽喉处下手,向宋儒追问义理的来路。在他论学的撰述里,义理有时候是一种彼岸的东西,一定要从"故训"和"语言文字"筑成的桥上走过去才能够触及;有时候又像是一种与"故训"和"语言文字"融为一体的东西,解得"故训"和"语言文字",也就自然解得了义理。由于"宋以来儒者"是"语言文字实未之知"的门外汉,因此,他们注定既不能走到彼岸,也不能解得融在"故训"和"语言文字"里面的那种东西,其义理遂成为来路不明的可疑物。用这样的理路来通释文字和义理之间的关系,是把哲学化作了文字学。人类认识过程中的许多环节都因之而被文字吞并掉了。其实,戴震并不是一个钝于思辨的人。他也知道圣人自有"精微之所存",须"以吾之精心遇之"。[3] 这些功夫无疑都在"故训"和"小学"的范围之外。然而,时当考据之学沸沸然掀动天下之际,戴震很

---

[1]《戴东原集》卷十一《题惠定宇先生授经图》;卷十《古经解钩沉序》。
[2]《戴东原集》卷九《与某书》。
[3] 同上书,卷十《春秋究遗序》。

少有心思专注于这一面,去补足认识过程中被他用文字吞并掉了的那些环节;而士林中多数人更喜闻乐见的也是义理统于"故训"的一套道理。于是,懂得用"吾之精心"去思辨圣贤"精微之所存"的戴震,自身能够从"故训"和文字的桥上一路走到彼岸,写出《孟子字义疏证》与《原善》那样的义理之作;但被戴震贬抑宋学之论所影响的多数人则往往一生沉浸于"所以明道者,其词也",他们在桥上踱来踱去,老是不肯走出"故训"圈起来的天地,也因此而老是到不了彼岸。戴震向宋儒争义理,然而诋宋的结果,却使义理与宋学一起在天下士人的心目中跌落了。他所阐扬的"以词通道"之说,既有考据的自负,也有宏道的自负,但奉戴震为宗师的人们始终只记得他的考据;其著述中的义理一面百年之中竟得不到一点回响。

在一个义理日见萎谢的时代里,学人的眼界会变得越来越窄。而寸积铢累于一节一句、一文一字的考据征实之功,又会使他们的眼光在订此校彼,炫博矜奇中变得越来越细。当这两个方面成为一种普遍的意态之后,儒学中的知识分子就再也产生不出大题目了。18世纪后期,经学家桂馥说:

> 三十后,与士大夫游……意气自豪。周书昌见嘲云:"涉猎万卷,不如专精一艺。"……馥负气不从也。及见戴东原,为言江慎修先生不事博洽,惟熟读经传,故学有根据。又见丁小雅自讼曰:"贪多易忘,安得无错。"馥始憬然,知三君之教我也。[1]

这些话里未必没有一点做学问的心得。但"专精"又是一条狭路,它常常是在舍弃广度的过程里求取深度的,由此产生的优点和缺点是一种割不开来的东西。在一个才智之士都心骛于"专精"的时代里,便

---

[1]《晚学集》卷六《上阮学使书》。

很少有人再会去思考大本大源。随之，一面是儒学中不断地孳生出局部和细节的深度；一面是这种局部和细节的深度不断地把儒学割得支离破碎，使人一叶障目，不见丛林：

> 嘉道之际，学者承乾隆季年之流风，袭为一种破碎之学。辨物析名，梳文栉字，刺经典一二字，解说或至数千万言。繁称杂引，游衍而不得所归。张己伐物，专抵古人之隙。或取孔孟书中心性仁义之文，一切变更故训，而别创一义。群流和附，坚不可易。[1]

最先倡导实证精神的人们，本意是在"明六经之旨"。而到了炫炫然为"汉学"守壁垒的人们手里，由实证精神派生出来的音训、考据、笺疏、辨伪等等却如同被人拆散的八宝楼台，满眼珠光宝气而看不见亭台楼阁，最终在几经传承之后流为"一种破碎之学"，使"世聪明杰魁之士，相劙而为考证纤末之务，名治经而经日以蔽晦"。[2]六经之旨似乎离得更远了。

宋学喜欢讲大题目，汉学喜欢讲小题目。这种区别系之于学风，又会由学风影响到世风，使盛世的清儒显露出一种与宋明人物判然不同的气象。刘师培说：

> 清代之学，迥与明殊。明儒之学，用以应世，清儒之学，用以保身。明儒直而愚，清儒智而谲。明儒尊而乔，清儒弃而湿。[3]

"智而谲"和"弃而湿"显然都算不得恭维。但与刘师培同属一代的梁

---

[1]《曾国藩全集》，诗文，岳麓书社1986年版，222—223页。
[2]《半岩庐遗集·遗文》37页《赠陈艺叔序》。
[3]《清儒得失论》，《左盦外集》卷九。章太炎也说过："宋明诸儒多耿介，而清儒多权谲。"（见《检论》卷四《章太炎全集》（三），466页）

启超论及中国学术史上的乾嘉时期,则另是一种口气:

> 兹学盛时,凡名家者,比较的多耿介恬退之士。时方以科举笼罩天下,学者自宜十九从兹途出。大抵后辈志学之士未得第者,或新得第而俸入薄者,恒有先辈延主其家为课子弟。此先辈亦以子弟畜之,常奖诱增益其学;此先辈家有藏书,足供其研索;所交游率当代学者,常得陪末座以广其闻见,于是所学渐成矣。官之迁皆以年资,人无干进之心,即干亦无幸获。得第早而享年永者,则驯跻卿相,否则以词馆郎署老。俗既俭朴,事畜易周,而寒士素惯淡泊,故得与世无竞,而终其身于学。京官簿书期会至简,惟日夕闭户亲书卷,得间与同气相过从,则互出所学相质。琉璃厂书贾,渐染风气,大可人意,每一过肆,可以永日,不啻为京朝士夫作一公共图书馆。[1]

其辞较多流连叹赏之意。虽说两者的旨趣并不相同,而刻画描述却各有其传神之处。

自18世纪后半期至19世纪前期,汉学群体中把学问放在第一位的人们确乎为嚣嚣天下带来过一种不慕荣利的宁静和淡泊。皖人金榜"性嗜学,乾隆三十七年第一人及第,授职后即告归,研究经籍,尤精《三礼》之学。晚年病瘠,痛卧不能起,就卧榻著《礼笺》十卷,口授弟子书之"。[2] 与之科名相近志节相类的还有孔广森。他是孔子六十八代孙,"乾隆三十六年进士,改翰林院庶吉士,散馆授检讨。年少入官,翩翩华胄,一时争与之交。然性淡泊,耽著述,不与要人通谒。告养归,不复出"。[3] 他们在登天之梯上爬到了万人瞩目的高度,然

---

[1] 《梁启超论清学史二种》,53—54页。
[2] 《儒林琐记·雨窗消意录》,岳麓书社1983年版,35页。
[3] 《清史列传》第17册,5527—5528页。

后从容一跃,轻轻地跳了出来。对于中世纪中国的读书人来说,爬上去和跳出来无疑都不容易,而后一面所表现出来的通脱和透彻尤能给人以深刻的印象。乾嘉学人中像金榜和孔广森这样把自己的事业划出仕途之外的人物并不是个别的。曾"据经传以纠乖违",作成《史记志疑》三十六卷的梁玉绳,"家世贵显,有赐书",而颛意于经术,"自号清白士"。其私心所愿,惟"世世作书生门户",因而"年未四十,弃举子业,专心撰著"。[1]他还没有爬完天梯,就已飘然引去了。与这些人相比,"六岁而孤"的凌廷堪则是一个由书坊佣工起家而成进士的人。朝廷用为知县,"自请改教职,选宁国府学教授。则奉母之官,孝弟安贫,毕力著述"。[2] 清代的教职,常被上司用来安置牧令中的才具欠缺者,在多数人的眼里是一种没有前程的冷官。凌廷堪一路坎坷地从乡试、会试、殿试里走过来,最后欣欣然指认一个冷官为栖身之地,正显而易见地说明了他的怀抱并不在世路上的腾达。作为一个寒士,凌廷堪不能不谋俸禄以助衣食;而作为一个学问中人,他却宁肯要落寞中的一点闲暇。这种选择表达了"为学问而学问"的本心和本色;因此,在那个时候的知识分子里,有心"为学问而学问"的人们常常一个接一个地走入这种选择。曾作《律吕古义》的钱塘,"乾隆己丑,举江南乡试,明年,成进士,需次当得知县,自以不习吏事,请就教职选,授江宁府学教授。公务多暇,专精撰述,于声音文字,尤有神解"。[3] 另一个叫任大椿的经学家,"乾隆己丑成进士,授主事,补礼部仪制司。礼部四司,祠祭、仪制号繁剧,他司往往求兼。先生独请于部尚书,移司闲曹,得竭半日一夜之力,假书诵习;以为十年守官,犹可强半读书也"。[4]他们都是一生消磨在冷板凳上,以小官而成大学

---

[1] 《清史列传》第17册,5540—5541页。
[2] 《清代朴学大师列传》上册,岳麓书社1986年版,160页。
[3] 同上书,66页。
[4] 同上书,158页。

问的人物，其余风裛裛，为清史的《儒林传》增添了不少广文先生和闲曹下僚。在汉学播为风气的时代里，出仕的学问人也有闻达者。但他们多半不肯把官场认作归宿，往往正当盛年，即抽身而去。乾隆朝"以绩学著闻都下"的钱大昕，通籍以来曾做过二十年京官和四省乡试主考，而后简放广东学政。"盖上深知其学识兼优，浸将不次大用矣。顾先生淡于荣利，以识分知足为怀，谓官至四品可休。明年夏，丁父忧归里，遂引疾不复出。嘉庆四年，仁宗亲政，垂询先生家居状况，廷臣写书劝还朝，则婉言报谢。于是返初服者几三十年。"他在宦味正酣之际翛翛然离开了官场，并无一点留恋，后来的岁月里，他"叠主钟山、娄东、紫阳等书院，而主紫阳独至十六年之久，门下士积两千余人"。[1]显然，他更愿意把这里当作自己的归宿。

这些人在进退之际都无负于向学之心，"其穷也不忧，其乐也不淫"，他们的人品自有卓卓不可轻议之处。然而细细看过去，他们不慕荣利的淡泊里面又显然地包含着一种对于世事的淡漠。这种淡漠为尘寰中的读书人提供了心头的宁静，也使潜心于音韵、训诂、名物、句读中的人们很少想到要从书本上抬起头来四顾天下，看一看人世中的苍茫景观。他们在仕途中和仕途外撰作了那么多与古人争是非的"著述"，却见不到用喜怒哀乐写出的心底波澜的文字。宋儒范仲淹说过："居庙堂之高，则忧其民；处江湖之远，则忧其君。"[2]过了六百年，明儒顾宪成又说过："官辇毂念头不在君父上，官封疆念头不在百姓上，至于水间林下，三三两两，相与讲求性命，切磨德义，念头不在世道上，即有他美，君子不齿也。"[3]他们都是那个时候的优秀人物。清儒中也有优秀人物。然而以金榜、凌廷堪、钱大昕比范仲淹、顾宪成，则清儒中的优秀人物显然没有宋明儒者那么多济物利人的怀抱。

---

[1]《清代朴学大师列传》上册，60页。
[2]《岳阳楼记》，《古文观止》第三册，广益书局刊行，136页。
[3]《明儒学案》卷五八，中华书局1985年版，1377页。

他们所关怀的东西与世局和众生隔得实在太远，所以，在仕途之中和仕途以外，他们都不容易产生念头在"君父上"、"百姓上"、"世道上"的热忱。其人品的"耿介恬退"也因之而仅剩下一种淡淡的个人意义。

儒学中砥砺志行的一面在宋学，而音训、考证、辨伪、辑佚、校勘都是无涉于修己立身的学问。稔熟乾嘉士风的天潢贵胄昭梿说："自于（敏中）、和（珅）当权后，朝士习为奔竞，弃置正道。黠者诉詈正人，以文己过，迂者株守考订，訾议宋儒，遂将濂、洛、关、闽之书，束之高阁，无读之者。余尝购求薛文清《读书记》及胡居仁《居业录》诸书于书坊中，贾者云：'近二十余年，坊中久不贮此种书，恐其无人市易，徒伤赀本耳！'伤哉是言。"〔1〕他的记叙，一方面反映了乾嘉两朝宋学的苍凉荒芜，另一方面则折射了道德对于人心的约束随宋学衰落而日见松弛。汉学之名既因诋宋而起，又因诋宋而张；所以，附集于汉学的人们多半不会去做明心见性的圣贤功夫。由此所得的道德自由，使读书和立身成为分开来的两件事；也使汉学人物的面目各不相同。他们中所产生的"耿介恬退"者私德自佳，但以心路历程而论，这些人却并不是在天理人欲的一番剧战之后悟彻源头的，而是用学问淡化荣利，由岑寂走向澹远的。因此，他们身上很少有道德磨砺留下的嵯峨崚嶒。然而学问和荣利在每个人心头的重量各有不同。当学问不能淡化荣利的时候，道德自觉的普遍低落就会使汉学中的人们很容易露出耐不得寂寞和清贫的一面。"盖举世风俗，轻视宋学，于是人心风俗，日即于苟。"〔2〕写过《十七史商榷》的王鸣盛"自束发至垂白，未尝一日辍书"；而在时人的笔下，他的利欲之心却显得非常可怕：

> 王西庄未第时，尝馆富室家，每入宅时必双手作搂物状。人问之，曰："欲将其财旺气搂入己怀也。"及仕宦后，秦诿楚諈多所

---

〔1〕《啸亭杂录》，中华书局1980年版，317—318页。
〔2〕劳乃宣：《桐乡遗稿》卷一《为学标准》。

干没，人问之曰："先生学问富有，而乃贪吝不已，不畏后世之名节乎！"公曰："贪鄙不过一时之嘲，学问乃千古之业。余自信文名可以传世，至百年后，口碑已没而著作常存，吾之道德文章犹自在也。"故所著书多慷慨激昂语，盖自掩贪陋也。〔1〕

他的可怕不仅在于贪欲，而且在于思考周密，理路清晰，能够把贪欲的可行和可取讲得一片透彻，井井有条。他"未尝一日辍书"，天天在与圣贤打交道。但读书和立身既已分成两件事，圣贤也就无法感化他了。另一个经学家汪中"不喜宋儒性命之学。朱子之外，有举其名者，必痛诋之。于时流不轻许可，有盛名于世者，益肆讥弹"。〔2〕他留下过许多故事，其中一个说：

汪容甫少狂放，肄业安定书院。每一山长至，辄挟经史疑难数事请质，孙志祖、蒋士铨，皆为所窘。在院中遍观藏书，遂为通儒。然性卞急，无容人之量。商总某尝报效十万金，得赏二品衔。汪瞰其每出拜客也，乘驴从其从，其后戴草制暖帽，以红萝卜为顶，以松枝为孔雀翎，于项间挂冥镪一串，商行亦行，商止亦止。商恨甚，而无如何，以五千金为寿，始寝其事。〔3〕

狂放本来算不得大毛病。用草帽和红萝卜来戏弄商人买来的顶戴，虽是酷刻多，幽默少，其蔑视之意则自有堂堂正正的一面。但末了"以五千金为寿，始寝其事"，却用一宗交易把狂放、酷刻、幽默、蔑视全都弄得变了滋味，显现于白纸黑字之间的"通儒"形象也不知不觉地沾上了一些青皮人物的痞子气。所以，自《儒林外史》刊行以后，喜欢

---

〔1〕《啸亭杂录》，442页。
〔2〕《清代朴学大师列传》上册，109页。
〔3〕《新世说·任诞》卷六，上海古籍书店1982年影印版，356页。

作索隐的文人很早就认定,吴敬梓笔下的匡超人"实暗指汪容甫先生"。[1]这一类说法所包含的精确程度是无法估定的,然而作为一种历史材料,它们又明白地显示了世人心目里的汪中和匡超人之间的可比性。曾与汪中一同做过幕客的章学诚后来说:"此人非不用功者也,有才无识,不善用其所长,激以名心,凿以私智,久游江湖,客气多而志不逊也。"这些都是没有"先立乎其大者"的结果。"是以学问文章,必收摄于身心。"[2]他对汪中的评说来自于观察,而由此引申出来的道德思考则已包含着一种非常明显的普遍意义。宋明六百年之间有过所谓假道学,但能够以经义立说,被奉为一代宗师的人们却多半具有鲜明的君子意识,其规行矩步,凝重肃穆虽未必尽合人情,而由此表现出来的人格和风裁实有足多者。与他们比,乾嘉人物里的宗师显然没有那么多的君子意识。以训诂考辨得大名的戴震,生前"施教燕京而其学益远被",[3]岸岸然为学界领袖。然而死后不久,挂在他名下的两部撰著便因著作权的疑问而先后变作别人考证的对象了。[4]其间,魏源曾作《书赵校水经注后》,发摘"近世赵一清《水经注》为戴氏所剿"。从那个时候起,这件事就成为一个常被咀嚼的话题。[5]近人汪辟疆曾撮叙其始末说:

> 惟戴氏有二事滋人疑虑者,则《水经注》与《畿辅安澜志》二书之攘美是也。戴氏在四库馆手校《水经注》,自言据大典逐条校勘……凡补阙者二千一百二十八字,删妄者一千四百四十八

---

[1]《小说考证》,古典文学出版社1957年版,178、561页。
[2]《章氏遗书外集》(二)《又答朱少白书》。
[3]《近儒学术统系论》,《左庵外集》卷九,4页a。
[4] 孟森:《明清史论著集刊续编》,中华书局1986年版,370页;恒慕义主编《清代名人传略》中册,青海人民出版社1990年版,209页。
[5]《郎潜纪闻四笔》,中华书局1990年版,64页;《魏源集》上册,中华书局1976年版,224页。

字,正臆改者三千七百一十五字。神明涣然,顿还旧观,世人推重,皆无异辞,今大典本《水经注》已影印行世,与戴校违异甚多。而戴校与赵东潜(一清)《水经注释》正合。东原素负征实之学,不知何以阄取东潜,托辞大典。此不解者一也。《畿辅安澜志》十卷,王履泰撰。其实王本窃东原旧稿,排比成书。惟戴书亦非自出,实窃赵东潜。近人孟森有《畿辅安澜志与赵戴两公书案》(应为《畿辅安澜志与赵戴两书公案》)一文,钩隐发微,佐证赅备。此不解者二也。[1]

魏源所说的"剿"和汪辟疆所说的"攘"、"窃"、"阄取",都用同一个意思指述了戴震把别人的著作据为己有的事实。戴震原本是"经学为当世冠"的大儒,无须借剿窃为自己的学问再添声光。但以科名论,他又是一个三经会试而不能登第的举人。不能登第说明运蹇,而三经会试则说明心热。当他奉召入四库馆校《永乐大典》的时候,乾隆曾许"实于办书有益",可不用会试,径与新进士"一体殿试"。这是一种科举速成法,在久困公车之后尤能引人遐想。因此,后来考证这段故事的历史学家孟森说:"自有此谕,而东原之欲心动矣。非办一大著作,恐不得为办书有益",于是而"以《水经注》自任";于是而"窃赵书以应诏"。[2]可见,其伸手"阄取",念头本来不在学问而在功名。迨馆事了结之后,戴震以校书之功蒙皇帝恩赏"进士"和"翰林院庶吉士"。然而仅仅过了二年,他就"卒于官",早早地离开了这个世界。留给后人的,既有学术史上的声望,也有长久不息的议论。戴震一生轻诋宋儒性理之学,但身后为人所讥刺的,恰恰是心性功夫太少而造成的"制行不严"。王国维曾作《聚珍本戴校水经注跋》,因《水经注》一书的曲折而论及戴震的为人。他说:

---

[1]《汪辟疆文集》,上海古籍出版社1988年版,751页。
[2]《明清史论著集刊续编》,373—376页。

> 东原学问才力，固自横绝一世。然自视过高，骛名亦甚。其一生心力，专注于声音、训诂、名物、象数，而于六经大义，所得颇浅。晚年欲夺朱子之席，乃撰《孟子字义疏证》等书。虽自谓欲以孔孟之说还之孔孟，宋儒之说还之宋儒，顾其书虽力与程朱异，而亦未尝与孔孟合。其著他书，亦往往述其所自得，而不肯言其所自出。其平生学术出于江慎修，故其古韵之学根于等韵，象数之学根于西法与江氏同，而不肯公言等韵、西法与江氏异。其于江氏，亦未尝笃在三之谊，但呼之曰"婺源老儒江慎修"而已。[1]

显然，这些地方表现出来的都是一己之名和一己之利的精刻。而太过精刻的人物总是君子意识非常淡薄的。他们只能做经师，不能为人师。

与明清之际的社会矛盾和种族矛盾相伴而生的学术变趋，经康、雍、乾、嘉四朝衍化聚汇而成一世主流。这个过程以实证精神为中国文化营造过一片静静的灿烂；也使众多知识分子的心气和志趣在实证中变得沉寂细碎。而"盛名所在，人更蚁附，钝拙藏身，人一己百。"[2]时至19世纪初期，回过头去看一看为清学开先路的人物和他们在明清之际留下的论学心旨，则不会不看到：经过一百五十多年岁月流逝之后，士林中的慷慨激越、苍凉深沉已经消散殆尽。于是，"昔胜国之士以好讲学为风尚而行衰，今日之士以恶讲学为风尚而行亦衰"。[3]人物、学术、世风都在沉寂细碎之中日趋而日益委靡。

---

[1]《观堂集林》卷十二《王国维遗书》第二册，上海古籍书店1983年版。
[2]《国史旧闻》第三分册，528页。
[3]《养一斋集》，转引自《清代通史》下卷，中华书局1986年影印版，1977页。

世运盛衰中的学术变趋　69

三

19世纪初年,学术史上的乾嘉时代还没有终结,但历时百年的康(雍)乾盛世却已经过去了。

继乾隆而君临天下的嘉庆从一开始就面对着一场像山火那样旋扑旋起,一路延烧的内战。成千上万的农民由白莲教围聚成一群一群,从西南揭竿斩木,涌出山地,随后是旷日持久的造反、厮杀、围剿、屠戮。历史学家在事后追叙这个过程的时候,非常明白地从兵火的映照中看到了王朝盛衰的嬗递:

> 国家极盛于乾隆之六十年,版舆生齿倍雍正,四夷宾服逾康熙。外宁则内蘖,始衅于湖南、贵州红苗。越明年,授受礼成,太上皇帝训政,宣重光。而湖北、四川教匪旋起,蔓延河南、陕西、甘肃。是时彗星出西方,长数丈,逾年不灭。乘新政之宵旰,兴五省环攻之兵力,且抚且剿,犹七载而后定,靖余孽者又二载,先后縻饷逾万万金。视伊犁回部、大小金川几再倍过之。且前代流寇皆发难末造,川楚必溃,未有蠢动于庞豫之余,劳师烨武如今日者。心腹患甚四支,内讧急于边陲,痛深者其惩切,创钜者其愈迟。[1]

当五省官兵在西部剿洗白莲教众的时候,东南洋面上又聚集起一股与朝廷为敌的海上武装,依荒岛大洋,凭巨舸火炮,往来攻掠于粤、闽、浙之间。"三省洋面各数千里,我北则彼南,我南则彼北,我当艇则土盗肆其劫,我当土盗则艇为之援。"[2]在这种波涛里的生死角逐中,东南海患前后延续了十三年,比之首尾九年的川

---

[1]《圣武记》下册,中华书局1984年版,375页。
[2] 同上书,354页。

楚白莲教之役更见漫长。据《清史列传》说，其间水师名将李长庚中炮而殪，天子"览奏"之际曾为之"心摇手战"。[1]"摇"和"战"当然都是惊骇的结果。迨海事初靖，华北天理教又轰然而起，"骚动四省"。其中林清一股直扑皇城，"分犯东华门、西华门，白帕其首为号。太监刘金等引其东，高广福等引其西，阎进喜等为内应"，夺门越垣，一直打到殿陛之前。[2]虽说这些人最后半被格杀，半被捕杀，但变起于畿辅而血洒禁宫，由此产生的震动却会长久地留在人们的心头。

民变以及由民变酿发的内战用一种暴力的形式昭示了那个时候日益激化的社会矛盾，原先在视野之外的东西也因此而一个一个被放到了眼前。川楚白莲教起事以"官逼民反"为口号。嘉庆怀抱犁庭扫穴之心对付白莲教，却不能不带着一团"恻然"在这个口号面前久久沉思，由民变的剧烈想见吏治的黑暗："百姓幸际昌期，安土乐业，若非迫于不得已，焉肯不顾身家，铤而走险？总缘亲民之吏，不能奉宣朝廷德意，多方婪索，竭其脂膏，因而激变至此。然而州县之剥削小民者，不尽自肥己橐，大半趋奉上司；而督抚大吏之所以勒索属员者，不尽安心贪黩，无非交结和珅。是层层朘削，皆为和珅一人，而无穷之苦累则我百姓当之。"[3]他把罪愆尽归于刚刚赐死的和珅，未必算得上是一种鞭辟入里之见。但他对官场情状和天下吏治的窳败却看得明明白白。民变是逼出来的。而当"官逼民反"之后，由民变酿成的内战又会给国家财政戳开一个合不拢的窟窿。嘉庆一朝的前十数年之间，"川、湖、陕教匪之役，二万万两。红苗之役，湖南一省请销一千有九十万。洋匪之役，广东一省请销三百万

---

[1]《清史列传》第8册，2390页。
[2]《圣武记》下册，453—454页。
[3]《十朝东华录·嘉庆·七》。

两。"[1]在19世纪的中国,由此汇成的巨量白银是无法从岁入中凑出来的。[2]于是而"司农竭蹶"。国家度支成为一个穷于应付的难题。民变、吏治、财政已经足够使人焦头烂额,然而与之结伴而来的还有连年河患和漕运、盐法中积久而现的困厄。嘉庆在位二十五年,被记入《河渠志》中的河"决"、河"漫"、河"溢"至少出现过二十二次。决堤之水漂走了百姓的性命,也漂走了朝廷花在河工上的大笔银子和一任一任河道总督头上的顶子。而"黄河屡决,致运河淤垫日甚",[3]则直接由河患而连及漕运,使东南送往京师的天庾正供为河路所阻。从这个时候开始的河运和海运之争一直延续到很久之后。河患与漕弊都在把财政窟窿撕得更大,但从上个世纪以来已经弄得千疮百孔的盐政却"疲埠欠饷",日见尪羸。至道光前期,被朝廷列为岁入要目的两淮盐课已累亏六千三百万两。[4]这个数目比同期国家岁入的总额还要多出一半。事关国计,清厘盐务的廷议和奏章遂越来越多。

由民变、吏治、度支、河患、漕政、盐法所反映出来的社会危机一层一层地淤积于盛世的升平景象之中。当它们一下子露出脸来的时候,这个世界就被剥尽光泽,毕显出里头的蛀洞、豁罅和朽烂。众多的矛盾舛错交结而又此起彼伏,由此带来的重重忧患冲淡了上一代帝王留下的文字之禁;也使天下事日益迫近地成为士人的切己之事。随后,世风和士风都明显地发生了变化。

乾嘉之际,汉学已压倒宋学,煌煌然如日中天。然而日至中天,接踵而来的总是西坠之势,后来使汉学(清学)裂为两爿的今文经学与古文经学之争也从这个时候开始了。在中国学术史上,今文经学和古文经学都托始于汉代,也分流于汉代。皮锡瑞说:"两汉经学有今古

---

[1]《清史稿》第13册,3709页。
[2] 以嘉庆十七年为例,岁入银共四千零一十三万两;岁出银三千五百零一十万两,收支相抵,余五百零三万两(参阅《清代通史》中册,商务印书馆1928年版,408页)。
[3]《十朝东华录·嘉庆·七》,3786页。
[4]《清史稿》第13册,3617页。

文之分,今古文所以分,其先由于文字之异。今文者,今所谓隶书,世所传熹平石经及孔庙等处汉碑是也;古文者,今所谓籀书,世所谓岐阳石鼓及说文所载古文是也。隶书汉世通行,故当时谓之今文,犹今人之于楷书,人人尽识者也。籀书汉世已不通行,故当时谓之古文,犹今人之于篆隶,不能人人尽识者也。"以历史过程叙其先后次第,则:"汉初发藏以授生徒,必改通行之今文,乃便学者诵习。"至刘歆始倡古文经,而后东汉的一批经学家们"又递为增补,以行于世,遂与今文分道扬镳"。[1]显然,同古文经学相比,今文经学的资格要更老一些。但文字的今古异同所显出来的不过是外观一面,这两种经学能够各立门户,"前汉今文说,专明大义微言,后汉杂古文,多详章句训诂",[2]其分野的界限应当是从内里划出来的。"章句训诂"推求的是文义,"大义微言"阐发的是意义。文义需要考证,而意义则需要解释。所以,古文经学的源头和归宿都在经典文本之中,家法所传,既能以一字一句见功力,也易为一字一句所拘囿。其推演之际容不得一点活泛的浮想。没有浮想的嫁接,时务与经义就连不起来,两者之间的这一段距离,使家法中的学问人硁硁然抱元守一,"不以经术明治乱,故短于风议;不以阴阳断人事,故长于求是"。[3]由此产生的著述,可以增添盛世的文华,却不能回应衰世的忧患。与之相比,今文经学显然是另一副面目。清代最早有志于今文经的是庄存与。他也读一字一句,然而精神所注,则在于圣人的"约文以示义"。[4]"约文以示义",既说明了"义"由"文"示,又说明了意义在文义之外。这是一种无法由考证而得的东西,因此,治经的功夫并不在一字一句之中,而在

---

[1]《经学历史》,中华书局1959年版,87—88页。皮锡瑞在这里对于今古文经学的区别以及对"古文"所做的解说显然过于简单化,而且并不精确。但他的说法却是那个时候有代表性的见解,并因此而更接近于这里所叙述的时代。
[2] 同上书,89—90页。
[3]《章太炎全集》(三),476页。
[4]《春秋正辞·春秋要旨》,上海古籍出版社2014年版,230页。

于读出圣人的言外之意,"以所不书知所书,以所书知所不书"。[1]这就需要附会和悟想。被称作"微言大义"的物事大半都是这样揣摩出来的。例如,《春秋》文公五年记"秦人入鄀"。庄存与引申而衍绎之说:"《春秋》之法,苦民尚恶之,况伤民乎?伤民尚痛之,况杀民乎?民者,《春秋》之所甚爱也,兵者,《春秋》之所甚痛也。"是以"秦人好用兵,而先见其端于天下,于入鄀然后见之也。"[2]这些话本身都是不错的。但《春秋》记事只用了四个字,圣人写这四个字的时候是否一定融进了那么多的深意却是一个没有办法确定的问题。这种由历史空间所留下来的不确定性,为今文经学提供了解说的自由,其中必然会有许多自觉和不自觉的再创作。微言大义既在"语言文字之外",[3]自由的解说又是从各人已有的人生体验和知识构造里派生出来的,因此,今文经学的路数很容易产生"非常异义可怪之论"。[4]继庄存与之后弘扬今文的宋翔凤,"其义瑰玮,而文特华妙",[5]却又老是喜欢把阴阳、五行、谶纬羼入微言大义中去,使孔夫子显出些非理性的神秘来。然而微言大义总是在讲天道人事的过程中体现出来的,天道的意蕴,也在人事。与古文经学疏证字义、文义的路径相比,人事最终不能不归趋于论政,并使古典因一遍一遍的阐释而不断翻新。在世路蹉跎的年代里,从这里发出来的议论能够以自己的回声对铜山西崩,做洛钟东应。由是,当学术史上的乾嘉时代过去之后,以"魏晋以还,莫敢道焉"[6]的《公羊》学为前导,今文经学蓬蓬然而起。

今文经学发源于西汉,古文经学发源于东汉。所以,由古文经学

---

[1]《春秋正辞·春秋要旨》,228页。
[2]《春秋正辞》卷八,《外辞第六》,168页。
[3] 阮元:《庄方耕宗伯经说序》,转引自钱穆《中国近三百年学术史》下册,商务印书馆1997年版,580页。
[4] 何休:《春秋公羊传何氏解诂序》。
[5]《章太炎全集》(三),476页。
[6]《梁启超论清学史二种》,61页。

而今文经学，在时序上呈现的是一种倒卷之势。梁启超曾说：

> 入清代则节节复古，顾炎武、惠士奇辈专提倡注疏学，则复于六朝、唐。自阎若璩攻伪古文《尚书》，后证明作伪者出王肃，学者乃重提南北朝郑、王公案，绌王申郑，则复于东汉。乾嘉以来，家家许、郑，人人贾、马，东汉学烂然如日中天矣。悬崖转石，非达于地不止。则西汉今古文旧案，终必须翻腾一度，势则然矣。〔1〕

他用一百八十多年以来儒学的走势说明今文经学的复兴，自有其以经学解释经学的道理。然而以经学解释经学，说的只是竖看一面。若横看学术思潮的嬗递，则古文经学与今文经学的代谢又是一种与世运相关联的社会变迁。开始退落的旧潮与正在涌起的新潮都具有自己的群体性，并不断地在群体意识的翕合中折射出各自所代表的世风、人情、心态、价值。因此，旧潮的退落和新潮的涌起正以学风的变化昭示了那个时候人心的变动。

由于人心变动，所以，古文经学以累世之力一针一线编织出来的华衮，在另一种眼光的审视下显出来的却是周身破绽。因此学术思潮的代谢大半是从批判中开始的。魏源说：

> 士之能九年通经者，以淑其身，以形为事业，则能以《周易》决疑，以《洪范》占变，以《春秋》断事，以《礼》、《乐》服制兴教化，以《周官》致太平，以《禹贡》行河，以三百五篇当谏书，以出使专对，谓之以经术为治术。曾有以通经致用为诟厉者乎？以诂训音声蔽小学，以名物器服蔽三《礼》，以象数蔽《易》，

---

〔1〕《梁启超论清学史二种》，60页。

> 以鸟兽草木蔽《诗》，毕生治经，无一言益己，无一事可验诸治者乎？[1]

《周易》决疑，《洪范》占变之类是经学史上古已有之的一种理想。其中既有严肃的命意，也有经不起推敲的臆断。这两层意思的思想价值并不一样。但由此显示出来的"以经术为治术"，却是儒学中的一个深入人心的命题。在士大夫的用世之心久受文祸的啮噬和饾饤的研磨之后重新发舒这个命题，反映了艰难时世的殷殷呼唤。因此，以训诂、音韵、名物器服截断了经术转化为治术之路的古文经学，便成了后起的知识分子痛加掊击的对象。在另一个地方，魏源曾把乾嘉人物中的出类拔萃之辈一网打尽，历数"苏州惠氏、江氏，常州臧氏、孙氏，嘉定钱氏，金坛段氏，高邮王氏，徽州戴氏、程氏"之"争治诂训音声，爪剖钗析"，而后以一言做概括，切讥为"锢天下聪明知慧使尽出于无用之一途"。[2]这些人当日都有过名动天下的风采，然而仅仅隔了一代人的时光，他们就在酷评之下变得衰飒败落了。此可谓世风骤变。在魏源之前，与汉学相角抵的言论并非没有出现过。但时当"诂训音声"光焰万丈之际，这些言论只能是一种寂寞的孤唱。以此做比照，则世风骤变中的痛诋汉学之声已纷纷然成为一时群鸣了。嘉道年间久客京华而惯以冷眼看世间相的沈垚说："乾隆中叶后，士人习气，考证于不必考之地，上下务为相蒙，学术衰而人才坏。"因此，

> 汉宋诸儒，以经术治身则身修，以经术饰吏治则民安，立朝则侃侃岳岳，宰一邑则俗阜人和。今世通经之士，有施之一县而窒者矣，有居家而不理者矣。甚至恃博雅而傲物，借经术以营

---

[1]《魏源集》上册，中华书局1976年版，24页。
[2] 同上书，358—359页。

利。故垚尝愤激，言今人之通，远不及前明人之不通。其故由古人治经，原求有益于身心，今人治经，但求名高于天下，故术愈精而人愈无用。[1]

他对汉学的评估与魏源非常相近，而由吏治说到修身，其憾意则更深于魏源。世风因世事蜩螗而激变。所以，从批评中累积起来的意气一定会驱使后起的知识分子向汉学追究以学术误天下的责任。被目为"周知庶务，而一本儒术"的孙鼎臣说：

> 国初诸儒，矫前明讲学空疏之失，读书实事求是，务明考证，以汉经师为法，与宋儒未尝相戾，其学未为失也。于时硕德名贤，布列朝野，急躬行而耻以言竞，风流笃厚，礼教相先，号为本朝极盛。其后日久，承学者始用私意，分门别户，造立名字，挟汉学以攻宋儒。而又有一二巨公，凭借权势，阴鼓天下而从之，士大夫于是靡然向风，争趋汉学，其言皆六艺之言也，其学则孔孟之学也，所托者尊，所当者破，猖狂妄行，莫之敢非，天下学术由是大变，宋儒之书能举其名者少矣，至于缙绅之徒，相诟病以道学。人心风俗，流失陷溺至于如此，尚可言哉！

他以学术的流变为界限，把"国初诸儒"与后来挟"私意"的"承学者"们分开来，然后词气锋利地一路倾泻说：

> 天下之祸，始于士大夫学术之变。杨墨炽而诸侯横，老庄兴而氐戎入。今之言汉学者，战国之杨墨也，晋宋之老庄也。夫杨墨老庄，岂意其后之祸天下若是哉？圣人忧之，而杨墨老庄不

---

[1]《落帆楼文集》卷八《与孙愈愚》；卷九《与许海樵》。

知,此其所以为杨墨老庄而卒乱天下也。今夫天下之不可一日而离道,犹人之不可一日而离食。人日食五谷而不知其旨,凡物之味皆可以夺之,然而一日厌谷必病,病久谷绝必死。今之言汉学,其人心风俗至如此,后之论天下者,于谁责而可乎?[1]

孙鼎臣的话很少有轻裘缓带从容论学的趣味,因此引申之际会不由自主地带出些苛刻来。但苛刻是从忧时之思里产生出来的。从他眼里看出去,漠视风俗人心的汉学一面与天下苍生的精神世界隔得很远,一面又以自己的漠视孵化出了另一种风俗人心,并由此而映衬出它们所据有的"孔孟之学"与圣人之道的显然相悖。所以,苛刻和忧思都反映了久被汉学排诋的那些儒学观念正在急迫地重新崛起。魏源和沈垚把汉学看作"无用"之物,同他们比,孙鼎臣的议论无疑显得更加深沉凌厉。后来做了中兴名臣的左宗棠把洪秀全与汉学连在一起,追究前后因果,"持论亦与芝房(孙鼎臣)相同"。[2]这一类推论未必说明得了真实的历史联系,却能够使人十分具体地体会到汉学的声光在那个时候的低落程度。魏源、沈垚、孙鼎臣代表了乾嘉之后那一辈人的思考。他们常常用一种非常自觉的态度把自己与乾嘉人物划分开来。但细绎乾嘉人物的心迹,则可以看到其中年辈较后的人们蒿目时艰,也有过一点反思。嘉道间"专为汉儒之学"[3]的陈寿祺在自己的文集里转录过两段取之于著述之外的话:

> 仪征阮抚部夫子、金坛段明府若膺寓书来,亦兢兢患风俗之弊。段君曰:"今日大病,在弃洛闽关中之学,谓之庸腐,而立身苟简。气节败,政事芜……专言汉学,不治宋学,乃真人心世道之

---

[1] 朱克敬:《儒林琐记·雨窗消意录》,岳麓书社1983年版,56页。
[2] 《清稗类钞》第八册,3824页。
[3] 《清史列传》,5577页。

忧。"……抚部曰："近之言汉学者，知宋人虚妄之病，而于圣贤修身立行之大节，略而不谈……乃害于其心其事。"二公皆当世通儒，上绍许郑，而其言若是。[1]

"仪征阮夫子"是阮元，"金坛段若膺"是段玉裁。前者被人看作汉学护法；后者则以音训之学而久负盛名，然而他们在心底里对于汉学营造出来的局面都已失去了十足的自信。当世风骤变之际，是非常常别有新解，遂使门户中的人们也守不住藩篱了。于是古文经学在"如日中天"之后便被后起的舆论浇熄了光辉，一步一步地显出黯淡和背晦来。

古文经学的黯淡和背晦，说明了训诂考据提供不了为衰世里的众生详述指归的东西。详述指归一定要借助义理，然而训诂考证之学在排诋宋学的过程中已经把义理逐出了门墙之外。所以，在需要宏宣妙旨的时候他们便不能不露出一脸的枯窘，并因此而越发反照出挟微言大义而来的今文经学那一派咄咄逼人的磅礴。微言大义也是一种义理。[2]在古文经学敛手的地方，今文经学能够"引《公羊》义讥切时政"，[3]以"三统"、"三世"之说恣酣地放言因革。虽然由"三统"、"三世"衍发出来的文字里常常杂有一团一团的"要眇之思"，但它们用经术诠说治乱，期待"三王之道若循环，圣者因其所生据之世而有作"[4]的滔滔讽议，却为纷乱的世相画出了一条可以寄托祈想的理路。因此，清代的今文经学起于庄存与，立于刘逢禄、宋翔凤；至道光年间则喷薄而出，发为龚自珍的时论和魏源的策论，以忧危之言"规天下大计"，一时声光四射。时弊与时病的丛积，需要那个时代的知识分

---

[1] 《左海文集》卷七《孟子八录跋》。
[2] 侯外庐说："虽然宋代理学专讲义理，与汉学有历史的分立，而其中义理之学正继承前汉董仲舒微言大义的传统"（见《近代中国思想学说史》下册，生活书店1947年版，585页），此说极是。
[3] 《梁启超论清学史二种》，61页。
[4] 《龚自珍全集》，193页。

世运盛衰中的学术变趋　79

子为世间人说清大是大非。然而梳文栉字的博征和实证铸造出来的眼光，其志趣与乐趣都脱不出小是小非。与古文经学相比，今文经学的优长显然在于多了一点形而上。当乾嘉人物矜矜然贬斥宋儒的时候，他们都深信义理不过是凿空得来的无根之物，而握在自己手里的则是"实学"。但造化喜欢调侃人，在世局"殆将有变"[1]之际，能够从本源上立论，为天下国家开出药方来的并不是"实学"，而是与义理同属一路的微言大义。社会变迁制约下的这种学术起伏，使人分明地看到：曾被汉学痛加挞伐而尘灰蒙面的义理，已在世路忧患的召唤下由今文经学带入了汉学之中。把汉学推向巅峰的古文经学是以排诋宋学起家的，而继起的今文经学却在排诋古文经学的过程中骎骎乎成了汉学里的宋学。读史至此，不能不感慨系之。

今文经学和古文经学之争发生于汉学内部。在门户之外，沉郁已久的理学则以濂（周敦颐）、洛（程颢、程颐）、关（张载）、闽（朱熹）之说裁量政教学术，把许多被古文经学遗忘了的话题重新推到了士大夫们的眼前和心头。在士林中的多数人忙忙碌碌地向音训、考据、辑佚、辨伪讨声望的时候，理学那一脉细细的香火是靠着桐城派里的几个词章之士延续下来的。后人叹为"一编之内，惟此尤兢兢。当时孤立无助，传之五六十年"。[2]至嘉道以后，怀念程、朱的人已越来越多，理学也从一隅之地里走出来，进入了忧时之士的议论之中。在盛世与衰世之交的那个时代里，人心的变动同时又是一种人心浮动。变动和浮动引发于四海治乱，生民休戚；又明白地表现出经历了饾饤琐碎之后的知识分子在时艰迫来之际身心无所依傍的惝恍杌陧。因此，四海治乱和生民休戚的家国之思一定会拽着士大夫中的自觉者内省寸衷，为自己和别人去寻求安身立命之地。道光十七年，罗泽南说："予迩年始得宋儒之书，读之，因复求之四子《六经》。至道精微，固非愚

---

[1] 包世臣：《艺舟双楫》，《再与杨季子书》。
[2] 《曾国藩全集·诗文》，247页。

昧所能窥测,然已知圣贤之道,不外身心。往日之所学,末学也。"[1]他后来以书生统兵立勋名,被谥为"忠节",但这个时候还是湖南乡间蹭蹬于饥寒之中的穷儒。在相近的时间里,太常寺卿唐鉴"潜研性道,宗尚洛、闽诸贤"。已经做了京官的倭仁、曾国藩、吴廷栋、窦垿、何桂珍"皆从鉴考问学业,陋室危坐,精思力践"。[2]这些天子身边的人们也在向宋儒之学讨取安顿身心的地方。他们中产生过在后来的历史上留下了深远个人影响的人物。居庙堂之高的读书人和处江湖之远的读书人沿着各自的阅历、体验和思考都在重研理学,这种共趋反映了今文经学之外的另一部分知识分子对于忧患时势的心解和心路。与公羊学善用"三世"、"三统"解说世运的"俶诡连犿"之辞相比,理学的长技显然不在于放言纵论政事的因革。所以,其言之谆谆的道理很少有新奇动人之处。然而从另一面看,理学"施教化、厚风俗、致太平"的践履和理想又在迂远之中沉蓄阔大,代表了一种能够凝聚中国社会的精神力量。由"三世"、"三统"演绎出来的托古改制之说不难动人耳目,而"施教化、厚风俗、致太平"的践履和理想却意在入人心田。19世纪初期以来,中国社会已在暮云低垂中"四海变秋气"。但衰世的苍茫萧飒不仅仅见之于政事的枯槁破败,而且日甚一日地表现为人气的疲散麻木和猥琐迷离。吴廷栋曾与友朋论天下事,把后一面看得更可怕:

> 来书所示官场之弊,谓士大夫无耻如此,安得不江河日下,实深中今日人心风俗之弊……欲挽回尽人之无耻,必先视乎一二人之有耻……达而在上,权足以有为,则挽回以政教;穷而在下,权不足以有为,则挽回以学术。即伏处一隅,足不出里闬,但使声气之应求,能成就一二人,即此一二人,亦各有所成就,

---

[1]《湘军人物年谱》(一),岳麓书社1987年版,5页。
[2]《清史稿》第43册,13155页。

> 将必有闻风兴起者,纵不幸而载胥及溺,犹将存斯理于一线,以为来复之机。是亦与于维持补救之数也。[1]

他的话里既有剥极而复的自觉,也有此心耿耿的强毅。两者都说明:乾嘉时代过去之后,复兴中的理学是以一腔危苦与四围散淡人气相撑持的,其"慷慨激烈轩爽肮脏"[2]的踔厉远远多于"方巾大袖冥目枯坐"[3]的虚静。因此,19世纪的理学群体没有重造出宋明两代那种哲学意义上的博大精深。他们中最优秀的人物直面一世颓波,心中回萦的始终是一种汲汲皇皇。性理之学的主敬主静也因之而化作前跋后疐中喑口焦思的危言危行。

* * *

晚清的理学和今文经学都是在衰世来临之际立起来的。后来的岁月里,它们又以各自的学术影响了近代中国的社会、政治、文化。理学以"扶纲常,传圣学,位天地,育万物"[4]为本位;今文经学"以经术为治术"而"通乎当世之务",注力于"变通之法"。[5]因此,在万国梯航开中西交冲之局的时代里,理学人物的经世之路越不出取新卫旧的界限,而今文经学却促成过除旧布新的事业。但不同的学术也陶铸出不同的人物。19世纪的中国,从今文经学里走出来的人多策士、壮士和功名之士;迂远的理学则为那个时候的中国社会和中国文化提供了精神领袖。这种区别,又常常使人在读史的时候沉思久之。

(1995年)

---

[1] 吴廷栋:《复沈舜卿书》,《拙修集》,卷八。
[2] 《曾文正公全集》书札(四)《复黄子春》。
[3] 《国史旧闻》第三分册,521页。
[4] 《罗忠节公遗集》文集卷五《健庵说》。
[5] 《魏源集》下册,432页。

鸦片战争与儒学

1840年到1842年的中英之战以禁烟开始,议和结束。这个过程使中国士大夫与英国人以暴力拓路的商业扩张直面交逢于民族战争之中。他们的激昂和愤懑、惊疑和紧张、辛酸和悲哀虽然因人而异地表现为不同的主张和不同的心路,但又多面地汇示了那个时候的士大夫群体意识。

一

林则徐在遣戍伊犁的途中曾致书友朋,指论时事,一吐积郁。他比照中西说:

> 岸上之城郭廛庐,弁兵营垒,皆有定位者也。水中之船无定位者也。彼以无定攻有定,便无一炮虚发,我以有定攻无定,舟一闪躲,则炮即落水矣。彼之大炮,远及十里内外,若我炮不能及,彼炮先已及我,是器不良也。彼之放炮,若内地之放排枪,连声不断,我放一炮后,须转展移时,再放一炮,是技不熟也。

因此，"内地将弁兵丁，虽不乏久列戎行之人，而皆觌面接仗，似此相距十里八里，彼此不见面而接仗者，未之前闻，故所谋往往相左"。[1]他写出了中英战争的实情，也写出了中国人的窘态。久有内战和外战历史的中国虽然产生过《孙子兵法》和各有韬略的众多名将，但这个时候西方人用利器造成的战争态势却是旧法所提供的经验难以破解的。"未之前闻"一语，真切地表达了炮火下的人们在拒敌时的茫然和愕然。

以旧式暴力抵抗新式暴力，中西之间舟船与枪炮的悬殊对比，常会化作无情的压力，逼出血性者的英雄主义，召唤他们在劣境中慷慨一击，肉薄赴死。

关天培是近代民族战争中第一个带着一品官阶殉国的将官。虎门一战，中国的火炮曾八次炸裂，相形之下，愈觉西人"炮密如栉"。而"天培督兵据炮台拒战，自巳至酉，兵溃，天培亲爇大炮，火门透水，炮不得发，英人自台后上，天培格杀数人，枪箭雨至，负创奋斗，力竭殁于阵"。[2]事前，他已"缄一箧"寄家人，内藏"堕齿数枚，旧衣数袭"。这种安排说明了他的致死之心并非生成于一夕之间。"盖公怀敌忾之忠，有死无二，故寄齿与衣，以绝生还之望。"[3]此后一年又四个月，另一个提督陈化成阵亡于吴淞炮台。时人记叙说：方酣战之际，"我军炮子多砖心，比至贼船而灰，炮门且裂，全塘震动。部将韦印福、钱金玉、许攀桂、徐大华等皆死，尸积公前，公麾旗痛哭"，而西人则"架炮桅顶"四面轰击。这是一个血与泪交流的场面，中国人舍生取义杀身成仁的精神也正见于此。"时（火）药无布袋，炮无米囊，燃必跃子，心空炮耳折，架窠不可再用。公掬药纳子，炮震伤手，血流至胫。旋有巨炮冲陷土牛，击公仆地，细子中股，纷如雨点。"当

---

[1]《林则徐关于鸦片战争的书札》，中国近代史资料丛刊《鸦片战争》（二），神州国光社1954年版，568—569页。
[2]《清史列传》第10册，3090页。
[3]《诰授振威将军广东全省水师提督关忠节公传》，《颐志斋文钞》卷一，4页b。

英国人涌入炮台之后，七十六岁的陈化成以重伤之躯再起扑击，枪弹洞腹，"伏地喷血而死"。据说前一夜，他与部将周世荣论战事，以为"吾两人福皆不薄"。周憆然，"公笑曰：'诘朝功成，吾与汝受上赏，不然，亦俱不朽矣，岂非幸哉？'"[1]显然"上赏"不过是笑谈，"不朽"却是严酷而且真实的归宿。比之关天培，这同样是一种熟思已久的致死之心。中英之战像这样甘愿以头颅抵挡利炮的人并非个别。梁廷枏作《夷氛闻记》，曾有"夷寇一役，提镇大员皆死疆场"之叹。虽说统括不免过宽，毕竟反映了身负守土之责的中国军人死事之多。这些人留下的血路昭示了不屈的民族气概。但他们身在战局之中，目睹过硝烟下的天地玄黄，又是对中西之间的历史差距感受最深的人。于是，军人的勇敢和血诚不能不在心长力绌中走向狭路，多自见于必死之志，少求伸于必胜之心。"可怜裹尸无马革，巨炮一震成烟尘。"[2]他们的心迹和苦痛，既显示了民族战争中英雄主义的悲壮，又显示了民族战争中英雄主义的悲怆。对于历史来说，两者都记录了真实的时代内容。

关天培谥忠节，陈化成谥忠愍，同时俱见的，还有壮节、刚节、昭节等等。这些人职在持干戈以卫社稷，未必都有意自居于士大夫之列。但他们由儒学的浸泡而形成价值观念和人生信仰，并在生死交迫之际以见危授命实现了这种观念和信仰。从这个意义上说，他们的精神正反映了士大夫群体意识的一面。关天培临命之前，"创痕遍体，血濡衣襟"，但引为深憾的，仅是"吾上不能报天恩，下不能养老母，死有余恨"。[3]这恐怕是他在人世留下的最后一句话了。"天恩"就是"君恩"。在那个时候，忠君与爱国是等值的。这种等值，表现了为历史所囿的狭隘和片面，但它随儒学播撒于人心之中，又确乎支撑和凝聚

---

[1] 《江南提督陈忠愍公殉节略》、《陈将军画像记》，中国近代史资料丛刊《鸦片战争》（六），356—357页；《清诗铎》，679页。
[2] 《清诗铎》，676页。
[3] 《诰授振威将军广东全省水师提督关忠节公传》，《颐志斋文钞》卷一，4页a。

了民族战争中的反侵略者。富有凄楚意味的是，关天培战死前一个月，还刚刚受过上谕的严词切责："身任提督，统辖水师，平时既督率无方，临时又仓皇失措，著先行革去顶带，仍令戴罪立功，以观后效。"[1]后人读史，自会生出许多感慨。

以旧式暴力抵抗新式暴力，中西之间舟船和枪炮的悬殊对比，又会逼出颟顸者的蒙昧相，用他们不识时务的议论和行为描画历史的惰性。

虎门失陷后一个月，参赞大臣杨芳带着远调而来，奉旨进剿的大兵抵达广州。道光在诏书中称他"久列戎行，受恩深重"，并许以"应守则守，可战则战，一切剿办机宜，朕亦不为遥制"。[2]在当时的中国，他大概是皇帝最信得过的一个武将了。这种信任未必是浪得虚名的结果，但在中世纪与近代相交之初，他从内战中揣摩出来的心法，却在民族战争中淋漓地表现了自己的不合时宜。其历史形象也因此而变得非常猥琐：

> 芳之始至，道佛山口入，民耆其宿将，望之如岁，所到欢呼不绝，官亦群倚为长城。入城即发议谓夷炮恒中我，而我不能中夷，我居在实地，而夷在风波摇荡中，主客异形，安能操券若此，必有邪教善术者伏其内。传令甲保遍收所近妇女溺器为厌胜具，载以木筏出御乌涌，使一副将领之，自部卒隔岸设伏，约闻己炮响，即举筏齐列水涘，溺器口向贼来路，而后自抄出筏首夹攻之。

结果是排满溺器的木筏并没有挡住英国人的"长驱直进"。于是，出乎意料的杨芳不得不"亟勒兵入城"。[3]这个故事极富调侃性，但它包含的历史内容却是非常严肃的。杨芳起家于川楚白莲教之役，由民间教

---

[1]《清史列传》第10册，3090页。
[2]中国近代史资料丛刊《鸦片战争》(六)，392页。
[3]《夷氛闻记》，《鸦片战争》(六)，32—33页。

门的神秘主义推衍出来的妖法和厌胜术本是惯闻之物,虽然其中怪诞多于真实,但耳熟以后,非常容易成为经验中已有的东西。因此,当他看到近代火炮并为它超乎想象的威力震慑时,沿用已有的经验去解释未知的事实,便不会不想到妖法。在这里,杨芳是认真的,他相信厌胜术可以对付"邪教善术者"。其意态和心态,以独特的方式表现了那个时候一部分中国人对西方逼迫的抵御和回应,然而用溺器对付火炮,究其底里,又不过是中世纪对于近代的抵御和回应。伸张正义的愿望与蒙昧的玄想因之而连为一体。19世纪40年代的中国,这种逼出来的蒙昧相并不仅见于杨芳一人。1841年夏,飓风过香港,西人舟船颇有沉没。但经奕山入奏,张大其辞,穷尽描绘,遂一变而为天助中华:"淹毙洋人汉奸不计其数,帐房寮篷吹卷无存,所筑马头,坍为平地,扫除一空,浮尸满海。"尽管此中颇多谎言而且易见破绽,却极大地满足了焦头烂额的道光。由此产生的兴奋,显示了更多的蒙昧:

> 朕披览之余,感邀天贶,既深欣幸,更益悚惶。英人恶贯满盈,肆其荼毒,多行不义,竟伏天诛,此皆冥漠之中,神明默佑,余氛扫荡,绥靖海疆,允宜虔蓺瓣香,以伸诚敬。著发去大藏香二十炷,交奕山等分诣各庙宇,敬谨报谢。[1]

在西方人开始用科技征服自然,并汲引出巨大生产力的时候,中国的君主却几乎要对着一场南方的夏季风暴感激下跪。两者的对比是明显的,但两者又是同一场战争中的对手。这种比较,并不仅仅意在奚落道光。在屡战屡败的刺激下,相信"多行不义,竟伏天诛"和"冥漠之中,神明默佑"的中国人正不在少数。叙录广东战事的《英夷入粤纪略》一书,虽至今已不知撰人,但文字体气毕见士人口吻。其中以纪实

---

[1]《清宣宗实录》,《鸦片战争》(一),417页。

的笔法写到了民族战争中的神道:"四月之役,逆从永字台发火箭数十百枝,射入城中,攒聚于火药局,无一燃者。咸云:见一白衣妇人,以袖拂箭,箭落不燃,咸谓:观音山慈悲大士显圣云。"[1]"咸云"与"咸谓",既反映了多数人的观感,也表达了作者的识见。另一个士人张维屏所作的《三元里歌》曾经久负盛名。他意在赞颂抗英的义民,然而"夷兵所恃惟枪炮,人心合处天心到,晴空骤雨忽倾盆,凶夷无所施其暴",[2]则歌吟之中又非常明白地羼进了不可言传的"天贶"。将帅、君主、士人,他们的资质未必没有高低上下之分,但他们的蒙昧相却正在伯仲之间。屡见的蒙昧接源于传统文化的负面,它们展示了士大夫群体意识的另一重内容。后人有理由蔑视这些东西。然而,在侵略和反侵略的民族战争中,正义一方所显露的蒙昧相又不是单单用蔑视可以说明的,它含结着严峻的历史矛盾和深沉的历史悲哀,并反映了中西之间舟船和枪炮之外的另一种时代差距。

二

在近代外交意识萌生以前,中国人对付非我族类者只有攘夷与抚夷两种古法。鸦片战争中的士大夫是从古法中选择自己现实立场的,他们因之而被分成两类。

虽说中英之战最后以抚夷了结,但主张攘夷的人们始终居士大夫群体的多数。光绪年间曾因出众的洋务议论而几乎被时人目为汉奸的郭嵩焘,这时才刚刚二十岁,是一个出入场屋的读书人。他后来追叙旧时情怀说:"当庚子、辛丑间,亲见浙江海防之失,相与愤然言战守机宜,自谓忠义之气不可遏抑。"[3]这些话要比局中人的言论更能反映那个时候的普遍情绪。"忠义之气"表现了对英国人强暴侵逼的敌

---

[1]《英夷入粤纪略》,《鸦片战争》(三),18页。
[2]《清诗铎》,408页。
[3]《郭嵩焘诗文集》,岳麓书社1984年版,34页。

忾,它又会唤起意识形态的敌忾。从孔夫子以来,儒学就强调两种界限。一是以伦理分善恶,于是而有君子和小人的区别;二是以礼教分人禽,于是而有华夏和诸夷的区别。在久经沉积之后,这些观念已经深入人心,汇成朝野士大夫的通识。一朝触发,便使"逆夷性同犬羊"之说蔚为南北东西的时调。以禽兽比拟夷狄并不是值得称道的思想,然而它在夷夏之间划出的文化界限,又从意识形态上维系了中国人的民族心理防线。由是,西方人的鸱张所刺戟出来的忧国忧时之痛与儒学固有的板结观念非常自然地贴合在一起,成为众多士人立论的根据。收录在道光朝《筹办夷务始末》里的大量奏议,以及产生于同一时期的信札、诗文、揭帖、笔记保存了当时的各色舆论,剿夷与攘夷的呐喊比之抚夷的声音实在要响亮得多。"从来外夷,非畏威不知怀德,故驭夷必先剿而后抚,自宋至明,边患不同,要之申中国威者,皆忠义之臣,而不顾国体者皆奸佞之辈,虑久远者皆智勇之士,而苟图目前者,皆庸懦之流。"[1]这一类言论既多忠愤,又多意气,它们的呼应和共鸣,形成了民族战争中的清议。

攘夷的士大夫们常常把林则徐看成代表,并且相信"林邓镌职,逆夷洒酒相贺"。[2]他们按照先贤留下的形象来理解林则徐,然而他们中的多数人未必知道林则徐主持翻译过《四洲志》和《华事夷言》。这种区别,画出了历史的时序感。林则徐是最早怀抱禁烟御侮之心与英国人对抗的士大夫。但当他逼视西方人的时候,他同时又看到了历史经验以外的另一个世界。来自这个世界的器物使中国人在战争中相形见绌,于是而有师夷之长技以制夷的耿耿之想。开眼看世界获得的知识突破了以人禽分夷夏的旧见,林则徐也因此而成为最富时代意识的爱国者。相比之下,汇聚于攘夷旗帜下的士大夫中,更多的人则表现了义愤与否塞的同一。一个广东士人曾经引"德以柔中国,刑以威

---

[1]《清道光朝留中密折》,《鸦片战争》(三),516页。
[2]《鸦片战争史料》,《鸦片战争》(三),171页。

四夷"的古训以论兵事，主张多施斩枭以夺彼族之气：

> 逆夷最畏我朝刑法。闻裙带路人回说云："诸逆兵常相与语，若打败仗，宁即死于刀炮，不愿被获，中国刑法惨毒不堪。广人益甚言刑烈以恐逆兵，逆兵即色怖震慑。"夫制人者必中其所畏，苟获得逆夷，无论兵头水手兵役，立即处以极刑，枭示海滨，一则以生逆夷之畏，二则以夺逆夷之气，此亦制逆之一法也。[1]

以酷刑为制夷之计，虽是书生见识，却不是当时的空论。蒙古人裕谦主持浙东军务的时候，就在镇海前线剥过"白黑夷匪"的两张人皮。他的奏报里有一段专门叙述了这件事：

> 该逆前在广东，有奴才曾将逆夷剥皮之谣，随即发令饬委翼长狼山镇总兵谢朝恩、宁绍台道鹿泽长，将该逆嗢哩绑出营门，先将两手大指连两臂及肩背之皮筋剥取一条，留作奴才马缰，再行凌迟枭示。其黑逆咪哈吻亦即戮取首级，剥皮枭示。俾众咸知奴才有剿无他，以杜其首鼠两端之念。察访兵民，无不踊跃称快。[2]

以剥皮对付英国人，是愤夷已极的结果。然而酷刑引入战争，又使民族自卫变成了狭隘的仇恨宣泄。它显示了情绪和意气，却不能显示理性和力量。仅仅过了一个月，英国军队就攻陷了镇海。剥皮枭首并没有吓退这些用重炮为商品拓路的西方人。裕谦在兵败力竭之后投水而死，实践了"城存俱存，以尽臣职，断不肯以退守为词，离却镇海县城

---

[1]《英夷入粤纪略》，《鸦片战争》（三），23页。
[2] 道光朝《筹办夷务始末》卷三二，中华书局1964年版，第3册，1198页。

一步"[1]的誓言。他是一个文官,但一腔愤血毫无吝啬地洒在了疆场上。这些人是传统造就出来的,他们又代表了一个传统的社会。当他们从传统中汲取精神力量以抵御强敌的时候,他们的种种情态又绽露了传统的局限。

与攘夷相比,抚夷是一种低调。而清议的激扬,则越益反衬出这个圈子里的人们在国难面前的心怯意沮。1840年八九月间,琦善在天津与北上的英国人交涉之后,非常惊讶地向道光描述他们的船炮:

> 船身吃水二丈七八尺,其高出水处,亦计二丈有余。舱中分设三层,逐层有炮百余位,亦逐层居人。又各开有窗扇,平时藉以眺远,行军即为炮眼。其每层前后,又各设有大炮,约重七八千斤。炮位之下,设有石磨盘,中具机轴,只须转移磨盘,炮即随其所向。[2]

其观察和记叙的仔细,在当时是少见的。而后,他比较中西,"溯查向来破夷之法"说:"有攻其船之下层者,今则该船出水处所,亦经设有炮位,是意在回击也。又有团练水勇,穿其船底者,今则白含章[3]亲见其操演水兵,能于深五六丈处持械投入海中,逾时则又跳跃登舟,直至颠顶,是意在抵御也。又有纵火焚烧者,今则该夷泊船,各自相离数里,不肯衔尾寄碇。其风帆系白布所为,节节断离,约长不过数尺,中则横贯漆杆藉以蝉联,非如篷蔑之易于引火,是意在却避延烧也。"于是,"我师从前之长策,而该夷所曾经被创者,兹悉见机筹备。是泥恒言以图之,执成法以御之,或反中其诡计,未必足以决胜"。[4]

---

[1] 道光朝《筹办夷务始末》卷三三,第3册,1226页。
[2] 同上书,卷十二,第1册,380页。
[3] 琦善所派窥察夷情者。
[4] 道光朝《筹办夷务始末》卷十五,第1册,478页。

琦善在华北看到的景象与林则徐在华南看到的景象是一样的。他们都已经感觉到旧法不足恃。在这一点上，两者都与那个时候的否塞者不同。但林则徐从这里走向更新旧法以制夷，琦善则从这里走向了和戎抚夷。时人以诗嘲之曰："望洋先怯狂涛势，航海唯通外国祠。割地交情千古厚，滔天罪恶万人知。"[1] 以抚夷为时务的士大夫，是中国社会里最先屈服于西方军事优势和军事胜利的一部分人。在当时和后来，他们都理所当然地成为世人睨而视之的对象。

然而，两千年儒学灌溉出来的夷夏之见以及与之相关的观念和感情，并不是仅仅凭借军事胜利可以扫荡干净的。持抚夷之论的士大夫屈服于英国人的军事胜利，但他们并没有因此而扔掉了孔夫子。这种矛盾，使他们在曲意与西方人周旋乞和的时候，又常常憎恶和鄙夷西方人。琦善是第一个主和者，而以中华国体比彼邦风习，则蔑乎视之，目为"蛮夷之国，犬羊之性，初未知礼义廉耻，又安知君臣上下"。[2] 另一个参与议和的大吏牛鉴，虽曾在西人的炮火下落荒而逃，而心底里实在是把英国人看作人类以外的东西："彼虽畜类，亦具人形。譬如桀犬狂吠，本不足以论是非，及投以肉食，未尝不摇尾而帖伏。"[3] 在这些方面，他们与一心攘夷的人们不仅见识相近，而且感情相通。但是，奋臂攘夷的人有激愤而无彷徨，他们的信念与行为是一致的。嗫嚅抚夷的人却因屈服于一个为自己所不齿的敌人而撕裂了灵魂和人格。他们中一部分人曾由此而体味过一种说不出来的涩苦。本是攘夷派的浙江巡抚刘韵珂，后来变作了抚夷派。由攘入抚之际，自述"忿恨之余，哭不成声"。[4] 在此以前，广东议和也有过相似的一幕："各大宪于会衔时各自引咎云：不能仰副皇上委任，致被该夷人猖

---

[1]《溃痈流毒》，《鸦片战争》（三），344页。
[2] 道光朝《筹办夷务始末》卷十五，第1册，479页。
[3] 同上书，卷五十三，第4册，2040页。
[4] 同上书，卷四十八，第4册，1813页。

獗致此，实属辜负圣恩，言此皆痛哭流涕。怡（良）大人更为悽怆，顿足失声，闻者莫不感动。"[1]当鸦片战争结束的时候，道光也成了抚夷派。然而"条约既定，帝阅之，徘徊于廊下，直至夜分。从者时闻帝叹息之声，或自语曰不可不可。夜三钟，忽顿足携约款入殿，以朱笔批准，令太监送至军机处"。[2]度其心事，正有许多愧对祖宗的忿痛。他们的痛哭与叹息未必富有历史价值，但毕竟以真情流露了局中人的心犹未甘。所以，和局既成之后，曾经致力抚夷的人们又往往另换题目，用心于防夷一面。刘韵珂所作《致金陵三帅书》正是一个例子。其中罗举夷夏之间的十虑八患，用缜密的思量写出了对西方人的提防之意。民族战争中这一部分士大夫所显露的嚅嗫始终不能为当时人所原谅。但他们的曲折心路又说明，儒学观念构筑起来的民族心理防线是强韧的，即使在屈服之中，它也没有消融殆尽。

三

在中英战争之初，西方人对中国有一种优势感；中国人对西方也有一种优势感。西方人的优势感来自目测和比较，其窥探觇视在战争爆发很久以前就已经开始了。1836年，美国传教士主编的《中国文库》（旧译《澳门月报》）曾经非常轻侮地写道：

> 对于常备的有实效的军事力量，中国人似乎一点也不知道。即使在一个城门里，人们必以为经常有一队强大、可靠的卫兵驻扎，但实际上，当一个外国人，由于好奇而向里面窥探时，他所见到的不过是一个像苦力的样子，穿着短裤，手执纸扇或藤鞭的人。外国人到官署呈递禀帖时，就是他们集合兵马的信号。这时候，兵士鱼贯而入，不穿军服，不带武器，没有准备，半睡半醒，

---

[1]《鸦片战争新史料》，《鸦片战争》（三），434页。
[2]《清室外纪》，转引自《清代通史》中册，商务印书馆1928年版，922页。

同时把一堆一堆的棕色毡帽和红色、黄色、褴褛的衫前后缝有一个"勇"字的长号衣,从闸门送进来给这群英雄们打扮。稍后,又慢吞吞地走进一个大概是当时可能找得到的个子最大的军官来。这出武戏的行头是一些弓箭和几把生了锈的刀剑,显然都是临时找来惊动和威吓"番鬼佬"的。[1]

这些刻画,虽以极尽挖苦为能事,但终究是熟视以后的写照。比较起来,中国人的优势感则半是来自历史的成见,半是来自臆想和附会。它们所表现的是一种懵懂的自大。当廷臣和疆吏交章发议,集矢于禁断烟毒的时候,他们常常提到西方人,然而他们中几乎没有人想到过西方人会发动战争。其时,琦善还不是抚夷派,他在奏折里极富自信地说:

内地实有可制外夷之权,乃反受其欺而不善用其权,为大可惜者,则大黄茶叶是也。凡西口外极大者为俄罗斯,以及诸番,皆需此物。盖地土坚刚,风日燥烈,又日以羊牛肉磨粉为粮,食之不易消化,大便不通立死。每日食后,以此为通肠圣药。大西洋距中国十万里,亦惟茶叶是急,英吉利较近,皆不能离此。

而且"夷人心思才力虽优,独于此二物,即欲购种移植,而物土异宜,竟不能如其愿"。因此,他称这些东西为"造物予中土以制外夷之权",深信一旦"海口关隘严戒,不准通商",则诸夷大黄茶叶无以为继之后将"不能不哀恳"。[2]中国人的优势就在于西方人别有一副胃肠。这种见解不知起于何时,但却是那个时候多数士大夫的共识。林则徐在广东主持禁烟期间,也心同此理,在奏告中非常有把握地说:"至茶叶、

---

[1]《鸦片战争史料选译》,中华书局1983年版,70—71页。
[2]《溃痈流毒》,《鸦片战争》(一),516页。

大黄两项,臣等悉心查访,实为外夷所必需,且夷商购买出洋,分售各路岛夷,获利尤厚,果然悉行断绝,固可制死命而收利权。"[1]他是一个认真的人,然而一开始并没有走出士大夫群体意识。从臆想和附会中产生的优势感是虚假的东西,它很容易被事实撞碎。中英闭隘断市以后,英国人并没有"哀恳",而是以武力显示了自己的犷悍和强横,茶叶大黄之说从此就很少再见于奏议和公牍了。但是,当懵懂的自大还是一种群体意识的时候,虚假的优势感又十分容易在撞碎之后重合。英国人从海上打过来的最初一阵炮火击破了旧的臆想和附会,却引发了新的臆想和附会。后来以《瀛环志略》一书驰名的徐继畬,这个时候曾轻率而自负地议论过英国人的军事弱点和生理弱点:"至于登陆步战,则非彼之所长,其人两腿僵直,跳走不灵,所用者自来火之小枪,不能过四十步,此外则短刀而已。我兵之排枪、弓箭、长矛等器,彼皆无之。"[2]这也是当时的一种共识。另一个士人在《上浙抚乌尔恭泰(额)筹办英夷书》中表达了同样的见解:"其战也,又以诱令登岸为首务,盖逆夷远涉海洋,久为风涛掀簸,其身心安于鼓荡,一经舍舟登陆,则头晕脚软,必无能为。"[3]"头晕脚软"比"两腿僵直"似乎要更近事理一点,然而也同样是文人遐想的结果。稍后,英国人就沿福建、浙江、江苏汹汹北上,途中下船登岸,多次在陆地上大打出手。备受创痛的东南地方当局们于是明白了原先的想法是靠不住的:"论者本谓该逆不长陆战,而两年之中,该逆之略地攻城,皆在陆路,且能爬山越岭,又有汉奸为之引道,各处路径,转较我兵反为熟悉。"[4]陆战的一败再败,终于导致了炮口下的江上议款。这个结局,给士大夫们带来的是一种与困惑相交杂的悲哀:"二百年全盛之

---

[1]《鸦片奏案》,《鸦片战争》(二),97页。
[2]《退密斋文集》,《鸦片战争》(二),597页。
[3]《平夷录》,《鸦片战争》(三),366页。
[4] 道光朝《筹办夷务始末》卷四四,第4册,1680页。

鸦片战争与儒学　95

国威,乃为七万里外之逆夷所困,至使文武将帅,接踵死馁,而曾不能挫逆夷之毫末,兴言及此,令人发指眦裂,泣下沾衣。"[1]其中不无久睡初醒的感觉。

"回首何堪此建旄,槛车一辆去南濠。"[2]两年又四个月的中英之战,使卷入战事的整整一群大吏都成了皇帝的罪人。除去死于战事者外,参与其事的十多个钦差大臣和总督巡抚里,四个人被处斩监候,一个人被处绞监候,三个人被革职戍军台。此外,还有多人的革职和革职留任。在这些人当中,既有抚夷派,也有剿夷派。这个事实本身就是对于庙堂和官场的强烈震动,士大夫们惯性的懵懂自大,不能不因此而发生变化。战争过去之后,耆英在奏折中说:

> 探闻奕经、文蔚、余步云之在浙江,奕山、林则徐、琦善之在广东,颜伯焘之在福建,筹办剿抚,不遗余力,亦皆井井有条。此中或任用失当,或抚驭过柔,或偏执己见,或不谙兵机,致都偾事。前据夷酋郭仕立等向臣言及,畏服林则徐办事结实,敬服琦善临事敏捷,佩服伊里布处事诚实,并云:"皆中国好大臣。"臣闻之亦为之叹服。至于前督臣牛鉴,亦复为该夷等中心诚服,执礼甚恭。是诸臣之材识,皆足以慑服外夷。且数十年来,仰蒙造就栽培,亦未尝不加以委任,一经办理夷务,均不免于获罪。[3]

他所提到的这些人虽说今日评价各有不同,却大半都是当时的官场能吏。但用古法衡量,他们都先后成了驭夷的失败者。而时论纷纭,"主剿者莫不痛诋议抚之非,及至剿而失利,又归咎于剿者之多事。主抚者咸

---

[1]《退密斋文集》,《鸦片战争》(二),598页。
[2]《咄咄吟》,《鸦片战争》(三),232页。
[3]《清道光朝中留中密折》,《鸦片战争》(三),466页。

称剿不足恃,及至抚议既成,复不审度彼己,欲图一试,取快目前。若即令主剿者剿之,主抚者抚之,临时之际,亦皆一筹莫展"。[1]剿与抚于是乎俱穷。这是一种令人唏嘘的困局。

耆英不是一个用心思考的人。因此,他并没有意识到困局中包含的时代内容。然而在战火的烤炙下经历了剿夷与抚夷的一代士大夫中毕竟出现了最早的警悟者。初版于鸦片战争结束这一年,并在后来两度增辑的《海国图志》一书,虽以转述西方历史地理为主旨,却代表了中国人在时代嬗递之际的认真思考。魏源所了解的英国人,已经不再是莫知由来的犬羊之类了:"四海之内,其帆樯无所不到。凡有土有人之处,无不睥睨相度,思得朘削其精华。"[2]这些观察指出了西方人无情的扩张之势,也激生了对于西方人扩张的理性反应:"今西洋器械,借风力、水力、火力,夺造化,通神明,无非竭耳目心思之力,以前民用。因其所长而用之,即因其所长而制之。风气日开,智慧日出,方见东海之民犹西海之民。"[3]"因其所长而用之,即因其所长而制之。"抉示了民族自卫与民族自强的历史同一。它是中国人用一场失败了的血战所换来的醒悟和警觉。

但是,"万年和约"带来的昏沌会使战争留下的惊怵很快成为烟云过眼之物。那个时代耆英多而魏源少。当庚申之变以后中国人再度议论这个题目的时候,二十年的光阴已经过去了。

(1990年)

---

[1]《清道光朝留中密折》,《鸦片战争》(三),471页。
[2]《海国图志》卷五二,岳麓书社1998年版,中册,1447—1448页。
[3] 同上书,卷二,上册,30—31页。

理与势的冲突：中英鸦片战争的历史因果

自从梯航而来的葡萄牙人在16世纪泊舟于上川岛之后，遥远的泰西与中国之间便筑起了一种由海路相接的交往。后来的两个世纪里，接踵而至的还有西班牙人、荷兰人、意大利人、瑞典人、丹麦人、英国人、法国人、普鲁士人、美国人等等。呢绒、钟表、胡椒、苏米、象牙与天文、历法、艺术、建筑、"西铳"、基督教都先后浮海东来。明清之际，西洋的商人多在广东、福建、浙江的口岸行贩，而传教士则已经进入了宫廷和士大夫之中。显然，为上帝弘法的西洋人比谋逐一己之利的西洋人走得更远。这个过程留下过许多历史遗迹，但这个过程并不很长。雍正初年，朝廷明告天下禁止传（基督）教，中西之间的交往便只剩下了贸易一途。乾隆二十二年，皇帝因蕃舶来去而瞻前顾后，不愿意看到"海滨要地"成为洋商熟路，又诏令"将来只许在广东收泊交易"，[1]接纳西方人的口岸遂收缩为一孔。以禁止传教和限制通商摆布彼族，说明了时当中世纪的最后一个盛世，中国在远来的夷人面前曾是支配的一方。

---

[1]《高宗纯皇帝实录》，《清实录》卷五五〇，中华书局1986年版，第15册，1023页。

然而从19世纪前期开始,西方人的进取之势便显露出长久磨砺之后的一派锋芒。嘉道之间,中国知识分子的经世意识刚刚醒来,夷患还远不是时务中的一个题目。而工业革命引发的一系列变化已经使英国成为欧洲和世界"发展的引擎"了。那里不仅制造产品,而且制造扩张。两者都亟亟乎抉破世界贸易的空间界限。中英通商曾长久地以十三行行商的垄断对东印度公司的垄断,维持了一种脆弱的平衡。但工业革命吹胀了英国商界中的自由贸易主义,群商各思伸展,公司专利便成为一种广被非议的东西。至1833年(道光十三年),东印度公司垄断对华贸易的权力遂被废止。于是,由来已久的种种矛盾便在旧日的局面瓦解之后变得越来越尖锐。英国人意在求利,把商业拓张当作天下第一要义;中国人重在防弊,则对来去飘忽的群夷不肯稍懈裁制之心。因此,西洋商人虽挟自由贸易主义而来,遇到的却是一个限定的口岸(广州);一个限定的商人团体(公行);一种在"船钞"、"货税"名目下把国家关税和官吏勒索混为一体的海关制度,以及许多旨在管制日行起居的周密条法。曼彻斯特的蒸汽机代表了一个世界,古老的广州城墙代表了另一个世界。两个世界在扞格中碰接,又因碰接而愈扞格。与这种难以化解的窒碍相错杂,还有公行行商累年拖欠货款引发的商业纠纷和西洋水手与中国民人之间屡酿命案的法律纠纷。在前一种纠纷里,当太多的欠款使行商丧失偿还能力之后,债权一方便非常容易吁请自己的政府出面干预。在后一种纠纷里,以中国律法为西方人量罪,其结果总是要与基督教世界里的法权观念相冲突,由此产生的忿争,常常会余波远及欧洲。中西之间以通商相交往,而牵出来的许多东西都越出了贸易的范围。西商孜孜逐利的一腔热望遂多被撞碎。英国人拥有最大的商业利益,也最急切地想要改变中国。1833年(道光十三年),男爵律劳卑受英王委任,成为"管理英国臣民对华贸易的总监督"。在华英商便有了一个守护人。昔日的东印度公司"大班"为众商头目,与领袖公行(十三行)的"总商"相对等;新立的

"总监督"则分属国家使节,握有"保护与促进英国贸易之权,并得依情形之需要,行使政治与司法权"。[1]在英国人的心目中,其地位足够与天朝疆吏相对等。但惯以旧例比照新事的中国人却宁肯要一个与总商打交道的大班,而不愿意接受一个与官府打交道的总监督。道光十四年,律劳卑至中国,以"平行款式"致书两广总督卢坤,引出一派惊疑。卢坤奏告朝廷说:

> 中外之防,首重体制。该夷目律唠啤有无官职,无从查其底里,即使实系该国官员,亦不能与天朝疆吏书信平行。事关国体,未便稍涉迁就,致令轻视。

所以,他以不平行回应平行,"饬广州协副将韩肇庆,谕以天朝制度,从不与外夷通达书信。贸易事件,应由商人转禀,不准投递书函"。[2]卢坤在天朝体制里找不到一个可以安置律劳卑的地方,因此执意要沿用大班的"旧制",把他当作商人来俯视。然而律劳卑背着英王敕书,不肯把自己的位置从官界移入商界,昧昧然对天朝疆吏做仰视;是以"不遵传谕,声言伊系夷官监督,非大班人等可比,以后一切事件,应与各衙门文移往来,不能照旧洋商传谕。伊亦不能具禀,祇用书文交官转递"。[3]双方都代表了自己那个世界里的轨度,身后没有一点退让的余地。于是,为行使"保护与促进英国贸易之权"越波涛万里而来的律劳卑,便成了一个被关在门外的人。从夏天到秋天,中英之间由交涉而争执,由争执而中断贸易,并演为英国兵船闯入内河、轰击炮台,中国军队包围商馆、断绝供应。这个过程还没有结束,精疲力竭的律劳卑已染上了热病,不得不从角峙中抽出身来将息,并

---

[1]《中华帝国对外关系史》第1卷,三联书店1957年版,140页。
[2] 中国近代史资料丛刊《鸦片战争》(一),神州国光社1954年版,119页。
[3] 同上书,120页。

在退回澳门不久之后死在那里。据随侍的医生判断:"他的病源是完全由于他在广州时操劳过度和忧虑不安所造成的。"[1] 律劳卑掀起了一场风波,也赔掉了自己的性命。在中国人的眼里,他是一个失败者。卢坤奏报律劳卑之沮然而退说:

> 该夷目畏惧悔罪,吁求放行。据洋商转据各夷商两次禀求,遵照旧章,请领粤海关牌照,由臣等于八月十九日委员押逐出口,该夷兵船亦即于是日退出,驶至外洋停泊。
>
> 该夷目现在澳门寄住,极为安静,澳门附近洋面,现饬阳江镇师船巡查,陆路亦饬原派弁兵镇静弹压,地方甚为安谧,堪以上纾宸廑。[2]

然而卢坤熟悉的只是"旧章"和"旧制",他不会明白,在"英人通商广州,百有余年"之后,工业革命已经改变了很多东西。被吹胀了的自由贸易主义正在变成一种高声咆哮的力量。在它们那个世界里,这种力量搅动朝野,把翻滚起来的贪欲和亢急引向东方,立意要打破天朝中人限制自由贸易的通商制度。律劳卑是这种力量的一个代表。他在逝世前58天致书外交大臣巴麦尊,报告自己与卢坤之间的冲突,并申明:"不论监督处的退去是由于武力的压迫,或是由于英国商人受迫害的结果,都应视为(两广)总督对英王的侮辱,而当予以惩罚的。"几天后,又在另一封信中说:"同这样一个政府交涉,必需以实力为后盾。"否则,"交涉不过是徒耗时光而已"。[3] 这些既愤怒又执着的文字虽然出自律劳卑的笔端,发抒的却是来华西人的普遍情绪。两年后,《澳门月报》(Chinese Repository,亦译《中国文库》)有一篇文章

---

[1]《中华帝国对外关系史》第1卷,157页。
[2] 中国近代史资料丛刊《鸦片战争》(一),134页。
[3]《中华帝国对外关系史》第1卷,161—162页。

演绎同一个旨义,说得更加刻毒:

> 懦怯和傲慢是中国政府的两个显著特点。他们的行径,象一头乡村的恶狗。这个畜生看见没携着手杖的生客便狂吠起来;如果生客闻声放步走开,它就追上去,企图咬生客一口。可是,如果生客立着不走,反而转身并举起手杖对着它,它便退避三舍;如果生客竟把它痛打一顿,它此后就小心谨慎,不敢见人便吠,甚至俯首贴耳,摇尾乞怜,力图讨好被触犯的人。中国政府对待外人的作风和乡村的恶狗实在没有两样,这是为一般熟悉它的历史的人所深知的。[1]

这些话都在呼唤战争,期待用武力向中国人传达自己的主张。在遥远的欧洲,它们很容易与追逐市场利益的内在冲动交织在一起,引发厂主与商人的强烈共鸣,推着国会和政府一步一步走向厉兵黩武。

当英国人对广州通商制度久怀郁忿,并由积忿发为咆哮的时候,中国人却面对着海上运入的鸦片侵蚀吏治、民生、官常、人伦、世风、国计,滔滔然成天下巨患。由此产生的惊怵已经积为朝野共愤,并使庙堂里的议论一天比一天激越。道光十八年夏,鸿胪寺卿黄爵滋奏疏"严塞漏卮以培国本",列述"外洋来烟"之剥削中国元气:粤省"自道光三年至十一年,岁漏银一千七八百万两。自十一年至十四年,岁漏银二千余万两。自十四年至今,渐漏至三千万两之多。此外福建、浙江、山东、天津各海口,合之亦数千万两"。而后深惧国赋枯悴:

> 以中国有用之财,填海外无穷之壑,易此害人之物,渐成病

---

[1]《鸦片战争史料选译》,中华书局1983年版,51页。

国之忧,日复一日,年复一年,臣不知伊于胡底。各省州县地丁漕粮,征钱为多,及办奏销,皆以钱易银,折耗太苦,故前此多有盈余,今则无不赔垫。各省盐商卖盐,俱系钱文,交课尽归银两。昔之争为利薮,今则视为畏途。若再三数年间,银价愈贵,奏销如何能办,税课如何能清,设有不测之用,又如何能支?臣每念及此,辗转不寐。

因此,他主张用"罪以死论"的办法来对付吸食者,以截断"运银出洋"与"运烟入口"的对流。[1]在当日的廷议里,其忧时之深和立法之酷都是非常显目的。

黄爵滋作奏议的这一年,国家岁入白银四千一百余万两,而其中的百分之九十左右都须耗于当年的岁出。[2]以农业经济下国库的收入和支出做比照,则因鸦片贸易而正在源源"漏"出中国去的那些银子委实多得使人心惊。这些漏掉的白银不仅留下了一个巨大的空洞,而且搅动金融累及国赋,使国家度支的许多环节都出了毛病。道光是个悭于用钱的皇帝,又是一个常为国用不足所苦的皇帝。眼见"纹银出洋"以一去不回的流失盈彼绌我,不能不触发他心头的忿怒和焦灼,积为脏腑中的痞病。[3]所以,黄爵滋用"国本"为题目悬重法以禁鸦片的疏议能够打动帝王之心,当天即被上谕转发到"盛京、吉林、黑龙江将军,直省各督抚",令"各抒所见,妥议章程,迅速具奏"。[4]于是,以"国本"为主轴,起于沿海的鸦片交易便成为南北疆吏共议的一个重心。此后的几个月中,议复黄爵滋奏疏的折子一封一封地送到了紫禁城里。疆吏的"各抒所见"大半都是回应之声。虽说其间以

---

[1] 《鸦片战争档案史料》第一辑,上海人民出版社1987年版,255页。
[2] 转引自《清咸同时期的财政》,(台北)中华丛书编审委员会1981年版,50页。
[3] 《鸦片战争档案史料》第一辑,227页。
[4] 同上书,258页。

真知灼见自创一格的议论并不多,但由此汇成的共鸣却富有声势地动员了官场,把禁烟这件事迅速移到了万人瞩目的位置。九月初八日,曾"赴尼僧庙内吸食鸦片烟"的庄亲王奕𧰼、辅国公溥喜被上谕斥为"藐法无耻",革去王爵、公爵,并"各罚应得养赡钱粮二年"。两天后,道光重新追究两年又五个月以前太常寺少卿许乃济奏请鸦片弛禁的旧事,言之愤切:"朕于此事,深加痛恨,必欲净绝根株,毋贻远患。并于召见外臣工时,详加察访,从无一人议及弛禁者。许乃济冒昧渎陈,殊属纰缪,著降为六品顶带,即行致休",[1]以为莠言乱政者戒。黄爵滋的办法是穷治吸食以断其流,然而沿流溯源,"天下之有鸦片,皆自广东来也"。[2]因此,当朝旨和廷议为禁烟造出了一派强势之后,中外通商的广州便不能不成为万矢所集的地方。当年岁末,湖广总督林则徐奉旨觐见,八天之内召对八次,之后"授钦差大臣,赴广东查办"。[3]在当日的疆吏中,他是一个肯用"峻剂"治时病的人。其"目击鸦片烟流毒无穷,心焉如捣"[4]的炙痛与道光"净绝根株"之忿能够相感应,因之而有一次接着一次的召对。这些殿陛之间的问答既交付了权力,也交付了期待。在时人的心目中,两者都显示了人臣之深得君心。当林则徐在冬日的驿道上沿直隶、山东、安徽、江西、湖北兼程赶路的时候,南方的广东已为"查办之旨"所罩,"声威所被,震慑民夷"。[5]尔后,自雍正、乾隆、嘉庆以来屡见于诏书的禁烟令便化成了一场扫过南粤的飓风。

林则徐受命禁烟,艰难感奋交集于一身。他后来说:"自亥年赴粤,早知身蹈危机。所以不敢稍迟者,当造膝时训谕之切,委任之重,

---

[1] 《鸦片战争档案史料》第一辑,389、391页。
[2] 同上书,304页。
[3] 《清史稿》第38册,11490—11491页。
[4] 《鸦片战争档案史料》第一辑,274页。
[5] 同上书,496页。

皆臣下所垂泣而承者。"[1]其间的沉重可以想见。在鸦片烟滋蔓横流百年之后,他把久蓄的朝野共愤带到了海边,以"竭其愚悃"之心放手"拨本塞源",为天下"除此巨患"。[2]于是,奉旨禁烟的过程从一开始就非常自觉地显示出一种制夷意识:

> 知水师提督关天培忠勇可用,令整兵严备。檄谕英国领事义律查缴烟土,驱逐趸船,呈出烟土二万余箱,亲莅虎门验收,焚于海滨,四十余日始尽。请定洋商夹带鸦片罪名,依化外有犯之例,人即正法,货物入官,责其甘结。[3]

缴烟、焚烟和具结,都是用中国的成法为中国除弊,对于西人的钳束之中无疑包含着出自天理人心的义愤。然而英国人对广州通商制度久积一逞之心。他们用自由贸易主义派生出来的利权观念诠解彼己,轻易地把中国人禁烟的义愤化约为一种通商危机和法权冲突,并力图以此启衅,将炮舰引到中国海面上来。道光十九年(1839)春,在华的四十多家英国商号联名上书外交大臣,呼吁"女王陛下政府的迅速干预,采取英明的措施,以改变将来我们与大清帝国的关系,及防止更加横暴的事件再次发生"。[4]过了四个月,远在曼彻斯特的三十九家公司也联名上书外交大臣,申述说:

> 作为工业者的我们,不但因近来的中国事件失去了这个市场,而遭受损失,同时我们还从英国约克郡及英格兰西部对华输出其他货物,又自印度向中国拨款,并且转运印度的出产(译者

---

[1]《鸦片战争文学集》(下),古籍出版社1957年版,806页。
[2] 中国近代史资料丛刊《鸦片战争》(二),570页。
[3]《清史稿》第38册,11491页。
[4]《鸦片战争史料选译》,162页。

按：指鸦片），作为印度偿还我们对印度输出的媒介（译者按：印度出产鸦片，卖给中国，赚了钱，才能购买英国的布及其货品）。我们的资财大部分都卷入了这种贸易之中。这个贸易的停顿，我们的货物的被扣留，对我们已极为不便，而且将来可能遭受极严重的损失。

因此，他们请求"女王陛下的政府，对于中国方面这种侵略行为，应予以迅速的、强有力的、明确的对策"。并对"政府的聪明、公正感，它对于国家尊严的关心，深具信心"。[1] 膨胀的自由贸易主义淹没了基督教世界的道德界限，由是，自工业革命以来的长久咆哮，便在禁烟引发的冲突中，演化为越洋而来的舰队和词锋凌厉的《巴麦尊子爵致大清皇帝钦命宰相书》。随后，在炮口的逼迫下爆发了中英之间的民族战争。

中国人以禁烟向西方人争自己的国计民生。英国人则用战争向中国人争"赔还"烟款；"昭雪"英官在华所受的"亵渎"，并予"大英国威仪所宜之尊重"；割让"岛地"；讨还历年"洋行（公行）之欠银"，[2] 其全副精神都贯注于打破中国的通商制度。虽说直接的冲突起于鸦片贸易，但当禁烟转变为战争之后，英国人就成了主宰局面的一方。他们的舰队绕过了与皇帝离得太远的广东，先陷定海以为抵押；而后沿中国海岸线北上，并在道光二十七年夏碇泊于天津洋面，炮口俯视，给北京的朝廷送去一场惊吓。于是而有逼出来的岸上与船上的对话。奉旨与英夷折冲的琦善官阶比林则徐更高，然而事起仓促，其身后却没有一道防海的藩篱。因此，他与夷目交涉，只能用口舌劝退船炮，而以口舌对船炮，则不能不在英国人面前显见得中气不足。中英冲突的历史内容经他半是臆测的转述全然走样，成了英国人

---

[1] 中国近代史资料丛刊《鸦片战争》（二），634页。
[2] 《中华帝国对外关系史》第1卷，706—707页。

与林则徐之间的恩怨。[1]受了惊吓的道光遂把心头的一腔怒气都倾倒在驾驭不住夷人的林则徐头上,发为严词切责:"外而断绝通商,并未断绝;内而查拿犯法,亦不能净。无非空言搪塞,不但终无实济,反生出许多波澜,思之曷胜愤懑!"[2]帝王因料事太易而"曷胜愤懑";又因"曷胜愤懑"而轻断功过,于是是非曲直不得不随之而变。正在广东备战的林则徐遂由"误国病民"之罪而被革职。[3]接着,主张"羁縻"的大学士琦善奉旨南下广州"查办",成为办夷务的第二个钦差大臣。当道光十八年疆吏共议"塞漏卮以培国本"之际,总督直隶的琦善持论特重"循流溯源"和"实力查拿",是个厉行禁烟并受过朱批褒奖的人。其心头的国计民生之忧与林则徐同样强烈。[4]然而在西人的兵船北上天津海口之后,琦善被时势牵入了漩涡,心里已不再有禁烟这个题目了。他更急于用大事化小,小事化了的办法顺驭岛夷,以求止息骚乱海疆的滔滔风波。但"羁縻"的过程却异常沉重窒苦。其间的抵牾研磨一节一节地打碎了他的一面之想,并使他终于明白了中英冲突其实无关乎个人恩怨,西人志在必得的东西是不能用言辞感化的。最后,耐不得久受羁縻的英夷在通牒要挟之后轰击沙角、大角炮台,逼使没有还手之力的琦善屈服于所谓"穿鼻草约":一、割香港;二、赔偿六百万元;三、两国公文平等往来;四、开放广州贸易。弄到头来,羁縻的结局还是由大炮来决定的。当琦善出京的时候,朝廷期待他能够牵着英国人的鼻子走,但他一入局中就被英国人牵住了鼻子,越走越远,回不了头,在中国人的眼里,就此成了久受嘲骂的对象。南边的消息传到北京之后,深深地戳痛了道光,他震怒地说:

---

[1]《筹办夷务始末(道光朝)》(一),中华书局1964年版,387、392页。
[2]同上书,393页。
[3]同上书,491页。
[4]《鸦片战争档案史料》第一辑,293—294、393、401—402页。

> 朕君临天下，尺土一民，莫非国家所有。琦善擅与香港，擅准通商，胆敢乞朕恩施格外，是直代逆乞恩。且伊被人恐吓，奏报粤省情形，妄称地利无要可扼，军械无利可恃，兵力不固，民情不坚。摘举数端，危言要挟，更不知是何肺腑？如此辜恩误国，实属丧尽天良。

偾事的琦善遂被"革职锁拿，派副都统英隆，并著怡良（粤抚）拣派同知知州一员，一同押解来京，严行讯问。所有琦善家产，即行查抄入官"。[1]其时上距琦善到粤不过两个月又二十一天。已经革职的林则徐在广州旁观琦善以"议和"为"秘计"的出格举措，曾揣度道光的心事，预言"静老（琦善字静庵）亦是覆辙"。[2]结果他和同被革职的邓廷桢还没有离开广东，琦善已经灰头土脸地踏上了回京之路。与来时的奉旨出朝地动山摇相比，归路中和他相伴的只有脚下的黄尘与清议的訾诟。短短几个月工夫，英国人的拳脚就断送了中国三个总督的前程。

在禁烟转化为战争的过程里，林则徐和琦善各立宗旨，以剿夷抚夷显分泾渭，并因之而成为最有代表性的人物。但他们的办法都不能了结夷务之局，所以在战争开始后不久，便先后在严旨苛责下被牵出了战场。后来陆续入局办夷务的是两江总督伊里布、靖逆将军奕山、参赞大臣杨芳、两江总督裕谦、闽浙总督颜伯焘、浙江巡抚刘韵珂、广州将军耆英、扬威将军奕经、两江总督牛鉴等等。他们布列在江、浙、闽、粤，与英国人苦相撑持。然而他们拿来对付英国人的，仍然是林则徐用过的剿夷和琦善用过的抚夷。面对西人的恣肆鸱张，两千年历史经验所能提供的对应之策只有剿与抚。在剿与抚中，对手都被当作非我族类其心必异的东西。

---

[1]《筹办夷务始末（道光朝）》（二），805页。
[2]《林则徐书简》，161—165页，转引自《林则徐年谱》，上海人民出版社1981年版，328页。

继伊里布之后总督两江的裕谦曾上疏痛劾琦善,是个持一腔忠愤之气力任剿夷的人。在他赴镇海主持浙东军务的时候,奏报里专门叙述过自己剥取"白黑夷匪"两张人皮的情节,言之激昂亢扬:

> 该逆前在广东,有奴才曾将逆夷剥皮之谣,随即发令饬委翼长狼山镇总兵谢朝恩、宁绍台道鹿泽长,将该逆噡哩绑出营门,先将两手大指连两臂及肩背之皮筋剥取一条,留作奴才马缰,再行凌迟枭示。其黑逆咪哈吻亦即戮取首级,剥皮枭示。俾众咸知奴才有剿无他,以杜其首鼠两端之念。察访兵民,无不踊跃称快。〔1〕

用剥皮枭首对付英国人,以一种非常残酷的方式宣泄了民族战争中的忠愤。在卷入战事的疆吏中,裕谦是一个不肯在逼来之势面前后退的人,也是一个意气与血性交缠,把剿夷的旨义推到了极端的人。然而剥皮枭首并没有阻退远来的岛夷,仅仅过了一个月,拥有坚船利炮的英国人就攻占了镇海。自负"有剿无他"的裕谦兵败之后投水而死,留下一腔遗恨。十年后,一个不能忘记这段历史的人重临战场,追怀当日惊潮鸣笳,以诗吊之曰:"刻意图功功不成,父老至今犹涕零。"〔2〕时光洗尽了剥皮枭首的血痕,长留在人心之中的,则是矢志剿夷的义烈和剿夷失败的悲壮。

与这种杀气和血色交映的场面相比,抚夷见不到悲壮。道光二十一年夏,奕山与英军连战四日,一败涂地。随后,广州城便罩在英国人的炮口之下了。城内的三个督师大臣和督抚将军困处于局蹐之中,不得不"会衔盖印",用六百万元的代价,向英军换取局部的休战。这个过程没有流血,然而它所触发的愧痛却化出了许多涕泪:"各大宪于会衔时各自引咎云:不能仰副皇上委任,致被该夷人猖獗致此,实属

---

〔1〕《筹办夷务始末(道光朝)》(三),卷三二,1198页。
〔2〕《鸦片战争文学集》(上),130页。

辜负圣恩。言此皆痛哭流涕。"其中广东巡抚怡良悽怆尤甚,"顿足失声,闻者莫不感动"。[1]哭声表达了一种内里的伤痛。次年四月,英军攻陷乍浦,正在浙江办夷务的钦差大臣耆英和地方官联衔会奏,陈述了一败再败之后的"发指眦裂,愤懑难名"与夷氛猖披下的势穷力竭时危心苦。"战则士气不振,守则兵数不敷",进退失据,四顾茫然,"舍羁縻之外别无他策"。由此引出来的也是一片号哭声:"臣刘韵珂(浙江巡抚)忿恨之余,哭不成声,讫无良策;臣等亦皆束手,惟有相向而泣。"[2]这些场面记录了抚局中人的穷蹇和悲哀。然而在他们把"羁縻"这个古老的词汇用到英国人身上的时候,其穷蹇悲哀之中又内含着一种深深的傲睨与轻侮:"彼虽畜类,亦具人形。譬如桀犬狂吠,本不足以论是非,及投以肉食,未尝不摇尾而帖伏。"[3]与辛酸悲哀相比,这种傲睨与轻侮更深地植根于历史的沉积里,也因此而更多板结的固性。后人述史,常严立褒贬以分剿夷与抚夷之界,而被刀笔界分的那一代士大夫却往往不容易从精神上断开。以"彼虽畜类"比剥皮枭首,其心路都在夷夏之防。

但英国人既不肯被剿,也不肯被抚。在两年又两个月的时间里,他们带着火轮船、远程炮、滑膛枪恣肆地出没游移于广东、福建、浙江、江苏之间,在选定的时间和地点大打出手,东南海疆因之而全无宁日。这是一个陌生的对手。他们执锐利的兵锋一战再战,目的是要在中国打出一种预想已久的局面。"赤发狰狞遽突出,飞炮如雨从天来",[4]其间撒下的焦土和烟尘一路蔓延,以中国人的涂炭反衬出英国人的横暴。然而在民族战争的兵燹和劫灰后面,是一个发源于欧西而急急跃动的世界历史过程:

---

[1] 中国近代史资料丛刊《鸦片战争》(三),434页。
[2] 《筹办夷务始末(道光朝)》(四),1812—1813页。
[3] 同上书,2040页。
[4] 《鸦片战争文学集》(上),7页。

美洲金银产地的发现,土著居民的被剿灭、被奴役和被埋葬于矿井,对东印度开始进行的征服和掠夺,非洲变成商业性地猎获黑人的场所:这一切标志着资本主义生产时代的曙光。这些田园诗式的过程是原始积累的主要因素。跟踵而来的是欧洲各国以地球为战场的商业战争。这场战争以尼德兰脱离西班牙开始,在英国的反雅各宾战争中具有巨大的规模,并且在对中国的鸦片战争中继续进行下去。[1]

这个过程使中英之间的战争注定要越出中国人预想的范围,演为中世纪与近代的冲突。横暴的一方挟"资本主义生产时代"而来,用惯了旧法的中国人遂不能不捉襟见肘,心力俱绌。"破一岛,一省震,骚一省,各省震。"剿与抚此落彼起,而显出来的往往是不知底里的瞆然和茫然。魏源后来作《道光洋艘征抚记》,总述说:"其战也,不战于可战之日,而偏战于不可战之日。其款也,不款于可款之时,而专款于必不可款之时。其守也,又不守于可守之地,而皆守于不可守不必守之地。"[2]剿与抚都想牵英夷"就我范围",但英国人每一次都扯破了中国人圈出来的范围。道光二十二年夏,英军攻陷吴淞。身负守土之责的两江总督牛鉴在奏议里"自挞自恨"说:

> 伏念臣以一介庸儒,未娴军旅,仰蒙皇上不次鸿恩,擢任两江,半载以来,与提镇文武等讲求防御,举凡练兵缮械,赏功惩惰,一切机宜,实已蒿目腐心,不遗余力。讵料该逆凶猛,迥出寻常意料之外,此次挫失,臣目击身经,方知凶焰非可猝制,委非将士不肯用命。

---

[1]《马克思恩格斯全集》第23卷,人民出版社1972年版,819页。
[2]《魏源集》(上),中华书局1976年版,187、206页。

与仇夷的敌忾愤切相比,这些话显露的是失措之后的惊疑交集。随后,主理夷务的耆英急匆匆地从浙江赶到江苏,想用"羁縻"的办法把一战而胜的英国人拦在长江口外。然而英国人还没有打够,他们不愿意歇手。"酋目咘嚅喳"复书驭夷的中国人,"仅以不能戢兵,仍与相战为词,并称贵将军、贵都统谅念之等语"。这种用西礼表达出来的犷悍坚鸷显得不可测度,"原期谕以天理人情,面戢战争"的耆英遂一筹莫展。[1]由此触发的,也是一种失措之后的惊疑交集。从茫然和瞆然到惊疑交集,反照出卷入局中的士大夫们在炮口下经历的精神震撼和冲击:"二百年全盛之国威,乃为七万里外之逆夷所困,至使文武将帅,接踵死绥,而曾不能挫逆夷之毫末,兴言及此,令人发指眦裂,泣下沾衣。"[2]与这种唏嘘苍凉相对应的,是英国人的船队由沿海入长江,在炮声中节节上溯。他们一次次用暴力打开航路,而船旗上却奇异地写着"替天行道"。[3]从中国人的文化和思维中剜出来的这四个字本旨在弘义,但一经西人移到炮船的桅杆上则面目全非。工业革命所产生的物质力量为英国人造成了居重之势,在一胜再胜之后,他们借用中国人的语汇向中国人宣述西方那个世界的自负和自信,"替天行道"便成了一种为势张目的东西。后人面对这一段历史,从天道任势想到百年世运,不能不生出许多感慨。当英国人攻破镇江,其指掌已经扼中国漕运之咽喉。"是时洋船八十余艘,炮声震江岸,自瓜洲至仪征之盐艘巨舶,焚烧一空,火光百余里。扬州盐商许银五十万免祸。六月二十八日,遂逼江宁,东南大震。"[4]于是,从禁烟开始的中英之战遂以重炮环伺下的江上议款结束。这是一种"势出万难,策居最下,但计事之利害,不复顾理之是非"[5]的结局。守土的中国人付出

---

[1] 《筹办夷务始末(道光朝)》(四),1917、2023—2024页。
[2] 中国近代史资料丛刊《鸦片战争》(二),598页。
[3] 《鸦片战争文学集》(上),210页。
[4] 《魏源集》(上),200页。
[5] 转引自《剑桥中国晚清史》上册,中国社会科学出版社1985年版,226页。

了头颅和血泪,但古老的中国最终成了民族战争中的失败者和屈服者。在干戈止息之后,与萧瑟秋风和拍岸涛声相伴的,是天地之间的一派肃杀。由西向东的世界历史过程从一开始就践踏着人间道义向中国人走来,留下累累创痕。运会[1]所至,"天地不仁,以万物为刍狗"。

英国人以枪炮致胜,之后,他们的意志铸成了约束中国的《南京条约》。暴力伸展了自由贸易主义,因此久受西人憎恨的广州通商制度被连根拔起,打得粉碎。天朝体制从这里开始被撕破。原本用广州通商制度栓起来的门户,自此扃鐍皆坏,挡不住排空而来的西潮浸灌。随后产生的中美《望厦条约》和中法《黄埔条约》,都是中英战争的余波。它们与《南京条约》一起,筑成条约制度最初的构架,锁住了战败的中国人。接踵而来的一百多年,是西方人用条约制度改造中国的时代。

当踌躇满志的英国人返棹南去之后,东南的疆吏纷纷成了廷臣交章论劾的对象。从禁烟到议和,世局在岁月迁延中跌宕翻覆。游移于剿与抚之间的道光换过三任两广总督、三任闽浙总督、三任两江总督,加上调赴东南领兵的宗室和钦使,先后有十多个达官被牵入了夷务之中。等到尘埃落定,这群人大半都以此致罪,身受严谴。综计始末,其中四人被处斩监候,一人被处绞监候,三人被处革职戍军台。他们当中既有因抚夷而获罪的,也有因剿夷而获罪的。在这些人之外,朝廷又层层追究"前失定海、镇海、上海,以及宁波、镇江等官,查明治罪,共得六百余名"。[2]这是一种由夷祸推演出来的官场浩劫。言路和清议注力于搏击,重在罪与罚。然而局中人事后追讨,其议论所在却往往是罪与罚所不能了结的东西。后期主持夷务的耆英曾

---

[1] "运会"是一个古词。严复曾用以指喻历史演化中人力所不能抗的大势。比之后来所说的"规律",似乎更切题一些。
[2] 中国近代史资料丛刊《鸦片战争》(三),169页。

在密折中论列获罪的大臣，说过一段行文平恕而久耐咀嚼的话：

> 探闻奕经、文蔚、余步云之在浙江，奕山、林则徐、琦善之在广东，颜伯焘之在福建，筹办剿抚，不遗余力，亦皆井井有条。此中或任用过当，或抚驭过柔，或偏执己见，或不谙兵机，致都偾事。前据夷酋郭仕立等向臣言及，畏服林则徐办事结实，敬服琦善临事敏捷，佩服伊里布处事诚实，并云："皆中国好大臣。"臣闻之亦为之叹服。至于前督臣牛鉴，亦复为该夷等中心诚服，执礼甚恭。是诸臣之材识，皆足以慑服外夷。且数十年来，仰蒙造就栽培，亦未尝不加以委任，一经办理夷务，均不免于获罪。[1]

他所提到的这些人在后来的历史叙述中归类不同，褒贬也不同。而以当日的尺度衡量，却大半都是"数十年"仕路"造就栽培"出来的一时能吏。他们沿用驭夷的古法"筹办剿抚"，已竭尽自己的才识和气力，并在对手的心目中留下了不无敬意的个人印象。然而两年多的时间里，剿与抚"致都偾事"，使这些久受器使任用的人们先后成了驭夷的失败者。而时论纷纭，"主剿者莫不痛诋议抚之非，及至剿而失利，又归咎于剿者之多事。主抚者咸称剿不足恃，及至抚议既成，复不审度彼己，欲图一试，取快目前。若即令主剿者剿之，主抚者抚之，临事之际，亦皆一筹莫展"。[2] 耆英经历过剿夷和抚夷两种场面，深知剿与抚都罩不住另成一路的英国人。因此，他对由剿获罪者和由抚获罪者都怀有等量的同情。时当清议激扬帝王盛怒之际，朝廷正着力向当事的个人追咎责任，以考求夷务挫跌的因果。但这种见之于奏议的同情却说明，耆英的内心并不相信此中因果。其密折一个一个地罗举了先后

---

[1] 中国近代史资料丛刊《鸦片战争》（三），466页。
[2] 同上书，471页。

绾夷务的大吏，而重心所在，则是一种由归纳提炼出来的矛盾：这些曾各以吏事见才干而久为帝王所识拔的人物，为什么"一经办理夷务"，全都成了偾事的罪人？他用叙事的笔法写出了一个有力度的问句，以此展示出夷务败局中的普遍性和共性。与追咎个人相比，耆英在奏议中陈述的矛盾和疑问无疑要更深刻一些。从这里追问下去，两年又两个月中的中英之战剿与抚俱穷，应当能够催发出中国君臣的反思。然而耆英没有追问下去，道光也没有追问下去。他们都不会意识到，刚刚过去的那一场战争其实是一个漫长历史过程的开端。于是，从夷务败局中提炼出来的这个问句便成了事过之后的迷惘。它在炮口的震撼下产生，又在随后的岁月中澌灭，没有留下一点困而后知的思想痕迹。西方人已经用火炮和条约打破了驭夷的古法，但当群体的反思出现之前，这种由二千年历史经验沉积而成的古法在中国人心里却不会破碎。耆英后来在广东主持"通商事务"多年，直面西人的进迫而备受磨难，以致"须发尽白，肝疾日甚，心气尤亏"，眼昏头晕，而或"猝然眩倒"。[1] 其间的忿郁、困顿和愁苦都是可以想见的。然而他总想用私谊编成笼头，套住满身戾气的夷酋，使中西交冲的煎逼化解于私人和私人的酬应之间。道光二十三年，他曾致书璞鼎查，把这个悍猛的对手称作"心心相印"的朋友，并预言"将来人们会说，我们身虽为二，心实为一"。而后在信的结尾处流泻了过量的惆怅："分袂在即，不知何年何地才能觏面快晤，言念及此，令人酸恻。"[2] 与他奏议中的文字相比，这些情感显然都是造作的。以造作的情感驭夷，既反映了他的满腹苦心，也反映了他以小聪明应付大局面的一厢情愿和两眼迷离。苦心和迷离都说明，他沿用的仍然是羁縻这个老办法。

通商与禁烟的冲突，导致了中西之间的第一次民族战争。发源于

---

[1] 中国近代史资料丛刊《鸦片战争》（三），477页。
[2] 璞鼎查信函，1843年第142号，外交部档案17/70，转引自《剑桥中国晚清史》上册，237页。

欧西的那个世界历史过程因通商的胜利而进入了沿海中国的条约口岸，自此把根须扎进了一个古老的社会，为来日造因果。而曾经高亢一时的禁烟议论则被战争打成了碎片，不复再见于廷旨与奏疏之中。此后鸦片（和它的提炼物）裹着贫病、黑暗、朽烂在中国社会流毒百年。对于那一代士人来说，"夷氛"大半是一种传闻之知。由于西人的面目模糊不清，夷夏之争久远的历史回声便成为当时的公论和通论。从这里产生的激越清议容易鼓荡意气，作成动人心目的歌哭文字；也容易在事过境迁之后悄然消散，留不下一点固化的东西。在两年又两个月的战争之后，"息止肇衅"、"永存平和"的《南京条约》被看成是一个了局。[1]庙堂内外都很少想到来日。时人记述说："和议之后，都门仍复恬嬉，大有雨过忘雷之意。海疆之事，转喉触讳，绝口不提。即茶坊酒肆之中，亦大书'免谈时事'四字，严有诗书偶语之禁。"又说："怡（良）奏英夷索还台湾已杀之俘。上曰：'这个东西，不过又要我找些银子罢了。'盖以其未有大志，惟在图利而已。"[2]与中国社会的惯性和常态相比，炮口震撼下触发的愤怒和惊怵都不耐久。曾经与林则徐一同禁烟御侮又一同落职受谴的邓廷桢，道光二十五年再起为陕西巡抚，然而当日英气已消融殆尽，在属员眼里显得一派状貌颓然：

> 此老忧患之余，生气已尽，又以日薄崦嵫，纵情娱乐，来往过客，攀挽流连，余等复迭为宾主，几于无日不花天酒地也。岁首属司道凑费数百金，制造灯戏，为明年正初演用。余两仓书斗闻中丞高兴，亦鸠金制灯，互相赌赛。[3]

---

[1]《江宁条约》，《中外旧约章汇编》第1册，三联书店1957年版，30页。
[2]《鸦片战争文学集》（下），838页。
[3]《道咸宦海见闻录》，中华书局1981年版，82—83页。

这个时候上距虎门销烟不到六年,上距江宁议和不到三年,但在陕西巡抚的官衙里,那些日子显然已经成了非常遥远的往事。与邓廷桢相比,士大夫中更多的人没有目睹过英国人的巨炮之利,并因之而缺乏思索的形象。他们与高鼻深目之属的心理距离一定会更加遥远。于是,在西人已入条约口岸之后,朝官中的多数人远望岛夷,眼中仍然是一片恍惚朦胧。魏源曾作《都中吟》,于此穷尽刻画而深致感慨:"为问海夷何自航?或云葱岭可通大西洋;或云廓尔喀印度可窥乌斯藏;或云弥夷佛夷鄂夷辈,思效回纥之助唐;或云诸国狼狈叵测可不防,使我议款议战议守无一臧。呜呼!岛夷通市二百载,茫茫昧昧竟安在?"[1]当日的都中,荟萃了传统中国的智慧和人才,是为天下造风气的地方。以此为尺度,量出来的应是一种士林共相。比之炮火下被摧毁的营垒和城墙,这种万千人共有的朦胧和隔膜无疑更富韧性。中国人的"茫昧"面对着西方人的进取,由此产生的是一种长久的不可沟通。于是,《南京条约》签订后十五年,中西之间战火再起。

(2000 年)

---

[1]《魏源集》(下),676—677 页。

论"庚申之变"

咸丰十年八月（1860年9月），英法联军先后在张家湾、八里桥大败僧格林沁、瑞麟、胜保所部各营。瑞麟逃，胜保中枪坠马，被朝廷倚为长城的僧格林沁则自劾"海口转战至今，迭经挫败，误国殃民，死有余辜"。[1]他与西人交战最久，而一蹶再蹶之后也最多无可言述的沉痛。

从英国人和法国人的军队自北塘登陆开始，到中国人的马队和步兵在八里桥溃散，是一个西方人用枪炮表达意志并用枪炮分出了胜负的过程。因此八里桥之战后一日，咸丰帝已惊惧交集而慌张失措，"举朝不知，竟携宫眷北幸热河，而人心因之解散"。[2]他留下了一个没有皇帝的京畿和滚滚烟尘中的四面仓皇。在时人的记述里，四面仓皇是与枪炮声、哭喊声、詈骂声，以及抢掠、逃难、物价腾涌连为一体的。由此形成的蜩螗沸羹，把京师里的每一个人都拖入了中西冲突的困苦和动荡之中。二十一天之后，得胜的英法联军由安定门入北京城，并纷纷登城升旗列炮。炮口南指，正对着中国人的皇家宫阙。[3]战争到了这个时候其实已经结束了。然而主导了这场战争的英国人还

---

[1] 中国近代史资料丛刊《第二次鸦片战争》（2），上海人民出版社1978年版，221页。
[2] 同上书，84页。
[3] 同上书，13页。

意犹未足，又在圆明园里放了一把大火。在放火之前和放火之后，英国和法国的军官士兵都在这个汇聚了皇家珍宝的地方肆行抢劫和反复抢劫，由此获得的赃物，一部分还归到了维多利亚女王（Queen Victoria）和拿破仑三世（NapoléonⅢ）的名下。在战场之外放火和抢劫，说明了军人正在变作盗贼和匪徒。然而在当日西人的心目中，放火却是在表达道理。所以，全权代表英国的额尔金伯爵（James Bruce, Earl of Elgin and Kincaidine）和统兵的格兰特将军（General Sir Hope Grant）曾挟着战胜者的傲慢和褊狭向战败的一方做追讨，举"被囚"的英国人所受"野蛮之待遇"与基督教世界里的法则相比较，以指责和衬托"中国政府不顾国际公法之残酷行为"的可恶，并自信其下令放火，把"辉煌的避暑行宫烧成平地"是在"警醒其迷梦"，因此是理所当然和天经地义。这种显然的自以为是正说明这些人已错把自己当成了上帝的表亲，并催生出可以一手裁断人间公理的自负。他们痛责政府里的中国人"野蛮"和"残酷"，但他们用来"警醒其迷梦"的放手焚烧是出于冷静的思考和推理，出于故意和刻意，所以，在放手焚烧的烈火和烟雾里，其实已经包含着更多的"野蛮"、"残酷"和"不顾国际公法"。其间发生的宫中人"常嫔因惊溘逝"和"总管内务府大臣文丰投入福海殉难"，[1]都是由此而致中国人的死命。比之格兰特引为不平的因"野蛮之待遇"而致英国人的死命，显然是在等类之间。因此，放火的西方人虽以出自基督教世界的文明为荣耀，但他们显露的横暴和造成的废墟却使基督教世界深深地蒙羞。

"海淀之被焚也，京师震动，驻守内外城之王大臣等，相顾愕眙。"西人的横暴都化为中国人身受的冲击。当英国军人在圆明园里放火的时候，被咸丰帝留下来办夷务的恭亲王奕䜣"登高瞭望"，眼睁睁地看着"西北一带烟焰忽炽"到烟焰弥天。与那片烟色与火光相对应的，

---

[1]《第二次鸦片战争》（2），393—394、148页。

是一种"痛心惨目"的家国之哀。作为道光帝的第六子,其"痛心惨目"里的夷夏之恨一定会与宗庙社稷之思连在一起,引出百感苍茫。他向北狩的皇帝做奏报,自述"痛哭无地自容"。读奏折的咸丰帝虽然远在热河,而其切身之痛则犹如近在咫尺之间。因此,在他用朱批写出来的"览奏曷胜愤怒"[1]里,与"痛哭无地自容"相呼应的悲哀怆恨同样出自深深的家国之哀。在朝廷之外,更多的中国人目睹了"夷人枪炮横空飞坠"之后,又目睹了抢劫圆明园和火烧圆明园。一个士人记述了延烧累日的"烟焰迷天,红光半壁"里,"数百载之精华,亿万金之积贮,以及宗器、裳衣、书画、珍宝、玩好等物,有用者载入夷营,不要者变为瓦砾,更被土匪搜劫一空,万间宫殿,荡为墟矣"。在漫长岁月中累积起来的种种物化了的文明就此变作满地灰烬和断砖碎瓦,无法复原,无法重建。"至历代圣容,皆为碎裂,尤不忍闻矣。"[2]用彼时中国人的社会观念相衡量,"历代圣容"已是象征了神性的东西,是同这个世界仍然联结着的东西。然则以"碎裂"为亵渎和摧残,显然是一种精神上的践踏。因此在他笔底的感慨悲恻里,最难化解的也是因为西方人的强暴而产生的身世家国之哀。在身历此劫的那代人留下来的文字记述中,这是一个共同的主题。由此触发千古之痛,便多见"唏嘘"、"泣下"、"国事至此,唯相对一哭"、"堂堂天朝,竟任夷队纵横,为之大哭"的伤心一恸,其间的极端,是忧愤催逼下的"须发皆白"。[3]当京畿板荡之日,同一个时间里的中国南方,湘军正与太平天国的老兄弟和新兄弟们苦苦厮杀于长江流域,其间一片愁雾。督师皖南的曾国藩从咨文中次第获知"銮舆已出巡热河"和"京城业被逆夷阑入,淀园亦被焚"。随之而来的是相隔千山万水的震

---

[1] 《第二次鸦片战争》(2),375 页;《筹办夷务始末・咸丰朝》(7),中华书局1979年版,2473 页。
[2] 《第二次鸦片战争》(2),373、53—54 页。
[3] 同上书,89、99、63、41、330 页。

荡和撼动都成为一种直接的冲击，使之"悲泣，不知所以为计"，使之"伤痛之至"。[1] 自咸丰二年（1852）领军以来，他已长久地身历兵凶战危，并于危难中屡见屡闻"炮震肉飞，血瀑石壁"，[2] 应当不是一个容易被吓倒的人，但"不知所以为计"的"悲泣"和"伤痛"都明白地表现了冲击下的惊心动魄和四顾茫然。京畿的炮声和火光之所以摄人心魄而震动南北，是西方人逼入了北京，因此西方人真正地来到了中国人的面前。在二十年回避之后，这是一种无可回避。"曷胜愤怒"、"相对一哭"与"不知所以为计"都是对于这种一时剧变的突然意识和最初反应。其中与惊痛连在一起的是深深的惊愕。咸丰十年（1860）岁在庚申，这一场颠蹶和震荡在中国人的记述中便被称作"庚申之变"。[3] 鸦片战争之后记述其间史事的著作曾以《道光洋艘征抚记》为名，相比而言，此日用"庚申之变"做统括之词显然是更明白地表达了中国人身受的震撼。但变起于庚申，而惊痛与惊愕相连，其间之因果则以道光后期以来的历史为来路。

庚申之前二十年，起于广东的中英鸦片战争曾波及四省，历时两年，致士兵死事，上将殉国，生民涂炭，并牵连成群奉旨驭夷的达官在剿与抚的反复中纷纷跌倒。然而以地域而论，这场战争开始于沿海，也结束于沿海。在当日的中国，傍海的地方便是边缘的地方，多数人从腹地和内陆远远地看沿海，都当作是岛夷骚动海疆。太过漫长的距离滤掉了具体性和真实性。因此，发生在那里的中西之间由相遇而相斗虽以民族战争为形式，但局中人的困厄和炮火下的力绌经层层的转述附会，对于京师社会和内陆社会而言，则大半成了容易失真的传闻之词。传闻之词不能入人之心，是以中西之间相遇和相斗之后，多数中国人依旧不肯留意西方人和不能认识西方人。后数年魏源曾

---

[1]《曾国藩全集·日记》（1），岳麓书社1987年版，534、539页。
[2]《曾国藩全集·诗文》，岳麓书社1986年版，259页。
[3]《洋务运动》（1），121页；《洋务运动》（2），32、35页，上海人民出版社1961年版。

作《都中吟》,于此穷尽刻画而深致感叹:

> 为问海夷何自航?或云葱岭可通大西洋;或云廓尔喀印度可窥乌斯藏;或云弥夷佛夷鄂夷辈,思效回纥之助唐;或云诸国狼狈叵测可不防,使我议款议战议守无一臧。呜呼!岛夷通市二百载,茫茫昧昧竟安在?[1]

在"茫茫昧昧"里,已经进入五口和正在进入五口的西方人自都中人看去仍然模糊而且遥远。都中荟萃了那个时候中国士大夫的智慧和人才,所以都中可以写照天下。由于模糊和遥远,当日的君臣从庙堂里想将来,都相信随鸦片战争炮火的停息,将是中西之间的一个了局。因此,"息止肇衅"的《江宁条约》在朝廷和士人的意中曾是"万年和约"。[2]以"万年"称"和约",则与"和约"所对应的当然是一种固结了的物事。后来道光帝的遗诏里有一段话追叙中英之战,而统归为"捐小忿成大信,绥疆柔远,于今十载,卒使毒焰自消,民夷各安生理",[3]显然是把西方人看成了已受羁縻的群类。都中的见识以"茫茫昧昧"为主流,说明了发生在沿海的这一场战争并没有重创中国人从千年历史中获得的知识和观念,所以当时人测度来自欧西的远人,用以推理和判断的,还是从历史中获得的知识和观念。这是一种同过去的经验事实连在一起的东西,因此是一种万人共有的东西,比之炮火下被摧毁的壁垒和长墙,也是一种更不容易折断和打碎的东西。

然而与这种"毒焰自消"的一厢情愿相反,是进取不息的西方人从来没有把鸦片战争的终局当成中西之间的了局。发源于欧洲的工业

---

[1] 《魏源集》下册,中华书局1976年版,677—678页。
[2] 王铁崖编《中外旧约章汇编》第1册,三联书店1957年版,30页。(取《江宁条约》而不取《南京条约》系以《中外旧约章汇编》为准。)郭廷以编著《近代中国史事日志》(上),中华书局1987年版,122页。
[3] 《道光朝东华录》卷六十。

革命催涨了自由贸易的磅礴潮流,与之因果相连的,是由商业利益促成的空间拓展成为一个没有止境的过程。因此19世纪的欧洲一面在不停地制造产品,一面在不停地制造扩张。其时英国正在充当欧洲和世界的"引擎",所以被这个过程送到中国来的西方人里,英国人也最多由沿海伸入内地的欲望和急迫。《江宁条约》签订后七年,五口通商的场面还没有完全铺开,广州英商会就已在向国内做倾诉,以这种"有限的贸易"为大害。其间的共同利益唤出共同的意愿,使曼彻斯特的商人亟亟乎起而呼应,以"巨大的焦虑"进言政府说:"除非我们从事买卖的范围能扩展到我们现在受局限的通商口岸以外的地方去,我们的对华贸易永远也不会得到充分的发展。"[1]贸易牵动工商,工商牵动国策,随后是经济转化为政治和外交,成为英国政府以"修约"为名义,筹划"广泛进入中华帝国的整个内地"的由来和导因。在当日英国政府给驻华公使的"训令"里,被列为要目的"争取扬子江的自由航行"、"实行鸦片贸易的合法化"、免征进出口货物的"内地子口税",以及公使"常驻北京"等等,[2]都是意在打破"万年和约"的东西。稍后法国、美国和俄国各挟一己之怀抱与英国人合谋其利,由此形成的列国连横之势,使咸丰一朝从一开始便面对着一个结为一体而日逼日亟的西方世界。比之道光年间中英之间的冲突,这种列国连横之势无疑更坚鸷而且更陌生。然而在历史留下来的知识和观念还没有因重创而碎裂之前,这些知识和观念便依然是人心中可靠的准则和不移的准则。因此那一代帝王和士人非常自然地只能用历史经验之内的东西来辨识和类比历史经验以外的东西,于是在同一种观念下,咸丰朝一步一步地重复了道光朝。而一个正在逼来的西方世界则在夷其人夷其事里完全走了样。

---

[1] [英]伯尔考维茨:《中国通与英国外交部》(江载华等译),商务印书馆1959年版,14页。
[2] [美]马士:《中华帝国对外关系史》(张汇文等译)第1卷,上海书店出版社2000年版,466页。

咸丰帝君临天下的时候还不足十九岁,同他父亲相比,十年前的中英之战以及发生在那个过程里的议剿、议抚、议款全都在他个人阅历之知的范围之外。他没有承当过战败的压力,所以他精神上的夷夏之见更完整也更本色、更固执。与之类同而且匹配的,是咸丰初年起以钦差大臣主持夷务的两广总督叶名琛。他自道光中叶入仕途,而海疆骚动之日则正在不通海路的江西和云南做地方官,也是一个没有亲眼见过西方人脸相中狰狞毕露那一面的人。因此,两广总督驻节广州,虽然在空间上与彼族相距甚近,而其视为当然则是执夷夏之界以分中西,在心理上和视野里都与他们相距极远,一则记载说他"素性沉毅刚强,待外人不好挑衅,亦少恩抚";一则记载说他"性木强,勤吏事",而"凡遇中外交涉事,驭外人尤严,每接文书,辄略书数字答之,或竟不答"。[1] "刚强"和"木强",都说明了身当中西交冲之际的不善应变和不肯应变。在那个时候的中国,他们是直接应付夷人夷务和最终应付夷人夷务的人。所以,力谋修约的西方人一意要抉破《江宁条约》的范围以求四面扩张,但他们在中国最先要面对和始终要面对的人物,却比签订了《江宁条约》的上一辈人更执着于夷夏之防并更不肯向后退让。由此形成的无疑是一种既不可沟通又不可调和的矛盾。而后,从咸丰四年(1854)开始,一面是西方国家的使节一个接一个地来到中国,以修约为名目北上南下,他们因深愤叶名琛的"蓄矜气"[2]以相傲睨而从广州北上,想要另辟蹊径;一面是这些代表了另一个世界的人们到达天津之后又被朝廷一个一个打发南返广州"听候查办",[3]回到了天朝体制里的叶名琛那里。其间"奉旨赴津查办夷务"的崇纶曾作"指驳英使要求各款照会",用中国人的情理遏阻西方人的不合情理:

---

[1]《第二次鸦片战争》(1),164、228页。
[2] 同上书,229页。
[3]《第二次鸦片战争》(3),64页。

即如欲驻扎京师,随意往来内地各处,并驻扎天津贸易等事三条,京师为辇毂重地,天津与畿辅毗连,并内地各处,从无外国人混入其中,试问贵国尺地寸土,能畀我中国乎?应勿庸议。又欲与中国地方官交往一节,原有议定体制,我国大吏,各有职任,贵公使所到之处,岂能纷纭会晤。至通商税则,会同变通,鸦片土进口报税一事,查贵国既系万年合约,似不应另有异议。港口间装运货物,往来无碍之句,碍难允行。进口出口货物,在五港纳税外,内地关津不得重行征税,查中国设立关口,各有征收,定例已久,岂能率更旧章?

这些话非常典型地表述了历史经验之中的理路。对于久已把"万年和约"当成了局的中国君臣来说,西方人的修约以打破了局为主张而再谋进取,显然是既在意料之外,也出容忍之外。于是由夷性反复,"于五口之外,别生窥伺侵占之意"[1]所促生的疑惧和愤怒,便会源源不断地涌入这个过程,对西人带来的那个历史经验之外的世界化出种种猜想和推度。而时当内战搅动天下致东南遍地兵燹,朝廷和疆吏面对太平天国的"天父天兄之教"切齿而熟视之,都在直接地把这些异样的物事等类于西人带来的基督教。由此追溯,则常常要归结到五口失其遮拦而中华遂多祸乱。所以叶名琛作奏折说:"要知当时准其五口传教,原不过一时权宜之计,初何料及贻害靡限,流毒无穷一至于此。"在他的情绪里和判断里,"各省会匪、教匪、捻匪"与"广西上帝会"都一样,"观其党异类分,似未尝尽由于此,殊不知祸种乱阶,究未尝不实由于此也"。[2]咸丰一朝的君臣久为绵延不绝的内战所苦,而同时是绵延不断的内战又为咸丰朝的君臣提供了一种道光朝所没有的经历与体验,带着这种经历与体验去看北上南下的西方人,因修约促生

---

[1]《第二次鸦片战争》(3),55、56、52页。
[2] 同上书,73页。

的疑惧和愤怒便会非常容易地使他们转向旧日的深闭固拒。因此咸丰帝读叶名琛的奏折曾引出心头强烈的共鸣，并意不能平而浮想联翩，作朱批说："卿其永励斯志，忍待军务悉平。彼时饷裕气复，朕断不任其狡狯尝试，时存窥测。"[1]他的话表现了内忧外患交迫之下的因忿成戾，也表现了对于"狡狯尝试，时存窥测"看得太过轻易。比之道光末期的诏书以"民夷各安生理"为"绥疆柔远"的愿想，咸丰一朝的君臣正明显地因反激而横生出一种对于西人的敌忾。在这种被激发的敌忾里既有着自固藩篱的意识，也有着以夏制夷的意识，两者交织缠绕于同一个过程之中，不可切断，也不可分剥。

  以自固藩篱为折冲中西的自觉意识，表达的是中国人在迫来的西方世界面前对冲击做抵挡，其间的道义正当性和历史合理性都是非常明白的。然而忿戾内含于敌忾之中，则自固藩篱的意识又很容易表现为中西对峙中的意气。当日曾有"吏部尚书臣周祖培、刑部尚书臣赵光、工部尚书臣许乃普、兵部左侍郎臣王茂荫、内阁学士兼礼部侍郎衔臣宋晋、巡视中城御史臣英喜、巡视中城御史臣陆秉枢、帮办中城给事中臣毛昶熙、署巡视东城御史臣毓禄、巡视东城御史臣贺寿慈、帮办东城御史臣陈庆松、帮办东城御史臣吴焯、巡视南城给事中臣英汇、（假）巡视南城给事中臣吴惠元、帮办南城给事中臣李鹤年、帮办南城御史臣陈濬、巡视西城御史臣奎斌、巡视西城御史臣刘子城、帮办西城给事中臣方濬颐、帮办西城御史臣刘成忠、巡视北城御史臣富稼、巡视北城御史臣尹耕云、帮办北城御史臣何兆瀛、帮办北城御史臣何璟"联衔会奏一折，都深信"该夷猖獗有年，恶贯满盈，神人共愤，沿海各省，无不欲食其肉"，其感染人心的地方全在于血脉贲张。但与之相因果的，是意气弥漫的地方常常会淹没思想和认知。而后，在当日都中和外省普遍的"茫昧"里，驭夷的中国人大半都不会想到

---

[1]《第二次鸦片战争》(3), 74页。

要去正视和审视西方人。19世纪40年代的鸦片战争中,身在漩涡之内的先觉者已在开眼看世界,并由此引出种种议论和思考。以此做对比,50年代的叶名琛虽属后起却显然更多鹘突否塞。他有心"雪大耻,尊国体",以此自任,也以此自负。但在西方人已经由五口进入并来到他的眼前之后,其"雪大耻,尊国体"的抱负则因太多意气而始终直立于以回避为抑遏,"既不屑讲交邻之道,与通商诸国联络,又未尝默审诸国情势之向背虚实强弱,而谋所以应之"。[1]因此,在他手里,是"心仇夷而术无以制夷,乃蔑视夷,以为夷无如我何",而"雪大耻,尊国体"之心则常常沿着这一路径演为用"驭外骄倨之态"折辱西人的轻侮。[2]不肯正视西方人和审视西方人的叶名琛面对一个自己并不了解的对手,同时又把"驭外骄倨之态"当作可以常用和惯用的东西,正说明他在两眼不甚分明之中是错把虎豹熊罴当成了狐鼠犬豕。与这种因失真而导致的盲目相比,是观察中国既深且久的西方人在回避、抑遏和轻侮面前屡被"摧阻"而不能做表达,其进取不息之心遂化为"愤懑愈积愈深"。[3]而后被抵拒的修约与被抵拒的广州入城经西方人前后贯串而连为一类,在英国公使的报告中都归于"这种怠慢轻侮的缄默,其本身就是属于一种不能容忍性质的伤害"。由此层层推导,则"扩大和改进我们同中国的关系,兵船是绝对必要的"。[4]外交官呼唤"兵船",是在以推崇暴力的态度引来暴力。所以英国人最先从动口转向动手,咸丰六年(1856)借"水师拿获划艇匪犯一节"广做牵连,把中国人意中官匪之间的事转变为中国与英国之间的事,而后以此启衅炮轰广州城。次年法国人因教案积忿而与之联手,用两百多门大炮攻陷广州而据有全城。随之是没有还手之力而又

---

[1] 《第二次鸦片战争》(1),452、453、228页。
[2] 同上书,220、243页。
[3] 同上书,228、164页。
[4] 《中华帝国对外关系史》第1卷,784—785页。

不肯低头屈服的叶名琛成了英法联军的俘虏。当时身历其境的华廷杰后来作《触藩始末》追记旧事,其中一节描述了咸丰六年间总督府里的一个场面,使人印象深刻:

> 二十九日,敌船桅上,及珠海炮台上,均飞炮入城,督署尤多。叶相危坐二堂上,绝无惧色。予在大佛寺军需总局任,司道命往白一事,入督署,则材官、门役逃匿一空,仅一文巡捕引入,谒于二堂东偏厅事,炮屡及席前,夷然不动。时封翁迎养在署,有劝以迁入内城者,不听。

在炮火注击之下做危坐,须看破生死而后能不惧。所以,叶名琛显然不是一个没有精神力量和精神支撑的人。但身在绾接中西之间,他与西人周旋多年而始终不能识西人的由来和面目,因此从"雪大耻,尊国体"到最终以"辱身以辱国"为结局,他一直都没有弄明白此中的因果,被囚于印度之日,还在以诗赋志,自比苏武。[1]他以一种个人的悲哀写照了中西交逢之初中国士大夫在历史与时代之间无所适从的群体悲哀。而西方人捕捉叶名琛而囚禁之,则无异是在以一种非常刻薄的方式告诉驭夷的中国人,用回避、抑遏和轻侮的办法来对付外国人其实是靠不住的。他们演示了一个实例,但对中国人来说,真能懂得和通悟此中之事理,其实需要对比和反思。而当广州的消息传到北京之日,一时触发的全都是痛恨。咸丰帝痛恨西人"称兵犯顺",痛恨叶名琛"辱国殃民",[2]在一片痛恨里最不缺乏的是情感和臆想,最缺乏的却是对比和反思。随后的中西之间,一面是广州已被英法联军占领,而北京的朝廷还想用驭夷的天朝体制把西方使节阻挡在广州;一

---

[1]《第二次鸦片战争》(3),115页;《第二次鸦片战争》(1),166、220页;[澳]黄宇和:《两广总督叶名琛》(区鉷译),中华书局1984年版,156页。

[2]《筹办夷务始末·咸丰朝》(2),637—638页。

面是战胜的西方人始终执修约为宗旨,他们最不能容忍并正在推倒的恰恰是这种立意于防堵和回避的天朝体制。于是不肯被驭和不受阻挡的英、法、美、俄四国公使在咸丰八年(1858)先后北上,载着英法联军的兵船也随之北上,从广州开始的战争遂被带到了天津,带到了离朝廷很近的地方。当"逆夷开炮,攻击炮台"并"闯入内河"之后,直隶总督谭廷襄在奏告中叹为"军威尚壮,不期一战而溃,殊出意外",而后知道在"夷炮迅捷"面前,"津郡形势断难战守"。紫禁城里因此而被震动。随后签订的《天津条约》,是连为一体的西方世界用勒逼实现修约的意志,得到了他们四年以来孜孜以求的东西;对中国人来说却是"不能战,不易守,而不得不抚"。十六年前耆英签订《江宁条约》,曾以"势出万难,策居最下,但计事之利害,不复顾理之是非"为写照之词,以后事比前事,显然是太过相像。[1]在这个过程里,西方人其实已经用他们的观念和法度一层一层地打碎了中国人以夷夏比中西的历史成见。但在彼时办夷务的中国人那里,历史成见又是一种历史的惯性和历史的制束,身在惯性和制束之中构想中西,则不仅西方人的路数在中国人的意料之外,而且中国人的路数也在西方人的意料之外。当日桂良、花沙纳奉命与西人在天津立和约,奏疏报告艰难搓磨而不能回西人之意,然后说"此时喋、咈两国和约,万不可作为真凭实据,不过假此数纸,暂且退却海口兵船。将来倘欲背盟弃好,只须将奴才等治以办理不善之罪,即可作为废纸"。[2]他们为"喋、咈两国"的勒逼所深深窘苦,但把条约看成"数纸"并可以化为"废纸",无疑是以自己的不守章法来推想对手的没有章法。用这种推想判断西方世界,则他们所知和所识的西方世界仍然是一种夷性的世界。因此,当西国的使节和兵船踌躇满志地扬帆南去之后,已经列入条约而

---

[1]《第二次鸦片战争》(3),330、331、332、333、337页;转引自《剑桥晚清史》上册,中国社会科学出版社1985年版,226页。

[2]《筹办夷务始末·咸丰朝》(3),966页。

深触咸丰帝心头之大忌的公使驻京、长江通商、内地游历和赔缴兵费、赎还广州，都重新被他放到了以夷夏之间的规矩范围中西之间的关系里考校权衡，并重新成为使人扼腕灼心的东西和"必须极力挽回"[1]的东西。因此，在随后的上海议通商税则中，中国一方屡次想"消弭"条约中的已成之局，又屡次在英国人"条约既定之说，万不能动"[2]的坚执面前碰壁而回。而作为一种反应，则是"夷情"因之益多"愚惑"猜度，"自天津议和以来，其心将信将疑，防我之念，几已无微不至"[3]。这种立约之后的倒腾、翻局和以疑虑对疑虑，说明了《天津条约》并没有消解中西之间因修约而衍生的危机和兵氛。而后是咸丰九年（1859）扬武的英法兵船与守候的中国军队一触即发，使进京换约变成了大沽口的一场炮战。铩羽而归的英法联军第二年重新北上，犷悍凌厉地从海口一路打到北京。与鸦片战争中的英国人相比，二十年后的英法联军同样"以火器制胜"。然而后者突出的地方在于他们不止乎以暴力拓展利益，而且刻意要借"火器制胜"之势从精神上摧折中国人夷视西人的回避、抑遏和轻侮。所以中英《天津条约》已特为列出第"五十一款"，以"嗣后各式公文，无论京外，内叙大英国官民，自不得提书夷字"[4]来约束中国人。至洋兵入京城之日于此尤耿耿。一则记载说："崇文门外三转桥地方，有一傻子，立于门前，见夷人经过，指手大笑曰'鬼子来也'。夷众立将此傻子毒殴，伤重垂毙。复入其家，举室尽被殴伤，毁坏什物。"[5]在这个例子里，西方人的毒打群殴显得非常霸蛮残酷，而推究原本，他们用拳脚所要征服和对付的其实是中国人得自历史和传统的一种观念。从19世纪40年代以来，中西之间的冲突和中西之间的交往都实现于深深的隔膜和歧义之中，所

---

[1]《筹办夷务始末·咸丰朝》(4), 1196页。
[2] 同上书, 1173、1184页。
[3] 同上书, 1192页。
[4]《中外旧约章汇编》第1册, 102页。
[5]《第二次鸦片战争》(2), 20页。

以，正在以急迫之心进入中国的西方人便始终要面对这种观念，并因这种观念而被当成受俯视的异类。这个过程使他们十分明白地懂得了中国人心目中的"夷"，也使他们在战胜之后十分凶暴地以"毒殴"一为宣泄。与这一类"夷众"打平民的事相比，在当日的记述里"夷酋"更着意和刻意的是恣肆地践踏天朝体制。庚申前一年各国公使将进京换约，咸丰帝曾明示这些来自西方世界的人们应"照外国进京之例，不得坐轿摆队"。〔1〕这里的"例"当然是指夷夏之间的旧例，其间以限制作区别，显然是要表现一种族类上的不平等。而一年后英法联军据北京，英国公使额尔金赴礼部会恭亲王奕訢，则已"公然乘坐金顶黄绊绿帷八抬轿"，且轿前轿后有"马步队约万余人之众"。是不仅"坐轿"，而且"摆队"。在清代的舆服制度里，这种"金顶黄绊"的轿式本应为皇家所独有和独用，是以一个亲眼目睹了这个场面的中国人既愤且讶，非常不甘心地说："伊在英国，只一伯爵耳，乃敢僭越狂妄至此！"〔2〕他不知道额尔金之所以要"乘坐金顶黄绊绿帷八抬轿"，并不是看中皇家排场的华丽与体面，而是有意在用这种力为标张的"僭越狂妄"来震荡人心，以显示中国人的夷夏之见、夷夏之辨、夷夏之界和夷夏之防一触即碎而罩不住西方人。

曾经受俯视而不能自如地向中国做表达的西方世界积久之后一抒怨毒，用这种方式非常触目地表达了他们想要表达的意思。这是一种用枪炮论证道理的方式，因此是一种无须说服的方式。于是以夷夏之见、夷夏之辨、夷夏之界和夷夏之防为前提的中西关系不能不走向分崩离析。西方人用自己的意志使驭夷成为中国人的一个难题，与之相因果的，是中国人用来驭夷的理路和观念不得不在震荡下开始坼裂。当时人身历"庚申之变"，曾眼看着英法联军带来的"白夷"、"黑夷"、旗帜、火炮、鼓乐、烟尘由远而近，来到面前。在由此触生的百感交集

─────────
〔1〕《第二次鸦片战争》（4），37页。
〔2〕《第二次鸦片战争》（2），19页；《清史稿》第11册，中华书局1977年版，3022页。

里,一面是"城下之盟,古人所耻"的类比,一面是"海国作乱,自古无闻"的不可类比:"从未有无因而至,若英逆无道之甚者",且"既已讲和,相安十余年,何以又起争端,此其无厌及我,殊出情理之外,古无与比也"。[1]这些议论以西人之"无因而至"为大异,其间所表述的应当不是一种认识,而是深深的疑问。然而从没有疑问到深深的疑问已显然地表现了思想的前后变迁。庚申前二年,士大夫论说发生在广州的中西战事,犹以"自古称国富者以地大为富,兵强者以人众为强"为当然,而极信"英夷土固不广",是"恃虚声以慑我上国"。[2]由彼时的当然和极信变作庚申年间的不可类比和深度疑问,正说明了曾经惯用而且稔熟的判断和推理已经碰到了阻格。这种由疑问开始的观念的坼裂产生于圆明园里那片烟焰的映照之中,但与火烧圆明园相比,"庚申之变"里的这一面更深地牵动了中国人的社会和历史,牵动了中国人心中深信不疑的东西和自以为是的东西。由此造成的精神重创是二十年前的海疆骚动所不可比拟的。然而这种精神重创一经造成,则又会追溯二十年前,将两次民族战争的失败连为一体,而后惊痛和惊诧才会化作感知的深度和思想的深度,才会有中国士大夫对于自己的反思和对西方世界的正视。

道光二十年(1840),英国兵船到大沽口。时任直隶总督的琦善曾在奏报中描述"嘆咭唎夷船式样",举篷桅、舱层、炮位、机轴、炮数、风轮、火池、风斗、吃水、窗扇都细为摹写而毕见船坚炮利,其具体程度是当日少有的。[3]道光二十二年林则徐在遣戍途中致书友朋,追说西人大炮"远及十里",遂使"内地将弁兵丁"常在"不见面而接仗"中,其间之悬殊皆"未之前闻"。[4]道光二十三年,两广总督耆英

---

[1]《第二次鸦片战争》(2),89、25页。
[2]《曾国藩全集·书信》(1),岳麓书社1990年版,622页。
[3]《筹办夷务始末·道光朝》(1),中华书局1964年版,380—381页。
[4]《鸦片战争》(2),神州国光社1954年版,568—569页。

专门"购得洋枪"献呈皇帝,并进"仿造"之说。道光帝赞洋枪为"绝顶奇妙之品",而以"仿造二字"为"望洋之叹"。[1]以此比照《清史稿·宣宗本纪》所说嘉庆十八年(1813)"教匪林清党犯阙之变作",其间曾"入内右门,至养心殿南,欲北窜"。后来的道光帝当时还是皇子,已能"御枪毙二贼"而使"余贼溃散,乱始平"。由此显出来的是一手娴熟的枪法。他用过的那把枪也因此而被嘉庆帝命名为"威烈"。[2]则可见他是一个懂枪的皇帝,但情愿"望洋"而止。琦善、林则徐、耆英曾先后卷入中英鸦片战争,在一个举世茫昧的时代里,这些人的描述、感慨、进呈都体现了一种对于西人的正视。然而以海疆骚动都中不惊为背景,他们的见识又是一种得不到应和与回响的东西。因此,在当日的中国,他们的声音只能个别地出现,又个别地寂灭。在多数人的心里,西人依然是犬羊。

与这种个别地出现而又个别地寂灭相比,"庚申之变"以创巨痛深造成撼动和冲击,又由撼动和冲击促成憬悚与憬悟。在这个过程里,撼动、冲击、憬悚、憬悟都是一路远播并因此而越出了个体范围的东西。它们把西方人带入中国人的时务之中,而后是"创局"、"变局"、"奇局"、"千古未有之局"和"智勇俱困之秋"成为历史经验之外的一种时代意识。曾国藩阅读"新刻英吉利、法郎西、米利坚三国和约条款"而"呜咽",[3]胡林翼目睹长江中的轮船而吐血,都说明中国人的时代意识是在苦痛中逼出来的。然而也是在这种沉重的逼迫之下,以自强回应西人才可能成为中国士大夫的群体意识和自觉意识。而随之开始的效西法的历史过程,则在比较完整的意义上开始了中国社会的近代化。

(2007 年)

---

[1]《鸦片战争》(3),472 页。
[2]《清史稿》第 4 册,617—618 页。
[3]《曾国藩全集·日记》(1),557 页。

太平天国起落与土地关系的变化

一

太平天国曾经想实现"通天下皆一式"的平等,但历史限制了超越历史的空想。《天朝田亩制度》颁布仅仅半年之后,由杨秀清、韦昌辉、石达开提出并经洪秀全批准,"照旧交粮纳税"成为一种求实然而并无平等意义的普遍经济政策。"照旧交粮纳税"以土地所有者为赋税征收对象,在承认旧有的土地所有权和租佃关系合法性的同时也承认了地主收租的权利。容忍地主的收益无疑是间接保证田赋来源的手段。因此,太平天国区域中,地主经济依然存在。但农民战争所造成的社会震荡是一经产生便无法平复的。由此形成的破坏和冲击又会使旧的经济关系在逼扼中节节变化。

太平天国在大片土地上摧毁了旧日的权威和秩序。在这个过程里,直接依附于政权的一部分土地业主多在锄灭之列,曾经依附权势的缙绅地主因之而破败衰落。其次,长期的战争造成了长期的重征。太平天国对于"富室"和"积谷之家"的无情勒逼成为地主经济不可解脱的重负:"军行先数百里,即遣人前往遍张告示,令富者贡献资粮","必千金数百金,谷米数百担,猪数口,鸡数十只,配以群物",

名为收贡。继以挖洗搜剔，抄没浮财，"虽瓦沟所藏之金，水塘所沉之银，亦无有免者"，[1]名为"打先锋"。继以派捐，"曩称富人，重为刻剥，名曰'大捐'。千金万金亦不等，不受者，械击之"。[2]太平天国后期还有名目极多的杂税。以田亩计征，则有火药捐、田凭费、田捐、局费、礼拜捐、柴捐、军需捐；以户口计征，则有门牌捐、船凭捐、船捐、丁口捐、房捐；以营业和财产计征，则有商税、特捐，等等。[3]以理推度，其中一部分负担是由商人和小农承受的。但揆之计征对象，大部分压力不可避免地会落在业主的头上。因此，被称作"业主"和"田主"的人们存在于天国政权之下，不过是一种可资取给剥夺的现成物。与重征俱来的另一面，是旧政权瓦解过程中勃兴的佃农自发抗租风潮，其激烈者竟至"乡官劝谕欲稍收租，而佃农悍然不顾，转纠众打田主之家"。[4]在这些地方，地主"收租如乞丐状"，甚者"业主二年无租，饿死不少"。[5]抗租造成了租佃关系的困厄。对于土地所有者来说，屡被征派之后，积财殆尽，田租所入是他们用以交纳赋税和维系生计的唯一来源。这种来源的萎缩不会不使重征下的地主经济在交困中难乎为继。它带来了两重结果：一、相当数量的田主因窘迫而逃亡出境。上海一地曾为之"顿增十万烟户"。业主的逃避，意味着赋税征收对象已不复存在了。二、佃农的持续抗租使业户"租米无着"，收赋成为一个难题。咸丰末年，太平天国区域已有乡人不肯纳租，粮米追征不齐之事。随之，没有出逃的田主也开始失去了赋税征收对象的意义。这并不是太平天国所期望的，否则，太平天国的地区当局者限制或镇压佃农抗租风潮就变成不可理解了。但作为一场大规模的社会震荡，太平天国的事业又会客观地引发他们并不期望的结

---

[1]《贼情汇纂》，《太平天国》（三），上海人民出版社1957年版，270—272页。
[2]《越州纪略》，《太平天国》（六），769页。
[3]《太平天国杂税考》，《历史研究》1958年第3期。
[4]《野烟录》，《太平天国史料丛编简辑》，第2册，中华书局1962年版，176页。
[5]《自怡日记》，《太平天国史料丛编简辑》第4册，460页。

果。两者之间,有着一种农民造反者所无法驾驭的矛盾。而后是地主经济难乎为继而渐次破产,这就出现了土地关系变化的可能性和必然性。

(一)在业主已经出逃或失去赋税征收对象实际意义的地方,"照旧交粮纳税"会因之而成为一种全无着落的制度。这个过程要求变通,由此产生的另一种做法谓之"着佃交粮",即由太平天国政权直接向佃农征收赋税。"着佃交粮"并没有改变地权,但它化解了佃农抗租行为同太平天国赋税利益的间接冲突,从而使本被压抑的抗租获得了地方当局者的宽待和许可。"乡官只管粮米,不管租米",或"虽有粮局,而业户几不聊生",正是这种态度的反映。走得更远的地方则规定业户不得收租。就其本意而言,地租不仅仅是物,而是土地所有权借以实现的经济形式。因此,"着佃交粮"助长了土地所有权的名实脱节。在各色重征下,"实"已不存之后,土地所有权的"名"对于业主远不是值得留恋的东西。太平天国在江浙地区颁发田凭的时候,累见"各业户俱不领凭"[1]之事,这无疑是权衡利害的结果。业户"俱不领凭"则地权之名与实皆失。《庚癸纪略》记叙了同治初年吴江"伪监军提各乡卒长给田凭,每亩钱三百六十。领凭后,租田概作自产,农民窃喜,陆续完纳"[2]的史实,说明太平天国政权下有过一部分地权的转移。这种转移并不带有土地关系革命的普遍意义,但它的影响直到太平天国失败以后仍然存在。

(二)地主经济在重征和抗租的交困下渐趋破产的过程,又是地主个人生活贫困化的过程。所谓"出金钗换黄粱,至甘露卖布,荡口鬻衣,每日一粥一饭,每食惟挑草头、野荠"正是那个时候的纪实。等而下之者"则以女与人,无论已字未字,苟有人要,不取分文,意图脱

---

[1]《庚申避难日记》,《太平天国史料丛编简辑》第4册,514页。
[2]《太平天国资料》,科学出版社1959年版,104页。

累"。[1]贫富之序在世变中脱出了旧轨,被驱出旧轨的一部分地主出卖土地以换取生活资料是这个过程里出现的多见之事。然而,动乱时世下的土地买卖并不是一种自然的交易。一方面,时世限制了地价。同治初年,江浙地区石米之价在十千以上,而无锡地价不过每亩三千。迟至湘淮军攻破东南之后,浙江还有"图饱一饭,报以腴田百亩者"。[2]另一方面,田主中尚有余力者畏对田赋之累,时世限制了他们的求田问舍之志。两重限制之下,破产业主"鬻田佃户,十得二三"成为当日地权转移的另一种途径。通过这种途径,小农和从事其他职业的农村劳动者曾经得到过一部分土地。

(三)业主的成批逃亡留下了大片"主亡佃在"的土地。"佃在"说明农业生产并没有中断,土地仍在提供产品;"主亡"则说明地权在治内是空缺的。在业主无从追索的情况下,太平天国地方当局多规定佃农代领田凭,以征取土地产品的赋税部分:"有田产者报明亩数,每亩出钱二百文,领贼凭一纸,其有业主他徙者,佃户代缴。"[3]代交代领并非地权易手,因此"住租屋种租田者,虽其产主他徙,总有归来之日,该租户仍将该还钱米缴还原主,不得抗欠"。[4]这与田凭直接为佃农所有在性质上是不同的。但是,出逃的田主未必"总有归来之日"。身历其时的文人记述过富有田产者"一旦遭兵燹,坐见铜山失……父母冻饿死,妻子皆沦没,孑然余一身,欲归已无室"[5]的呻吟;他们当中乞食道旁,辗转沟壑,死于颠沛流离之途的人正不在少数。于是有"指点累累饿殍堆,半属当年富家子"[6]的感叹。这些人当然不可能再回来追收田产租米了。以理推断,在原有田契经兵燹失

---

[1] 《自怡日记》,《太平天国史料丛编简辑》,第4册;《平贼纪略》,同前书,第1册。
[2] 《义乌兵事纪略》,256页。
[3] 《太平天国史料专辑》,上海古籍出版社1979年版,42页。
[4] 《避寇日记》,《太平天国史料丛编简辑》,第4册,73页。
[5] 《乞者行》,《鸥堂诗集》,卷一,6页b—7页a。
[6] 《流民篇》,《徽难哀音》,中编。

散之后,他们的土地将转归代领田凭者所有。类似的地权变化也会发生在被太平天国诛锄的缙绅地主的田产上。

这三种情况的存在,标示了土地关系在局部地区的变化。太平天国之后,主持这些地区的人物慨乎"田亩经界,改变旧形","旧日之业,纷杂错乱,莫可究诘",[1]其中正有着这种变化的写照。

二

太平天国失败以后,久为战场的江、浙、皖三省已尽失昔日富庶。仅浙江一省,各属册报荒芜田、地、山、荡已多至"一十一万二千三百六十六顷七十四亩有奇"。[2]农民起义和内战兵火的结果,不仅摧毁了这一地区旧有的政治秩序,而且使社会生产和再生产在动荡中备受巨创。因此,重建江、浙、皖三省的政治秩序,不能不开始于恢复这一地区的社会生产。见之上谕的所谓"慎选牧令,加意拊循,流亡有归业者,为之清还田产,缓其逋租,假以籽种,俾有归农之乐,以恤民艰,而固邦本"正言乎此。[3]然而,"流亡有归业者,为之清还田产"又说明,社会生产的恢复,应是旧土地关系的赓续和恢复。所以,"加意拊循"所重在于"业主认田"。同治五年,浙江巡抚马新贻立垦务章法,规定有主之田须"业主招佃垦种";无主之田由"州县设法招佃"。若无主地垦熟之后有业主指认,经"查明取结,饬令业主酌给垦户工本或仍给原垦之人佃种,按年交租",即可"改照有主田产办理"。[4]同、光之际巡抚安徽的裕禄,则于业主空缺的抛荒之地首以原主"五服之内者"的认垦权为重。江苏之府县还有用"开垦钱"惠待业主认田的做法。另一面,对于"外省流民乘间侵夺"或"胥吏浮收"而致害及原

---

[1]《皇朝道咸同光奏议·户政类·屯垦》卷二十九。
[2]《中国近代农业史资料》第1辑,三联书店1957年版,160—161页。
[3]《东华续录》卷七十二,19页。
[4]《马新贻文案集录》,中央民族大学出版社2001年版,100—101页。

主归业者，朝廷有从严惩办之旨。在恢复社会生产的过程中扶植旧的土地关系，表现了一种在恢复经济生产中重建旧日经济秩序的努力，江、浙、皖三省的部分地区因之而"与初经兵燹逃亡未复时迥不相侔"。[1]其影响尤著的苏南一带在荒地占完以后遂趋于"田日积而归于城市之户"；[2]浙东、皖南则渐有拥地千亩以上的巨室，多者至两万余亩。在这些地方，租佃关系的比重之大是显然可见的。

但是，长期战争之后恢复旧有的经济秩序又是困难重重的，这是当时土地关系变化的另一重要内容。

其一，丁口剧减造成了劳动力的普遍匮乏，田主难于招佃。同治末年总督两江的李宗羲曾就江宁、常州、镇江三府垦务之不如人意而说过：抛荒之地未垦，"不尽无主，大约无力垦种者有之；招佃无人者有之"。[3]这种"无从招佃"的困局使缙绅之家有情愿以祖遗田地充公者。在应佃乏人的区域，已有的租佃关系也不可能是稳定的。当时外来佃农因利息不多，往往弃田而归，业主只能眼睁睁地看着已熟田地再次荒芜。本地佃农则以开垦为名，由业主让租三年或四年、五年不等。且年限既满之后，常常托故抛荒，又另向别处领田开垦。这两种情况都会使业主陷于"田已报熟，赋无可蠲"[4]的窘境。租佃关系的充分实现是地主经济的前提，在前提缺乏或者不足的时候，地主经济的复兴不会呼之即出，成为一种普遍景象。

其二，农民战争的长期搅动以后，人世的许多界域都已面目全非，确认旧日地权并不总是一件容易的事。东南许多地方几经战守，"向存鱼鳞册、黄册荡然无存，即民间田产契据亦多半遗失"。以至"每有田土词讼到县，在官既无丝毫案据，在民亦无典杜契卷；当两造争

---

[1]《沈文肃公政书》卷七，62页a。
[2]《租核》，《中国文化精华集·政治经济卷》，中国国际广播出版社1992年版，451页。
[3]《招佃垦荒酌缓升科章程》，《增辑经世文编》卷三九。
[4]《沈文肃公政书》卷七，18页a。

持,互腾口说,官每四顾周章,莫从判断"。[1]这种手无凭据的地权之争又因外省客民涌入应垦而愈见其多端,主事者慨乎言之曰:"果使现在认田土户,当年真正业主,确有契可凭,则客民无可争执,在官亦不难断。无如现查之田,土民皆以空言指认,毫无证据,冒混诡托,情伪百出。"[2]无疑,"莫从判断"的官司不能不带有很大的随意性,丧失了契据的业主中会有一部分人因之而丧失自己的地权。在土著之户流亡者十有八九的地方,迟归之人至"洪杨乱后约十年"才返回乡里。其间原来的土地经客民分田垦辟,荒地渐变为熟,"而业已易主"。[3]经过变动之后追认昔日地权往往难以做到。这就滞阻了原来的田主归业,也滞阻了旧有经济秩序的复兴。

其三,地方当局者出于私利,采取不利于旧主认业的做法。同治年间,浙江新复之区,广召他处民人来垦。"岁令完捐若干交官,以充地方公用,而赋额则阙而勿征。"这个过程使外来人和地方官的利益连在了一起,而客籍势张以后,却又造成了土著无法与之抗争的局面。他们垦而据为己有的田地,不少正是有主之业。光绪初年,安徽广德"摄州篆办理垦务"的李某,曾以亩价六百文出卖州中无主荒田"与客民为业"。胥吏董保"皆借买卖公田一事高下其手,从中渔利"。当开丈之时,司其事者"虑土民多认田亩,则充公之田少而卖价无多。于是四乡同日齐丈,使业主奔走不及,又不准其托人代认;而祠庙、公田、祭田一概充公,不准承认"。结果,"土民有田者,十分之中仅认一二"。[4]像这种公然剥夺业主地权的做法不会很多,但遇事"庇客而厌土"[5]的地方官吏却并不是个别的。

其四,钱漕苛重,原主以赔赋为畏,怯于认业。光绪三年,两江

---

[1]《中国近代农业史资料》第1辑,163页。
[2]《皇朝道咸同光奏议·户政类·屯垦》卷二十九。
[3]《论长兴按亩申粮》,《申报》1880年5月24日第1版。
[4]《广德县志·杂著·张光藻上州尊书》(光绪七年),卷五十六。
[5]周家楣:《期不负斋文集》卷四,8页a。

总督沈葆桢吁请酌减江苏部分地区漕粮,已经论及重赋之下难于复业。三年后,继沈葆桢而总督两江的刘坤一说:江宁府属七县"有田之家大率募佃耕种,工本倍费,租息甚微";"稍有力者类皆别谋生计,视田业为畏途,故未垦荒田,讫今尚复不少"。[1]田业成为畏途,正是"租息甚微"不堪赋税苦重的结果。同样的过程也出现在别处。浙江嘉兴自"咸、同兵火之后,田地荒芜讫未复额。非惟人户凋耗,亦以重赋所困。佃户既畏归耕,业主亦畏赔粮,往往脱籍徙业,不敢承种,比比而是"。[2]这一类变化与原主归业是逆向的,在业主脱离土地的地方,则旧日的经济秩序并无复兴可言。

以租佃关系为前提的地主土地所有制在重建中窒碍延缓,表现了太平天国留下的直接影响和间接影响对江、浙、皖三省土地关系变化的制约。这种局面的出现,同朝廷扶植地主经济以恢复东南农业生产的意图是矛盾的,但又是它所不得不接受的。以此为背景,相关地区的劳动农民可以在地权的转移中通过种种途径获得归自己所有的土地。

(一)由应召垦荒而得地。太平天国失败后,东南当局以复业为要务,次第招垦。但初则"求之汲汲,而应者寥寥"。这种淡漠,出自于对地权的疑虑:"盖垦种荒田,类皆穷苦农民,图为己产,如有原主,则明知此田不为己有,安肯赔贴心力,代人垦荒?"因此,自同治八年起,江苏之主持垦务者立为章程:"必以无主之田召人认垦,官给印照,永为世业;仍自垦熟之年起,三年后再令完粮。"在浙江严州,官招棚民来垦之地若三年内无业主指认,则准予垦户"作为己业,过户完粮"。遇有业主之取巧者"俟田已垦熟,再行呈报",即"将所种田亩罚半归垦户执业"。这一类章约有利于垦民得业是明显的。同治九年,湖州有"客民入境,争垦无主废田数千亩,讼哓哓不休"之事。经官断决,"以所垦之田十之八为垦户产,约归其二于公"。因争垦而致讼,比

---

[1]《刘坤一遗集》第2册,570页。
[2] 金蓉镜:《均赋余议》,18页,见《中国近代农业史资料》第1辑,167页。

之"应者寥寥"自是另一番气象了。

（二）由价买而得地。同治后期，江南因"荒田垦种乏人，类多贱卖"。买得土地的人被称为"自种"者。同这种民间自由交易相比，光绪初年皖南地区的土地买卖则多出于官府意志。太平天国失败后，"楚南北之人"挈室入皖者趾踵相接，以至不数年，"客即十倍于主"。在这个过程里，客民"至则择其屋之完好者踞而宅之，田之腴美者播而获之"。造成了"有主之业，百不获一；侵占之产，十居其九"的既成局面。土客矛盾因之而以地权为焦点日趋激化，往往"一火延及数十家，一斗毙及十余命"。客民之强悍本非官府所能容忍，但他们已成为这一地区农业生产的主要力量和国赋的实际承担者。因此，府县当局者多采取"价买"以"和民"的办法来调停土客之争。发生在这一时期的所谓"价买"，大约有三种情况：一是无主之地。二是土客争执产权之地。三是受佃客民拒交地租而迫使业主卖地。

（三）垦农虽未办理过户名目，却实际占有垦地。这一类情况多见于浙江地区。招垦之初，官定外来垦户蠲赋而代以捐、租。"原欲待客民安居日久，尽成土著，而田亩之荒者渐变为熟，然后照从前额征之数，收而解之于省。"但既行之后，"官以岁收租息全归善后之用，不若正赋必须报解，其中侵肥正自不少"；垦户则"往往完租十亩，而实垦二三十亩"。时论谓之"官与客民两得其利"。因此，终晚清之世，捐租代赋之法一直没有改变。由于不纳国赋，这部分土地的产权是虚悬的。然而它们又在地方政府的认可之下为客民占有、使用和继承。这种土地特名为"客荒"，以区别于业归旧主照章完粮之田。在当时，前者与后者相比，并不是一个可以等闲视之的数目。仅嘉兴、湖州二府，至光绪末期"客荒"已逾四万五千余亩；而同一时间里田之完赋者不过二万三千余亩。从中不难测算客民实际占有土地的规模。实际占有土地的人们因之获得了一种合法的形式。

由于这些途径的存在，太平天国失败后，江、浙、皖三省土地关系的变化产生了明显增多的小土地所有者。他们在各个地区农村经济中所占的比重并不平衡,然而他们集中地出现在东南却是一个可观的事实。

三

19世纪60年代以后,因西方人的经济活动层层逼入而造成的社会经济变动渐趋明显。这种情况在东南沿海最早发生,又最为突出。所以,这一地区生成于特定时势之中的新的小土地所有者,面对的是一种与过去不同的经济环境。在商品经济分解和重组自然经济的不可逆转的过程里,他们的生产和经营不会不感受到来自商品经济的直接或间接的刺激。刺激包含着冲击和诱导两重意义,握有地权的小农因其更多的经济自主,会比寻常租佃关系下的农民更自觉地对这种刺激做出反应。刺激和反应,从两个方面把他们同近在咫尺的市场联系起来了。其一,是商品性农业的长足发展。以棉花而论,江、浙、皖三省至少有二十三个州县是见诸当时记载的知名产地。在那些地方,禾稻之类量少者仅占十分之二三。以蚕丝而论,70年代末期,浙江一省年产已达三百三十三万四千七百五十一公斤之多。而江苏、皖南本无蚕事的区域,亦"往往辟良畴接湖桑","乱后养蚕颇多"。一邑由此获利岁可数万至十数万金。以罂粟而论,推算20世纪初年江、浙、皖三省之出产量,当有三百三十万亩农田专门用于种植此物。此外,茶叶为安徽"出产之大宗";烟草、蓝靛亦多见于江、浙农村。这一类作物在数量上的增长,同时又会影响粮食生产的供求,促进其商品化。《益闻录》曾记光绪七年时常熟米市之盛,说是当时"米业中人"每天在茶肆中买茶"数千百碗",以间接描述这一地区交易规模之盛。在经营地主还很少见的时代,由农村提供市场的多种农产品,其主要部分无疑来自个体小农的耕作。商品性农业的长足发展本始于对外贸易多重需求的引发,因此流入市场的农产品首先会被外国商人取走。但是,自

70年代开始,中国民族资本经营的工业已经产生。到甲午战争以前,仅上海、宁波、福州就先后出现过七家缫丝厂、三家面粉(碾米)厂、三家纱厂、四家轧花厂、一家纺织厂。这些近代工业的原料当然会就近地取之于东南农村。它们同商品性农业之间的相互影响,是中国经济近代化过程中引人注目的一个方面。其二,农业产品的商品化在数量上浸假扩大的同时,又会使个体小农不得不向市场购买部分商品,以满足生产和生活两个方面的需要。这是他们与市场的另一种联系。60年代至70年代,江苏地区种植稻米每一亩所需生产资料的费用大体在一千文上下,这个数目约占收入总额的三分之一。而经济比较宽裕的"上农"所费还不止此,仅肥料一项每亩已逾千文。以烟草论,其成本费约占收益的六分之一。养蚕之家则需购买桑叶,他们的预付成本在数量上更大,至有卖耕牛"勉其力以求桑"者。这是向市场购买生产资料,与之相比,购买生活资料在这个时期的农家支出中具有更经常的意义。南方地区,耕田十亩的八口之家除去赋税杂捐和口粮,每年大约可余五千四百文,除用于"买犁锄"以外,都用于生活消费。而从事商品作物生产的农户,因其自给程度的降低,他们收入中用于生活消费的部分无疑会更高。在这些场合,个体小农取之于市场的物资有相当部分是工业品和手工业品。由于外国商品的倾销及其在质量、价格上的优势,"洋货"常常是其中的多数。但农村市场的存在和扩大毕竟历史地为中国资本主义工业的发生和发展提供了一种前提。

个体小农卷入商品经济的过程,还间接地带来了经济关系的三种变化:一、在商品性农业发展程度较高的地方,出现了家庭手工业与农业分离的趋向。盛产蚕丝的南浔、震泽、黎里乡间,至光绪十年已有日产经丝四十两的车户二三千家。这种脱离了农业生产的专业车户,显然代表了生产方式的变化和发展。其中的一部分会因生产扩大而采用雇用劳动。在宁波,渗入农村的商品资本一方面供给织布者棉纱，一方面代织工将成品出售，农户的家庭手工业与包买主之间因之而形成了另一种形式的雇用关系。二、在商品经济影响下的个体小农，其贫富分化比自然经济中的农民更快。光绪年间，松江府的富裕稻农一年可以红花草、猪豉、豆饼肥田三通，贫农则"糊口尚艰"，只赊豆饼壅田，"其壅力暂而土易坚，故其收成每歉"。而生产的丰和歉又反过来加剧了贫与富之间的悬殊。这种循环在其一端造成了部分"力农致富"者。他们中一些人会在新的经济环境里走向雇工经营。比之传统的租佃关系，与商品生产相关的雇工经营已表现出一种资本主义经济的色彩了。三、由农产品贸易致富的商人，其资金的一部分会流入近代工业，19世纪后期，南浔镇以买卖蚕丝起家而"家财垒聚，自数万至数百十万者，指不胜屈"。这些钱财曾经孵生出近代中国的若干实业。商人涉足实业已是远离农业生产过程的事了，然而他们能够由此及彼，却曾经借助于农业生产过程中商品经济的增长。

太平天国失败后江、浙、皖三省土地关系的变化对近代社会经济的影响，是通过获得地权的小农在商品经济刺激下的经营活动及其直接和间接的结果而表现出来的。两千多年里不止一次出现过的土地关系变化因之而衔接于一种古所未有的时代内容。由于这种衔接，本身并不具有新旧代谢意义的土地关系变化在一定程度上充当了近代中国社会经济变迁的催化物。

（1986年）

晚清的清流与名士

光绪一朝三十多年，先是清流起于庙堂之内，后是名士起于庙堂之外。两者曾渊源相连，但先后之间，又日益远而日益歧，日益歧而日益悖。这个过程急速地挪动了社会的重心和思想的重心，以清流与名士的嬗蜕，写照了晚清中国最后一段历史里士人自身的剧变。

一 清议、言路和晚清的清流

在二千多年的历史里，中国的知识人曾长久地与清议相依存。这是一种从传统和文化的深处蘖生出来的勾连。顾炎武说"古之哲王"已"存清议于州里"，而后是两汉以来"乡举里选，必先考其生平，一玷清议，终身不齿"。他深信正是有了这种被称作"清议"的东西，才能够"君子有怀刑之惧，小人存耻格之风，教成于下而上不严，论定于乡而民不犯"。[1]儒学崇名教，但名教只能以清议为自己的主要存在方式。因此，清议虽源起于"乡评"，而其中所内含的蕴义却一定会使它在历史变迁中获得越来越多的笼罩力，成为每一个时代士大夫的公论和通论。随后，公论之所在，便是天下的规范之所在。这是一个

---

[1] 顾炎武：《日知录》，甘肃民族出版社1997年版，599页。

不断延续的过程，也是一个没有止境地重造和再造的过程。王应麟说："清议废，风俗坏，则有毁宗泽而誉张邦昌者，有贬张浚而褒秦桧者。"[1]他以宋人引述宋代史事，说明了孔夫子留下的道理其实是很容易被忘掉的。此谓之"人心惟危，道心惟微"。因此孔夫子的道理需要一遍一遍地讲。而古老的儒学耐得住讲了又讲，则又说明了其内里的谛义自有超越人世兴衰而不可磨灭的一面。所以，在没有止境的重造和再造里，儒学虽然古老，清议却可以常新。

士大夫造就了清议，然而清议一经形成，士大夫自身同时又成了被造就者。在科举取士成为制度以后，这种依存尤其深入地影响了中国的历史。钱穆曾说：

> 窃谓国史自中唐以下，为一大变局。一王孤立于上，不能如古之贵族世家相分峙，众民散处于下，不能如今欧西诸邦小国寡民，以舆论众意为治法。而后天下乃为举子士人之天下。法律之所不能统，天意之所不能畏，而士人自身之道德乃特重。[2]

科举取士以规定的知识为尺度，提供了一种前所未有的公平，也使原本的门阀世界变成了"举子士人之天下"。然而知识尺度又是一种有限的尺度，它不能用来丈量德性，因此，在"士人自身之道德乃特重"面前，考试制度的作用便走到了穷尽处。朱熹当日说，"及至隋唐，遂专以文词取士，而尚德之举不复见矣"。[3]他所深深不满的，正是科举制度与君子人格的脱节。但科举制度可以与君子人格脱节，中国社会内在的结构却不会允许士大夫群类整体地与君子人格脱节。对于求科名的读书人来说，知识尺度的作用终了的地方，已是清议开始的地

---

[1] 王应麟：《困学纪闻》卷一，商务印书馆1935年万有文库本，33页。
[2] 钱穆：《中国近三百年学术史》下册，商务印书馆1997年版，653页。
[3] 《朱子全书》第23册，上海古籍出版社、安徽教育出版社2002年版，3358页。

方。每一个士人都不得不入清议,而一入清议,则终身无所逃于天地之间。他们在那里是得不到道德的自在和自由的。与科举制度以知识为尺度相比,清议以义理为尺度。用这种尺度通量人和事,于是而有一个时代的裁断、纠正、评判、界分、褒贬。裁断、纠正、评判、界分、褒贬,都是为了向天下明示什么是对的,什么是错的;什么人是好人,什么人是坏人;什么事是可以做的,什么事是不可以做的。明示既立,则成准则。在没有宗教管束的中国,清议承担了对于读书人的是非管束和善恶管束,而后裁断、纠正、评判、界分、褒贬都会成为塑造,使"举子士人之天下"获得科举制度所无法提供的德性上的稳定。清议是一种管束,然而清议又是一种群议,并由共论而形成公论,在这个过程里,清议的主体和范围都是士人。因此清议不是被组织的,也因此清议不是能够被操弄的。不能被组织说明了清议的自发性,不可被操弄说明了清议的自主性。这两种基本品格,决定了义理衍生出来的裁断、纠正、评判、界分、褒贬始终代表着多数人的意见、意识、意志和主张,并因此而始终为多数人所接受和支撑。从这个意义上说,清议的管束其实是士大夫的自我管束。

多数由个体构成,所以个体与多数之间应当具有一致性。当日李慈铭(莼客)会试出编修林绍年(赞虞)房,而自负才学,藐视房师。"某日造谒,赞老谆劝之曰:'贤契学问虽佳,而字殊欹斜,恐朝殿考差,尚须努力。'莼客唯唯,退则大诟,遂久不通问。及赞老以直谏忤西后意,谪云南昭通府,声名动天下。莼客大叹服,亟进谒,致慰饯,执弟子礼甚恭。"[1]在这个故事里,李慈铭的自负和傲岸是一种个人对个人的私意,而林绍年"以直谏忤西后意"则越出了个人对个人的范围。就其原意,"直谏"与李慈铭本自无涉,但作为庙堂行为和典范行为,直谏已在天下注目中体现了儒学赋予士人的群类道义和群类责

---

[1] 黄濬:《花随人圣庵摭忆》,上海古籍书店1983年版,113页。

任。林绍年以承担道义和责任受贬谪,因此,林绍年与每一个士人都有了关系。李慈铭的"大叹服",正是沿着这种关系表达出来的一个士人对另一个士人的敬意。而由"大诟"到"大叹服",则又具体地演示了个人对个人的私意是怎么样被士人对士人的敬意所融化的。"叹服"不是压服,不是说服,以此比照由多数人的推奖而造成的"声名动天下",可以明白地看到个体汇入多数的自愿性和自然性。

然而个体有多样的境遇,清议只有一种尺度。以一种尺度管束多样境遇,不能不使面对清议的个体,常常要成为一个面对多数压力的个体。在这种压力的背后,是千年传统留给后人的"一玷清议,终身不齿"的天经地义。因此,长在压力之下,每一个士人都不得不畏,不是由敬而畏,便是由惧而畏。在这种敬而畏和惧而畏里,已经出仕和尚未出仕的读书人,无分功名、功业、身份、地位,都是压力下的平等者。蒋廷黻作《中国近代史大纲》,其中一节说林则徐因身入中英冲突而"看事较远较清",却"怕清议的指摘,默而不言":

> 难怪他后来虽又作陕甘总督和云贵总督,他总不肯公开提倡改革。他让主持清议的士大夫睡在梦中,他让国家日趋衰弱,而不肯牺牲自己的名誉去与时人奋斗。[1]

以林则徐一人之"提倡"能否催动彼时中国的改革,是一个极可疑的问题。但这一段责备贤者的文字刻画晚清士大夫之害怕清议则是非常准确的。可以供同一类阅读和思考的还有曾国藩。同治九年他奉旨办理"天津教案",由此走入内外交困,既苦于不能向外国人讲中国人的道理,又苦于不能向中国人讲外国人的道理。身心俱瘁之日,家书中述心事,念念不忘而一说再说的都是怕清议。这个过程前后两个多

---

[1] 蒋廷黻:《中国近代史大纲》,东方出版社1996年版,17—18页。

月,而从他刚刚到达天津起,头上已经悬着一片阴云:

> 天津事尚无头绪,余所办皆力求全和局者,必见讥于清议。但使果能遏兵,即招谤亦听之耳。

七天后说的是一面做事,一面杌陧:

> 不得已从地山(崇厚)之计,竟将府县奏参革职,交部治罪。二人俱无大过,张守尤洽民望。吾此举内负疚于神明,外得罪于清议,远近皆将唾骂。

过了十八天,信中既自叙深自刻责,也自叙委屈怫郁:

> 既无以对百姓,又无以谢清议,而事之能了不能了,尚在不可知之数,乃知古人之不容于物论者,不尽关心术之坏也。

又过五天,他再说津案引发的苦恼,而能够写得出来的却只有一声呻吟:

> 名已裂矣,亦不复深问耳。[1]

同治九年的曾国藩,已经以事功成重臣,在当日的朝廷之内和朝廷之外,他都是人们心中的宿望和元老。但置身于一世之清议面前,他仍然是一个战战兢兢的人。"乃知古人之不容于物论者,不尽关心术之坏也",说明曾国藩未尝不知道清议中会天然地内含着苛论。而身遭訾议

---

[1] 《曾国藩全集·家书》,岳麓书社1985年版,1374—1382页。

之际,他所能做的,只有忍受和顺受,把咽得下去的东西与咽不下去的东西都咽下去。清议中天然地包含着苛论,因此,敬而畏和惧而畏都会有不自愿。然而正是这种不自愿,迫使传统中国已在治天下和将要治天下的士大夫群类常在紧张和惕厉之中。作为握有政治权力和影响政治权力的人物群,他们是中国社会里万千人的支配者;然而他们感受的紧张和惕厉则同样出自中国社会,是随权力而来的一种当然的匹配物。因为随权力而来,所以紧张和惕厉都不是个人所能剥离的。奕䜣管夷务之日,曾以"宁可以身当祸,断不能受万世之讥评"[1]自明其志,短短的一句话里,包裹着异乎寻常的沉重。他手里的权力大,与此相对称的,是他精神上承受的紧张和惕厉也大。阅读这些历史人物在清议压力下呈露的心理世界,可以明白地看到:因清议的是非管束和善恶管束而产生的由敬而畏和由惧而畏,其真义都在于使士大夫群类中的每一个个体了解自己的不圆满性和有限性,并因此而懂得,在这个世界里有着他们不得不怕的东西。人多了一点害怕,便会多一点谦卑,少一点恣睢,而后,他们握有的直接权力和间接权力才不会过度肆张。这个过程可以造就君子,也容易产出伪君子,然而士大夫公然践踏礼法而面目狰狞,一群一群地甘居下流,则未之见也。清议从整体上用管束塑造了士大夫,其程度和限度都在于此。

  清议是士大夫的自我管束,但自另一面而言,裁断、纠正、评判、界分、褒贬,其间的题目都是以天下为视野,又是以天下为对象的。没有一个地方的人和事是士大夫的议论所不能到达和不能笼罩的。它们的关怀所在与庙堂的关怀所在相一致,因此,清议虽是士人的群议,却久已被引入庙堂,成为政治结构中的一部分。清议引入庙堂,同时产生的是一朝一朝的言路和谏官。在中国人的政治传统和政治理想里,因为清议重,所以言路和谏官也重。欧阳修说:

---

[1]《清末教案》第1册,中华书局1996年版,286页。

> 士学古怀道者，仕于时，不得为宰相，必为谏官。谏官虽卑，与宰相等。天子曰不可，宰相曰可，天子曰然，宰相曰不然，坐乎庙堂之上，与天子相可否者，宰相也。天子曰是，谏官曰非；天子曰必行，谏官曰必不可行，立殿陛之前，与天子争是非者，谏官也。宰相尊，行其道；谏官卑，行其言。言行，道亦行也。[1]

理想中的谏官应当是一种清议的人格化。他们据有言路，自觉而且执着地把士大夫群体的意见、意识、意志和主张送到帝王的面前。就其本意来说，谏官"与天子争是非"，其实是士大夫群体与天子争是非。因此，从宋代到明代，谏官常常成为庙堂里最高亢的一群人，而天下人从庙堂之外远看庙堂之内，谏官也常常成为最醒目的一群人。高亢和醒目交相为用，其间的异乎寻常，是明人因言事而受责扑，"有以廷杖几次署为衔牌以相夸诩者"。[2]

然而19世纪中叶以前的清代，是一个言路不振的时代。康、雍、乾三朝因文字致祸而家破人亡的事经常发生，读书人便无章法可循。"与天子争是非"本以讲理为前提，但文祸的用意却在一意摧锄。君权一意摧锄士人的矫激，则矫激被压抑，言路也被压抑。随之而来的是长久的士林不倡风骨气节。咸丰年间孙鼎臣处已乱之世，追想明代"四海无不可言之人，百官无不有当言之责"，致"天下之士，闻风慕义，感慨奋发，争自树立"，称为"知立国之本"。而后慨乎言之曰：

> 嗟乎！世道降而风俗衰，士不知名节之可贵久矣。天下之气靡然澌灭，不鼓舞激劝之，犹借口明季之失，以言为忌，不可痛哉！彼亦思天下之气则何以靡然澌灭哉？[3]

---

[1] 《欧阳修全集》上册，北京中国书店1986年版，479页。
[2] 《凌霄一士随笔》（一），山西古籍出版社1997年版，181页。
[3] 转引自朱克敬：《儒林琐记 雨窗消意录》，岳麓书社1983年版，172页。

"以言为忌"是对士大夫的窒息。而孙鼎臣在天下板荡之日追咎"以言为忌",正说明了士大夫的议论是一种不可久窒的东西。在他之后,这一类思考和陈述越来越多,[1]它们与内战的困苦相激荡,也与中兴的期望相激荡,至光绪初年,言路一变而节节发煌,于是"清流"之名目勃勃然起。《清史稿》说:

> 是时吴大澂、陈宝琛好论时政,与宝廷、邓承修辈号"清流党",而(张)佩纶尤以纠弹大臣著一时。

又说:

> (黄)体芳、宝廷、(张)佩纶与张之洞,时称翰林四谏,有大政事,必具疏论是非。[2]

"清流"之名所对应的,是光绪一朝以庙堂言论自标风格的人物群。当日之翰詹科道称清班,讲官和谏官都聚于此。在清代的法度里,他们是可以在皇帝面前发声音的人。庙堂里的声音能够传得很远,其间以文字激扬重造高亢的人物,便会以文字激扬重现醒目。因此,用古已有之的"清流"一词指称当时的言路中人,本是一种没有精确尺度的类分。《清史稿》罗举了为清流先开风气的一群人,而在时人的论述和后人的追述中,可以同他们归入一类的,至少还有刘恩溥、盛昱、文廷式、王仁堪、丁立钧、黄绍箕、王懿荣、陈启泰、孔宪谷、周德仁、何金寿、李慈铭、李盛铎,以及朱一新、屠仁守、王鹏运等等。《异辞录》则归纳更广,称"监察御史赵启霖、赵秉麟、江春霖者以敢

---

[1]《瞑庵杂识 瞑庵二识》,岳麓书社1983年版,10—11页;《同治中兴京外奏议约编》,上海书店1985年版。
[2]《清史稿》第41册,中华书局1977年版,12455、12460页。

谏著称,凤标清流之目",这三个人立起于言路,其实已在光宣之交了。[1] 不同的叙述把不同的人物归入清流之内,加上当日依附于清流的各种人物,遂使清流之名的象征意义更多于识别意义。这些人才情有不同,志节有不同,识度有不同,性气有不同,并且年辈不同,遭遇不同,但在光绪朝里,却都曾经做过引儒学的大义争天下之是非的事。在长久的言路不振之后,他们各做一己之嚗唊,而由此形成的劲气辐辏,则能于前后相接中播染风气,为传统中国的言路重造出最后一派声光与尊严。

庙堂里的清流以士大夫的清议为源头。因此,裁断、纠正、评判、界分、裹贬最容易直接化为道德评论和道德判断。清与浊由此分,而纠弹和搏击也由此起。以御史居朝官之间的邓承修当时被人目为"铁汉",出处全在于笔下的凌厉:

> 劾总督李瀚章失职,左副都御史崇勋无行,侍郎长叙等违制,学政吴宝恕、叶大焯,布政使方大湜、龚易图,盐运使周星誉诸不职状。会边警,纠弹举朝慢弛,请召还左宗棠柄国政。逾岁,彗星见,则又言宗棠莅事数月,未见设施,而因推及宝鋆、王文韶之昏眊,请罢斥,回天意。

其弹章中有"论广东贪吏"一折,"推论至六十年前,累累凡百余人"。[2] 他凌厉得非常严刻,又严刻得非常认真。以此为风格,本是

---

[1] 《近代稗海》第13辑,四川人民出版社1989年版,504页;《花随人圣庵摭忆》,63页;《洪宪纪事诗三种》,上海古籍出版社1983年版,71页;《见闻琐录》,岳麓书社1986年版,157页;《剑桥中国晚清史》下册,中国社会科学院出版社1985年版,207—208页;《近代稗海》第1辑,四川人民出版社1985年版,266页;《异辞录》卷四,上海书店1984年版,8页。
[2] 《清史稿》第41册,12457页;沃丘仲子:《近代名人小传》,北京中国书店1988年版,155页。

常人不容易做到的。但当清流全盛之日，这种风格却曾是言路里的一种共相。出身宗室而被目为清流的盛昱，"为讲官未半载"即"数言事"，以其一击再击，被"士论推为謇谔"：

> 闽浙总督何璟、巡抚刘秉璋收降台匪黄金满，盛昱劾璟等长恶养奸，请下吏严议，发黄金满黑龙江、新疆安置。尚书彭玉麟辞官不受职，劾其自便身图，启功臣骇寒之渐。浙江按察使陈宝箴陛见未行，追论官河南听狱不慎，罢免。

这些犹是笔锋小试。至"法越构衅"，他以一折"劾枢臣怠职"，造成朝局翻动，使军机处里的重臣纷纷出局，[1]则可谓以笔底锋芒移山倒海了。清流以纠弹为风采，源起于激浊扬清的一派凌厉便很容易指目达官，派生出台谏以摧折大员为快事的风气。因此，与盛昱相类似的，还有黄体芳、宝廷劾工部尚书贺寿慈，张佩纶劾吏部尚书万青黎、户部尚书董恂，陈宝琛劾户部侍郎崇礼等等。这些人之所以被牵入弹章，一半是因为行为出轨，一半是因为官阶太高。恽毓鼎后来作《崇陵传信录》，描述当日清流声势说："松筠庵谏草堂，明杨椒山先生故宅也，言官欲有所论列，辄集于此，赤棒盈门，见者相惊传，次日必有文字。"[2]以常理相推度，能使言官兴师动众的当然不会是小事情和小人物。在这些情节里，清流的奏疏都在以文字造秋霜之肃杀，而秋霜之肃杀所映衬的，则是一种矜名节尚骨鲠的气象。张之洞说："夫憨直激切之言，或不干谴怒，而招怨必多，于国则利矣，于身何利焉。愚则愚矣，谓非忠乎。"[3]"憨直激切"正是其时用来扬清激浊的东西，所以憨直激切能够为那个时候的言路立榜样。后起的安维峻"崇朴实，尚

---

[1]《清史稿》第41册，12454页。
[2]《近代稗海》第13辑，504页。
[3]《光绪朝东华录》第1册，中华书局1958年版，（总）第783页。

践履，不喜为博辩"，本来不是一个善作言论以惊一世之耳目的人。而光绪十九年由编修转御史，遂为憨直激切所化，一变而有"殿上苍鹰之目"，"未一年，先后上六十余疏"，以勇于搏击而"直声震中外"。[1]这种前与后之间形成的感应、聚合和绵延，使光绪一朝的前期和中期，言路始终能在响声不绝中成为天下人注目的地方。

清流好为弹击，但身居言路，他们又是和人君之喜怒离得最近的人。因此，他们常常要直面人君之喜怒，并在这种场面里以一己之心显出各自的常度和本色。同治末，"乌鲁木齐提督成禄诬民为逆，击杀多人，虚饰胜状，为左宗棠所劾"。御史吴可读继起，"陈其罪有可斩者十，不可缓者五，寻逮问，谳上论斩，廷臣请改监候。可读愤甚，复疏争，请斩成禄以谢甘民，再斩臣以谢成禄"。言路因愤而激，然而"成禄夙有宫中之援"，因此言路愤激遇到的是帝王"暴怒"，同治至"谓吴可读欺负我，大哭"，并"非要吴脑袋不可"。"暴怒"和"大哭"都已不讲纲纪体统，言官遂成了受重谴者。迨同治死，光绪继位，其间的统系宗法之争又使得这个故事能够在另外一个场景里延续下去："光绪五年穆宗奉安惠陵"，吴可读"自请随赴襄礼。还次蓟州，宿废寺，自缢，未绝，仰药死，于怀中得遗疏，请为穆宗立嗣事"。[2]此谓之"尸谏"。同治要吴可读的脑袋，吴可读则从容一死为同治争"大统"。在这种对比里，臣下以自己的守纲纪回答了帝王的不守纲纪。陈宝琛后来以诗记其事曰："宁期再出殉龙驭，秦良卫史公所型。同时四谏接踵起，欲挽清渭澄浊泾。"[3]他用"接踵起"连接前后，把吴可读看成清流群体的精神前导。这种心灵上的相印，曾使他从局外涉入漩涡，因午门一案而与张之洞一起成为清流人物中最先直面人君之喜怒的人。《方家园杂咏纪事》说：

---

[1]《清史稿》第41册，12466—12467页；《清稗类钞》第4册，中华书局1984年版，1522页。
[2] 同上书，12461—12462页；《花随人圣庵摭忆》，129页。
[3]《石遗室诗话》（二），辽宁教育出版社1998年版，333页。

光绪五年（按：应为光绪六年），慈禧遣阉人赴太平湖之旧醇王府，出午门。凡阉人出入例由旁门，不得由午门，值日护军依例阻之。阉持势用武，护军不让。阉归告慈禧，谓护军殴骂。时慈禧在病中，遣人请慈安太后临其宫，哭诉被人欺负，谓不杀此护军则妹不愿复活。慈安怜而允之，立交刑部并面谕兼南书房行走之刑部尚书潘祖荫，必拟以斩立决。

于是君权与法度的冲突便成为人臣的一个难题。其时以工部尚书做皇帝师傅的翁同龢在日记中说："昨日午门案上，圣意必欲置重辟，枢臣力争不奉诏，语特繁。今日命传谕内务府、刑部堂官，仍须加重罪名也。"随后比类历史而深忧之："窃思汉唐以来，貂珰之弊，往往起于刑狱。大臣无风骨，事势渐危，如何如何。"方内旨催逼之日，肝火极旺的西太后曾抱病召见不肯枉法的刑部尚书潘祖荫，"斥其无良心，泼辣哭叫，捶床村骂，祖荫回署，对司官痛哭"。[1]哭声出于刑部，正说明了深宫里的盛怒是一种不容易抵挡的东西。太监和护军争殴本属宫中细事，却因君权的牵动而成为"枢臣不能解，刑部不敢讯"的朝廷困局，而后太监和护军之是非便成了言路不可回避的题目。正在翰林院里做讲官的陈宝琛和张之洞因此入困局，同日"上疏切论之"。[2]深宫庇内监，而言路之"抗疏沥陈"则援引二百年事例，以阉竖弄事为纲纪之大戒：

本朝官府肃清，从无如前代太监假窃威福之事。盖由列圣防驭之严，二百年中，但有因太监犯罪而从严者，断无因与太监争执反得重谴者。

---

[1]《近代稗海》第1辑，四川人民出版社1985年版，30—31页；《翁同龢日记》第3册，中华书局1993年版，1530页。

[2]《张之洞全集》第12册，河北人民出版社1998年版，10612页。

因此,

> 此案在皇上之仁孝,不得不格外严办,以尊懿旨,而在皇太后之宽大,必且格外施恩,以抑宦官。[1]

他们的理路与翁同龢在日记中的忧思一样,都不喜欢西太后以爱憎乱刑法。但在翁同龢是私议,他们则已经把私议引入言路而变为庙堂里的公议。因此,与"枢臣"和"刑部"的以事论事相比较,清流人物的奏论更显然地代表了士大夫的清议。当日中国士大夫以敬天法祖为通则,帝王也以敬天法祖为通则。是以举"列圣"为大道理,由一案之轻重说祖宗之家法尤能醒神而制怒,使西太后的肝火降下来。结果是懿旨从轻发落护军。翁同龢在日记里称作"涣然德音,海内欣慰",并夹叙夹议说:"前日庶子陈宝琛、张之洞各有封事争此,可见圣人虚怀,大臣失职耳,既感且愧。"同样感触的还有奕䜣。他以亲王做军机大臣领班,当午门一案"枢臣不能解"之际,他正是枢臣之首,其间的窘苦一定会比别人更深。因此陈宝琛和张之洞奏章既上,他一见而激赏之,"示同列"曰:"若此,真可谓奏疏矣。"[2]君权和法度之间的困厄得言路抗疏而解,说明了维持纲纪之不能没有义理。所以,即使言路与政府常常相水火的年代,也能有政府对言路尊严的钦敬与亲近。在这个例子里,陈宝琛和张之洞以各自一折为西太后正乖错,然后全身而退。但就当日的总体而论,这种结局圆满的事其实并不常有。六年后御史朱一新同样以"抑宦官"为题目作文章,由"我朝家法,严驭宦寺"起讲,而后专论"今夏巡阅海军之役,太监李莲英随至天津,道路哗传,士庶骇愕",引"唐之监军"以为鉴。"疏上,太后怒,诘责",

---

[1]《近代稗海》第2辑,四川人民出版社1985年版,424—425页。
[2]《翁同龢日记》第3册,1532页;《张之洞全集》第12册,10613页。

继之"诏切责,降主事"。[1]在他之后,还有御史屠仁守"请太后居慈宁宫,节游观"招来"严责",并"革职永不叙用";御史吴兆泰谏修颐和园而致"太后怒,罢其官";御史安维峻以"遇事牵制"入奏章,深触西太后之忌,奉旨"革职发军台",等等。[2]这些人一个接一个起于台谏,又一个接一个因言获罪,在降职、革职和遣戍中离开了台谏。言官常常讲而西太后常常怒。他们的遭遇,既说明言路直面人君之喜怒不是一件容易的事;也说明言路声光未熄之日,总会有人甘心执义理直面人君之喜怒。

清流人物因"欲正纲纪"[3]而为人君纠乖错,并因此而常常招来怒目相向,但也因为"欲正纲纪",他们又是那个时候中国最自觉地怀抱尊王意识的人。从咸丰到同治,绵延十多年的内战做成了一种国家权力下移之势,并由此造就了疆吏的积重而积大。因此,清流尊王,便不能不与疆吏相敌。由此引出过许多激昂和过度激昂。光绪初陕西"荒旱",巡抚谭钟麟因"办理未善"被弹劾。而奉旨复奏之际,被弹劾的一方挟受谤之忿"哓哓置辩",一层一层指说其间的出入,不肯自甘委屈而息事宁人。清流所不能容忍的,尤在于这种地方。因此,本来与这件事了不相涉的张佩纶以气类相呼应,接连而起再做弹劾,并置事理之本末曲折于一边,转而专论谭钟麟的"骄蹇":"抚臣责任封圻,不能上感天和,下弭隐患,致所部兵荒迭起,是即物议不滋,犹当兢兢循省,以奉职无状深自引咎。奈何恃恩而果于自信,负气而轻于诋人,推其用心,岂非塞呼吁之路而以清问为多事乎?"在这些文字里,儒学的道理都化作了言官以盛气与疆吏相对峙。盛气迫人,则处处峭刻,由小问题里弄出大是非:

---

[1]《清史稿》第41册,第12464页。
[2] 同上书,12465—12467页。
[3]《石遗室诗话》(二),333页。

> 谭钟麟从政甚新，本无旧劳宿望，乃幸诏书之宽大，敢辨给喋喋于君父之前，此诚不学无术者之所为。倘疆吏相率效尤，恐外重内轻流弊伊于胡底。臣职司记注，不得不据理纠绳。若皇上因谭钟麟居官尚有微长，不加严谴，亦应特降谕旨申饬，庶知朝廷自有纪纲，不得逞意气之偏而开骄蹇之渐。[1]

张佩纶说是"据理纠绳"，但谭钟麟所感受到的，肯定不是据理纠绳，而是迎头一掌。清流人物比帝王拥有更多的历史意识和文化意识，以此测度"外重内轻"之"流弊"，便常常会比帝王想得更深更远，其督责也常常更峻更刻。后一年，宝廷论时事，曾罗举"迩来旨下各部各省议行事，率任意延宕，阅时甚久，视上意渐解，则含糊覆奏，或竟置而不答"。而于"奉旨覆奏事件，每多方掩饰，不肯据实自陈，甚至割裂例文，傅会成案，强籍以伸其说"，以为是可忍，孰不可忍。"延宕"、"傅会"、"强籍"都是用怠玩以对诏旨，其间既没有诚意，也没有敬意。所以，他由此深入，以"皇上尚在冲龄，皇太后深宫高拱，外事罕闻"为对比，反照种种"恣为欺蒙而不识顾忌"，一一归之于人臣"轻朝廷"之心。宝廷本是清流中的厚道人，但论事至君臣纪律，则不觉失其厚道而既愤且急，期期以为"时政至宽，当救以严"。[2]"严"以救"宽"出自清流的奏议，是清流人物用自己尊王的意念做范本，激烈地追究别人以臣事君的敬惮和敬诚。虽说言路发舒，疆臣被议，部臣也被议，然而以当日的事实做衡量，宝廷奏疏中所罗举的"恣为欺蒙而不识顾忌"多半只有疆吏才有腕力做得出来。与部臣比，光绪一朝的疆臣拥有更多绕出了旧章的利权，也因之而能有更多不依旧章的意志。两者都使他们更容易不照规矩自做方圆。而由此获得的

---

[1]《光绪朝东华录》第1册，(总)第500页；《涧于集》卷一《论劾陕抚谭钟麟覆奏失词折》。
[2]《光绪朝东华录》第1册，(总)第686页。

是一种朝廷官制里所没有的自主。在一个内忧外患迭相起伏的时代里,疆臣用这种办法管吏治、民生、财赋、兵事、刑政、洋务,一面为朝廷守一方之土地疆域,一面又与朝廷的旧例成法自立异同,扞格抵牾。其中的一部分,便化为言官眼中的轻量朝廷。这种局面是历史过程遗留下来的,这种局面又正在支配着当日的实际过程。因此,庙堂里的政令虽然常常在地方受阻格,而君权苦于掣肘却不得不一次次地对疆吏"曲为允从"。[1]以此为对比,则清流居言路,既不涉历史过程,又不入实际过程,他们是一群不在掣肘之中的人,然而他们手中的义理一定要为天下分是非而立准则。因此,君权对疆吏"曲为允从",而清流执内外轻重之辨,却不肯对疆吏曲为允从。光绪九年邓承修劾山西布政使方大湜而词连李鸿章,其中一段话说:"方今庙堂之上,雷厉风行,官严吏肃,已有澄清之机,惟外省督抚监司,玩法任情,骄蹇如故",以至"但得疆吏一语,则诏旨皆属空文"。[2]与宝廷"各部"和"各省"并举而统论之相比,邓承修把朝官与疆吏区别开来,为的是突出后者的恢张。疆吏更多恢张,作为直接的回应,则是清流和言路更多胸中的不平。彼时的国家权力结构已被内战打得脱榫,于是,在六部不能用旧章罩疆吏而朝廷不能用祸福驭疆吏之后,清流群体便成为当日中国以义理制裁疆吏的最急切和最执着的一方。黄体芳曾以人君"奖励台谏,则督抚不敢轻朝廷"入奏疏,[3]其心中着力的正是这种执着的制裁意识。而后,一面是疆吏放开手脚,各是其是;一面是言路以鹰瞵之态注视疆吏而愤然愕然。在传统的政治制度里,权力本来应当由权力管束,所以台谏与疆吏相敌并不是一种应有的政治景象。但在一个权力与权力之间的关系开始失序的时代之中,尊王出于言路,是以尊王只能靠义理,义理与"骄蹇"的对峙便成

---

[1]《光绪朝东华录》第1册,(总)第1048页。
[2] 同上书,第2册,(总)第1491—1492页。
[3] 同上书,第1册,(总)第561页。

为那个时候常见和惯见的景象。从光绪初年到光绪中期，台谏指名纠弹督抚而为《东华录》所收录的，先后有王昕劾杨昌濬、张佩纶劾丁宝桢、张之洞劾刘坤一、吴镇劾丁宝桢、刘锡鸿劾李鸿章、文硕劾左宗棠、文硕劾杨岳斌、陈宝琛劾张树声、李肇锡劾曾国荃、德润劾李文敏、张观准劾涂宗瀛、陈启泰劾涂宗瀛、邓承修劾李瀚章、邓承修劾李鸿章、刘恩溥劾冯誉骥、张佩纶劾林肇元、周德润劾倪文蔚、赵尔巽劾左宗棠、邓承修劾裕宽、屠仁守劾卞宝第、秦钟劾潘蔚、孔宪谷劾陈士杰、张人骏劾陈士杰、叶荫昉劾鹿传霖、梁鼎芬劾李鸿章、蒋镇嵩劾卞宝第、刘纶襄劾倪文蔚、张廷燎劾裕宽、徐致祥劾张之洞、洪良品劾李鸿章、钟德祥劾刘秉璋、安维峻劾陶模、安维峻劾杨昌濬，等等。名列其间的张之洞本是清流里的健者，而一朝外放做巡抚总督，则滋味全变，转身之间也成了被弹击的人。这些奏疏都见于明发上谕，是皇帝所公布的。但明发上谕是一个有限的范围，在这个范围之外，言路劾疆吏的奏章显然还要多。若加上合天下督抚为一类而通论之的纠弹文字，则会更多。在这种一劾再劾和此呼彼应里，光绪一朝疆吏中以强人和能人著时名者，很少有人能脱出罗网而身心俱泰的。

然而以义理与"骄蹇"相对峙，言官的纠弹大半都校正不了疆吏。沃丘仲子曾为董恂作传而侧写了京师达官为清流所苦的模样：

(董恂)接人鲜礼意，京师呼为董太师，拟之董卓，状其骄也。以户部尚书兼总理各国事务大臣，群众子弟，好行不法，恒在倡寮捶楚游客。其次子，至为巡城御史朱潮所杖，讪谤大作，恂耻之。值议伊犁俄约，遂主战，冀附清议，而张佩纶拒之，屡被劾，乃乞休去。[1]

---

[1]《近代名人小传》上册，87页。

"乞休去"是不得不去。他由傲慢自负而变为颓然废然,非常真实地反射出张佩纶笔底的锐利和身上的霸气。以这个例子做对比,则远离庙堂的疆吏虽多被弹劾,而作为一个群体,他们的进退行止却都不是言路所能够左右的。帝王居九五之尊,天然不会喜欢疆臣自立异同和各是其是,因此清流以尊王为大义本应能得时君之心。但疆臣的自立异同和各是其是都产生于一种不平衡的权力结构,并且附着于这种不平衡的权力结构。君权面对这种不平衡,却又无力重造出新的平衡。是以台谏把"曲为允从"看成异样,言之愤愤,而以帝王为立场,则是因为无力重造平衡,所以不得不以不平衡应对不平衡。由此产生的矛盾在于:清流手中的义理可以管疆吏的品性,但疆吏的"骄蹇",毛病本来不关个人的品性。而在君权无法为权力结构重造出一种平衡的地方,义理也无法为权力结构重造出一种平衡。所以言路为尊王而与疆吏相敌,其一劾再劾同时要面对人君对疆吏的"曲为允从"和"督抚则积习相沿",[1]依然故我,并因此而两头不能着力。于是一种内轻外重不能不引出另外一种内轻外重,时人总括而形容之曰:"弹疆臣如撼山,参廷臣如拉朽。"[2]对于尊王的清流人物群而言,这种对比里内含的是深深的挫折。而其间因挫而激,因激而僻,又常常会唤出意气,使言路与疆吏相敌之际,立论和推论都走向失度。随后是言路成了被申饬的一方:邓承修论中外赏罚失准而致疆吏"轻量朝廷",诏旨斥为不实;文硕劾疆吏"各存门户之见",诏旨斥为"任意吹求,措词失当";黄体芳劾"李鸿章治兵无效",忤旨左迁;梁鼎芬"参劾李鸿章,摭拾多款,深文周纳",奉旨交部"严加议处",[3]等等。这种因尊王而受申饬的事说明:清流和言路在道理中,帝王在世局中,而世

---

[1]《光绪朝东华录》第1册,(总)第780页。
[2] 同上书,(总)第768页。
[3] 同上书,(总)第768页、(总)第114页;《清史稿》第41册,12451页;《光绪朝东华录》第2册,(总)第1979页。

晚清的清流与名士 163

局的判断常常不能守道理。然而，申饬之后，清流和言路的弹击还会再起。就尊王的意愿而言，这种劲而且韧是没有结果的；但就尊王的本意而言，这种劲而且韧又是当日中国所应有的。

以尊王为旨意所派生的各种题目，使光绪一朝的清流和疆吏常常处在两端。相比于清流以督责为风节，从内战中崛起的那一代疆吏其实更多一点士人对士人的恕道。张之洞立庙堂之日曾劾两江总督刘坤一"嗜好素深，比年精神疲弱，于公事不能整顿，彭玉麟与之筹议江防，颇为掣肘"。除了"嗜好素深"一节之外，这些文字描述刘坤一的负面都缺乏实证性和精确性，皆非刘坤一所能甘心收受。然而十二年之后，已经做了湖广总督的张之洞被人弹劾而轮到刘坤一奉旨"确查"。以当日张之洞漫无边际的笔锋括扫为比衬，则刘坤一办"确查"，命意全在于举事实为洗刷，而后的复奏以"臣维张之洞学有体用，识达经权。仰蒙圣主特达之知，畀以圻疆重寄。该督系怀时局，力任其难"[1]为总评，其中看不出一点旧日的芥蒂。同一类例子还有张佩纶会办福建防务而大败于马江，言路群起痛劾，而切齿之怒骂多出自本属旧识的清流。[2]在一片骂声里有心为他留一点余地的，却是奉命查办的左宗棠和杨昌濬。结果是左宗棠和杨昌濬也被连累，受到诏旨"语多含糊"和"意存袒护开脱"的切责，并"传旨申饬"。[3]身为疆吏，左宗棠和杨昌濬都受过清流和言路的弹击。所以，就个人而言，其"意存袒护开脱"与刘坤一为张之洞做洗刷一样，都可以看作心地之宽厚。然而这些人分别代表了彼时疆吏的典型和清流的典型。因此，在个人品性之外，他们又以自己的典型性为这一类人际之间的往来曲折提供了一种更富深度的说明，使人可以具体地看到，光绪一朝的士大夫，清流负天下之重望而以峭刻为群体形象；疆吏居天下之

---

[1]《张文襄公年谱》，商务印书馆1946年版，26、82页。
[2]《花随人圣庵摭忆》，69页。
[3]《光绪朝东华录》第2册，(总)第1891页。

重心而以骄蹇为群体形象。其间的颉颃和忿争常常造成士大夫内里的激昂和紧张。但只要引发颉颃忿争和激昂紧张的题目仍然出自历史经验中的已有和固有,则士大夫群类便在整体上依旧共处于二千年儒学留下的范围之内,并因之而依旧共有着本源上的一致。所以,颉颃、忿争、激昂、紧张都不足以造成中国士大夫真正意义上的分化。

然而光绪一朝继咸丰、同治而来,洋务正在成为一世之要务。时当"万国梯航成创局"演为中国人的"智勇俱困之秋",[1]士大夫中的先识世变者不得不一个一个地卷入洋务,亟亟乎以借法图自强。但由借法自强引入的历史经验之外的东西,又在抉破二千年儒学留下的范围。而后形成的洋务与清流的对峙,便第一次在真正意义上促成了中国士大夫的历史分化。

二 清流与洋务

以洋务为内容的历史过程起端于中国人一败再败于泰西,时人谓之"有天地开辟以来未有之奇愤,凡有心知血气莫不冲冠发上指者,则今日之以广运万里,地球中第一大国而受制于小夷也"。[2]当中国人的办法对付不了西方人之后,借法的本意是用西方人的办法来对付西方人。因此借法自强以取彼之长,以新卫旧为愿想。[3]在这种愿想里,借来的东西是一种被限定和被配置的东西,而后"以中国之伦常名教为原本,辅以诸国富强之术"[4]才能成为预立的旨意,并经简约化而概括出"中体西用"的命题。

然而这种预立的旨义与借法以图自强的实际过程常常会不相符

---

[1]《郭嵩焘诗文集》,岳麓书社1984年版,693页;光绪五年九月二十八日翰林院侍读学士王先谦奏折,见中国近代史资料丛刊《洋务运动》(一),上海人民出版社1961年版,185页。
[2]《校邠庐抗议》,上海书店2002年版,48页。
[3]"取彼之长,以新卫旧"系陈旭麓教授之语。
[4]《校邠庐抗议》,57页。

合。一方面,在中国人的社会里,体与用是连在一起的。由几千年岁月累积起来的历史、文化、观念和政治、经济、习俗,都是体之所在即用之所在。这个社会显然没有留出一个可以渡让的空间,用来接纳借入的西法。因此,借入的西法移接到中国只能是楔入。当时人比为"异端"而以"光怪陆离"[1]视之,正反映了楔入的东西总是夹生的东西。另一方面,中国人取西法出自选择,所以西法自始即被预想为一个一个的。然而按其本性和本相,则因直观所见而被分为一个一个的西法,其实是以因果交织和相互联结为存在状态的。由此构成的是欧西那个世界里的本末和体用。于是从选择开始的取西法,必然会变为一种西法带来另一种西法的过程。因此,就前一面而言,西法的楔入无异于强入,在它所到的地方不能不要求中国社会原有的物事让路;就后一面而言,西法的楔入无异于扩张,其间的派生和递进既会从广度上突破本来的限定,也会从深度上突破本来的限定,以此次第舒展,由预想之内的东西牵到预想之外的东西。这两个方面都说明:为自强而借来的西法,首先造成的是对中国人自身的冲击。而后,借西法的中国人遂因冲击而催生出自己改变自己的意识。先入洋务的李鸿章曾以"中国文武制度,事事远出西人之上,独火器万不能及"[2]作中西之比,而等到借法稍久习染渐深,则议论一变而为"内须变法"、"及早变法"、"今日情势不同,岂可狃于祖宗之成法"。[3]其意向所指,显然是以"文武制度"为"须变"的大端。同他相比,醇亲王奕譞素以痛恶夷人夷事为本来面目,而受命主管海军之后,却一变旧日尺度,转过头来追问:"议者动云祖宗时所无,独不思方今天下局势,岂开辟以来所有哉?"[4]其意思已是变祖宗之法为并无不可。这些

---

[1]《洋务运动》(一),270页。
[2]《筹办夷务始末》(同治朝)卷二五,9页。
[3]《李文忠公全书·朋僚函稿》卷十九《复王秋山学长》;卷十《复丁雨生中丞》;卷五《复陈筱舫侍郎》。
[4]《洋务运动》(六),232页。

议论正在使借法的过程以"诸国富强之术"变"中体",而由彼时多数人的眼光来衡量,则不能不归于"用夷变夏"。

因为西法是楔入的,又是扩张的,所以"内须变法"在理路上总是一段一段地否定中国人的旧法。三十年之间,"时文帖括"、"章句弓马"、"言官制度"、"兵制"、"文法"、"陈法"、"成格"、"旧规"、"法度"、"官制"等等都曾被办洋务的士大夫拿出来指指戳戳,因其不合时而证其不合理。然而以洋务为总称的借法自强又是一个从器开始,并始终以器为中心的过程。与器相关的东西大半都在形而下。因此,与后来康有为"全变则强,小变仍亡"[1]的横无际涯相比,"内须变法"的着眼点始终起于局部又止于局部,其间的旨趣都不在理论思维的推导和构想。由于没有理论,种种"变计"都各成一片而编造不出一个总体的观念。但中国人的"成法"是从中国人的历史和社会里产生的。在二千多年的兴废、沿革、变迁、承接之后能够长久地留得下来而被统名为"成法"的东西都有过自己的历史理由,它们因之而根须深入,在当日的中国已是一面与传统相表里,一面与士大夫相因依。所以,借法演为"变法",虽然没有用一个总体的观念自为标张,而其一节一节地与旧法相冲撞,则不能不一次一次地与传统相冲突,也与士大夫的多数相冲突。由此发为声音,最终都会转化为清流、清议与洋务的冲突。

吴汝纶曾说:"近来世议,以骂洋务为清流,以办洋务为浊流。"[2]其个人态度显然并不喜欢清流。然而三十年之间,清流骂洋务,洋务也在骂清流。而与清流以守护为本位相比,洋务更多一点进攻意识。"时文帖括"、"章句弓马"、"言官制度"以及"文法"、"陈法"、"旧规"等等在西法比照下尽成当日之时病,都是因人而显现出来的。所以由洋务而议法,则议法的过程一定又是议人的过程。李鸿章

---

[1] 《康有为政论集》上册,中华书局1981年版,211页。
[2] 《吴汝纶尺牍》,黄山书社1990年版,70页。

说:"千古变局,庸妄人不知。"又说:"西洋各国兵饷足,器械精,专以富强取胜,而中国虚弱至此,士大夫习为章句帖括,辄嚣嚣然以经术自鸣,攻讦相尚,尊君庇民,一切实政,漠不深究。误訾理财之道为朘利,妄拟治兵之人皆怙势,颠倒是非,混淆名实。论事则好从苛论,任事则竞趋巧伪,一有警变,张皇失措。俗儒之流弊,人才败坏因之,此最可忧。士大夫读万卷书,每好苛论时政,究之坐而言者,未必起而行。"[1]这些非议和痛责都是从整体上把士大夫作为对象的。郭嵩焘当日以洋务与李鸿章相呼应,由西国事理说中土人情,则持论往往更激:"中国人心有万不可解者。西洋为害之烈,莫甚于鸦片烟。英国士绅亦自耻其以害人者为构衅中国之具也,力谋所以禁绝之。中国士大夫甘心陷溺,恬不为悔。"至"钟表玩具,家皆有之;呢绒洋布之属,遍及穷荒僻壤;江浙风俗,至于舍国家钱币而专行使洋钱"。而"一闻修造铁路、电报,痛心疾首,群起阻难,至有以见洋人机器为公愤者"。两相比较,则"不知其何心也"。[2]这种深度撞击也是从整体上把士大夫作为对象的。同李鸿章和郭嵩焘比,曾纪泽以外交见长才,是一个办洋务而很少为清议所窘迫的人物,然而其内心则深深地痛恶清议。光绪四年他奉旨使西,有过一段直截而且锐利的议论:

> 今世所谓清议之流,不外三种,上焉者,硁硁自守之士,除高头讲章外不知人世更有何书,井田、学校必欲遵行,秦汉以来遂无政事。此泥古者流,其识不足,其心无他,上也。中焉者,好名之士,附会理学之绪论,发为悬虚无薄之庄言,或陈一说,或奏一疏,聊以自附于腐儒之科,博持正之声而已,次也。下焉

---

[1]《李文忠公全书·朋僚函稿》卷六《复朱九香学使》;《李文忠公全书·奏稿》卷九《复奏殷兆镛等条陈江苏厘捐折》。
[2]《郭嵩焘诗文集》,189—190页。

者，视洋务为终南捷径，钻营不得，则从而诋毁之，以媢嫉之心发为刻毒之词，就三种评之，此其下矣。[1]

他虽然把清议分作三种次第而论述之，但每一种论述的结论都是否定的。比起当年曾国藩以"内疚神明，外惭清议"自做刻责的既敬且畏，曾纪泽对于清议的放手排揎已纯然是表达一种蔑乎视之。后来奕䜣痛恨台谏，譬为"外敌之窥伺易防，局外之浮嚣难靖"，深愤"言路至近年庞杂已极，辩给深文曲笔恣意所为，庸暗者随波逐流联衔沽誉"，而"借题发挥，又有倒峡燎原之势"。[2] 其痛恨和深愤里显然也包含着对于清议的极度蔑视。若以千年以来"一玷清议，终身不齿"的旧准尺做衡量，则这种变迁正在用非常显目的方式说明：以洋务为内容的历史过程正在使清议失去对于士大夫的整体管束力。由此造成的是一种前所未有的裂罅。随后，不受管束的这部分士大夫便不会再有敬畏。而失去了整体管束力的清议也面目渐变，不复再成为本来意义上的清议了。

　　洋务中人从整体上批判中国的士大夫，并因之而集矢于清流和清议，其主要的理据在于一方的识时务和另一方的不识时务。其实，身在中西冲之世而多见彼族之以力相扼不止不息，清流人物不会全然不肯识时务。一个曾与陈宝琛常相过从的京官后来追忆旧事说："当中法未战之前，陈弢老正在提倡清流，于洋务极意研究。曾借译署历年档案，而属余分手抄之，余遂得习知故事。"[3] 而宝廷光绪八年主持福建乡试，事后奏报特举"生员杨仰曾者，留心时务，颇知兵法，兼明算学"，并能"自造新器"，而后深惜其"未经中式"，是以特为保荐，"拟乞天恩，将生员杨仰曾发交北洋大臣李鸿章差遣，如实有可用，即乞破

[1]《曾纪泽日记》中册，岳麓书社1998年版，798页。
[2]《洋务运动》（六），231—232页。
[3]《春明梦录　客座偶谈》，《春明梦录》上，上海古籍书店1983年影印，33页。

格恩施,量才器使",以"为留心时事者劝"。由此引申,又更有"明年会试,多士云集。可否榜前特开一科,以算学考试"的主张。[1]前一个例子说的是用心,后一个例子说的是破格,其间的主题都是洋务。同时的张佩纶自负宏通,论海防论船炮的折子更多。可见清流群里不是没有人可以与洋务人物共论一个题目。然而与洋务中人比,清流之论时务,其共有的重心则在攘夷。他们因此而与传统连接起来,也因此而与洋务区别开来。光绪八年,张佩纶由中日冲突和中法冲突论说因果事理曰:

> 臣所鳃鳃过计者,恐谋国者自居贫弱,而视敌为富强,颇有苟安之心,惮为远大之举。是故言和则唯,言战则否,言偿款则有,言军饷则无,言调兵分防则勉为补苴,言增兵大举则相顾色骇。充此数弊,事机坐失,劳费转增。窃恐各国环伺,且继日本、法兰西而起。琉球不顾,必及朝鲜;越南不顾,必亡缅甸,诚可危也。

是以"终非出于一战,不足以息岛夷之焰,而使中国百年无事"。[2]以攘夷为立场,其极端则不能不言战。张之洞有一段话由攘夷说到言战,于胜败之际思之烂熟:"初战不能不败。特非战不能练海防,非败不能练战。只要志定气壮,数败之后,自然渐知制胜之方。"[3]思之烂熟而后理路明晰,烂熟和明晰都说明清流之攘夷是一种自内而生的东西,因而是一种不可移易的东西。所以,其时陈宝琛统论"咸丰季年"以来内外臣工各筹洋务,深憾于"若津、若滇、若黔、若台湾诸大

---

[1]《洋务运动》(二),203页。
[2]《涧于集·奏议》卷二,《保小捍边当谋自强折》,9页b—10页a。
[3]《张之洞全集》第12册,10152页。

案"皆以和局了事,"无非张敌焰而损国威"。[1]他手里的尺度显然也是来自这种不可移易的东西。于是当洋务中人以识时务和不识时务为士大夫分界的时候,清流和清议同时在以攘夷和"苟安"为士大夫分界。这两种分界都曾牵引出种种题目,几经推演,几经衍发,遂使以洋务为内容的历史过程成为一个士大夫群体因纷争而分异的历史过程。

清流和清议以攘夷为自觉意识。但作为一种已定的观念,攘夷和尊王一样,都是从儒学传统中延续而来的。所以,当日的攘夷虽是19世纪的中国人对于外来逼迫的直接回应,而其旨意和理由则是历史里的中国人所旧有和固有的。然而西人张其焰以做成中国"千古未有之变局",显示的是19世纪的困厄于古无征,所以中西之折冲迎拒总是不得不与新知连在一起。与此成为对比的是,攘夷由儒学传统延续而来,守的都是义理。对于清流和清议的多数而言,这正是本来就熟悉的东西,而熟悉的东西总是用起来更顺手的东西。因此由多数形成的人群大半不能入新知。张佩纶说:"论事必贵探源,果中朝士大夫有留心洋务者,条奏可考而知,条约可购而得。如今日之九列科道,一二清流外,半皆衰庸鄙猥,即令平议,不过署于木纸尾耳。"[2]他下笔论人久以傲兀为惯态,然而这段话概论当日"九列科道"之多数不识新知,却于意态傲兀之中同时写照了真实。张佩纶以"衰庸鄙猥"称之,意在把"一二清流"与这些人分开来,以说明自己与他们的不一样。但就宗旨和主张而言,这些人始终都与张佩纶所属的"一二清流"站在一起而且同归一类。他们与庙堂之外更多不识新知的士人相应和,并以其群鸣和回声共做支撑,而后攘夷才能够与"苟安"相对待而成为那个时候清流和清议的群体意识。这是一个由多数形成和支配的过程,而在多数人那里,这个过程又很容易演变为持义理以应对

---

[1]《沧趣楼奏议》卷上,《条陈讲求洋务六事折》,40页b。
[2]《涧于集·书牍》卷三《复顾皞民观察》。

新知。义理能够安身立命,但义理的范围在价值。以价值应对新知,义理便常常会变成用错了地方的东西。用错地方则容易变成牛头不对马嘴,随之而来的是清流和清议的长处变成了短处。当日"以骂洋务为清流",多见的都是这种长处变成短处之后的否塞。光绪初年,丁日昌奏议购买"水炮台"以防海,王家璧起而驳之,说是"击铁甲船,亦不外环击烟筒之一法。盖煤火所以运动轮机,烟筒为煤火热气所烘,金受火制,其坚易摧,非船身铁甲可比,环攻必能得手。舍烟筒不攻而欲以水炮台专攻铁甲,亦拙于制敌矣"。[1]他在京师里做大理寺少卿,不是一个亲眼看见过"水炮台"和"铁甲船"的人,因此,这一套水战的道理都是想当然的。以想当然而能言之凿凿,正是义理化作成见,而后用历史经验中的东西去比附历史经验之外的东西,其不合尺寸是理所当然的。后来余联沅听说"直隶总督李鸿章代沈保靖、周馥进奉火轮车七辆",上奏切言其害,先以"皇上崇实黜华,久为臣民所钦仰,必不贵异物而贱用物"立论,而后描述"火轮车"之可怕,则半是道听途说,半是猜度冥想:"抑臣又闻之,外洋火轮车行走剽疾,电发飙驰,其中机器之躐张,火焰之猛烈,非人力所能施,并有非人意所能料者。万一有震惊属车之虞,此又臣子之心所不忍出者也。"[2]其立论出自义理,而描述不得不涉新知,由此产生的判断,便大半不能中肯綮。

与"水炮台"和"火轮车"一类涉物的议论相类似,以人论人也会不中肯綮。洋务骂清议,着眼的是士大夫整体;清议骂洋务,则多以"用夷变夏"划范围来圈定佞人与小人,着眼的常常是个体。光绪十五年丁立钧作奏折,曾按照这个标准枚举并点评了一群洋务人:

> 同治年间,朝士懵于洋务,偶有谈效法外洋之便者,群相訾

---

[1] 《洋务运动》(一),133页。
[2] 《洋务运动》(六),201页。

> 笑。自前巡抚郭嵩焘、丁日昌等创建邪议，专以用夷变夏，破坏中国数千年相承之治法，而议者乃竟以为然。至于近年，总督李鸿章、侍郎曾纪泽率皆迁就依违，未能力排邪议。如洋人屡次请开银行，经部奏驳，而李鸿章以为可从，率与私议草约，事几欲行。假如此议一行，则国家利权寄之洋人，其害有甚于开铁路者。李鸿章读书明理，而惑于邪说，遂至蒙昧如此，然其心犹公而非私也。至于按察使周馥，道员盛宣怀、杨宗濂、唐廷枢、马建忠辈，其人屡被讥弹，而时号通晓洋务，专能依据洋书，条陈新法，多为创设，阴便私图。〔1〕

这些人本自品类不齐，但在丁立钧笔下，却因为洋务而被圈到了一起。"其人屡被讥弹"说明，他为这些人做物以类聚人以群分，手中所执的都是清流和清议的共用尺度。但这种共用的尺度又是一种预设的尺度，以此测量人事而不做比对稽核，则其间的出入往往可以弄得很大。与丁立钧相识的张祖翼后来说：

> 甲午之年，予于冬初到京，但闻京曹官同声喧詈马建忠，竟有专折奏参，谓马遁至东洋，改名某某一郎，为东洋作间谍。盖以马星联之事，而归之马眉叔者。星联字梅孙，浙江举人。癸未以代考职事革捕，而遁至东洋。建忠号眉叔，江苏人，候选道，其时为招商局总办。言者竟合梅孙眉叔为一人，可笑孰甚。予逢人为眉叔表白，人尚未信。予曰："眉叔现在上海，一电即来，何妨试之。"及言于丁叔衡太史立钧，始遍告其同馆同年诸人。即黄仲弢太史绍箕亦闻予言始知眉叔之为人，然犹不深信也。〔2〕

---

〔1〕《洋务运动》（一），255—256页。
〔2〕《近代稗海》第10辑，四川人民出版社1988年版，192页。

这些话记录的是经历而不是传闻,留下来的应当是一个可信的故事。"甲午之年"即光绪二十年。"丁叔衡太史立钧"是在这一年才刚刚把马建忠和马星联分开来,并因张祖翼的介绍而对马建忠有了一点具体的了解。然而五年以前他作奏折,已富有自信地把马建忠与杨宗濂那样的人物并举,一同踹入"阴便私图"里。以五年之后比五年之前,当初的自信显然是一种没有根基的自信。事涉洋务,清流与清议多数都是局外旁观的一群。旁观见不到细节和情节,而后以预先设定的尺度做评断,便很容易与事实相脱节。在当日的中国,由士大夫的分化已经造成了士大夫的隔膜,但人在隔膜之中又大半不自觉其隔膜。所以清议论说洋务,评断与事实相脱节是常常会发生的事。其间李鸿章与洋务相始终,三十年里久被视为这个过程的中心人物,与此相对应的则是他因洋务受时论之非议也独多。于是而有"三十年来,日在谣诼之中"[1]的自叹。以"谣诼"称非议,正说明非议多,则非议之出错也多。其中错得离奇,因之而能够反照出清议与洋务之不相沟通而裂为两群的,以甲午战争之后安维峻劾李鸿章的奏折为一时之典型:

  李鸿章平日挟外洋以自重。今当倭贼犯顺,自恐寄顿倭国之私财付之东流,其不欲战,固系隐情。及诏旨严切,一意主战,大拂李鸿章之心,于是倒行逆施,接济倭贼煤米军火,日夜望倭贼之来以实其言。

  倭贼与邵友濂有隙,竟敢索派李鸿章之子李经方为全权大臣,尚复成何国体。李经方乃倭逆之婿,以张邦昌自命,臣前已劾之。若令此等悖逆之人前往,适中倭之计。[2]

与当日的历史做对读,这些事都是假的,然而安维峻本不是一个信口

---

[1]《李文忠公全书·海军函稿》卷三《详陈创建铁路本末》。
[2]《光绪东华录》第3册,(总)3515—3516页。

开河的人。甲午年二月,正做小京官的孙宝瑄在日记里提到"安晓峰近日劾甘肃巡抚祖庇冒籍一折",赞为"明白晓畅,用笔如刀"。然后说:"晓峰,甘肃人,先君庚午门下士。平日讷然如不能出诸口,不论其立朝侃侃之节,有如此气概,可佩可佩。"笔下所流露,无疑有一种人品上的敬重感。但十个月之后再说安维峻,已是疾首蹙额:"昨见安御史奏稿于书肆中,其所言仍劾合肥,语多市井无稽之谈,肤浅已极,文亦夹杂,不堪入目。"[1]这些话所评说的正是甲午战争之后的这一折。从二月到十二月,不过换了一个题目,"明白晓畅"就变成了悖晦和"无稽"。孙宝瑄在这里用"市井"两个字说安维峻,显然是特指其奏折中的子虚乌有类同于小说和戏文里的忠奸故事。一个不是信口开河的人说了许多子虚乌有的汗漫之词,其中的大半应当是得自传闻。然而以传闻入奏折须先做辨识,以此做度量,则其判断力的程度本与忠奸故事相去并不太远。就这个意义而言,安维峻之能够做典型,正在于他用自身的矛盾提供了一个实例,使人可以看到,以攘夷为立场是如何转化为被攘夷所制限的。立场一经转化为制限,而后是中国人的义理节节内缩,与中外之间因冲击和回应而发生的实际过程越来越远,也与这个过程里的因果、成败、曲折、内省越来越远。于是清流和清议批判洋务便常常会走入一个雾气朦胧的论域,并在义理的板结和识断的懵懂中失掉儒学本有的理性清明。"市井无稽之谈"正是这样化为士大夫议论的。然而,作为中国人的文化中塑造过精神和品性的东西,清议与"市井无稽之谈"合流于斯时的中国,又内含着深深的历史悲哀。二千年来曾经为士大夫立范式的清议不能识西人带来的"千古之变局",而太过沉重的"千古之变局"则正在一步接一步地逼出清议的亢激。王家璧、余联沅、丁立钧、安维峻都是这样产生的。但他们的同时出现也在说明:当一个又一个的亢激都在表达义理板结

---

[1]《忘山庐日记》上册,上海古籍出版社1983年版,48、64页。

和识断懵懂的时候,亢激大半都成了空泛,而清议的自身其实已经开始走向式微了。

千年清议之所以能够寄托千年公论,本在于以义理为天下立普遍性、统一性和至上性。裁断、纠正、评判、褒贬、界分都是义理之外无原由。这种狭而且深决定了千年清议不讲利害,只论是非。就前一面而言,清议体现了儒学的固性;就后一面而言,清议体现了儒学的刚性。儒学中的固性不尚应时而变,所以,在一个以利害造世变的时代里,不会讲利害的清议不能不走向式微。然而与洋务相比较,式微中的清议仍然是剧变之世里代表并伸张儒学刚性的东西。从这一面出发,则清议之不合于洋务,又包含着为中国社会守护是非和价值的意义。

三十年办洋务起伏跌宕,局中人一直在催动中国的变迁以回应外来的变局。但逼迫下的变迁又是一个不能从容并因之而常常要颠倒和偏斜的过程。当日说借法以图自强,对手和榜样始终都在彼族:"泰西各国,昔日惟英以求水师称雄,今则德、俄皆练水师与英抗衡。日本之船炮军械师法西人,亦骎骎有争霸海上之意。"以此反照中国,则"争之而兵端起,让之而得步进步,兵端亦起"。[1]因此,"言王道者羞称富强,但时势使然,不得不尔"。[2]其间的矛盾在于:洋务困于彼族之富强,遂不能不以中国的富强为指归,然而在中国人的政治理想和政治传统里,富与强本不在王道之内。

儒学讲王道,以民本为天下之要义。梁启超后来概述"《春秋》以天统君"的道理说:

> 天也者非能谆谆然命之者乎,于是乎有代表之者,厥惟我民。《书》曰:天聪明,自我民聪明,天明畏,自我民明畏,又曰

---

[1]《洋务运动》(二),第388页。
[2] 同上书,491页。

> 天视自我民视,天听自我民听,又曰天矜下民,民之所欲,天必从之,于是无形之天,忽然变为有形之天。他国所谓天帝化身者君王也,而吾中国所谓天帝化身者人民也。然则所谓天之秩序命讨者,实无异民之秩序命讨也。[1]

民为邦本,则君王不能不重民生。而以有限的物力为前提,与民生相对的一面便是不能不抑国家和君权。孔子说:"百姓足,君孰与不足;百姓不足,君孰与足。"孟子说:"君不乡道,不志于仁,而求富之,是富桀矣。"《大学》说:"与其有聚敛之臣,宁有盗臣,此谓国不以利为利,以义为利也。长国家而务财用者,必自小人矣。"孔孟警诫君王,《大学》限制国家,说的都是国计以民生为根本。与后来二千多年里世间的众生相做对比,这些道理当然不可用来写实。但这些道理出自儒学的本源和经典,并因之而始终悬在每一代君与臣的头上,时时都在为他们立一种人所共见的法则。康熙留下过不少诗,其中一首的题目是"康熙四十二年夏秋间恒雨为灾,山左尤甚。朕夙夜靡宁,宵旰焦劳,减膳撤乐,坐不安席,自冬至夏,自夏至秋,未尝暂刻少安。虽设法拯救,几乎难保。幸四十三年,二麦大熟,秋成颇佳,饥者未转沟壑,穷者皆得衣食。实非朕之凉德所感,赖上天之所鉴祐也。故喜而不寐,作长歌以示"。[2]其间既有民本,也有民生。可见头上悬着这一套法则,心中便会不宁。身在儒学构成的精神世界里,没有人会自外于王道,所以,没有人敢把民本和民生当作可以轻而贱之的东西。

但洋务追逐富强,其主体和本位都是国家。所以马建忠以《富民

---

[1]《饮冰室合集》第1册,《论中国学术思想变迁之大势》,中华书局1989年版,7页。西人解说中国历史,常以中国之典籍称天下而不称国家为自大。其实中国人多称天下而少称国家,本在于天下可以寄托苍生意识而国家只有庙堂意识。其间之区别,初无关于藐视外人也。
[2]《康熙诗词集注》,内蒙古人民出版社1993年版,501页。

说》为题目作策论,而开头两句则是说"治国以富强为本,而求强以致富为先"。[1]于文不对题之中非常准确地表述了富与强以国家为重心,也以国家为名义的本来面目。在"列国环伺"的背景里,与"列国"相对峙的理所当然地只能是国家。王道为民生抑国家的传统因此而被自强和富强所打破。打破同时也是驱动,虽然彼时的国家依然与君权连在一起而不可剥离,还没有成为一种新的观念,然而得此驱动已能自我伸张并节节扩展。这个过程从历史中产生又从历史中获得合理性,但以国家的富强为全神贯注之所在,则这种伸张和扩展从一开始就不会有余暇把民生收入自己的视野之内。所以李鸿章办洋务三十年,而当中日战争之后"历聘欧美",西人曾迎而评论之曰:"中堂之面目心思,但见其为中国谋得财,未尝显其为华人谋生利也。"又说:"我辈西人久知中堂于富国养民之学,素未究心,故只能计及目前,不愿谋诸永久。"[2]这些话说的虽是李鸿章,而其眼光所到,已能触及三十年以洋务为内容的历史过程,同时也是一个富强与民生相背离的过程。李鸿章以士大夫做洋务人物,与儒学相距尚在不太远之间,其实亦知"今之熟习洋务者,往往于吏治民生易于隔阂"[3]的事实。"隔阂"一词用为评估,说的当然不是一件好事。然而置身于借法的内在逻辑之中,他又是最着力地把经济引入洋务的人。在他所做的推演里,凭据是西方的,经济则是国家的:"中国积弱,由于患贫。西洋方千里数百里之国,岁入财赋动以万万计。无非取资于煤铁、五金之矿、铁路、电报、信局、丁口等税。酌度时势,若不早图变计,择其至要者逐渐仿行,以贫交富,以弱敌强,未有不终受其敝者。"[4]以"岁入财赋"为着眼点和下手处,则旧日的政治论说里连为一体的国计

---

[1]《洋务运动》(一),403页。
[2]《李鸿章历聘欧美记》,湖南人民出版社1982年版,164、170—171页。
[3]《洋务运动》(八),48页。
[4]《李文忠公文书·朋僚函稿》卷十六《复丁稚璜宫保》。

民生便只能取其半截。与此对应,当日以"商务"为总称而次第出现的轮船航运、铁路、矿业与机器织布等等,其实都是由国家权力促生,并且为国家权力所支撑、扶持和督管的。与最初远离民间的效西法造船制炮相比,航运、铁路之类本属另一种东西。它们一定会伸入下层社会的生活和生计之中,并在它们所到的地方引发种种从来所没有过的变化和变迁。以原本的境况为常态,这些都是搅动。而民生一旦因国家的富强而被搅动,则搅动了民生的东西,同时也搅动了两千多年儒学留下的民本主义。

光绪六年后,朝廷有"借洋款开铁路"之议。当日倡说的要旨,一是"遇警则朝发夕至,屯一路之兵能抵数路之用",二是"商人运货最便,可收取洋商运货之资"。[1]两者都在富强的范围之内,而以常理相度,则"遇警"之日少而"运货"之日多,其目的大半应归于富国。然而在那个时候的中国,这些富国的道理又是一种用国家淹掉了人世间众生苦乐和匹夫匹妇的道理。其间海军衙门请修津通铁路,盛昱说:

> 铁路之利在重物能引之使出,道远能促之使近,今津通本为往来大路,商贾经行并无难运之物,而车户、船户以及肩挑背负之人资以为生者,当以数万计。铁路一开,大众失业,虽曰上货、下货以及停顿之地,失业之人皆可就谋生计,然京津游手本多,万不容各安本业之愚民来兹托足。是所利者奸黠之游手,所害者数万有业之愚民,利者自利,害者自害,不相通也。朝廷矜恤为怀,常欲一夫不失其所,何忍令失业之民动逾数万乎?[2]

他的立足点是"天矜下民"。这种意识本为士大夫所共有,因此,清流和清议都不喜欢铁路之淹掉众生苦乐和匹夫匹妇。周德润说"恐捷径

---

[1]《洋务运动》(六),187页。
[2] 同上书,200页。

一开",则"括天下贫民之利而归之官也";刘锡鸿说"西洋之政,如教艺课工、矜孤济贫、禁匪捕盗、恤刑狱、严军令、饬官守、达民情等类,与我中国政治之道多有暗合者,何以悉屏置弗道而惟火车铁路是务哉";奎润说"夫此舟车失业之穷民,皆我国家安分守法善良之赤子也";朱琛说"议者谓铁路之举将以有利于国也。臣愚以为国之有利与否尚不可知,而民先已受其害。夫病民利国犹且不可,况病民而未必有利于国乎"。[1]同时抗疏相呼应的还有徐致祥、翁同龢、游百川、屠仁守等等。他们的深忧所结,都在于富国与恤民之间的分裂和对立。铁路引出众声喧哗,是因为轮船航运在经营多年之后已经提供了一种可以直观的事实。可以直观的事实便成为可以类比的事实。湖北巡抚奎斌说:

> 以湖北一省而论,臣道光年间随任湘南,曾经路过,自汉口以抵襄樊,由长江而达瓜镇,数千余里,市廛栉比,樯帆络绎,允称繁庶之区。及臣奉命抚鄂,重到此邦,顿讶其民物萧条,迥非前比。初尚以屡遭兵燹,元气或未能骤复,及至广加采访,据绅耆佥称受困之由,实因轮船畅行,民间衣食之途,尽为攘夺,江河船只顿减十之六七,失业之人不可胜计。而襄樊一带行店关闭,车户歇业,瘠苦情状,尤不堪寓目。

这个从"繁庶"到"萧条"的过程发生在他的眼前,由此推测铁路,便不能不想到"一有火车,则水陆皆归垄断,舟车两业及肩挑负贩之众,游手成群,何以度日"。[2]其因果厘然,很容易转化为说服力。奎斌是一个疆吏,但因之而与民生更近。所以以民生为题目,当日之疆吏往往能够与清议共鸣。而借法带来的轮船和铁路则在这种共鸣里变

---

[1]《洋务运动》(六),152、165、212、218页。
[2] 同上书,237—238页。

得日益歧义。

光绪七年李鸿章表彰招商局,曾说"迄今长江生意,华商已占十分之六"。他引为兴奋的是中国轮船超过西洋轮船而据有的商业优势。而同一年里,刘坤一作奏论议及招商局,说的却是"将来日益扩充,能否广收外洋之利,尚无把握;就目前而论,招商局名为分洋商之利,其实所少者系国家之课厘,所夺者系穷民生计"。[1]使他深致不满的是"华商"生意里的实际内容。合两面而观之,则以"十分之六"为比例,奎斌笔下长江沿岸的"民间衣食之途",多半应是被招商局的轮船所"攘夺"的。刘坤一和李鸿章因逐利与生计的矛盾相抵牾,清议和洋务因富国与恤民的矛盾相辩驳,这种抵牾和辩驳翻出来的正是中国近代历史过程中内含的深刻矛盾:洋务为富强而借西法,其初心本在与彼族相竞逐。然而借来的西法以侵食为本性,从一开始便不能不在撕破旧经济的过程中实现自己,又在实现自己的过程里形成一种新的经济样式。而后是中国人用借来的西法与彼族步步艰难地相竞逐,与之同时发生而不可分离的,则是新的经济样式挟不可逆转之势节节摧折旧经济。在旧经济被摧折而趋于分崩离析的地方,附着于旧经济的万千人口便成了失其本业的落难者。当时人说:"自长江轮船畅行,平时江船生意大半为其所夺。而臣往来江上,屡乘招商轮船,所用水手,大抵皆广东、宁波、上海之人,而非湖广、江、皖平日操舟之人。"[2]以此为事实,可见新的经济样式在摧折旧经济的过程中制造出来的多余人口,大半都不能为自己所吸纳。于是这些多余的人口既被抛出了旧业,又难以进入新业,与他们相伴的便只有饥寒困顿和失路之后的怨愤。就19世纪后期的历史变迁而言,新的经济样式为中国社会提供了近代化的内容。以此为界说,则被摧折的旧经济当然是一种落后的东西。然而彼时中国人的多数都与旧经济连在一起,从而多

---

[1]《洋务运动》(六),59、65页。
[2] 同上书,241页。

数中国人的生存状态都与落后相因依。在这种社会构造里,摧折落后常常会演为摧折"大众"的生业,摧折"穷民"的衣食。然则民本主义由此而起,由此而激,其中所包含的社会内容已经越出了这种界说的本来范围。清议依傍儒学而不识历史变迁,所以清议始终执民本以哀民生。但在万千中国人身处经济分解,并为经济分解所窒苦的时代里,这个天下不能没有苍生意识和普遍关怀。因此,不识历史变迁的清议倾力伸张恤民之旨义,又正是以其不识历史变迁的古老和陈旧,真实而具体地体现了这一段历史变迁中应有的矜悯和良心。以此做映衬,则洋务所主导的种种更张天然地是一个与民本和民生日去日远的过程。这个过程用国家的名义营造富强,而后是自成本位和主体的国家因致富致强而层层扩张。力倡铁路的刘铭传曾说:

> 不谓言者又疑为扰民也。非特室庐、丘墓呈诉者只有一二起,固不足介意;即果有二三百起之多,而事关军国,亦当权衡轻重,岂能以小不忍而乱大谋?
>
> 兵家筹备于平时,无异决胜于临阵。王者克敌致果,初不闻以伤残物命为嫌。尚以筹备为扰民,犹之两国交绥,斤斤于不重伤,不擒二毛之说也。[1]

而周盛传论开矿,则主张"请朝廷明降谕旨,宣示中外,凡产煤铁之山,不准本地绅民藉风水之说阻挠大计,违者以违制论"。[2]两者都在引军法以对付民间的异议,两者都与中国文化里的教化相对峙。其藐视生民的轻而贱之,醒目地表现出国家名义下恣肆的霸道;也醒目地说明国家的伸张和民本的萎缩是互为因果的。这是一种由近代化助成的国家的独亢。然则与民本萎缩为因果的富强,又将是一种麻木不仁

---

[1]《洋务运动》(六),248页。
[2]《洋务运动》(一),375页。

的富强。郭嵩焘说："富强者，秦汉以来所称太平之盛轨也，行之固有本矣，渐而积之固有基矣。振厉朝纲，勤求吏治，其本也。和辑人民，需以岁月，汲汲求得贤人用之，其基也。未闻处衰敝之俗，行操切之政，而可以致富强者。"[1]他推崇富强，却不相信麻木不仁可以致富强，在当日喜欢说洋务的人物中是个异数。这种深度的个性思考使他奇异地相近于清流和清议。但异数只能反照多数而不能改变多数，在那个时候，独亢的国家意识和麻木不仁的富强意识，都是以洋务为内容的历史过程带给中国社会的，而且它们一经出现，便会在中西交冲的推波助澜中日甚一日地成为中国社会里的影响力和支配力，并成为下个世纪里的影响力和支配力。光绪末期，湖北为西太后庆万寿，"军界学界奏西乐，唱新编爱国歌"。身在听歌之列的辜鸿铭说："满街都是唱爱国歌者，未闻有人唱爱民歌者。"[2]其评说的苍凉仍然表现了儒学的刚性，而清议之亢激则在式微之中渐近于冷嘲。

西人用物力打败了中国，因此洋务效西法，初则惊心，继则动心，后则用心，正视和注视的始终都是物力造成的炎炎之势："舟车则变而火轮矣，音信则变而电传矣，枪炮则变而后膛矣，战舰则变而铁甲矣，水雷则变而鱼雷矣，火药则变而无烟矣。"[3]物力以实事实功为准尺，因此李鸿章半生办洋务，自为引重的是"生平不解空言高论，只知以实心办实事"。[4]其间的"只知"是一种自设的高度和限度。然而以实事实功为限度，则从洋务中自生而茁长的只能是实利主义和功利主义；与之相伴随的，还有实利和功利的自负。是以彼时的奏折曾有以洋务为理由者追问说："士大夫袭故蹈常，置有用之书于不求，将何以上慰宵旰？"[5]显然，视"有用"为唯一，是把"有用"本

---

[1]《郭嵩焘诗文集》，221页。
[2]《清人说荟》，《张文襄幕府记闻》（上），上海文艺出版社1990年版，9页。
[3]《洋务运动》（一），258页。
[4]《李文忠公全书·海军函稿》卷三《详陈创建铁路本末》。
[5]《洋务运动》（二），208页。

身当成了洋务的价值。于是以洋务为内容的历史过程在远离民本和民生的同时,也远离了原本为这个社会提供价值的义理和道德。孔夫子讲人伦,立意在于教人怎么做人。而当日之洋务用心全在做器与做事,以此比拟孔夫子,则"未见圣人留下几件好算数器艺",[1]是圣人和人伦都已不能算作有用。而后实利和功利都成了单面的东西。洋务不倡道德,但在当日的中国,洋务又是天下之利源和利薮。造船造炮和买船买炮动辄以万千白银做计量,万千白银全是从国库里流出去的。后起的航运、电报、矿业等等,虽然多数有商办之名,而其中进进出出的本和利,很大的一部分也是与公帑相牵缠的。这些当然都属有用之事,与这些事同起于一个源头的实利主义和功利主义,其本义所指无疑是国家之利。然而在一个不倡道德的利源和利薮里,一面是郭嵩焘说的"以西法为名,一切务为泰侈",一面是惇亲王奕誴说的人"不洁己",[2]国家之利遂非常容易转化为私人之利。而后"侵渔"、"中饱"、"浮冒"、"贪污"、"侵蚀"、"罔利"、"肥私"等等非法逐利的名目,便在三十多年里常常要与洋务中的人和事相挂连,激出清流和清议一遍一遍地持道德以批判不讲道德。在这个过程里,儒学的刚性做成了19世纪中国最后的义利之辨。

光绪初年刘锡鸿说:"士习不端,经管支销银数最难得人。外洋工料尤易浮冒,报价每至四五倍之多。粤东仿制三火小洋枪,民间购买每杆银洋二圆半,而官中报价则每杆六两,前十数年盖如此,各省恐亦不免。故人谓机器局管事一年,终身享用不尽,虽言之太过,实属有因。"[3]他所说的是由制造而肥私。十二年后朱一新奏论"购炮买船近多浮冒",举"从前董梦兰、蔡钧等之朋谋诬罔",连类以及"此外购办枪炮之员,以贱为贵,以旧为新,欺饰侵吞,弊可胜道",而后以

---

〔1〕《李文忠公文书·朋僚函稿》卷十五《复刘仲良中丞》。
〔2〕《郭嵩焘诗文集》,240页;《洋务运动》(一),215页。
〔3〕《洋务运动》(一),289页。

"李凤苞承办定远等三艘,人言藉藉"为可忧。[1]他所说的是由购买而肥私。刘锡鸿在叙述里上溯"前十数年",朱一新的叙述又在刘锡鸿之后十数年,因此,以时间做估算,两者所共指的"浮冒"显然是洋务里富有长久生命力的东西。而在这种漫长的时间跨度里,江南制造局、福州船政局、广东机器局、轮船招商局、基隆煤矿、电报局以及后来的上海机器织布局等等,都曾有主其事的人物因营私而被劾被议。直到光绪三十二年工部的奏报还在说"外省开销,尤以涉于洋务者为独巨",而其间"奏称核实请销于前,而承办人员复以侵冒被劾于后",[2]账目多成具文。由此连成的一片广度,又说明了"浮冒"是洋务里具有普遍性的东西。这些事实的普遍产生和长久存在,都显示出实事实功与道德衰颓在洋务里的深深胶结和难分难解。然而个体的"浮冒"、"侵渔"、"中饱"、"罔利"、"贪污"在那个时候不仅是无廉耻的,而且是不合法的。无廉耻和不合法,则不能不以掩藏为常态。与之相比更肆无忌惮从而更触目的,还是实利主义和功利主义在没有限度中走向极端,用君权的名义逐利,并因之而用君权的名义作践与轻贱士大夫的廉耻和志节。光绪朝中期屠仁守作《奏请停止海军报效疏》,痛责海军衙门为筹款而开"报效"之门,遂使"金壬干进"纷纷以"报效"为"捷径":

> 革员杨宗濂,谕旨所谓声名平常,不应调办要差者也,以万金而录用;革员姚宝勋,以置房赁作妓寮被参,谕旨所斥为卑鄙无耻者也,以万金而开复;故入人罪如马永修,弊混公帑如陈本,系不准捐复者也,皆以报效湔洗之。

以这些人为样式,显然是无廉耻的事和不合法的事都可以在光天化日

---

[1] 《洋务运动》(三),31页。
[2] 《光绪朝东华录》第5册,(总)第5491页。

之下做。无廉耻和不合法可以立于光天化日之下,然则士大夫的德行自砺和德性自尊便成了不必有和不足道的东西。由此形成的是一种善恶模糊。人在模糊之中,则会不知所适。海军衙门因"报效"而得到了实利,但受重创的却是二千多年儒学在人心中构筑起来的道德界限。所以屠仁守劾"报效",叙事之后还要论义和利:

> 国所以立者,纪纲法度而已。流品淆,官方何由澄叙?名器滥,典则何由昭垂?劝惩倒置,又何以厉世而磨钝?理财而财失,任人而人欺,以二百余年未有之弊政,一旦行之不疑,既亏定制,又拂群情,使天下疑朝廷惟利是视而不顾义之安,惟功是图而不念道之悖。纪纲法度,悉堕于冥冥之中,虽欲振之,其将莫及。[1]

他说的都是老生常谭。然而在没有限度的实利主义和功利主义四处漫溢之日,"惟利是视而不顾义之安,惟功是图而不念道之悖"所表达的道理,却是那个时候唯一能够与之相抗而且相遏的道理。"义"与"利"对举,"道"与"功"对举,都说明实利和功利并不是人世间唯一靠得住的东西,所以实利和功利都应当有限度。等到后来"练兵处祖袭海军故智,仍用报效之法罔利鬻官,辇金求进者自十万以至数十万不止,监司部郎上下不甚贵重,动以京堂相答谢"。[2]此时已在20世纪,其场面比海军衙门又大了许多,而"虽欲振之,其将莫及"也已不远了。以后来比当时,既可以看到清流和清议的义利之辨言之而中,又可以看到利孔大开的世界中义之不能敌利。言之而中说明老生常谭而能谭得下去,其中自有真知透辟;义之不能敌利则说明清议趋于式微的时代里,真知其实是走不远的。

---

[1]《洋务运动》(三),67页。
[2]《近代稗海》第1辑,240页。

实事实功与道德衰颓在洋务中的深相胶结,反照出效西法的过程里做事和做人的脱节。辜鸿铭曾说"清流党之不满意李文忠者",在其只知有政,"不知有所谓教者。故一切用人行政,但论功利,不论气节,但论材能,而不论人品。此清流党所以愤懑不平,大声疾呼,亟欲改弦更张,以挽回天下之风化也"。[1]"教"的着眼点是人,"不知有所谓教者"正是说洋务不重做人。由于不重做人,聚合于洋务里的各色人等遂积久之后自成一种品类。姚永概致书吴汝纶,说是"才杰不谈洋务,谈者皆势利小人,临时张皇,一无足恃"。梁启超叙述中国"四十年来大事",举洋务中人而总称之曰"一世鄙夫"。在他们之前,张佩纶形容李鸿章驭人,用的是"使贪使诈"。[2]这些人守旧开新各不相同,而以洋务分人品之等类则所见金同。其间的一致性正反映了当日人眼中的普遍性。因此,清流与清议做义利之辨,一定会延伸到洋务中的人物品类。

　　洋务因变局而生,所以洋务以尚才为先。薛福成说:"时方无事,则以黼黻隆平为贵",而"论致用于今日,则必求洞达时势之英才,研精器数之通才,联络中外之译才"。[3]以"致用"为前提做推论,这些都是题中应有之义,而其间分出来的先后也已内含了一种预立的轻重等序。薛福成阐说的是所贵者才也。而其心仪之和理想化了的"英才"、"通才"、"译才",李鸿章统名之"解事人"和"办事人"。当日马建忠曾为李鸿章不满,所受的斥责便是"办事一味空阔";而盛宣怀得李鸿章器使,被赏识处即在"大才素精会计"。[4]显见得更进一步,是人因事贵。然则在效西法的等序中,又以事为最大。所以,在三十年

---

[1]《清人说荟》,《张文襄幕府记闻》(上),4页。
[2]《吴汝纶尺牍》,64页;《饮冰室合集》第6册,《中国四十年来大事记》《专集》之三,33页;《洋务运动》(三),413页。
[3]《洋务运动》(一),259页。
[4]《李文忠公全书·海军函稿》卷三《详陈创建铁路本末》;《洋务运动》(七),459、110页。

以洋务为内容的历史过程里,多见的是可以历数而枚举之的实事实功,而与此同时为一世所共见的,则是"但论功利,不论气节,但论材能,不论人品"一经由实事实功派生,便能自为光焰,别成三千世界里的一种吸引力,使少气节和少人品者乐于归趋。而纷纷然的少气节和少人品,又正见其以事为最大,召来的人物遂多半不能入流。光绪中叶,王弢说:

> 咸丰初元,国家方讳言洋务。若于官场言及之,必以为其人非丧心病狂必不至是。以是虽有其说,而不敢质之于人。不谓不及十年,而其局大变也。今则几于人人皆知洋务矣。凡属洋务人员,例可获优缺,擢高官,而每为上游所器重,侧席谘求。其在同僚中,亦以识洋务为荣,嚣嚣然自鸣得意,于是钻营奔竞,几以洋务为终南捷径。其能识英国语言文字者,俯视一切,无不自命为治国之能员、救时之良相,一若中国事事无足当意者,而附声吠影者流,从而嘘其焰,自惜不能置身在洋务中,而躬逢其盛也。噫嘻,是何一变至是也。〔1〕

他是最早倡议办洋务的士人之一。而二十多年之后评说"洋务人员",则诧异和睥睨交集于"噫嘻"一哂,显然是不愿与之认同类而叙亲缘。二千年岁月积成的历史、文化、传统、典则都重人,并因重人而尊君子人格。因此,与效西法移来的洋枪洋炮、轮船机器相比,中国人的历史、文化、传统、典则更不能接受的是效西法的过程因重事而尚才,因尚才而轻德,在节节滋蔓里生造出一个没有君子人格的世界。中法战争之后,黄体芳说:

---

〔1〕《弢园文录外编》,上海书店出版社2002年版,26页。

> 用兵之道，器械形势，千变万殊，而将才必俟忠勇廉朴，不爱钱、不惜命之人，则千古不易。法虏犯顺，我军凿船自沉者不一而足，其间卓著战功而为外夷所畏服者，惟冯子材、孙开华、刘永福三人，此三人者，素未尝讲习洋务也。

他推重这些人以"忠勇廉朴"致事功，为的是对比李鸿章所"最赏识信任者"之没有"忠勇廉朴"。把两者分开来的东西便是品类。而身在两者的此长彼消之间，黄体芳始终不肯相信事之大小可以盖没人之品类：

> 夫李鸿章亦岂真丑正好邪，有心误国哉？彼直以为如李凤苞诸人者，真今日能识时务、能办大事之人才，而不知其贪诈卑污毫无天性，凡忠勇廉朴，不爱钱、不惜命之人所引避若浼而羞于为伍者也。〔1〕

义利之辨延伸到洋务中的人物品类，薛福成笔下的"洞达时势之英才，研精器数之通才，联络中外之译才"与"侵渔"、"中饱"、"浮冒"、"贪污"、"侵蚀"、"罔利"、"肥私"便成为一种启人深思的反比。这种反比说明：洋务为办事而求才，"事"和"才"都不肯受清议的管束。但由于不立人品，应召而来者却往往重一己之私更甚于重国家之事。因此办事的过程常常要显出人心越过规范之后的"卑污"。在黄体芳的这一段议论之前和之后，张佩纶痛骂许钤身、盛昱訾议唐廷枢、王先谦弹劾盛宣怀，以及翁同龢因召对而切言"李凤苞、徐承祖皆不（可）持"，〔2〕等等，都是一种品类里的人对另一种品类里的人表达出来的

---

〔1〕《洋务运动》（三），18页。
〔2〕《涧于集·书牍》卷一《致李肃毅师相》；《洋务运动》（六），76、38页；《翁同龢日记》第4册，2256页。

异视和鄙视。三十多年之间,洋务由异端而成为朝廷的要政,又由朝廷的要政而成为仕路里的捷径。其间利禄牵动人身,入洋务者既多,依附于洋务者更多。而后,因不立人品而"毫无天性"便随之铺展,在这个过程里,由个人之质地染为一世之风气。中日战争之后,张佩纶对喜欢讲变法的李鸿章说:"各省未变法,北洋水陆各军何尝不参用西法?"而"临危无助",相率溃散,毛病都出在人身上:

> 可知变法尤在变人。若仍用时相私人以为才,仍取泰西唾余以为法,徒使千圣百王所留之礼义廉耻扫地无余,卒之人心不古,徒法不行,国仍不保。[1]

彼时他已退出官场而以"废锢"之身成为李家的女婿,但清流本色始终与洋务不同。因此中日一战之后,以事与人相权重,其深恶"小人之有才者",持论仍与十多年前黄体芳之说一样;而以"礼义廉耻扫地无余"比当日之"引避若浼而羞于为伍",他所面对的已是骎骎乎将起的一世颓波,其愤郁又尤过之。在这种地方,儒学的刚性总是同士大夫远望来日的深重忧患连在一起的。19世纪后期,借助于洋务牵动的历史变迁,中国社会真正意义上的近代化才获得了发生和发展的起点。然而义利之辨与之相颉颃,不能容忍的是古所未有的实事实功与古所未有的贪欲公行一路共生而相互夹杂。而后在儒学的德性意识和君子人格投射下,中国近代化的早期历史便非常明白地显出了其本相中的污秽一面。污秽因道德批判而见,但时处变局无尽之中,事因时而起便是事与势相系,"解事人"和"办事人"虽大半被一时清议目为猥鄙,而作为一个群类,却不会轻易地被道德批判逼得退场。时人说盛宣怀曰:

---

[1]《涧于集·书牍》卷六《致李肃毅师相》。

> 李鸿章以覆师罢北洋。言官争弹（盛）宣怀，谓如严嵩之赵文华。朝旨令王文韶、张之洞按之。文韶已入其贿而之洞不能贼，乃乞瞿廷韶解之曰："苟宽宣怀，愿出资弥汉冶铁厂、纺纱织布局各亏耗。"之洞喜，遂覆称其才大心细，堪备缓急，竟以一开缺道员擢四品京堂，令筹芦汉铁路。[1]

张之洞曾做清流而且一生与科目中人相亲近，他不是不知道"近年习气，凡稍知洋务者，大率皆营私渔利之徒"。[2]因此，就其本性而言，张之洞不会喜欢盛宣怀，但一涉办洋务以效西法，则又不得不借重本属另一个品类的盛宣怀。这个例子以一种富有代表性的方式说明：中国社会的近代化过程因时势逼拶而倾斜失衡，又在倾斜失衡里漠漠然碾过清议的道德忧愤。实事实功一次一次地碾过义理和道德，两千年的清议和光绪朝的清流便不能不再而衰，三而竭。

三 名士鼓荡与清末世局

当清流由式微而衰竭之日，士大夫里的名士正蓬蓬然起于人心和世路的动荡之中。《蜷庐随笔》记甲午中日战争前夕之朝议，有曰：

> 是时张季直新状元及第，言于常熟，以日本蕞尔小国，何足以抗天兵，非大创之，不足以示威而免患。常熟韪之，力主战，合肥奏言不可轻开衅端，奉旨切责。[3]

---

[1]《近代名人小传》中册，144页。在这个故事里，王文韶与盛宣怀之间的曲折已难详考。而张之洞因湖北实业和芦汉铁路而借重盛宣怀则皆纪实也。
[2]《张之洞全集》第3册，2077页。
[3] 转引自《花随人圣庵摭忆》，443页。

张謇是翁同龢的门生，作《蜷庐随笔》的王伯恭也是翁同龢的门生。而同样的记叙还见于《国闻备乘》、《德宗遗事》、《中日兵事本末》、《世载堂杂忆》、《苌楚斋随笔》等等，各人说事笔法不同，指述翁张之间的关系皆同。张謇四十二岁中状元授修撰，官不过从五品，而之前则"倾动公卿已久"。[1]自当时人看去，是虽状元，实名士也。[2]因此，他在甲午年间以一己之识断影响翁同龢而左右庙堂和战之策，成为"名位不高，所关最重"的人，[3]靠的不是新状元的一时荣耀，而是大名士的积久声望。是以由张謇"言于常熟"到"常熟匙之"，再由"常熟匙之，力主战"到李鸿章"奉旨切责"，其间的一环推演一环，正描画了一个名士干预国政的过程。后一年，京师与上海先后立"强学会"以"开风气，挽世变"，远近耸动。谭嗣同致信欧阳中鹄说："康长素倡为强学会，主之者内有常熟，外有南皮，名士会者千计，集款亦数万。"[4]比之当日规模，"千计"恐怕铺叙太过，但名士因强学会而能成群则是事实。名士成群，其志愿显然也是在干预国政。所以身在此中的文廷式被弹劾，罪名便是"广集同类，互相标榜，议论时政"。[5]而后的戊戌年里，曾经七次作上皇帝书的康有为受光绪召见，遂于久做名士之后成了能用文字影响皇帝的人。与此相连的是百日新政暴起暴落。胡思敬事后记录这段历史，便以"康有为构乱始末"为题目。[6]视维新为"构乱"，其中固有新旧之争的恩怨，但以一人之名总冠百日史事，显然是凸出新政中的名士不仅能干预国政，而且能掀天揭地。在那个时候的士大夫中，张謇和康有为都别成典型。而他们先后接踵起于甲午战争前后，正预示了行将到来的时代里，名

---

[1]《吴汝纶尺牍》，67页。
[2]《近代稗海》第1辑，231页。
[3]《世载堂杂忆》，中华书局1960年版，106页。
[4]《谭嗣同全集》(增订本)下册，中华书局1981年版，455页。
[5]《德宗景皇帝实录》卷三八六，2页。
[6] 中国近代史资料丛刊《戊戌变法》(一)，神州国光社1953年版，372页。

士会重于公卿。

在已经过去的历史中,名士久为士人之一类。被归入这一类的人物大半能以才学秀出一时,又大半与官僚结构中的权力和腾达离得很远。前一面容易产生自负,后一面容易产生佗傺。因此他们既是一群处在士人社会下游的人,也是一群志度和气度常在不相对称之中的人,其间往往各成形相。《眉庐丛话》曾说到乾隆朝的名士汪中:

> 汪容甫先生经术湛深,文采焜烂,而恃才傲物,多所狎侮。灵严毕公抚陕时,知先生名而未之见也,先生忽以尺书报之,书仅四句云:"天下有中,公无不知之理;天下有公,中无穷乏之理。"毕公阅竟大笑,即以五百金驰送其家。[1]

这个故事以汪中的自大与出格和毕沅的宽为优容相对比,说明旧日名士多依傍达官公卿,而天下尚文治,则达官公卿亦多以圈拢名士而噢咻之为常态。至嘉道间,"所谓名士派最足者,以龚定庵为第一":

> 定庵性不喜修饰,故衣残履,十年不更。尝访宪曾之子元禄于京师七井胡同。时九月也,秋气肃然,侍者觳觫立,而定庵着纱衣,丝理寸断,脱帽露顶,发中生气蓬蓬然。又谈次兴酣,每喜自击其腕。尝乘驴车独游丰台,于芍药深处藉地坐,拉一短衣人共饮,抗声高歌,花片皆落。

与汪中比,龚自珍的名士相是深疾时俗"嫱媚取容",而"不觉矫枉过正也",[2]所以其"不羁"之中倔强应当多于自大。后来的岁月里,自大和倔强都不多见。咸丰年间王韬居上海,以名士论名士,目中所

---

[1]《眉庐丛话》,山西古籍出版社1995年版,222页。
[2]《枨庐所闻录 故都见闻录》,山西古籍出版社1995年版,《枨庐所闻录》,28页。

见竟一无可取:"至沪名士,岂真有真实本领?不过提绫文刺三百,为名利之奴耳。求其能砥节砺行,气谊相孚,清操拔俗,一介不取者,岂可得乎?"但以此为尺度,王韬自己也是一个经不起衡量的人。咸丰八年岁末,他致书道台吴健彰打秋风,说:

> 今者节逢送腊,时值迎年,贾岛祭诗亦须枣脯,杜陵守岁尚办酒浆。酌邻款客,非空厨之可延;折券偿逋,必障篾之始举。凡此皆有待卢仝,而实深欣瞩。仰惟大人盼接之殷,凡士皆感,煦妪之被,与春俱融。减太仓一稀之米,已饱侏儒,注大海半勺之泉,即苏涸鲋。

文章虽然既雅且丽,而无掩其乞讨之辞卑气弱和理所当然。然而起家买办的吴健彰不比毕沅,"书去,仍复杳然"。王韬怅恚交集,在日记中发抒说"贬节以谋利,吾诚过矣。沪城赭寇之乱,酿之者实吴君也"。又说"将来邑志中载其秽迹,定不曲笔相宥"。[1]以此为泄愤之词,显然比乞讨更多地表现了穷境中的短气。可见时逢衰世,则名士也等而下之。王闿运后来说:"凡当名士的,必带几分秋气",[2]比诸名士各色形相可谓洞达人情。

但起于甲午战争前后而被称作名士的那些人并不是从这一路里走出来的。与旧日的名士相比,他们之能够得名全都源自于他们之直入时务和标张时务,其间的嬗蜕正显示了一种名士的政治化。除了张謇和康有为,当日汤寿潜以"中式文字,竟破程式,放言时事,海内诵之";郑孝胥以"平日留心时务"而识见迈出时流,被目为"名士之冠

---

[1]《王韬日记》,中华书局1987年版,116、72—73页。
[2]《近代稗海》第13辑,169页。

冤也"。[1]皆肯用功夫于大题目，而后出人丛而为一世所注目的。这些人立起于庙堂之外，已经明显地不同于清流。然而溯其渊源，则后起的名士大半都与清流一脉曾相延接。瞿兑之说：

> 及甲午事起，鸿章大被卖国名，而清流亦知旧法不足图存，当变国是。于是有康有为公车士人伏阙上书之举，而翁、李之隙成，新旧之党判。有为以部曹名过卿相，皆清流鼓吹以成之。其时朝士大夫慷慨有志节者，无不相与结纳。

所以他总括而言之曰"清流始旧而继新，洋务本新而反趋于旧"。[2]这是一种用粗线白描说历史代谢，而康有为与清流一时聚合的其来有自遂显得非常分明。与这种一时聚合比，张謇出翁同龢门下，本自久与清流为伍，其渊源当然更深一层。而和张謇常往来相交游的文廷式、沈曾植、沈曾桐、丁立钧、王仁堪、袁昶、梁鼎芬等等，又都是与郑孝胥引为同类而沆瀣一气的人。可见彼时之名士曾因清流而联结成群。在这些人中，汤寿潜曾为翁同龢激赏而不常与都中胜流相往还，但戊戌年间行新政，他与郑孝胥一同列在奉旨"由部带领引见"的名单里，被当作朝廷期望中的新人才。显然，依士林的眼光和庙堂的眼光，他都应当归入这一群。这种种人际之间的牵结构成了那一代士人的依存状态、进取状态和演化状态，而历史中的关联和因果便存在于这些地方。因此，从甲午到戊戌清流和名士此消彼长，但由关联和因果说历史，则蓬蓬然而起的名士却曾经是以清流为源头的。

由于名士曾经以清流为源头，所以名士初起常常会仿效清流。

---

[1]《石屋余瀋　石屋续瀋》，山西古籍出版社1995年版，210页；《郑孝胥日记》第1册，中华书局1993年版，203页。
[2]《枺庐所闻录　故都见闻录》，《枺庐所闻录》，84页。

但清流以庙堂为立身之地,由仿效而最容易催生的便是炽热的庙堂意识。一则记载说:"(康)有为求用世之学以得君为重,曾两谒丰润张幼樵副宪,问何以得志于高阳相国",[1]正是心头的炽热一为发露。是以当其不得志之日能以布衣上书一挫再挫而不肯歇手。通籍之后又游走于台谏和公卿之间一谒再谒而不肯止步。迨戊戌年间奉旨专折奏事,遂大量制作,大量进呈。由此产生的文字,时人指为"逞厥横议",[2]却常能使人君"阅之甚喜"、"皆深然之"、"为之唏嘘感动"。[3]而所谓"以得君为重",本来的意思也正在于此。与康有为相仿佛,甲午后一年郑孝胥曾有京师之行。其日记中的要目是"谒合肥"、"谒常熟",进言变法度,与朝士议政事,为朝士草奏章,等等,[4]做的也是游走于台谏和公卿之间的事。可见名士志在庙堂曾是一种共相。然而就士大夫自身的历史嬗递而言,名士之能够与清流相区别,并在后来的岁月里自成一局,根本的地方却是他们的立身之地不在庙堂之内而在庙堂之外。因此与康有为孜孜矻矻写出来的奏议相比,更多地体现了那一代名士本相和品格的,其实是在《时务报》做主笔的梁启超。

《时务报》由汪康年经营而起于上海,原本并不在康有为维新变法的筹算之内。然而一旦风行,其汪洋恣肆则能歆动一时人心而致回声起于四面八方。当日湖南士人邹代钧致书报馆,盛赞之曰:

> 昨由俞确士送到报百分,阅之令人狂喜,理识文兼具,而采择之精,雕印之雅,犹为余事,足洗吾华历来各报馆之陋习,三代以下赖有此举,为吾党幸,为天下幸。[5]

---

[1]《异辞录》卷三,33页。
[2]《戊戌变法》(二),482页。
[3]《康南海自编年谱》,中华书局1992年版,47、53页。
[4]《郑孝胥日记》第1册,525—534页。
[5]《汪康年师友书札》第3册,上海古籍出版社1986年版,2658页。

正在京师供职的毛慈望说:"《时务报》按时立论,畅所欲言,为中国今日对症发药,起痼扶衰之妙剂;兴利除弊,变法致强之初桄,凡关心大局者,无不亟思寓目。"皆出自心服口服,而意所不足则在到手太慢:

> 惜递寄太迟滞,不免美犹有憾,未厌人意。即如第十四五册,系去岁冬月出报,直至本月初始到都门,其迟滞可想。嗣后寄报,如能设法求速,则更善矣。[1]

推崇之外更兼有读报的饥渴。这两段话南北呼应,富有代表性地说明了《时务报》在士人世界里的山呼海啸之势。所以梁启超能挟其自负和自信断言:"今日之《时务报》谁敢不阅!"[2]在以四民分人口的社会里,士大夫是唯一据有议论并以议论为天职的社会群体。而议论能够影响一时,总是在化为奏折进入庙堂之后。因此,二千年士议起伏,重心都在庙堂里。以此为常态,《时务报》的出现便是一种异态。一方面,士大夫办报纸显然是承续和延伸了这个群体据有议论并以议论为天职的传统,所以《时务报》取法的不是重新闻的《申报》,而是布道理的《万国公报》,而由此形成的"按时立论,畅所欲言"在那个时候都是士人写而且士人读的东西。另一方面,士大夫办报纸又显然是前所未有地别开一种立说的空间,使产生于这个群体的议论一经变为报章文字便可周行而四达,引出交流、交汇、共鸣、回响。与奏折体例相比,后起的报章文字更少顾忌,因此更多恢宏洞达和词艳气雄,援此以入论说,则皆能用作感染与牵引,换来跟从和附和。而后是名士的报纸与清流的奏折相代谢,与之对应,天下士议的重心也由庙堂

---

[1] 《汪康年师友书札》第1册,28页。
[2] 同上书,第2册,1863页。

之内移到了庙堂之外。

在名士营造报纸的过程里,报纸也在营造名士。李肖聃有一段文字说梁启超与《时务报》曰:

> 梁为(《时务报》)主撰述,作《变法通议》数十万言,其文出入魏晋,工丽大类范蔚宗,亦效龚自珍为幼眇自喜之词,旁出陈同甫、叶水心、马贵与诸人之风,指陈世要,一归平实,间杂激宕之词,老师宿儒,新学小生,交口称之。岳麓院长王祭酒先谦,令诸生购阅此报,称为忧时君子发愤而作也。[1]

梁启超十七岁中举,此后六年之内四应会试,皆连战连败而不能成进士。因此,当他入《时务报》做主笔的时候,以科目论功名,不过是一个屡次落第的举子。然而自《变法通议》、《西学书目表》先后出,《时务报》为万人瞩目,梁启超也为万人瞩目,笔风所到,一时名流几乎望风惊羡。陈三立说:"见《时务报》册,心气舒豁,顿为之喜。"又说:"公度书言梁卓(如)兄乃旷世奇才,今窥一斑,益为神往矣。"[2]叶瀚说:"梁卓如先生,大才抒张,论著日富,出门人问余之言,救天下童蒙之稚,敢(甘)拜下风,愿处北面。"[3]夏循坦说:"卓如文字惊心动魄,足以开守旧之蔽,至佩至佩。"[4]尤其显目的例子,还有张元济说的:"乡人有年逾七旬素称守旧者,读其文且慕之,且赞之。其摄力何若是之大耶!"[5]与这种望风惊羡相对应的,是二十五岁的梁启超在极短的时间内腾越而起,成为士人世界里的显达。当

---

[1] 《星庐笔记》,岳麓书社1983年版,37页。
[2] 《汪康年师友书札》第2册,1983页。
[3] 同上书,第3册,2560页。
[4] 同上书,第2册,1310页。
[5] 同上书,1682页。

时张之洞开府武昌,而致书梁启超,则以"卓老"为敬称。[1]至戊戌年维新变法呼风唤雨,天下人无分开新守旧已皆以"康梁"并称为当然,而此日上距《时务报》创始不过一年有余。随后是一个梁启超执言论界牛耳的时代。梁启超笔底才力固自横绝一时,但使他由一个寻常举人蜕变而出,据有百丈光焰而身负天下重望的,却是《时务报》所提供的那个前所未有的言论空间。从这个意义上说,《时务报》造就了梁启超。与科举造就士人相比,这是一种新的范式。因此,在《时务报》之后连类而起的,还有南方的《知新报》,北方的《国闻报》,以及《湘学报》、《农学报》、《富强报》、《经世报》、《实学报》、《蜀学报》、《无锡白话报》、《东亚报》、《昌言报》等等六十多种报纸,[2]大半都以立说为宗旨。与之相牵连而且成因果的,是成群士人都在纷纷舔笔磨墨热衷于作"撰述"。其间韩文举、徐勤、何树龄、康广仁、欧榘甲、陈炽、林旭、严复、王修植、夏曾佑、唐才常、罗振玉、谭嗣同、陈虬、章太炎、宋恕、陈季同、陈衍、宋育仁、廖平、裘廷梁等等,多是当时的名士和后来的名士。这种名士营造报纸和报纸营造名士的过程既已另开一种范式,则一定不会自为消歇。因此,当戊戌变法这一段历史翻过去之后,晚清最后十年里中国社会所出现的是更多的报纸与更多的名士。和《时务报》蝉联一线,而越益作其汪洋恣肆的先后有《清议报》、《新民丛报》;与《新民丛报》笔战不休而声势相迫的有《民报》;其间以文字起风波而致健笔入牢狱的还有《苏报》。若用数量写照规模,则光绪三十二年中国的报纸已有239种之多,其中的66种都在上海。[3]以20世纪初比19世纪末显然是不可同日而语。而同一个时间里,科举制度正经历着末期的光色晦冥到终被废止。所以,士人之后起新进而"求用世之学"者,大半

---

[1]《汪康年师友书札》,1672页。
[2]《晚清报业史》,山东画报出版社2003年版,72—108页。
[3]《剑桥中华民国史》第1部,上海人民出版社1991年版,484页。

都在向报纸寻路径。在那一代人里，杨度是梁启超之外另一个被称作"旷世逸才"的人。戊戌年间他置身湖南一隅远望京师，曾心波屡动而强为自恃：

  度亦非甘心寂蔑，徒行间井，玩禽卉以怡情，游钓渚以终老也。顾以片言寸论，取上卿之位，握军机之权，书列于报章，声延于欧美，苟非其时，非所敢出。[1]

他没有与报纸结缘，所以报纸也没有给他声光。至20世纪初年杨度"游学日本"，而后主办《中国新报》以扬其焰，则生涯因此而变：

  在《中国新报》著《金铁论》……发挥经济及军事之主张，凡数十万言，流传国内，国人乃知度之名。继复以所著《立宪与旗人》印单行本，遍送京内外大僚，其名遂益著。时世凯为军机大臣，方留意新党人物，加以延揽，度因之以候选郎中获赏四品京堂，派宪政编查馆行走。[2]

在这个例子里，报纸是可以把人送到官场高处的。当杨度已在宪政编查馆里行走的时候，更多的读书人还在论辩立宪与革命，于是撰述弥望，报纸也弥望。卷入其中的章士钊、蔡元培、吴稚晖、汪精卫、李石曾、胡汉民、刘师培、于右任、柳亚子、黄侃、戴季陶、朱执信、宋教仁、张继、蒋智由、马叙伦、戢元丞、陈独秀、马君武、田桐、杨笃生、狄楚青、冯自由、薛大可、张东荪、谷钟秀、杨廷栋、林獬、邓实、黄节、孟森等等，大半都能挟一面的道理做风做

---

[1]《杨度日记》，新华出版社2001年版，120页。
[2]《凌霄一士随笔》(二)，山西古籍出版社1997年版，590页。其中"凡数十万言"应是"凡十数万言"之错讹。

雨,以言论滔滔动国人之耳目而在当日的名流里后来居上。其间的秀才、举人、进士翰林和新学堂出来的学生、游过学的留学生都在报章文字的熔铸下共有一种文风,共用一套词汇,日趋而日近。他们之间虽然常常以激辩为能事,而其共有的抱负则都在干预国政,以重造中国为己任。因此这一群人昨日为敌,今日相友,明日又成仇矣,而自社会类别分归属,则同是从名士那一脉里演化出来的。在后来的历史中,革命与立宪都因事过境迁而变作旧迹,然而这一脉却能够在另一个时代里继续染苍染黄和推陈出新,其中的许多人便成了党人、政客、官僚、贤达、学人中的大佬。与杨度进宪政编查馆相比,这同样是一种名士营造报纸和报纸营造名士,而名士与清流之间曾经有过的源流相属,则一点也看不到了。由此显现的蝉蜕之迹,从一个侧面提供了传统士人向近代知识人转变过程中的具体样式。

当士议的重心由庙堂之内转到庙堂之外的时候,同时又是士议的重心由中国人的理路转到外国人的理路。清流的时代变为名士的时代,其间显然的区分是中国的自我形象在士人心中的破碎。梁启超曾说:"吾国四千余年大梦之唤醒,实自甲午战败割台湾偿二百兆以后始也。"[1]以甲午战败为情景,"唤醒"一词所表达的是对现实中国的极度失望,以及极度失望之后的深深不满。失望和不满都是破碎。因为破碎,所以19世纪的士人以尊王攘夷为激越,20世纪的士人以全变速变为激越。比之洋务借西法,立宪和革命都更进一层,当时人谓之"每悚夫欧美革新之隆",而"欲规摹仿效,谓彼一法一制一俗一惯一条一文,若移而殖之我,将旦暮可以强吾国"。[2]但"每悚夫欧美革新之隆",被度量和被比较的总是中国人的朝廷。因此,士议的重心移出庙堂之后,又会在度量和比较中与庙堂日去日远,日远日歧。而后,一面是朝廷眼中的"躁妄之文士"不肯安分,

---

[1] 《戊戌变法》(一),249页。
[2] 转引自《辛亥革命时期期刊介绍》第5辑,人民出版社1987年版,432页。

"粗习译书，妄腾异说"，遂至"佉庐旁行之字，几遍天下，一若不通外教，不效西人，举不得为士"；[1]一面是中国自我形象破碎之下，"规摹仿效"都在催发急迫，使一部分士人调教朝廷，一部分士人批判朝廷，一部分士人打倒朝廷。于是而有起伏不息的鼓荡。以当日士大夫的总体而论，这些人本来属于少数，然而他们从一开始便营造报纸并据有报纸。依靠这种从来没有过的传播方式，出自少数的声音可以节节放大，在响声和回声里幻化为大海潮音而左右一时之人心，因此，据有报纸的少数能够驾乎多数之上，在那个时候的士人世界里成为居于强势的一方。在这个过程里，朝旨曾令地方封报馆，捉主笔，以回应士议之鼓荡不息。然而鼓荡不息的士议一路远播，其间的理路、论说、词汇、事例同时又正在经奏议而传入庙堂。光绪三十三年度支部官员"条陈开馆编定法规"，折中所用的"民智"、"人格"、"法典"、"法规"、"组合"、"法政"、"科学"、"义务"、"程度"、"主义"、"权利"、"宪法"等等显然都是从各色报纸里学来的。[2]而前一年的上谕已在"晓谕士庶人等，发愤为学，各明忠君爱国之义，合群进化之理"[3]。这是进化论入圣旨，其源头也应当来自报纸。此外一见再见于庙堂文字之中的还有"文明"、"野蛮"、"尚武"、"军国民主义"，以及"德智体"等等。诏书和奏折都在学报纸，折射出来的是庙堂和政府在士议鼓荡面前的自信已经不足。因此，当时名士以攻讦政府为自立标帜，而达官公卿则往往乐于结纳新派名流而延揽之。张之洞督鄂之日，"田吴炤、卢静远、吴禄贞诸人游学日本，初闻其议论激烈，商之日本欲除学籍。及毕业归国，乃深器之，吴炤以经济特科荐，静远置诸幕下，禄贞且骎骎大用"[4]。其收用之

---

[1]《光绪朝东华录》第4册，(总)4061、4471页；第5册，(总)5036页。
[2]《清末筹备立宪档案史料》上册，中华书局1979年版，264—267页。
[3]《光绪朝东华录》第5册，(总)5564页。
[4]《张文襄公年谱》，163页。

中兼有老辈爱才的意思。而同时的肃亲王善耆则善用折节下士以成就其"颇有贤名":

> 其时留学生回国者日多,凡知名之士,善耆多方延纳,罗致门下。旗籍中如良弼、恒钧等皆以留学生而为肃府上客,颇见信任。有程家柽者,以同盟会健将而奔走善耆之门。善耆官民政部尚书,其渐与民党通声气以及民党之得在北京活动,程之力也。[1]

可以同肃亲王的"延纳"相比较而读的,有梁启超致康有为的一段话:

> 肃(王)乃名士派,亦与端方等,未必能任重大事,但彼已交亲,借彼怒怨,以合王公,终胜它人耳(闻泽公颇厚重有魄力)。
> 铁良(何不设法用之)则吾见汪大燮(前英使)、孙宝琦(今德使)皆极称之,以为满人第一,且有心于上,最有才魄,诚可深结。[2]

这些都是另有盘算,因此亲贵与名士相往还,显然是亲贵多曲就而名士多机心。然则受摆布的总是曲就的一方。由此积久,便使名士不能不重于公卿。当日五大臣出洋"考察宪法",而手中的一点新知不够用来达意,遂别出秘计,"以书札"通问殷殷求教于新党中的名人。而后是正在海外做逃客的梁启超"为若辈代草考察宪政,奏请立宪,并赦免党人,请定国是一类的奏折,逾二十余万言"。在晚清的最后几年里,梁启超虽然名在诏旨不赦之列,却常常要从事这一类深度参预朝

---

[1]《凌霄一士随笔》(二),610—611 页。
[2]《梁启超年谱长编》,上海人民出版社 1983 年版,444—445 页。

晚清的清流与名士　203

政的工作,弄得非常辛苦。徐佛苏后来说:

> 当时清大吏不解宪政为何物,其馆(宪政编查馆)中重大文牍,大率秘密辗转,请求梁先生代筹代庖。尤可笑者,例如当年之法部与大理院两署,常争论权限,又皆无精当之主张,而两署皆分途秘求梁先生代为确定主张及解释权限,甚至双方辩释之奏议公函,均出于先生一人之手,而双方各诩主张之精辟。[1]

这种一人操纵两署的场面在事后追叙中成为"尤可笑者",而当日却是士议鼓荡下权力和权威的脱节,其间正有着无穷的困殆。朝廷仍然拥有权力,但权威则已移到了另一群人手里。没有权威的权力是残缺不全的东西,因此在清末的十年新政里,官界中人由合群的自信不足到合群的自信崩溃,便成了一种清晰可见走势。与梁启超在海外作文章相比,时论举郑孝胥、张謇、汤寿潜为一类,统称"郑、张、汤三君在今日号能做事者",或者"张汤郑当时"。这是那个时候的另一路名士。[2]他们不作报章文字,然而"宣统末造,郑孝胥、张謇、汤寿潜等设预备立宪公会,与启超互通声气",[3]他们又始终在士议鼓荡中穿走呼应,并各以长才而为人望所归。官界之敬视之与畏视之,犹在报馆名士之上。岑春煊主邮传部,曾保举郑孝胥做"丞参"而未能得其乐允,遂发急电相劝,其辞则有如哀恳:

> 前得电,允践约,感喜交并。今忽悔约,何也?煊固褊急,然当谨佩良言,期先得众情之信,不敢孟浪。今请与公约,日后如违此言,即无以对公。惟旧病复作,重任又不能辞,焦急欲

---

[1]《梁启超年谱长编》,353、500页。
[2]《郑孝胥日记》第3册,1266、1265页。
[3]《睇向斋逞臆谈》,《近代稗海》第13辑,355页。

死。倘不以煊为不可近，乞速命驾。公慷慨尚义，相知有年，即不念私交，宁不念国事？又当此急而相求之际。煊纵极庸下，不可共功名，宁不可共忧患耶？[1]

岑春煊在晚清大吏中以强悍为官界畏惧，也以强悍显个人特色，这一篇文字风格之弱是仅见的。因此，这种强悍人作求乞状引名士入官场，对应于名士以不入官场为自高自大，正显然地说明，此日中国已是官场失重而名士畸重。在一个名士政治化的时代里，名士不入官场并不是名士远离官场。甲午前后名士干预国政是诧异事，这个时候名士干预国政是分内事。曾为湖广总督佐幕的赵凤昌当日身在"郑、张、汤"一群里，常常要出入东南政潮。他后来追记往事，颇能写照畸重的名士臂力之足以远伸：

> 日俄战争彼此力竭之时，日挽美国出而言停战议和，日俄各派专使就美之朴资茅斯订约。予意战地在我旅大东三省，和约倘涉及我疆域，我应干预。商之张菊生、小圃诸君，极以为是，即说之端陶斋、盛杏生，由盛并商吕镜宇诸公电枢省，告以美国转达日俄，许中国预闻和议。其时贝子溥伦赴美赛会过沪，拟请派就便至朴。伦亦以此举重要，愿膺此任。

这一节历史故事发端于名士的爱国主义，于理极顺。然而以体制论等序，则端方是总督，吕海寰是尚书，溥伦是亲贵，并是后来的资政院议长，他们都属官场世界里的高高在上者。因此，这件事的首尾始末之间，令人印象深刻的地方不在于爱国主义，而在于二三名士坐而论道，从容调度国事和外事，使总督、尚书、亲贵心悦诚服地一路跟着

---

[1] 《郑孝胥日记》第2册，1091页。

走。在这些情节里,官场与民间的那一条界限已是不甚分明的东西了。本来分明的界限变得不甚分明,显然是官界在后退中让出来的。这种退让,正是承认了名士伸手进入政事为理所应有和势所当然。赵凤昌的记叙里还有一段,说是"五大臣临行,合电张季直与予两人,大意某等学识庸阘,奉派出洋考查宪政,过沪时学商两界万勿有所举动,俟归国后考查有得,再与诸君快聚"。[1]士议鼓荡各据学理,而后学理不仅有说服力,而且有劫持力。因此"学识庸阘"虽是谦辞,也是窒于学理的自惭形秽和委顿局促。在权力与权威脱节,因之官界中人由自信不足走向自信崩溃的过程里,这一类气短和气虚是常见的事。汪康年曾作笔记收录晚清官场社会相,其中一则说的便是官吏为士议所劫而懵懂趋新:

> 前十年皖人因拒俄会演说,而中间忽羼入革命话头,谓应先杀一城之官吏。此本极可怪,官将捕治,或为解始已,而令为首数人见安庆府太守谢。太守乃谓曰:"以文明程度论,将来自应有此一级,惟今尚非其时,君辈宜少安无躁。"此语在彼以为极时务极文明之话,而不知不值识者一笑也。[2]

"安庆府太守"正在接受和相信的东西原是他根本弄不懂的东西,这也是一种努力学习。然而由此所得,不过是身在裹挟之中的不明不白和自言自语。由士议鼓荡造成风会所趋,风过草偃之处,留给那一代官界中人的是旧道理不敢用,新道理不能通。然则官界便成了当日中国最没有道理的地方。没有道理则四顾茫然,而后是那一代官界中人在历史记述中显得处处可笑。辛亥年南京尚未易帜,江督张人骏已"号于人",申说"我作总督,糊涂而来,本无主见,今更一筹莫展,听

---

[1] 转引自《花随人圣庵摭忆》,325—326页。
[2] 《近代稗海》第11辑,448页。

诸君为之,但求送我至下关耳"。[1] "糊涂而来"和"一筹莫展",正表达了新道理和旧道理之间的四顾茫然。由此深思,则其可笑之中未尝没有一点个人的悲哀。

从甲午前后到辛亥前后,脱胎于清流的名士群起于时世艰难之中,锲而不舍地在中国造出了一个前所未有的"言论界"。于是思想、学理、意见、愿望都能借助于文字而化作横议。这些东西大半以"东西洋"为来路,因此累积了半个世纪的东西洋的压力便非常容易地转化为言论界独有的压迫性。随后,晚清末期的历史遂变成"世局原随士议迁,眼前推倒三千年"的过程。[2] 这是一个用思想和言论改造了中国的过程。

清流喜作侃侃高论。与之相比,名士营造报纸和报纸营造名士则以炎炎大言为其间之多产。大言动听,也多汗漫不知边际。而一旦信口开河,便成英雄欺人。当日梁启超以《时务报》得大名,但其下笔叙西国情事,却有时乎功夫全在过度渲染和放手虚构。留心掌故的刘体智曾举《变法通议》中的"凭空杜撰者",特为择录而例示之:

> 论学会云:"西人之为学也,有一学,即有一会。故有农学、矿学、商学、工学、法学、天学、地学、算学、化学、电学、声学、光学、重学、力学、水学、热学、医学、动植两学、教务等会。乃至于照像、丹青、浴堂之琐碎,莫不有会。其入会之人,上自后妃王公,下及一命布衣,会众有集至数百万人者。"
>
> 论译书云:"诸国都会之地,庋藏汉文之书译成西文者,浩博如《全史》、《三通》,繁缛如国朝经说,猥陋如稗官小说,莫不各以其本国语言缮行流布,其他种无论矣。"

---

[1] 《张謇全集》第6卷,江苏古籍出版社1994年版,876页。
[2] 《民国诗话丛编》(一),上海书店出版社2002年版,108页。

其描述绘声绘色,各有种种细节的具体性以助成感觉上的可靠性。而比对事实,则前一段出自于夸张,后一段出自于臆想,都不是那个时候西方世界里的真相。其中的"数百万人者"和汉书西译的名目类举尤能见想象力之无拘无束。但读《时务报》的中国人是从梁启超的文字里初识西方世界的,以此为前提,他们心中的西方世界便只能是梁启超笔下的那个世界。所以刘体智言之感慨曰:"三十年前,昧于外务,群众心目之中,颇为倾服而与之俱靡",遂成其以"匹夫之力,足以率天下趋于其所指引之地,使风气转移于无形"。[1]《变法通议》为中国人倡改革,本以西方为样式。然而引"凭空杜撰"相究诘,则显见得这个样式的真实性从一开始就不大靠得住。当梁启超以"匹夫之力"转移天下风气之际,其实已经在做国人的导师;然而孟子曰人之患在好为人师,其间的不相对称是他以二十五岁弱龄出场,已有的知识结构和学问的深度广度都还没有准备好做国人的导师。因此他言之滔滔的东西并不全是其已知和真知的东西。然则"俱靡"和"杜撰"的交相对映与彼此联结,便不能不成为以言论造时势的一种特色。《时务报》之后数年《清议报》继起,梁启超由斯时返视当日,已在深自愧疚,以为"今日检视其旧论,辄欲作呕,复勘其体例,未尝不汗流浃背也"。[2]其自我批判显然要比刘体智的事后之论更多一点否定的烈度。有深自愧疚而后能广纳新知,比之渲染和臆想,已是"苟日新,日日新,又日新"。然而身在日新月异之中,其导师生涯又不得不以边学边教为当然。他后来说:

  启超常称佛说,谓未能自度,而先度人,是为菩萨发心。故其生平著作极多,皆随有所见,随即发表。彼尝言:我读到"性本善",则教人以"人之初"而已。殊不思"性相近"以下尚未读

---

[1]《异辞录》,山西古籍出版社1996年版,156—157页。
[2]《饮冰室合集》第1册,《清议报一百册祝辞并论报馆之责任及本馆之经历》,52页。

通，恐并"人之初"一句亦不能解。以此教人，安见其不为误人？

因此，这种边学边教的过程常常要纠错。"每一学稍涉其樊，便加论列，故其所述著，多模糊影响笼统之谈，甚者纯然错误，及其自发现而自谋矫正，则已前后矛盾矣。"[1]这就使得新造的言论界同时又要充当思想试错的场地，"其指事责效之论，抚以自问，亦自笑其欺人矣"。[2]当日名士营造报纸和报纸营造名士，其实都是名士和报纸的自我繁殖和近亲繁殖，而尤以"袭梁饮冰之绪余"[3]为一时共趋。所以梁启超的自叙不仅在说一己之个人风格，而且在说群类共有的普遍风格。

然则晚清最后十年的士议鼓荡，最能引人注目的地方是因"稍涉其樊，便加论列"而见思想之多；因"模糊影响笼统之谈"而见思想之浅；因"前后矛盾"而见思想之驳杂。是以与鼓荡相伴随的，常常是浮嚣。而出现在这个过程里并以议论自立的人物中，很少有人能守住主义和宗旨的一贯性，为彼时的言论界提供一点稳定。由变法而破坏，由破坏而立宪，由立宪而革命排满，由革命排满而无政府主义，一程与一程之间虽然壁垒分明并常相攻伐，而许多人都是可以出入无阻，来去自如的。章太炎从"客帝"转到排满；梁启超从排满转到"开明专制"；狄楚青从革命转到立宪，吴稚晖从排满转到无政府，等等。主义和宗旨多变，说明立言的人自己还没有想明白。但时当万言竞发之日，这种自己还没有想明白的东西又常常被急匆匆地变成报端的文字，用来吹动社会而影响别人。黄遵宪曾致书梁启超说："吾有一三十年故友，谓公之文，有大吸力，今日作此语，吾之脑丝筋随之而去，明日翻此案，吾之脑丝筋又随之而转，盖如牵傀儡之丝，左之右之，惟

---

[1]《梁启超论清学史二种》，复旦大学出版社1985年版，73页。
[2]《梁启超年谱长编》，76页。
[3]《忘山庐日记》上册，573页。

公言是听。"[1]于是梁启超流质多变,天下人也跟着流质多变。推到极端,便是"(梁启超)言破坏,则人人以破坏为天经;倡暗杀,则党党以暗杀为地义"。[2]当日清流立庙堂,奏折所要打动的是帝王一个人;此时名士作言论,报纸所要打动的却是世间之众人。然而立言的一方试错之后可以纠错,被牵来牵去的人心则一变之后已不可复原。这个过程说明读报能获得新学和新知;读报也能获得支离破碎和目迷五色。而支离破碎的新学是一种片面;目迷五色的新知是一种混沌。因此,比梁启超更懂西学的严复极不喜欢梁启超的西学,他说:"英人摩理有言,'政治为物,常择于两过之间'。法哲韦陀虎哥有言:'革命时代最险恶物,莫如直线。'任公理想中人,欲以无过律一切之政法,而一往不回,常行于最险直线者也。故其立言多可悔,迨悔而天下之灾已不可救矣。"[3]他着眼的也是被牵来牵去而不知所以然的众人。与后一个历史阶段里的知识人走向边缘化相比,晚清最后十年间的士议鼓荡,正显示了传统士人之近代化演变的过程中,曾经有过一个知识人凌越庙堂与大众,岿然居于天下之中心的时期。但与这个过程相始终的思想多、思想浅和思想驳杂,又使鼓荡的士议久以纷歧舛错与多变善变为常态。由此形成的不相匹配非常明白地说明,当知识人越来越明显地居于天下之中心的时候,他们也越来越缺少自主的理性,缺少立言的责任意识。以两千年历史为背景,两者都是前所未有的。

在报纸初起之日,中国人沿用旧时名目,常常依然称之为清议。但名士营造报纸和报纸营造名士都发生在传统士大夫以议论做评判的范围之外,由此产生的舆论本自另成一路。所以执清议为范本以衡量舆论,便多见扞格。光绪末年,郑孝胥因"借赈之议"受《时报》、《中外日报》"大相攻击",他致书报馆说:"报纸有担荷清议之责任,非报

---

[1]《梁启超年谱长编》,350页。
[2]《严复集》第3册,中华书局1986年版,645页。
[3]同上书,633页。

馆主人所得而私也，若滥用报纸之权以快私愤，毋乃为贤者之过欤。公等以论事意见不合，宜以私函往复，不宜登报宣布，使天下轻议我辈之价值。"[1] 若用这些道理叙述理想中的舆论，其实都不能算错，但以当时的中国而论，则舆论从一开始就不在理想的状态之中。旧日的清议能够成为天下之公议，全在于清议出自统一的观念而代表统一的价值。因此个体虽然各异，而清议则能以其统一的观念和价值维持评判和褒贬的统一。然而当中国人的自我形象破碎之后，统一的观念和价值也随之开始破碎。作为替代的东西，继之普照一时的西学自外而入，又各有流派。而后是士议转为舆论，不能不向西学讨观念和价值，与之为因果，则舆论以西学为谛义，也不能不各成流派。所以，晚清末期由报纸表达的舆论天然是一种不相统一的东西。不相统一的舆论未必没有真实和真诚。当日革命与立宪以文字相争斗，间杂忿詈丑诋，而陈天华的《绝命书》见之《民报》，正与《民报》做论敌的梁启超即明示敬服。使梁启超敬服的是陈天华的立诚。然而舆论各成流派之日，又正是知识人既少自主的理性，也少立言的责任意识之日，两者相逢于言论界，则不相统一的舆论更容易因没有章法而节节脱轨，变成可以操弄的东西。当日杨度在一封信里与梁启超议"开国会事"，其中一段话说：

> 社会上明者甚少，一切法理论、政治论之复杂，终非人所能尽知，必其操术简单，而后人人能喻，此"排满革命"四字，所以应于社会程度，而几成为无理由之宗教也。吾辈若欲胜之，则亦宜放下一切，而专标一义，不仅使脑筋简单者易知易从，并将使脑筋复杂者去其游思，而专心于此事。

---

[1]《郑孝胥日记》第2册，1083页。

他极羡"排满革命"之"各异其言",却能够"虽皆无理,而各有一方面之势力",所以力主"我辈主张国会之理由",也提炼"一语"以"为宗教,与敌党竞争势力"。[1]至民国元年,有心入伙政治的梁启超规划天下大势,也说过意思相近的话:

> 以今日民智之稚、民德之漓,其果能产出健全之政党与否,此当别论。要之,既以共和为政体,则非多数舆论之拥护,不能成为有力之政治家,此殆不烦言而解也。善为政者,必暗中为舆论之主,而表面自居舆论之仆,夫是以能有成。[2]

这两个人都是言论界的巨子。但一个说要把口号("一语")化作宗教,把宗教化作舆论,而后使"脑筋复杂者"变简单;使"脑筋简单者"跟着走。一个说要暗中制作舆论,明里服从舆论,自信可以运用之妙存乎一心。比之当日因知识不够而凭空杜撰,这些一手提调都是在做操弄。而以戊戌年间"报馆为开民智之本"那一套道理相测度,则这种操弄舆论的办法显然是以民智不开为前提的。两者所构成的是一种悖反,然而两者都属于同一群人。其间的变迁以真实的矛盾记录了真实的历史,而舆论之不能同于清议也因此而见。

当言论界里的巨子以操弄舆论为当然的时候,这些本以舆论为立身之地的人们其实已经失掉了对于舆论的敬意。而后,与郑孝胥讲的道理正相反,被称作舆论的东西常常要为"报馆主人所得而私"。辛亥革命前二年,章太炎与孙中山翻脸。斯时田桐主《中兴日报》,护党之心大炽,报纸之论说遂以"章炳麟叛党"为一时要目,而尤重于编说章太炎"与刘光汉、汪公权等谋充满洲鹰犬之秽史"。[3]其间种种不真

---

[1] 《杨度集》,湖南人民出版社1986年版,405页。
[2] 《梁启超年谱长编》,617页。
[3] 见《辛亥革命时期期刊介绍》第4辑,34页。

不实皆能以舆论之名流布,显然是出自"报馆主人"的意愿。与这种因政见而起的合群之私相比,京师里的报馆近官场,则多"网利"之私。《国闻备乘》说:报馆谋利,"凡攻人过恶,必先隐其名而微讽之,不动则甚其辞,直叙其劣迹;又不动则指其名而大骂之。故大官而有力者,其于报馆月必馈干修"。概而论之,自报馆风行,"善宦之人未有不联络报馆者"。[1]这一类事多见于当日的众目睽睽之下,造成的结果是舆论与真相往往断脱。随后是没有真相的舆论成了不可相信的舆论。孙宝瑄曾经以亲近报纸为乐事,而后来观感全变:

  盖报馆者,主持天下之公论者也,然必访察明确,褒贬中理,然后为善者有所劝,为恶者有所惩。今其所指摘者,皆不根之谈,与实事相反,不知其所谓公论者安在,其所以有裨惩劝者安在也。

持此以比"外国报律"之严,而愈见"我国号称崇西法,报馆、学堂林立矣,而事事与人相反。人之视报馆轻,报馆之自视亦轻,故其主笔者,半皆无赖之徒"。[2]这些话虽然推论归于刻薄,而由一个认真读报的人说出来,显然不能看作是信口雌黄。与孙宝瑄评断相近而感触更深的还有熊希龄。他直接吃过"与事实相反"的苦头,并曾因此驰函《国报》的主笔,以"十三年前曾在长沙首创《湘报》,实为湘人办理日报之鼻祖"的资格,告以"鄙人不敏,窃有一言以规阁下,夫报馆者,国民舆论之利刃也,仁人义士持之,足卫国并以保民,若挟意气报私仇,持此以为凶器,复与独夫民贼何异"![3]天下人读报,所期望于舆论的是一种公共性,而可以操弄的舆论为报馆主人所得而私,最

---

[1]《近代稗海》第1辑,308—309页。
[2]《忘山庐日记》上册,549—550页。
[3]《熊希龄集》上册,湖南人民出版社1996年版,427页。

缺少的也正是这种公共性。前一段话所说的"不根之谈"和后一段话所说的"挟意气报私仇"都由此派生,而反映出来的却正是被操弄的舆论因过度操弄而自轻自贱。而后由舆论说到舆论的制作者,则"无赖"与"独夫民贼"无疑都是不可靠近的小人与坏人。从晚清末期到民国初年,一面是越来越多的报纸造出了越来越多的鼎沸和喧嚣,一面是对报纸和报人的厌恶比比而见。吴汝纶说"南中诸报客气叫嚣";[1]严复说"北京诸报,实无一佳";[2]章太炎说"今日报纸,皆天师符也";[3]辜鸿铭说"当日秦始皇所焚之书,即今日之烂报纸,始皇所坑之儒,即今日之烂报纸之主笔也"。[4]其中的严复和章太炎都曾是昔日作过报章文字的人。这些人各有不同的经历并分属不同的政治派别,而关注国运的意念相同,不喜欢报纸的态度也相同。其间的呼应,遂成为报纸之外的另一种舆论。

以晚清《时务报》的万人景仰为起点,报纸播撒言论曾做成了晚清最后一段历史中的士议鼓荡。但由士议鼓荡开启的历史过程也在士议鼓荡中终止。从国人之导师到"无赖"和"独夫民贼",不过十多年之间,报纸和舆论的声光都在自轻之和人轻之里剥落殆尽。随后名士营造报纸和报纸营造名士的时代也走到了尽头,继之而起的后一个时代里,知识人出名士之旧窠而自称"智识阶级",与之相随的是报章也变了模样。

(2006年)

---

[1]《吴汝纶尺牍》,237页。
[2]《严复集》第3册,624页。
[3]《章太炎书信集》,河北人民出版社2003年版,486页。
[4]《清人说荟》,《张文襄幕府记闻》(下),4页。

甲午乙未之际：清流的重起和剧变

一

自甲午年夏季日军在海路猝然动手击沉高陞号轮船，到乙未年仲春中日议定《马关条约》，短短九个月工夫，中国与日本已由暴力做尺度分出了胜负高低。而后是割地赔款与朝野震愕相对映，化为中国人"大野招魂哭国殇"[1]的愤痛和哀痛。三十五年前，时人曾用"庚申之变"写照英法联军带来的沉重冲击，与之相比较，则此日以"国殇"为词说中日战争，对应的无疑是一种更深更重和更多亟迫的精神冲击。因此，当台湾守军与义民前仆后继，节节苦战于没有退路的绝境之日，庙堂之内的言路和庙堂之外的士议已在韩事催发的一路高亢之中共趋激越，化为桴鼓相应的万窍怒号和滔滔大波。其间枢府、总署忿争论事；翰詹科道交章论事；总督巡抚电奏论事；部曹京官呈文论事；各省举人上书论事，往往"激切惶惧"而"涕泗横集"，而所争都在"罢和议"与拒和约。[2]三十五年以前，"庚申之变"直接震动了

---

[1] 阿英编：《甲午中日战争文学集》，中华书局1958年版，55页。
[2] 《翁同龢日记》第五册，中华书局1998年版，2795页；中国近代史资料丛刊续编《中日战争》第三册，中华书局1993年版，1—34、65页。

北京的朝廷和东南的疆吏,以此对照三十五年以后庙堂之内和庙堂之外的桴鼓相应,显见得中日战争的结果已在极短的时间里不仅搅动了上层士大夫,而且搅动了下层士人。出现于这个过程中的台谏、翰林五十七人"合词吁请特起重臣以维国脉";翰林院中三十七人"联衔密陈"乾纲独断"速定戎机";"译署章京五十六(人)连衔说帖"争和议;以及"湖南举人一百二十人合词请改和约",江西举人一百二十人"合词呈诉"和约"误国病民",江南省举人五十四人"公呈"和约之"必不可行"和十八省公车上书吁请"变通新法,以塞和款而拒外夷"等等,[1]都在各申主张而前后相继,以引人注目的方式蓬蓬然起于国难之中,非常明白地显示了清代二百五十年来从未有过的士人由个体而聚群,又集群以议国事的声势。在刚刚战败的中国,这种朝野喧腾所到之处,都在使这场失败了的战争及其始末因果成为一世之横议层层追究的东西。

当"日朝变起"之初,"国人以为北洋海军信可恃,争起言战,廷议遂锐意用兵"。[2]以此比照后来的屡战屡溃和屡战屡溃之后的备受刲割,显然是"国人"大半都没有想到过这场战争会如此仓猝地输得一败涂地。作为一种对比,甲午后三年日本兵头神尾光臣至汉口游说,其间与中国人追论"朝鲜一役",曾直言"不意贵国竟不能一战",以至"挫衄不可收拾"。[3]他用"不意"二字为辞,则说的是日本一方也没有想到过被当作对手的中国人会如此仓猝地输得一败涂地。因此以日本人的"不意"反衬中国人的不意,则曾经被"国人"和"廷议"当作"信可恃"的东西一定会变为"国人"和"廷议"最先讨问的起点。之后是一身承当了战争与议和两种责任的李鸿章遂为千夫所

---

[1] 《翁同龢日记》第五册,2795、2797 页;《文廷式集》上册,中华书局 1993 年版,21、25、63、65 页;《康有为政论集》上册,中华书局 1981 年版,114 页。

[2] 《清史稿》卷四七一,12020 页。

[3] 《论亚洲宜自为唇齿》,《皇朝蓍艾文编》卷五八,29 页。转引自王树槐:《外人与戊戌变法》,上海书店 1998 年版,163 页。

指,理所当然地成了众怒之所归和众恶之所归。当日的弹章纷纷然列举其"恶战主和","行私罔上","甘心叛逆","潜勾倭主"而"敢于犯天下之不韪",共以"普天率土咸切齿于李鸿章之卖国"为一世之定评。更激烈一点的,还主张"枭李鸿章之首传示各省"。[1]与这种一腔恚怒化作肆口痛詈的意气之词相比,其时翰林院修撰张謇的一折由倒叙光绪八年以来中、日、韩之间的一路纠葛入手,翻出种种旧事旧怨,然后牵引人物情节深作推论,并因深作推论而下笔尤见峻刻:

> 李鸿章既自负善和,必且幸中国之败,以实其所言之中;必且冀中国之败,而仍须由其主和,以暴其所挟之尊。即京朝官之尾附李鸿章者,亦必以李鸿章为老成谋国,展转相师;而李鸿章之非特败战,并且败和,无一人焉以发其覆。[2]

用"幸中国之败"和"冀中国之败"刻画李鸿章,不能算是平情之议和平实之论,但时当"普天率土咸切齿于李鸿章"之际,却曾以其深文周纳的理路写照举世滔滔的心路,典型地表达了士议对于"善和"与"主和"的愤切。在相近的时间里,还有陈三立致电张之洞,"欲明公联合各督抚数人,力请先诛合肥,再图补救"。[3]他也想杀李鸿章,然而多年之后他为尊人陈宝箴作行状而及此一段史事,追述其父子之愤李鸿章,则此中因果又别成一派理路:

> 人或为李公解,府君曰:"勋旧大臣如李公,首当其难,极知不堪战,当投阙沥血自陈,争以生死去就,如是十可七八回圣听。今猥塞责望谤议,举中国之大,宗社之重,悬孤注,戏付一

---

[1] 中国近代史资料丛刊续编《中日战争》第三册,255、543、328、214、325、320页。
[2] 《张謇全集》第一卷,江苏古籍出版社1994年版,28页。
[3] 《花随人圣庵摭忆》,上海古籍书店1983年版,214页。

掷,大臣均休戚,所自处宁有是耶? 其世所蔽罪李公,吾盖未暇为李公罪矣。"[1]

这段话痛责李鸿章,但大约言之,"世所蔽罪",是以"恶战主和"与"自负善和"为李鸿章之罪;而陈宝箴父子意中,却是李鸿章的罪无可恕并"不在于不当和而和,而在于不当战而战"。[2]这种同起责难而又互相歧义共存于那个时候的士林横议之中,说明了战败触发的人心愤痛虽一时指目,都以李鸿章为集矢之的,而其间的各怒其怒,则又会非常不同。他们提出了种种问题,而其彼此扞格,又使李鸿章回答不了这些问题。当李鸿章议和归来到京师请安之日,光绪帝"先慰问受伤愈否",之后心中的恼怒久郁一泄而言之激忿,"诘责以身为重,凡二万万之款从何筹措,台湾一省送予外人,失民心伤国体,词甚骏厉。鸿章亦引咎唯唯"。[3]帝王以这种"词甚骏厉"的"诘责"面对面地追讨赔款、割地的责任,说明了深宫之怒同样指向李鸿章。但若以李鸿章在日本议和之日张之洞"使张佩纶电责合肥,比之崇厚,令其引咎,且急用补救之道。合肥复电曰,吾事事奉旨而行,与崇厚迥不相同"为回应[4]的一段情节相对比,则李鸿章虽"引咎唯唯"于殿陛之前,对于光绪帝的"诘责"其实同样回答不了。而"唯唯"犹未终了,同一天又有"翰林院代递六十八人连衔折劾李鸿章"。[5]

这个过程贯穿于甲午、乙未之间,使李鸿章在朝野共诟里尤怨丛集,成了这场民族战争失败的因果之所在和否结之所在。而处尤怨丛集之中的李鸿章其时致书陶模别论因果,则言多屈郁:

---

[1]《散原精舍诗文全集》下册,852页。
[2]《花随人圣庵摭忆》,214页。
[3]《翁同龢日记》第五册,2829页。
[4]《郑孝胥日记》第一册,中华书局1993年版,492页。
[5]《翁同龢日记》第三册,2829页。

> 详察当路诸公，仍是从前拱让委蛇之习，若不亟改，恐一蹶不能复振也。兄抚膺衰疾，蒿目艰虞，独居深念，仰屋窃叹，亦思竭囊底之智，以助局外之谈，然视缕指陈，亦何以易群贤之所云耶。十年以来，文娱武嬉，酿成此变。平日讲求武备，辄以铺张靡费为疑，至以购船购械悬为厉禁，一旦有事，明知其力不敌，而淆于群哄，轻于一掷，遂至一发不可复收。战绌而后言和，且值都城危急，事机万紧，更非寻常交际可比。兵事甫解，谤书又腾，知我罪我，付之千载，固非口舌所能分析矣。[1]

作为一个刚刚从战争与议和里踉跄走来的人，他由甲午战争之前朝局和政事的病象着眼，来追溯甲午战争的始末，未必没有种种可见的真实性；比之归胜败于一人之心术德性，又未必没有切近事理的深刻性。然而在他所追述的"十年以来"里，其自身又始终是久在朝局与政事之中的经营提调者和重心所归者，从而其自身又与各色病象长在内相依连而外相缠绕之中。旧史为他立传，说是："国家旧制，相权在枢府，鸿章与国藩为相，皆总督兼官，非真相。然中外系望，声出政府上，政府亦倚以为重。其所经画，皆防海交邻大计。"[2]然则与之相对等并且相对应，便不能不是"万马渡辽河，千营溃一惊"[3]之日对他的穷究深诘：

> 以四朝之元老，筹三省之海防，统胜兵精卒五十营，设机厂、学堂六七处，历时二十年之久，用财数千万之多；一旦有事，但能漫为大言，胁制朝野；曾无一端立于可战之地，以善可

---

[1]《李鸿章全集》第三十六册，安徽教育出版社2008年版，85页。
[2]《清史稿》卷四七一，12017页。
[3]《甲午中日战争文学集》，52页。

和之局。稍有人理,能无痛心。[1]

被李鸿章称为"谤书"的弹章和士议里有种种推度之论、臆想之论、片面之论和独断之论,因此其叙事和评说时或不能全合真相。然而在情节的真实和细节的真实背后,这种以其"二十年之久"的力臂远伸追问他在甲午乙未之间的"一旦有事"而"曾无一端",则着眼于更富广度和深度的历史事实,为各自立论的弹章和士议提供了一种共认和共有的理据。它们比情节和细节更能说服人心和代表人心,因此,经历了九个月战争与议和的李鸿章就此连同一溃再溃的淮军一起跌落,被朝廷剥掉了"筹三省之海防"的直隶总督、北洋大臣之职,也被朝廷剥掉了三十年来"中外系望"的居重之势。他后来奉旨"入阁办事"而不能管部,[2]与旧时进京"东朝独对,北门集议,南苑阅兵,西郊警跸",而"冠盖酬酢,岁岁如恒"的"万端纷拥"[3]相比,已近乎闲差。对于曾经"拼命做官"[4]的李鸿章来说,这是一种"无从展布"。其间的落寞使他在"历聘欧美"的途中已有过"复命之日,即抗疏乞休"[5]之想。中日之间的这场战争促成了李鸿章的仕路颠蹶,而在其一身之盛衰的背后和内里,则是由他所代表的以洋务为中心的三十年历史过程困顿支绌,在战争的震荡下走到了止境。

在那个时候的朝野之论里,与李鸿章同被士议痛詈的,还有深度卷入了战争和议和的军机大臣孙毓汶、徐用仪。一道弹章说"外间之言,谓割地赔费各款,朝廷虽踌躇斟酌,而孙毓汶、李鸿章已画有一定不移之局,勿论如何亏损,期于无不曲从",而"置皇上之天下于不

---

[1]《张謇全集》第一卷,28页。
[2]《翁同龢日记》第五册,2829页。
[3]《李鸿章全集》第三十四册,188页。
[4]《春在堂随笔》,江苏人民出版社1983年版,10页。
[5]《吴汝纶尺牍》,黄山书社1990年版,91、81页。

顾"。[1]另一道弹章说"徐用仪比附"孙毓汶,以与李鸿章相"表里",尤属"无耻之甚"。[2]由此形成的众声喧哗起于庙堂内外,遂致十一天之间孙毓汶致休,徐用仪奉旨退出军机处、总署。当时人总括而言之,称作"合肥罢权,孙、徐罢政"。[3]之后的朝局,是半年以前刚刚重回军机处的恭亲王奕䜣虽为中外所寄望,其实已"善病"而无复往昔之劲气,议政之际便常以"无所可否"和"语游移"[4]为和光同尘;礼亲王世铎性惯附从;[5]刚毅、钱应溥俱属新进,对比之下,则同在政府的翁同龢、李鸿藻为士议所共推而一时"人望所归"。[6]其中翁同龢与光绪帝更近,又比衰病的李鸿藻更多影响君权的腕力。光绪二十一年(1895)秋,英国传教士李提摩太曾进京面见李鸿章做深谈,在他记录的对话"要点"里,第一节便是"帝听信师傅翁同龢之话"。而李鸿章的"美籍秘书"白梯克(Pethick)以一个外国人的观察与李提摩太论中国政事,则直言"军机大臣翁同龢乃中国之实际皇帝"。[7]这些话虽然出自外国人的转述,而以翁同龢日记中所录"每递一折,上必问臣可否,盖眷倚极重,恨臣才略太短,无以仰赞"[8]做对照,显然并非游词无根。他所说的"眷倚",自世人目之便是左右君权。因此,稍后张之洞与属员私议"都中事",着眼处也在"常熟可谓有权,然其老谋深算,吾未能测也"。[9]他所说的"有权",应当是指孙毓汶和徐用仪相继出局之后枢府中的重心转移。甲申年(1884)盛昱因"法越构衅"而劾"枢臣怠职",致"太后怒罢恭

---

[1] 《文廷式集》上册,39页。
[2] 《翁同龢日记》第五册,2822页。
[3] 《汪康年师友书札》第一册,上海古籍出版社1986年版,705页。
[4] 《翁同龢日记》第五册,2845、2792、2836页。
[5] 沃丘仲子:《近代名人小传·亲贵》,中国书店1988年版,61页。
[6] 中国近代史资料丛刊续编《中日战争》第三册,105页。
[7] 转引自雷禄庆:《李鸿章年谱》,台湾商务印书馆1977年版,534页。
[8] 《翁同龢日记》第五册,2747页。
[9] 《郑孝胥日记》第一册,544页。

亲王奕䜣等"，之后是政朝一时翻动，[1]孙毓汶由此而入军机处，之后又在其中长久"主政"且权势灼人，[2]因此甲午乙未之间的这种此消彼长便非常明显地成了十年以来的朝局大变。而本属儒臣的翁同龢遂为时势推挽，走到了权力的高处。李鸿章和张之洞的评论说明：由于他们同朝局的关系更密切，因此他们更关注朝局，并先知甲午乙未之际政府重心之变迁。

与正在权势减杀之中的李鸿章相比，对翁同龢作皮里阳秋之论的张之洞其实甲午乙未之后也在向高处走去。自同治末年曾国藩辞世，久做直隶总督的李鸿章二十年来一直是疆臣领袖。在国家权力下移的年代里，这是一种由事功、物望和声光累积起来的影响力和支配力。而此日李鸿章既已不再回任，则张之洞居长江中游而为士林注目归心，遂岸岸然有继之而起之势。乙未年谭嗣同叙述士人群聚都下，已概言之曰"主之者内有常熟，外有南皮，名士会者千计"。[3]俱见其既有影响力，又有支配力。后来沈曾植致书汪康年论时局，说是"熟思世事，自非壶帅入都，殆于更无他法"。[4]同时又有张元济致书沈曾植，称"南皮为今之伟人"；[5]徐世昌致书杨锐，力言"自中日战后，合肥坐困，日本伊藤来京师，颇睨中国无人。此时欲求抵御之策，非得南皮入政府不可"。[6]这些议论所期望的"壶帅入都"和"南皮入政府"虽在当时并没有成为事实，而以其间的各自期许而共相推崇做度量，则显见得甲午之后的张之洞已一时声望四播，远出侪辈，与李鸿章曾经有过的"声出政府上"相去并不太远了。

翁同龢和张之洞都出自清流，并因之而亲近清流，佑护清流和引

---

[1]《清史稿》卷四四四《宗室传·盛昱》，12454页。
[2]《近代名人小传·亲贵》，61页。
[3]《谭嗣同全集》下册，中华书局1981年版，455页。
[4]《汪康年师友书札》第一册，1143页。
[5]《张元济全集》第二卷，商务印书馆2007年版，225页。
[6] 陈寅恪：《寒柳堂集》，上海古籍出版社1980年版，173页。

重清流。因此，与甲申年的政潮起伏最终以政府摧折清流为了局相反，此日翁同龢在朝局里执政，张之洞京城外蔚为疆吏中的大佬，与之俱来并与之因依的，一定会是清流一脉在零落十年之后的磅礴重起。然而世移势迁之后，已今时不同往昔。相比于甲申以前的清流多以个体立言为各标风采，则这个时候清流之重起于甲午乙未，自一开始便以合众群鸣为特色和本色。与之对应，遂屡见其时议战议和慷慨愤厉，而产出的弹章和奏疏又大半以联衔为常态，往往一纸风雷，动辄可聚十数人、数十人。这种联衔会奏之一见再见和三见四见，说明了战争与议和牵动士人社会的人心，所以战争与议和便成了动员士人社会的题目，而后是朝士各依人脉分别集群，又在同声相应同气相求里相互合群。就其本义言之，集群和合群其实都是个体士人在时势震荡里的走向彼此认同和相互结伙。比之甲申之前的清流行状，这种局面已是别样境界，但也正因为有了这种走向和局面，然后才可能有甲午之后清议的连绵不绝，以及清议连绵不绝中"京邸大僚之议论、翰林御史之条陈、外省督抚学政之文告奏章"的跟着走。因此，自士林中人看去，当日的言论之所起和言论之所聚已成"京中清流之局"。[1]这个过程起于翰林、科道、部曹里品秩不高的京官，同时又一路引动和吸聚了京城之外的清流中人。而其中之能够号召当时而富有活力，并被一时目为"名流"者，则大半都各有渊源且各有归属。张謇后来说，时当风起云涌之日，他自己和汪鸣銮、文廷式、志锐等曾一同被目为"翁门六子"。[2]以名责实，正所以见归属之亲疏容易演为宗派和门户。在"六子"之外，当日共指为名隶翁同龢门下的，至少还有"博雅"而"有远识"的沈曾植和他的兄弟沈曾桐，以及常常作弹

---

[1] 中国近代史资料丛刊《戊戌变法》第四册，上海人民出版社1957年版，217页；《汪康年师友书札》第一集，725页。
[2] 转引自汤志钧：《戊戌变法人物传稿》上册，中华书局1961年版，308页。

章的丁立钧等等。[1]而同属"名流"的黄绍箕、梁鼎芬、汪康年、陈衍、郑孝胥,以及邹代钧、吴樵、钱恂之畴,则以长江中游和下游为往来空间,大半都依湖广总督张之洞为归属。而后是都中与京外虽各奉宗主,但两者同起于时势危迫之日,并因之而彼此皆能以同怀视之。是以当时都中与京外信函来去,常常见"芸阁"(文廷式)、"叔衡"(丁立钧)、"子培"(沈曾植)、"叔峤"(杨锐)、"节庵"(梁鼎芬)之间的声息相通和互相牵结。[2]由此形成的人际勾连,因其身后的各有渊源已能上连庙堂和君侧,而在他们的四周,借助于过从交往的物以类聚和人以群分,又会汇集起更多士大夫中的一时胜流。[3]于是一方面,由于他们各有渊源从而各有归属,所以,政局中的有力者翁同龢与张之洞会影响和导引他们,并因之而影响和导引那个时候的士林,他们也会影响和导引翁同龢与张之洞,并因之而影响和导引那个时候的政局;另一方面,由于他们能够上连庙堂和君侧,所以,他们在群谋国是的过程里筑成的人际勾连遂成了一种现成的路径,使士人中原本不在渊源之内和归属之内的急急乎进取者得以引为通途,借助于这种人际勾连而快步走近权力的高处。其间的典型便是自光绪十四年(1888)起上书皇帝、上书徐桐、上书曾纪泽,并曾谒翁同龢,"意欲一见"[4]的康有为,一路叩门,一路碰壁。出都之日,遂愤愤然以"虎豹狰狞守九关,帝阍沉沉叫不得"[5]写照一腔积郁。至七年之后的乙未九月,"康有为往金陵谒南皮制府",据当日在场的黄遵宪说,为之"力为周旋"的便是归属于张之洞门下的梁鼎芬。盖梁鼎芬"与康

---

[1] 《翁同龢日记》第四册,2221页;第二册,2714页。《戊戌变法人物传稿》上册,293页。
[2] 《汪康年师友书札》第一集,725页。
[3] 许全胜:《沈曾植年谱长编》,中华书局2007年版,168页。
[4] 《翁同龢日记》第四册,2232页。
[5] 《康有为政论集》上册,75页。

至交,所赠诗有南阳卧龙之语"。[1]然则"力为周旋",说的正是有心要把康有为引到张之洞的身边和眼前。而此前一年言路劾康有为"惑世诬民,非圣无法",京中清流已群起施援手,"沈子培、盛伯熙、黄仲弢、文芸阁有电与徐学使琪营救,张季直走请于常熟,曾重伯亦奔走焉"。[2]这些人大半出自翁同龢门下,其群起援手,说明了康有为已经被他们认作一路同道的人,而"张季直走请于常熟",则又说明了这种人际勾连能够把康有为送到翁同龢的身边和眼前。有此汲引托举,而后是曾经一路叩门,一路碰壁的康有为才得以拾级而上,层层登高,终至叫开"帝阍"而一展怀抱,"扶摇九天"。[3]在这种历史曲折和历史情节里,清流造就了本在清流渊源之外的康有为。而当梁鼎芬、沈曾植、盛昱、黄绍箕、文廷式、张謇先后与志在"尽涤旧习"以图"气象维新"[4]的康有为互相趋近,并且一时同路之日,则曾经久被目为士人典范的清流群类显然已不再全是旧日模样和全守旧日范围了。就中国社会的新陈代谢而言,比之一人一身的叫开"帝阍",这种典型的变化和群体的变化无疑更内在,并因之而更深刻。

甲午乙未之间,清流因议战议和而重聚重起,又因其领袖清议而主导了一时之评判、褒贬、追究、讨问,从而主导了天下之人心向背。其间愤怒化为激越,而指向所在,则与甲申之前的清流前后相接,共以尊王攘夷为一脉传承。然而评判、褒贬、追究、讨问虽以身当战争与议和之责者为特定的对象,但这个过程的牵连所及和层层切入,又一定会撕剥出中国社会的旧弊和时病。因此议和刚刚了结,翰林院里的奏折已在引"倭人变法未久,谂我不备,一朝入犯,自去岁至今三月,防剿诸军几于无战不败"为事实和反照,切论中国之"积

---

[1] 黄遵宪:《人境庐诗草笺注》中册,上海古籍出版社1981年版,842页。
[2] 《康南海自编年谱》,中华书局1992年版,24页。
[3] 《汪康年师友书札》第二册,63页。
[4] 《康有为政论集》上册,108页。

为所弱"。[1]稍后文廷式说"海内言治者,皆知中国积弊极深";[2]黄绍箕说"今海宇多故,时事孔艰,视康熙之治,固已远矣";李岳瑞说"二百年来,官守成法,士耽俗学,习熟见闻,以为当然,塞聪蔽明,冥冥长夜,胥十八行省四百兆人而成为不仁之疾",[3]所指都是这种由"积"而"弱"。辛丑年李鸿章曾追论甲午中日战争,说是"我办了一辈子的事,练兵也,海军也,都是纸糊的老虎,何尝能实在放手办理? 不过勉强涂饰,虚有其表,不揭破犹可敷衍一时。如一间破屋,由裱糊匠东补西贴,居然成一净室,虽明知为纸片裱糊,然究竟决不定里面是何等材料,即有小小风雨,打成几个窟窿,随时补葺亦可支吾对付。乃必欲爽手扯破,又未预备何种修葺材料,何种方式,自然真相破露,不可收拾"。[4]则以此比彼,显见得奏议里所说的"积为所弱"和李鸿章所说的"真相破露,不可收拾",指的都是旧弊和时病缠结之下的千疮百孔。两者之间的这种一致,说明了一场一败涂地的战争同时又以其一败涂地打穿后壁,使群聚于朝野之间痛詈李鸿章的清流中人也看到了李鸿章比他们更先看到的东西。比之以战争与议和的局中人为对手而穷究忠奸,这种由纵看"二百年来"为当日的中国诊病象,并持此为因果追索这场战争的胜败,其理路无疑已更深了一层。而时当战败之后,因战败的反照而为一世注目的种种旧弊时病,同时又因战败带来的结局而被拖入更深更苦的勒逼之中,并因此而正面对着前所未有的百端交困。张之洞说:"此次日本之和,与西洋各国迥异。台湾资敌矣,威海驻兵矣,南洋之寇在肘腋,北洋之寇在门庭,狡谋一动,朝发夕至,有意之挑衅,无理之决裂,无从豫防,无从豫料。"是以"以前例后,则此次议和,犹未和也"。三十五年

---

[1] 中国近代史资料丛刊续编《中日战争》第三册,567页。
[2] 《文廷式集》下册,806页。
[3] 转引自《戊戌变法人物传稿》上册,364、332页。
[4] 吴永:《庚子西狩丛谈》,岳麓书社1985年版,107页。

以前，英法联军之役以后办理抚局的奕䜣当日曾在奏报里说："自换约后，该夷退回天津，纷纷南驶，而所请尚执条约为据，是该夷并不利我土地人民，犹可以信义笼络驯服其性"，并因此而初知西人之东来"似与前代之事稍异"。[1]曾经以"前代"比附西人的中国人知道了西人与"前代"之不同，反映了其时由历史经验到时代意识的转变。所以此后三十多年的中西交冲里，中国人全力防堵的大半都在通商传教。但以此前三十多年比甲午乙未，则贯穿于中日一战之始末的，是日本既以割地为目的，又以割地为结果。比之通商传教，其要旨更在剖分中国。而后是三十多年前对于西人"并不利我土地人民"的判断，这个时候全都被日本人打破了。是以张之洞所说的"此次日本之和，与西洋各国迥异"正是以一种改变了的时代意识对应正在改变的时代。其间的"无从豫防"和"无从豫料"，又说明三十多年倾力经营"海防"和"塞防"之后，此日已近乎防无可防。而与之俱来的忧悸，尤在于外患之逼入都会化作对于中国社会更见凌厉的直接冲击和深度搅动：

> 赔款二万万，目前必系借洋款以应之，折扣之外，加以东西洋两层息银，至镑价亏累，尚难预计。即分数十年归还，每年本息亦须二千万两，势必尽以海关洋税作抵，而又提厘金、丁赋以足之。且洋人制造之土货概免厘金，此后国用更何从出？虽以白圭、墨翟之省啬，亦断不能省出此数，虽以桑、孔、王、杨之搜括，亦断不能括此巨款。百方掊克，以资仇敌，民穷且怨，土匪奸民借口倡乱，而国家以饷绌兵弱，威力又不足以慑之，是赔款之害，必由民贫而生内乱。

---

[1]《筹办夷务始末》（咸丰朝）第七册，中华书局1979年版，2674页。

这是一种迫在眉睫的深重祸患，而远望来日，则祸患犹不止此，因此忧惶也犹不止此：

> 向来洋商不准于内地开设机器制造土货，设立行栈，此小民一线生机，历年总署及疆臣所力争弗予者。今通商新约，一旦尽撤藩篱，喧宾夺主，西洋各国援倒均沾，外洋之工作巧于华人，外洋之商本厚于华人，生计尽夺，民何以生？小民积愤，断不能保相安无事。今日毁机器，明日焚栈房，一有他变，立起兵端，是通商之害，必由民怨而起外衅。

在经历数十年教案连绵不绝带来磨难连绵不绝之后，磨难便是心中的经验。因此，由这种通商化为制造，而致小民生计困厄做推度，则想得最多和想得最深的，便不能不是民间社会的不得安宁和中外之间的危机四伏，与之相连的俱是了无穷期的多灾多难。比之已经过去的三十多年，这些由日本人造成的变化虽然后起，对于中国人的生存世界而言却是一种更直入从而更具摧折性的蹙踏。而曾经学西方的日本之后来居上，又以其封豕长蛇之行在为西方做示范，使"西洋各大国，从此尽窥中国虚实，更加肆意要挟"，而后是"事事曲从则无以立国，稍一枝梧则立见决裂，是日本之和不可恃，各国之和亦不可恃矣"。[1]对于中国人来说，由此形成的已是周遭四围重重而内外皆在穷境之中。这些文字虽然出于张之洞之手，却富有深度地代表了当日士人社会对中国经此一击，急遽沉降的整体认知。于是而有士人群体直面"中国神明之胄，几不得齿于为人类"[2]的张皇和身逢"焚如之灾，迫在旦夕"[3]的亟促，自庚申之变以来，中国人用"三千年来未

---

[1]《张之洞全集》第二册，河北人民出版社1998年版，989页。
[2]《孙衣言孙诒让父子年谱》，上海社会科学院出版社2003年版，263页。
[3]《唐才常集》，中华书局1982年版，137页。

有之变局"和"五千年来一大变局"为极尽形容之词,以描述中西交冲所引入的前所未有。而此日孙诒让由"事势之危"与"世变之酷"[1]相对举说前所未有;张之洞用"非常之变局"[2]为刻画之词说前所未有,则都比前此三十余年的极尽形容更过了一大截。在他们那里,前所未有的"危"、"酷"和"非常",其实已不仅是变局,而且是"危局"。之后,是"积弊极深"与"世变之酷"相逢于那一代为时势召聚起来的士人面前,使他们不得不在"世变"里先后走向力除"积弊",并因之而不得不"变通成法"。[3]汪诒年后来为汪康年作传,其中"光绪二十一年乙未"一节说:"吾国自甲午一战败于日本后,洞明时事之流,已佥知非变法不足以图存,非将教育政治一切经国家治人民之大经大法改弦易辙,不足以言变法。"[4]作为那代人中的一员,[5]他以"洞明时事"总括那代人认知的重心和要点,非常清楚地描画了"积弊"与"世变"交集之下,以"变法"求"图存"的思想逻辑和历史理由,逻辑和理由所表达的都是不得不然。

在甲午乙未之际的中国,这种思想逻辑和历史理由,以及逻辑和理由中内含的不得不然,都是能够惊人之心、动人之心和犁然有当于心的东西。因此,在张之洞倡"变通成法"而"日以改革为急务"[6]之日,刚刚奉旨巡抚湖南的陈宝箴同样心忧"国势不振极矣,非扫弊政兴起人材,与天下更始,无以图存",并有心就湖南"营一隅为天下倡,立富强根基"。[7]同一个时间里,新疆巡抚陶模作奏议,也在以"天下事所当变通者"为主题而罗举多端,吁请"实力施行,以振人心

---

[1] 《孙衣言孙诒让父子年谱》,263页。
[2] 转引自《戊戌变法人物传稿》下册,571页。
[3] 同上注。
[4] 《近代稗海》第十二辑,四川人民出版社1988年版,198页。
[5] 《汪康年师友书札》第四册,4055页。
[6] 《张之洞全集》第十二册,10741页。其中"日"字原书误为"目"。
[7] 《散原精舍诗文集》下,852页。

而扶危局"。[1]这些出自疆吏的筹想各自谋划时务,而其间之共有的和彼此相呼应的都是变法、"图存"和"危局"。同他们相比,被"眷依"的翁同龢身在朝局之中而常苦心长力绌,"自念以菲才当枢要,疆事如此,上无以对大造之恩,下无以慰薄海之望",又"于讲帷则无补救,于同列则致猜疑,疾病缠绵,求死不得",四顾局蹐,遂时有"悠悠苍天,曷其有极"[2]的无穷苍凉。"以菲才当枢要",说明他自知才识情性不宜于多难之世执政柄而为天下司命,而既已当枢要,则又不得不在多难之世里执政柄而为天下司命。若以此为本色与张之洞那样疆吏中久经世务的挥洒自如者相比,翁同龢显然不是一个长于展布而构想恢弘的人。然而甲午、乙未之际,他一路蹶竭,"穷力看《普法战纪》四本",至"惫极矣";又因汤寿潜"论时事极有识"而"招之来长谈";之后"以陈炽《庸书》、汤震《危言》进呈御览",等等。功夫都在旧日的见既见和闻所闻之外。[3]《庸书》以"外患之与内忧,恒相因而相积"之理说"改弦而更张之";[4]《危言》以五十篇论天下之弊种种,而一以"穷变通久"为症结之所在和出路之所在。[5]虽说两者都成书于甲午战前夕,但翁同龢关注、理解和接受它们以变法为主旨的论说则是在甲午战争以后。助成了这种关注、理解和接受的,显然是他从战争的结局里看到的过去没有进入思想和视野的东西。而由"进呈御览",又可见翁同龢手里的变法观念无须过渡便已能转化为直接影响皇帝的东西。对于翁同龢来说,这是真信;对于皇帝来说,这是开智。由于真信变法,因此翁同龢的日记里又有听美国人科士达(John Watson Forster)说"练兵"、"改西法"、"造铁路"、"赋税",

---

[1]《变法自强奏议汇编》卷一一,《培养人材疏》。转引自《戊戌变法人物传稿》下册,564页。
[2]《翁同龢日记》第五册,2772页。
[3] 同上书,2782、2784、2795页。
[4]《陈炽集》,中华书局1997年版,3、99页。
[5]《汤寿潜史料专辑》,《萧山文史资料选辑》(四),1992年,215—217页。

称"其言反复恸切";听英国公使欧格纳(O'conor, Sir Nicholas Roderick)"深谈中国贫弱,他国有并吞之心",并举"专图新政,期于必成"为归国之前"抒真心,说真话"的"临别之言",自谓"譬如遗折,言尽于此"。称"其言绝痛",引出"谓然而叹,知六合以外此理同矣";听英国传教士李提摩太说"教民"、"养民"、"安民"、"新民"和"变法",称其"读书明理",尤称"其言切挚"。[1]这些外国人都在向中国人指陈变法,而"恸切"、"绝痛"、"明理"、"切挚"以及"六合之外此理同矣",又说明他们的话翁同龢不仅听得仔细,而且听得动心。由于动心,在进呈中国人的变法论之后,他又曾一手包办地将李提摩太的变法论也进呈御览。[2]自通籍以来,翁同龢立朝三十余载,既不喜欢变成法,也不喜欢外国人。而心中之好恶积之既久,一旦触发,便有甲午前九年游秘魔岩,指洋人所到之处为"腥膻狼藉";甲午前八年春节"各国公使来拜",则视同"一群鹅鸭杂遝而已";甲午前七年见曾纪泽与西人交谈"作夷语",又以"啁啾不已"相比方,[3]等等。这些话言为心声,都在以刻薄见憎恶,与当日已经历时二十多年的以洋务为中心的历史过程相对照,俱见其犹未走出深闭固拒。然则以前事律后事,则发生在翁同龢身上的这种从"鹅鸭杂遝"的鄙而且厌到"谓然而叹"的深被打动,以及从授帝王读经史到教帝王学变法,都醒目地显示了"世变"之下人的失路和人的变化。而同清流起家做疆吏,并因身做疆吏而在十多年里深度介入了洋务的张之洞比,显见得翁同龢更久于以不变应万变和更惯于以不变应万变。因此,作为士林清望,翁同龢的变化虽起于一人一身,却典型地反照了其时"世变"影响人心的程度,从而以其一人一身典型地表现了与之久相因依的清流群体精神世界蝉蜕的深度。有群体而后有主体,是以在汪诒年所说

---

[1]《翁同龢日记》第五册,2799、2843、2845、2878页。
[2] 转引自《戊戌变法人物传稿》上册,284页。
[3]《翁同龢日记》第四册,1951、1992、2081页。

的"洞明时事之流"讲"变法"的过程里,与疆吏的条陈与枢臣的进呈同时出现,而又比他们更能引人注目并更能折射历史走向的,其实是清流之群起倡变法和清流之四出谋变法。乙未年中日议和,六个月之后,曾经力主拒和的文廷式已在奏议里引"大学之道,首重新民,春秋之义,必通权变"说世局,以痛论"时至今日"之"无可因循"。然后举"波兰、土耳其之事"为比,刻画万国"环而观我"之下的"迫不及待",期能唤出帝王的"宸谟英断",为"时势艰危"之世宏开"作新之功"。[1]他向往的"作新之功"当然都是能够用来破旧法的东西。稍后又有王鹏运作奏疏,四顾"民穷国匮"而以"苟非时事所迫,人谁不欲习故安常"说"穷则变,变则通,通则久"之理,并急急乎入手为当日的中国筹种种"变通之法"。[2]在这些文字里,他用"时事所迫"四字作写实,所表达的丕变中国之想,尤能以其出自甲午以后的精神世界而真实地反映甲午以后的精神世界。同一年里,人脉属湖北的汪康年在东南聚合"同人",于此"否剥已极之时"群谋弃去"故习"以"拯衰弱"。而尤信"开风气"可以造时势,"使天下人之心联为一心,天下人之气联为一气"。与立论于奏议,从而着眼于政事的文廷式、王鹏运相比,汪康年之筹变法而注重"开风气",显然已更多地把中国"臻富强"[3]的希望移向了社会一面。他们以各自的申说各论变法,而在那个时候的士人世界里,他们和他们的言论又都与四周的共鸣和共议常在彼此影响与交互感染之中,由此形成的既是一种"公卿谋于上而处士奋于下"[4]的士议激扬,又是一种众声哓哓而混沌莫辨的沉瀣一气。张元济后来说"中日战败,外患日迫。忧时之士,每相邀约在松筠庵陶然亭集会,筹商挽救之策,讨论当时所谓时务西学。余

---

[1]《文廷式集》上册,73页。
[2] 中国近代史资料丛刊《戊戌变法》第二册,神州国光社1953年版,292页。
[3]《汪康年文集》上册,浙江古籍出版社2011年版,1、4页。
[4]《汪康年师友书札》第二册,1304页。

亦间与其列。到者多一时名下，然毫无组织"。[1]与之相对应的，是当日李提摩太在广学会作"年会陈词"，津津乐道"中东战后，京外大小各官，因地大十倍之中国，不能敌一蕞尔之日本也，莫不欲究其所以致此之故，求新之意，因此而起"。遂使广学会印行的译书由"人鲜顾问"一变而"几于四海风行"。之后又列举1893年"收书价洋银八百余元"，1895年"收书价洋银二千余元"，1896年"收书价洋银五千余元"为实证，以其前后的悬殊说明士大夫思想变迁的急迫和剧烈。如果把当时书商盗印的数目也算进去，则其销行的规模还会更加可观。[2]张元济说的是京城士林，李提摩太则统括京内外士林而言之，其范围又大了许多。这些人以他们的存在和倾动，为张之洞的条陈、翁同龢的进呈以及文廷式、王鹏运、汪康年的议论提供了一种广袤的底色。而倾动同时又是摄动，所以，在彼时名属清流的大佬里，李鸿藻一生"重老成"，[3]而当士林的"求新之意"走向高潮的时候，则李鸿藻的门下也卷入进来，攘臂而作。[4]这个过程由清流发端，又由清流主导，而张元济以"时务西学"概括"一时名下"的"忧时之士"；李提摩太以"求新之意"概括"京外大小各官"，则说的都是这个由清流发端和主导的过程里变法与"求新"相表里，"求新"与"西学"相表里。因此，乙未年夏季京师立强学会，便因其多属"台馆诸臣"[5]的清流渊源而一头连着守儒学本分的李鸿藻、翁同龢、孙家鼐；又因其"求新"于西学而另一头连着职在传教同时兼作策论的美国人李佳白和英国人李提摩太。在时势的映照之下，由此显出来的已是一种前所未有的复杂。

---

[1]《张元济全集》第四卷，232页。原书"挽救"之"挽"错排为"换"。
[2] 中国近代史资料丛刊《戊戌变法》第四册，217页；《外人与戊戌变法》，42页。
[3]《近代名人小传·官吏》，102页。
[4]《谭嗣同全集》下册，中华书局1981年版，457页；《康南海自编年谱》，中华书局1992年版，30页。
[5]《清实录》第五十六册，中华书局1986年版，59910页。

二

清流的磅礴重起始于甲午年,然而以乙未比甲午,则重起的清流又正在变得不同于旧日的清流。光绪四年(1878)曾纪泽说:

> 今世所谓清议之流,不外三种。上焉者,硁硁自守之士,除高头讲章外,不知人世更有何书。井田、学校必欲遵行,秦、汉以来遂无政事。此泥古者流,其识不足,其心无他,上也。中焉者好名之士,附会理学之绪论,发为悬虚无薄之庄言。或陈一说,或奏一疏,聊以自附于腐儒之科,博持正之声而已,次也。下焉者视洋务为终南捷径,钻营不得,则从而诋毁之。以媚嫉之心,发为刻毒之词。就三种评之,此其下矣。

然后引申而言之曰:"中西通商互市,交际旁午,开千古未有之局,盖天运使然。中国不能闭门而不纳,束手而不问,亦已明矣。穷乡僻左,蒸汽之轮楫不经于见闻,抵掌附髀,放言高论,人人能之。登庙堂之上,膺事会之乘,盖有不能以空言了事者。"[1] 清流主持清议并承载着清议,而时当光绪初年,又正是清流崛起庙堂且声势炽盛之日。因此曾纪泽笔下写"清议",刻画的都是那个时候的清流。他以"中西通商互市"为"天运使然",为"不能闭门而不纳",要义皆在陈述洋务的势有必至和理所当然。持此以度量清议,则其枚举而历数之的以"泥古"反洋务;以"博持正之声"反洋务;以"钻营不得,则从而诋毁之"反洋务,便自成了既与势相悖,又与理相悖的东西。虽说就本义而论,因"钻营不得"而"诋毁之"并不真能算作清议,但他所说的这种清议与洋务在整体上分为两截,从而清流总体地反洋务则是那个时

---

[1]《曾纪泽日记》中册,岳麓书社1998年版,798页。

候显然可见的事实。李鸿章久在这个过程和这个事实之中,曾言之慨然地说:"凡事皆鄙人一手提倡,其功效茫为捕风,而文人学士动以崇尚异端光怪陆离见责",又自谓"三十年来日在谣诼之中,而祸福得失,久置度外"。[1]其意中的"文人学士"和"谣诼",对应的无疑都是清流和清议。然则循名责实,"泥古"、"持正"和"以崇尚异端光怪陆离见责",说的都是清流之反洋务,其根由全在于清流之守"故习"而不"通变",尤在于清流之不能容忍以夷变夏。因此,以"三十年来"的这些事实做反衬,则甲午年群起于议战拒和的清流,至乙未年已群聚于变法和"求新"相表里,"求新"和"西学"相表里,便不能不算是一种脱胎换骨之变。作为三十年历史的延续,清流与洋务在外观上依然各分渊源而各自成群,但就其内里而言,显见得变化中的清流已越来越深地进入了"事会之乘",从而越来越真知和切知十六年前曾纪泽所阐述的势有必至而理所当然。一则出自日本人的记载说,马关议和之日,李鸿章在备极磨难的同时,又曾深作反思和前瞻,并对伊藤博文言之明了地说:

> 坦白地讲,此次交战获得两个良好结果,这就是:第一,欧洲陆海军之战术方法,并非应有白人所独有,黄人亦能用之,并证明可收到实效。第二,日本非常之进步足以使我国觉醒。我国长夜之梦,将因贵国的打击而破灭,由此大步进入醒悟的阶段。[2]

他曾在庚申之变的层层冲击里识世变而入洋务,因"打击"而"醒悟"的况味已久知之而备尝之。因此他相信战争会改变中国人的思想世界,残酷的战争尤其会大幅度地改变中国人的思想世界。而以这种反

---

[1]《李鸿章全集》第三十二册,75页;第三十四册,541页。
[2]转引自信夫清三郎:《日本政治史》第三卷,上海译文出版社1988年版,300页。

思和前瞻比照乙未之后的清流,则无异是李鸿章预言和期待的事,正在成为和已经成为发生在他们身上的事。这些人在战争与议和的动员下汇拢,其汇拢的过程遂自始便是共指李鸿章为祸首和公敌的过程。但时逢中日之战,则身在中日之间。当他们由倭人"弹丸黑子"而"全力敌我"发问,以追索和搜寻"中国之所以不振者",[1]则又不能不为追索和搜寻所牵引,在沿波讨源之中走入古今中西的重重纠结里,而后是这些被战争与议和召聚起来的士林健者观照之视野变,力行之取向亦变。当初以怒骂痛诟相呼应的清流中人因之而一个一个移其重心,前后相接地走近和亲近被旧日清流所排拒的种种物事。于是而有沈曾植谋"开学堂、设银行",筑"东三省铁路";[2]文廷式"请各省开矿";[3]王鹏运说"经国要图,洋务为急";[4]陈炽倡"立商部"、"行钞法"、"铸银钱"、"修铁路"、"广轮舟"、"开矿政"、"立书信馆"、"征烟酒税";[5]孙诒让以"广求君子之通洋务者,与共撑时局"为"今之要事";[6]以及张元济切论"自强之道,自以兴学为先";[7]李端棻奏议"广立报馆"、"选派游历",[8]等等。而当这一类议论一时远播,其回声四起之中,又有原"本读圣贤书"的罗振玉为"海内人心沸腾"所染,起而兼读"江南制造局译本书",期能"稍知外事";[9]原本读史、治举子业、学骈文散文的王国维至此日"始知世尚有所谓学者";[10]原本"方读《春秋左氏传》"的杨树达虽然

---

[1] 中国近代史资料丛刊续编《中日战争》第三册,278、539页;《汪康年师友书札》第一册,56页。
[2] 《翁同龢日记》第五册,2861页;《清史稿》第四十二册,12825页。
[3] 《文廷式集》上册,89页。
[4] 中国近代史资料丛刊续编《中日战争》第三册,623页。
[5] 《陈炽集》,306页。
[6] 《汪康年师友书札》第二册,1471页。
[7] 《张元济全集》第二卷,169页。
[8] 中国近代史资料丛刊《戊戌变法》第二册,295、296页。
[9] 《清代学术源流考》,江苏文艺出版社2011年版,8页。
[10] 《王国维全集》第十四册,浙江教育出版社、广东教育出版社2009年版,118页。

刚刚十二岁,却在"国人愤慨,力图自强,士论皆谓宜求实学"之日亦为时趋所挟,开始"兼习数学焉"。[1] 罗振玉读"译本书",当然是读外国书;王国维在中国人的文史之外别立"所谓学者",显见得是指西学的夺人眼目而别开一重天地。而那个时候时论之推重算学,本在于时人都把算学当成制造之本。因此杨树达归"数学"于"实学",同时是以数学为新学。这些人久以书斋为生活世界,并且久在士人社会的边沿和下层,因此,发生在他们身上的变化,便更富广度地写照了变法与"求新"相表里和"求新"与"西学"相表里的席卷之势。而比对前后,则其间被列为要目的东西,有许多都是李鸿章已经做过和心中想做的东西。所以群起的清流虽以"吾党"、"吾辈"和"同志诸公"、"力求振作之党"[2]自立称谓而集为一类,自觉地把自己同别人区分开来,但他们用来表达主张的中心观念和基本观念,却依然是以洋务为中心的三十年历史过程里产出的"自强"和"富强"。这种见之于甲午和乙未之间的事实醒目地说明:他们虽以怒目相向对李鸿章,而由世路嬗蜕说前因后果,则显然是他们所代表的历史阶段与李鸿章所代表的历史阶段其实彼此贯连,相为承接,同在一个节节变迁的过程之中而无法一手断为两截。

作为一种观念,三十多年之前被"庚申之变"逼出来的"自强",以及由"自强"派生的"富强",其要务在"师夷智",在"借西法"。因此以洋务为中心的三十年历史过程着眼的是移接彼邦之长技,以守护中国自身和中国之固有。但甲午之不同于庚申,是清流群起大张"自强"和富强,其要务已在"变法"。所以当日的士议,便多见"兴利除弊,变法致强"的一体总括,以及"非变法制,不足以除锢习,振人心",即"非变法制"不足以语"自强"的推断阐发,更"愤懑诚诧"

---

[1] 《积微翁回忆录 积微翁诗文钞》,上海古籍出版社1986年版,3页。
[2] 《汪康年师友书札》第一册,1059、1141页;第二册,1676、1684、1687、1889、1899页。

一点的,还有"我中国非变法不特不足以自强,实不足以自存"[1]的危言醒世等等。这一类主张和论说出自士林之共鸣,而后是"近今风尚,竞谭西学,而有志之士,皆思变法,以支危局,此亦运会使然"。[2]变法成了自强和富强的题中应有之义和题中必有之义。然则甲午之后的变法自强不同于庚申之后的借(西)法自强,其要端全在于前者的"变法制"、"除锢习"所对应的,都是中国之固有,从而都是中国的自身。所以,相比于借法之重在移接彼邦之物,则这种"竞谭西学"而"皆思变法"之所重,是在以彼邦之物为法式来丈量中国之固有和改造中国之固有。在这个过程里,同样由借法开始求富强的日本,在打败中国的同时又炫人眼目地为中国人提供了变法致强的实例和说服力。遂使刚刚被日本打败,并因此而凝眸注视日本之后来居上的中国人不得不成了被说服者。乙未年春夏之交,胡燏棻奏疏论"变法自强",在战争甫息之日便借日本"反镜以观",表达的正是这种说服和被说服:

> 日本一弹丸岛国耳,自明治维新以来力行西法,亦仅三十余年,而其工作之巧,出产之多,矿政、邮政、商政之兴旺,国家岁入租赋共约八千余万元,此以西法致富之明效也。其征兵、宪兵、预备、后备之军,尽计不过十数万人,快船雷艇总计不过二十余只,而水陆各军皆能同心齐力,畅晓戎机,此又以西法致强之明效也。

他列举日本由"力行西法"而得的种种"致富之明效"和种种"致强之明效",说的都是"明治维新"能够变日本之固有为日本之前所未有。借助于这种"反镜以观",他把实例和说服力引到了帝王面前,然后言

---

[1] 《汪康年师友书札》第一册,28、1页;第二册,2099页。
[2] 同上书,第一册,223页。

之切实地说：

> 但求皇上一心振作，破除成例，改弦更张，咸与维新，事苟有益，虽朝野之所惊疑，臣工之所执难，亦毅然而行之；事苟无益，虽成法之所在，耳目之所习，亦决然而更之。[1]

胡燏棻曾是李鸿章的属吏，又在中日战争期间为湘军理粮台，且"素以谈洋务著称"，比之清流中人不能算是同出一脉。但在甲午乙未之际，他又比多数清流中人更早，而且更清晰地表述了这种随后为清流所共奉的放手更张之说。作为一个从甲午前三十年以洋务为中心的历史过程里获得阅历的人，他此日论事尤其想要破"成例"和变"成法"，正说明移接彼邦之物的借法自强，三十年里常在仄径之中而脚下愈行愈狭，其间所累积的苦恼都来自西法为中国的"成法"所困。因此，他在甲午之后岌岌乎引日本为实例说变法，并一路引申一路阐扬，以其言之切入而影响一时，[2]又非常具体地说明了甲午之前借法的过程里本自已经在催生和蓄积变法之想。后来清流论变法，也常用取譬日本为立脚点和说服力。是以黄遵宪作于光绪十三年（1887）的《日本国志》此前"久束高阁"，[3]而乙未之后则在京师和南中的士大夫之间成为探究时务的要籍，其关注之所在，则都是与变法同义的"明治维新"。日本人证明了借法不敌变法，而后是"图存"的中国人不能不由借法而急趋变法。从这个意义上说，甲午乙未之际，日本不仅在一场战争里打败了中国，而且影响深远地改变了三十多年以来中国人的思想走向和社会走向。于是，以洋务为中心的历史过程过去之后，继之而起的是变法成了支配人心并主导时趋的观念。与这种社会

---

[1]　中国近代史资料丛刊《戊戌变法》第二册，279页。
[2]　《清史稿》第四十一册，12435页。
[3]　《日本国志》上册，天津人民出版社2005年版，6页。

意识和群体归向的嬗递相对应,是变法所指,自始即广涉武备、财赋、制艺、科举、庠序、官常、士习、缙绅、漕运、人材、农事、水利、钞币、厘税、民智、心术、文字,以及"上下壅阏","民气之不通","今之政府何以能力薄弱至此"等中国人熟视已久而又习为惯常的物事和现象,[1] 其功夫皆用于从熟识之中寻出不合理和从惯常之中寻出不可常,以期"舍旧而图新"。由此促生的审视、訾议和弃去,对象都是中国之固有,因此,审视、訾议和弃去又常常会追溯"二百余年来之历史"和"二千年来之学"、"二千年来之政",[2] 其中的怀抱激烈者,至有私议"华族之弱,不得不以宋儒为罪首",并因之而倡"尽烧宋人之书"。[3] 显见得在当时的中国,这种"舍旧而图新"一路推衍可以走得很远。而其间之要义,则全在于由中西之分深作推衍而派生的新旧之分。庚申之变以后,中国人以自己的历史经验比照历史经验之外的西方世界而知前者罩不住后者,又在这个过程里历经屡起屡挫之痛,而后因中西之分而知古今之分。然则此日倡变法因中西之分而有新旧之分,正是沿古今之分而来,且又更入了一层。就其内涵而言,这种分了又分,意义都在重估价值:由于西法代表了今,又代表了新,所以中国之固有遂不能不跌入既古且旧的一面。以此印证李提摩太在广学会的"陈词"里乐道中国人的"求新之意",其理由显然也在"新"之一字超出了文字本义的种种历史内涵。而后,因中西之分而派生的新旧之分和古今之分,反过来又以价值为尺度,成了用来说明中西之分的东西,使中国的自我形象在甲午之后的国人心中开始破碎。一则出自清流的士议追溯道光以来中西交冲的种种情节,概而言之曰:

---

[1] 《汪康年师友书札》第一册,75页;第二册,1472、1249页。
[2] 同上书,第二册,1472、1249页;《谭嗣同全集》下册,337页。
[3] 《汪康年师友书札》第二册,2063页。

> 观其宰相之谋成后战，则我之执政可耻；观其士卒之步伍严肃，则我之将帅可耻；观其儒者之钩深索隐，则我之士可耻；观其田夫之蕃育稼畜，则我之农可耻；观其劳工之神明规绳，则我之工可耻；观其公司之操奇计赢，则我之商可耻。[1]

其间罗举的"执政"、"将帅"和士农工商已在人口上统括了中国的全体，而与之对应的国政、兵政、学术、生业，则整体地统括了中国人的生存状态和生活状态。因此这六个"可耻"出自中国人的笔下，不仅是在自我贬抑，而且因其贬抑的彻底性而几乎成了一种自轻自贱。相比于中西交冲以来长存于人心之中的"中华为自古闻名之邦，典章文物，久已冠绝环球"[2]的自尊和自信，则这个时候的中国之为中国已是头脚颠倒。而对于身入古今之比和新旧之比的那代人来说，这种颠倒的形象便是中国真实的形象。因此后来为变法而死的谭嗣同甲午乙未之后游走江湖，一面发愿救世救时，一面又由湖北向上海询问："传闻英俄领事在上海开捐贡监，捐者可得保护，藉免华官妄辱冤杀，不识确实否？保护到如何地步，价值若干，有办捐章程否？嗣同甚愿自捐，兼为劝捐，此可救人不少"，并自谓"嗣同求去湖北，如鸟兽之求出槛系，求去中国，如败舟之求出风涛，但有一隙可乘，无所不至"。[3]这些话由道听途说引出所思所想，其言之沉痛所反照的，也是一个形象破碎的中国。而中国之形象破碎，同时是人心之凭借破碎，所以那代人倡变法于古今中西之间，便多信"今日孔孟复生，舍富强外亦无立国之道，而舍仿行西法一途，更无致富强之术"。[4]在这种寄"立国之道"于"仿行西法"之想里，是中国犹未变，而士人的

---

[1]《强学报·时务报》第三册，中华书局1991年版，2762页。
[2]《汪康年师友书札》第一册，59页。
[3] 同上书，第四册，3137页；《谭嗣同全集》下册，460、493页。
[4] 中国近代史资料丛刊《戊戌变法》第二册，279页。

心灵和精神已大变。由此返视三十多年之前曾国藩奏议"师夷智以造船制炮,尤可期永远之利",其意中之所愿是"洋人之智巧,我中国人亦能为之,彼不能傲我以其所不知矣";[1]左宗棠奏议"设局试造轮船",其意中之所虑是"彼此同以大海为利,彼有所挟,我独无之。譬犹渡河,人操舟而我结筏;譬犹使马,人跨骏而我骑驴,可乎"?[2]他们都是呼风唤雨为借法自强开先河的人,而其心中的"永远之利"显然全属中国之固有。因此,在他们那里,若以西法为新,固有为旧,则同时又是新者为器,旧者为道。这种以道器分中西,从而以体用分中西,决定了借法自强的本义和初旨都在取新卫旧。但寄"立国之道"于"仿行西法",已经是既无分道器,也无分体用。当日之激切者至直白言之曰:士大夫"冥然无知,动引八股家之言,天不变道亦不变,不知道尚安在"? 是以立此为指归,则变法自强的着眼点和立脚点不能不移到除旧布新,同一个意思,彼时的士议称作"扫除更张",[3]而由这种"立国之道"引申推演,便很容易置中国之固有于"变亦变,不变亦变"。[4]其间陈三立"令子弟改业西学",张元济"习英文",汪大燮也"欲苦学西语",[5]都以科第中人的由此入彼显示了中国之固有在人心中的摇晃和脱落。这些观念的起伏消长说明:以甲午乙未前后为起点,借法自强蓬蓬然转向变法自强,与之相伴随的是价值变,取向变,本位变,理路变。而后观念引入世事和观念引入人际,起于认知的新旧之分在很短的时间内已演为人与人之间的新旧之界。在这个过程里,因议战议和而汇拢于这个过程里的清流中人,一旦由攘夷群趋变法,其议论的重心便多见以"开新"、"维新"、"刻意求新"以及"振兴新学"和"尽弃旧学而学之"等广认同类;同

---

[1] 《曾国藩全集·奏稿》(二),岳麓书社1987年版,1272页;《日记》(二),766页。
[2] 《左宗棠全集·奏稿》三,60、63页。
[3] 《康有为政论集》上册,167页。
[4] 《饮冰室合集》第一册,《文集》一,中华书局1989年版,8页。
[5] 《谭嗣同全集》上册,168页;《汪康年师友书札》第二册,1678页;第一册,698页。

时又用"旧党"、"锢蔽者"、"守旧之徒"、"守旧之病"以及"故见自封,如蛙在井"等辨面目,把士林中的另一部分划为异类。[1]彼时张元济在总理各国事务衙门里做章京,而信中评议人物,直谓"子培出译署后,其中多系非洲太古之人,无可与言者"。[2]他笔下的"非洲太古"都是极言其旧而蔑乎视之,以此为比照,则愈见得沈曾植之能够亲近,是因为沈曾植出自清流而识得开新。在那一代新人物里,张元济是一个性本温良的人,然而界分新旧之际,其心中的自负又已不自觉地化为傲兀。因此"非洲太古"和"守旧之徒"、"如蛙在井"一类新的修辞一时俱起而词锋锐利,都引人注目地说明:变法一方自始便在以文字显示自己的自觉性、主动性、进取性和冲击性。比之上一代清流目为"以夷变夏"的李鸿章,他们用"开新"敌"守旧"的群起之而群鸣之所造成的震动显然更加剧烈,波及的范围也更加广泛。由此一脉相延而一路亢张,遂有谭嗣同日后所说的"今日中国能闹到新旧两党流血遍地,方有复兴之望",[3]其言之决绝悍猛实为有清二百多年士林所未有。因此熟识人物掌故的瞿兑之后来追叙这一段史事,曾总论之曰:"清流始旧而继新,洋务本新而反趋于旧。"而五四运动后五年陈独秀概述"国民运动",一路追溯到19世纪的中日甲午战争,说是"当时政治思想分二派:一是文人派,首领是在北京的大学士翁同龢;二是实力派,首领是在天津的北洋大臣李鸿章。隶属翁派的是些都下名士,是崇拜旧的中国文物制度的;隶属李派的是些办铁道、轮船、电报、海军的洋务人才,是主张采用西洋军事、交通制度的。在当时前一派属于守旧,后一派属于维新,两派在思想上,在政权上,中日战争前即有不少的暗潮。战后维新自强运动起,两派思想互变,李

---

[1]《汪康年师友书札》第一册,325页;第二册,1544、1583、1596、1621、1737、1816页;《康有为政论集》上册,258页。
[2]《张元济全集》第二卷,187页。
[3]《谭嗣同全集》下册,474页。

派属于守旧,翁派属于维新,而暗斗愈烈。卒以翁派得清帝之助及时论同情,李遂失政权而入居北京"。[1]他说的是同一个意思,而言之更重始末曲折。两者各自用"始旧继新"和"思想互变"概括了一个曾经长久抵拒借法的士人群体因战争的召聚而起,又在直面战争和直面危局的过程里駸駸乎演化为变法主体的事实。这个群体以自身的代谢映照了历史的代谢,其间的变迁之迹正非常明白地显现了晚清中国时势逼人的促迫峻急。而比之因议战议和而分类分群于一事一时,则以"开新"敌"守旧",牵动的都是千年之虬结和千年之沉积,所以其分类分群撕裂得也更深。

亟亟乎汇集于甲午乙未之际的清流人物群,又亟亟乎演变于甲午乙未之际。他们在几个月的时间里走完了从拒和到变法的漫长历程,因此,就其中的多数人而言,这又是一段仓猝的历程,从而是一段没有前车之辙可循的历程。由此形成的共趋变法便不能不与个体的各寻其是和各是其是相表里。而变法成为共趋之日,则共趋一定又会化作裹挟,使更多犹未深入时务的士人在"一唱百和"[2]的声光和喧豗里卷进来和跟着走,他们增添了变法的声势,同时也在为变法带来更多的复杂、纷杂和更多的没有法度。两者都与清流影响和主导的这个过程相伴随,因此两者都决定了这个过程的一路前行,常常要与歧互和舛错相伴随。乙未年秋季"京城士夫"立强学会,以李鸿藻门生张孝谦"主其事",而"有正董之名"的沈曾植、丁立钧、陈炽,"有副董之名"的沈曾桐、文廷式则多出翁同龢门下。但历时未久,已见"张则垄断,口称筹款一切皆其力,以局为其局。丁因事有违言,函言当出局。张则谓我本未请其到我局,何出之有? 继又与陈迕,而丁乃右张,为之调停,于是丁张合"。稍后又见"芸阁疏阔,叔衡阴深",两不相悦而

---

[1]《柸庐所闻录 养和室随笔》,辽宁教育出版社1997年版,48页;《陈独秀文章选编》中册,三联书店1984年版,613页。
[2]《汪康年师友书札》第三册,2435页。

"丁日伺文短"。身在龃龉之间而为之深忧的汪大燮致书南省的汪康年列叙情状,然后说"若遇仲弢、节庵,诸可密告之,此间子培、叔峤极力和解也"。[1]丁、张、陈、文,以及"仲弢"、"节庵"、"子培"、"叔峤",加上束手无策的汪大燮和汪康年,都是正在倡扬变法和托举变法,并因之而合流合群的一时名流,但"垄断"、"违言"和相"迕"相"伺",又说明这种合流合群的汇聚里没有产生出真正的整体性和统一性。而后是没有整体性和统一性的强学会一变而为"聚辄议论纷纷"之所;再变而为"京都官书局",最终是"明者"各自"引去"。[2]与初创之日以"讲中国自强之学"为宗旨而召来"风雨杂沓,朝士鳞萃"[3]的蓬勃气象相比,则相隔不过三四个月,已具见其兴也骤,衰也骤。而兴之骤和衰之骤,都说明了转变中的清流群体仍然是一个以个体为本位的群体。他们以各自议论为表达方式,也以各自议论为存在方式。由此形成的共趋变法,其感染彼此的地方和动人之心的地方便始终都只能是在以文字作议论的共趋之中。在那个时候的中国,又常常是在以大而化之的议论趋大而化之的变法之中。甲午乙未之际清流重镇在京师,士议之中心也在京师,而自京师里的人看京师,则多见"京中言变法者甚多,自上上下下几乎佥同,而大率皆不知世务之人,恐必糟无疑"。[4]这些话用"佥同"一词写士人之"上上下下",与之相对应的,无疑正是彼时之群趋和共趋。然而"大率皆不知世务之人"又说明,这种"佥同"以及由此显现的群趋和共趋其实常在悬浮之中。"皆不知世务"而又多"言变法"是一种非常明显的矛盾,但这种明显的矛盾却真实地反映了中国人在三十年借法自强之后转向变法自强,其动因和动力皆不出自内生而是起于外铄的历

---

[1] 《汪康年师友书札》第一册,710、715、716、721、725页。
[2] 同上书,460、472页。
[3] 《康有为政论集》上册,169页。
[4] 《汪康年师友书札》第一册,701页。

史事实和历史特点。由于不自内生,所以变法自强虽以中国为对象,但说变法的议论则大半不是从中国社会的底层和深处提取出来的,而是横看西洋东洋,同彼邦比较出来的。其间尤著者,在世人眼里便成了"剽窃西学,但助谈锋";[1]由于起于外铄,所以变法自强又不得不引"千钧一发,危如累棋"[2]的惊悚与惶遽为自己的内在意识和自觉意识。而由此发为变法议论,便常常会言随势走,使其意中的危迫脱辐于世人心中的"世务"。一则记载描写"维新"志士为众人"开讲",说是"闻其言,自始自终无非国家将亡,危亟之至,大家必须发愤,而从无一言说到办法,亦无一言说到发愤之所从"。[3]显然是"开讲"说法虽言之灼灼,而手段大半都在以情绪鼓荡人心。然则以名实而论,前一面是悬浮,后一面也是悬浮。这种悬浮形成于近代中国的历史矛盾之中,但这种悬浮与变法的共趋交缠于同一群人的笔下与心头,又会使甲午乙未之际群倡变法自强的过程里愿想多而理致少,附会多而真知少,意见多而思想少。比之理致、真知和思想,意见、附会和愿想都是片断的东西和易变的东西,并因之而是深度不足的东西和难以凝结的东西。而后是缺乏整体性和统一性便成了当时的惯态,并在因战争聚集的清流一路转向变法的过程里常常演为内里的抵牾扞格,越来越明显地影响了这个群体本身和这个过程本身。所以,继乙未年京师强学会尚未开局已起内讧之后,丙申年出刊的《时务报》在风行一年之后也从里面开始坼裂。梁启超后来概述维新变法的前史,曾把康有为的《新学伪经考》和《孔子改制考》比作"飓风",比作"火山大喷发"、"大地震"[4],以摹写其震动之猛烈。但就当时的事实而言,则这种震动大半都出自强烈的排拒。被归入旧党的

---

[1]《汪康年师友书札》第二册,1816页。
[2] 同上书,第一册,91页。
[3] 同上书,第一册,782页。
[4]《饮冰室合集》第八册,《专集》三十四,57页。

人排拒之，被目为新党的人也排拒之。其中尤其使人印象深刻的，是甲午之后五十年陈寅恪追叙家族旧史而事涉变法，特为言之切切地将其"先世"同托古改制那一路分开来：

> 至南海康先生治今文公羊之学，附会孔子改制以言变法，其与历验世务欲借镜西国以变神州旧法者，本自不同。故先祖先君见义乌朱鼎甫先生一新《无邪堂问答》驳斥南海公羊春秋之法，深以为然。据是可见余家之主变法，其思想源流之所在矣。[1]

被称作"义宁乔梓"的陈宝箴和陈三立甲午乙未之后以开新而为人望归。但在他们心里，则始终相信"借镜西国以变神州旧法"，来路和去踪都不能脱对比中西，以及对比中西而"历验世务"。他们的世界在以实证的形而下，因此他们始终不肯相信《新学伪经考》和《孔子改制考》以悬空独断做"穿凿附会"的那一套"偏宕之辞"。[2]虽说独断、"穿凿"和"偏宕"也在说变法，但与"历验世务"相比，其结撰都远在千年之前和九天之上，并因之而既太过先验，又太过奇异。所以陈寅恪举两者之间的这种区别，说明"当时之言变法者，盖有不同之二源，未可混一论之也"。[3]由于"二源"同在变法之中，因此有心变法的清流人物能够对力求上进的康有为施以推挽汲引。然而这个过程里康门自成一群，"其徒和之，持之愈坚，失之愈远"，又在使《新学伪经考》和《孔子改制考》一变而为"康学"，再变而为"康教"，[4]他们以一往无前见其踔厉风发，而此"源"和彼"源"之间

---

[1]《寒柳堂集》，149页。
[2]《陈宝箴集》上册，中华书局2003年版，779页。
[3]《寒柳堂集》，149页。
[4]《陈宝箴集》上册，779页；《汪康年师友书札》第一册，781页。

的各不相同也因之而在日渐显化里演为积不相能。随后是梁鼎芬、汪康年、沈曾植、张元济、张謇、黄绍箕等曾经与之同道的人都与"康学"和"康教"先后分路,而且愈行愈远。因此后来向"帝阍"走去的康有为虽然越来越深地楔入科道以鼓荡言路,但在他一路登高之际,身后的群体其实已经越来越小。而由"康学"和"康教"追索"今文公羊之学",以比照翁同龢读《新学伪经考》之日目为"说经家一野狐",而自谓"惊诧不已",[1]则可以见这种"言变法者"的"不同之二源"里,同时又内含着儒学本身的学派之歧和学派之争。比之变法的动因和动力不自内生而起于外铄,由此形成的立异立同引学术与时务相纠结,显示的无疑已是一种更复杂的矛盾了。然则由强学会的分和合到"不同之二源"的分和合,其一路通贯所留下的人物和史事,都说明这一场以清流为主体的议变法和谋变法从一开始便是带着重重裂罅而起,又带着重重裂罅而行的。它们与一代人的理想相交缠,也与各个个体的才识情性相交缠。而当议变法和谋变法深度影响了当日的中国政治之后,起于甲午乙未之际的清流群体居承前接后之间,便既以他们的合群共趋为后来的历史提供了已定的起点;也以内在于他们合群共趋之中的裂罅和矛盾为后来的历史提供了成败的因果。

三

然而就甲午乙未之际和之后的朝政和朝局而言,在重起的清流以变法影响中国政治的同一段时间里,他们又直面遭逢帝王之家事起于宫闱而伸入朝局,从而是帝王的家事也在深度影响着中国的政治。两者在同一个时间里存在于同一个空间之中,遂使身在群趋变法之中的士流不能不常常与深宫之恩怨相牵染,而由此蔓延攀连,又会使两者都变得越来越盘错纷杂。光绪二十年(1894)冬,日军正在辽东攻城略

---

[1]《翁同龢日记》第五册,2696页。

地节节西进,庙堂之内人心震动。与之同样为人心造震动的,则是西太后因家事引发的勃然大怒。当日切近深宫的翁同龢在日记里说:

> 甫邸(抵)都虞司,又传有起,驰入,会于西河沿朝房。皇太后召见枢臣于仪鸾殿,先问旅顺事,次及宫闱事。谓瑾、珍二妃有祈请干预种种劣迹,即着缮旨降为贵人等因(鲁伯阳、玉铭、宜麟皆从中官乞请;河南抚裕宽欲营福州将军未果。内监永禄、常泰、高姓皆发,又一名忘之,皆西边人也)。臣再三请缓办,圣意不谓然。是日上未在坐,因请问上知之否。谕云:皇帝意正尔。

其中的"圣"是西太后,"上"是皇帝,"西边"则指"二妃"。而"甫邸都虞司,又传有起",以至不得不"驰入"以赴,则说明了事起突然而且急迫。这次召见"前后不及一刻"而退,是以西太后意犹未尽,两天后又传见,先"论兵事,斥李相贻误",其次责备"言者杂遝",之后,遂历历说"二妃"事,"语极多":

> 谓种种骄纵,肆无忌惮,因及珍位下内监高万枝诸多不法,若再审问,恐兴大狱,于政体有伤,应写明发,饬交刑部即日正法等因。臣奏言明发即有伤政体,若果无可贷,宜交内务府扑杀之。圣意以为大是。[1]

"语极多"和"种种骄纵,肆无忌惮",显然宣泄的都是久积的愤怒,而后是"诸多不法"的太监被"扑杀"。时人说"德宗既由藩邸入承大统,孝钦偏厚母家,援立其兄桂祥女为后,后长德宗二岁,貌不甚扬。长善二女同时入宫为贵妃。长曰珍妃,工翰墨,善棋,德宗尤宠爱之,

---

[1]《翁同龢日记》第五册,2754、2755 页。

与皇后不甚亲睦"。[1]然则"偏厚母家"的西太后之不喜欢"二妃"和尤其不喜欢珍妃,本是因果相寻而其来有自,而妇姑牵连母子和妇姑牵连夫妇,便常常要使皇帝"意不怡怿"。[2]但甲午年西太后既传见枢臣处分"二妃",则这种本在宫廷之内的帝王家事已不能不移到政府,并因之而进入国事和影响国事。在翁同龢的记述里,这场风波起于"瑾、珍二妃"的"祈请干预",而其间的情节和细节,则是当日做吏部司官的何刚德言之更见详悉:

> 凡放缺放差,必由军机进单,御笔圈出。若单内无名,便不能放。有一日,上海道缺出,上要放鲁伯阳,军机大臣曰:鲁伯阳单内无名,不知何许人,似不能放。上曰:汝再查之。次日,军机上去,言复如前,上曰:鲁伯阳系江苏候补道,李鸿章曾经保过。军机曰:既系江苏候补道,须电询两江总督刘坤一再定。嗣刘复电到,谓却(确)有其人。是日遂特简焉。军机出来,不免有一番议论,语便外扬,于是物议纷纭。有谓其用廿万金运动者,有谓其目不识丁者,而御史之参奏上矣。不得已乃令送部考验。

随后是过不了这一关的鲁伯阳刚刚到手的上海道"开缺矣"。而鲁伯阳之外,"同时又放四川盐茶道玉铭,后亦因资格不称,被参开缺"。何刚德彼时以职分所在曾参预"考验",所以洞知其中的始末曲折。以他多年阅历,像这样皇帝越过军机处"进单"而指名放道员的事,以及军机处犹未能识其来路而皇帝已经先知出处的事,都属异乎寻常的七颠

---

[1]《国闻备乘》,《近代稗海》第一辑,四川人民出版社1985年版,216页。据《德宗景皇帝实录》,瑾妃、珍妃为"原任侍郎长叙之女",而当时记载多误为长善女。文中以珍妃为长,亦误。另据《方家园杂咏纪事》,则桂祥应为慈禧之弟。
[2]《翁同龢日记》第五册,2665页。

八倒。而庙堂之上弄得七颠八倒，又出自"是时德宗亲政，珍妃得宠，闻有暗通声气事"。[1]若比照翁同龢日记里附列的姓名，则西太后所指"祈请干预"正是何刚德称作"暗通声气"的事。鲁伯阳曾在淮军粮台里讨过生活，因其人品太坏而为李鸿章熟识而又不齿。[2]所以亲知淮军人物史事和晚清人物史事的李经迈后来言之凿凿地说："光绪乙丑，德宗景皇帝大婚礼成，亲裁大政，珍、瑾二妃，渐蒙宠幸，时有干求，一时热中倖进之徒，多以太监文姓为弋取富贵捷径，其昭昭在人耳目者，则癸巳、甲午之间，鲁伯阳之简江苏苏松太道、玉铭之简四川盐茶道，及大考翰詹，先谕阅卷大臣以文廷式须置第一。"[3]他也由鲁伯阳说到玉铭，而又比何刚德又更广一层地牵连而及文廷式。其间所举"太监文姓"一节，也为见之于翁同龢日记的西太后怒斥"内监"的话头提供了一种印证。然则西太后虽然因其一己之私意不喜欢珍妃、瑾妃，而以事实论前因后果，则甲午年这场风波的起端显然是珍妃太过恃宠恣肆，并连带着使光绪帝以人君之尊而自己坏了朝廷治天下的规矩。在珍妃之前，西太后也卖过内务府管辖下之，而专属旗人缺分的税关监督和织造，也收过钱物，从而也坏过规矩，但与鲁伯阳、玉铭一类弄到光天化日之下而又做得七颠八倒的事相比，则珍妃之伸手攫取无疑更加不讲章法。因此就事论事，珍妃虽在这场风波里成为受谴的一方，却并不全是冤屈的一方。然而帝王之家事一旦移入国事，珍妃被抑遂事同皇帝被抑，这一类事常常发生，虽然因果是非各不相同，但其间的夫妇之恩怨、母子之恩怨便都会与国事羼杂交错，并且广被推想和别为演绎。而岁在甲午的中国，则尤其会与庙堂上的和战之争深相绕结。当年十二月，御史安维峻奏疏论战事，撼拾多端猛烈弹劾李鸿章，继之笔锋转向深宫：

---

[1]《春明梦录　客座偶谈》，《春明梦录》下，上海古籍书店1983年版，44页。
[2]《异辞录》，中华书局1988年版，44页。
[3]转引自《戊戌变法人物传稿》上册，302页。

> 又谓议和出自皇太后，太监李莲英实左右之。此等市井之谈，臣未敢深信，何者？皇太后既归政皇上，若仍遇事牵制，将何以上对祖宗，下对臣民？至李莲英是何人斯，敢干政事乎？如果属实，律以祖宗法制，李莲英岂复可容？

他据"市井之谈"相质疑而自谓"未敢深信"，但一路推演，言之滔滔的其实都是深信。推演和深信，前提都是母子不和，而引此以入奏章，则不能不算出格。因此朝旨切责其"肆口狂言"以开"离间之端"，之后"革职发往军台"。[1] 安维峻的奏折当日为朝野注目，是因为他用主战与主和把皇帝与太后分开来，从而是用褒贬把皇帝与太后分开来。由此引申，又深疑"归政"的太后并没有把当国的权力还给皇帝。虽说这些大半出自猜测的推断太过简单明快，并因之而太过一分为二，未必全合深宫里的舛错轇轕，但在那个时候，他所表达的推想和判断却能引发许多士林中人的共鸣。是以"维峻以言获罪，直声震中外，人多荣之。访问者萃于门，饯送者塞于道，或赠以言，或资以赆，车马饮食，众皆为供应"。[2] 安维峻在奏议中说帝王的母子之间，同一个月里，奉旨赴山海关主持防剿事宜的刘坤一行前觐见，他与西太后的对话同样也在说帝王的母子之间：

> 出京请训，仍召见养性殿，慰勉甚至。嗣因论及安御史前奏，太后以其辞涉离间，怒甚。至追念文宗、穆宗，不胜怨感，数数以袂拭泪。坤一奏曰："言官措辞过激，意在纳忠，或者借沽直谏之名，断不敢稍涉离间。臣所虑者，不在外臣而在内廷，寺宦多不读书，鲜知大意，以天家母子异居，难免不以小忠小信，往来播弄是非，不可不杜其渐。"语未毕，太后谕曰："我不似汉太

---

[1]《光绪朝东华录》第三册，中华书局1958年版，总3516页。
[2]《清史稿》第四十一册，12467页。

后,听信十常侍辈,尔可放心。但言官说我主和,抑制皇上不敢主战,史臣书之,何以对天下后世?"对曰:"和战国之大事,太后、皇上均无成心,天下后世无不共谅。但愿太后始终慈爱,皇上始终孝敬,则浮言自息。"因历述宋英宗、明神宗两朝事。太后谕曰:"听尔所言,我亦释然矣。皇帝甚明白,甚孝。我每闻军前失利,我哭,皇帝亦哭,往往母子对哭。我甚爱皇帝,在前,一衣一食皆我亲手料理,今虽各居一宫,犹复时时留意,尔可放心。尔如此公忠,诚宗社之福。"[1]

当安维峻用宫廷之中的母子关系来推度中日战争走势的时候,与之俱生的,同时又会是用中日战争的走势来诠释宫廷之中的母子关系。刘坤一所见西太后的"怒甚"正起于此。自甲午年夏季开始,西太后从中日战争的军情亟迫里一路走来,其忧惶交集与光绪帝相去不会太远。若以翁同龢所眼见的"臣等奏辽沈紧急情形"而西太后落泪,以及皇帝因"战和皆无可恃"而放声痛哭的事实为比照,[2]则西太后对刘坤一所说的"我哭,皇帝亦哭,往往母子对哭"显然不能算是凭空虚造的假话和言不由衷的空话。而且这段时间里曾有"懿旨发宫中撙节银三百万佐军饷",之后又有"太后许发内帑二百万"[3]助饷。这些出自"撙节"和"内帑"的银子都在国库之外而归宫廷所有,前者是省下来的,后者是维持开销的。"懿旨"移此以"佐军饷",当然都是用来打仗的,而对于下懿旨的西太后来说,进出之间实在无异于在割肉。因此,比之安维峻用主战主和对帝王母子做一分为二的剖割,应当是光绪帝所说的"战和皆无可恃"更近实地写照了甲午年间母子共同的困境和共同的彷徨。然而"以言获罪"的安维峻能够"直声震中

---

[1]《刘忠诚公文集》卷一《慈谕恭记》。
[2]《翁同龢日记》第五册,2761、2777页。
[3] 同上书,第五册,2732、2744页。

外",又非常明显地说明,与西太后召见枢臣,把家事移入国事相比,士大夫之激昂者则是执意地在把国事之成败归结于帝王的家事。他们大半都在远看宫廷,同时大半又都始终深信不疑。之后,是帝王的母子不和虽起于家事,却在甲午乙未之际和以后被深宫和臣下廓然放大,昭彰地成了中国政治中牵汇万端的重心和关轴。而此日纷纷群集,正在由拒和一路转向变法的清流人物,则因其从一开始便以君权为寄托,遂从一开始便自觉地卷入了这个深不见底的过程之中。

光绪二十一年(1895)七月的一道上谕由"朕敬奉皇太后宫闱侍养,夙夜无违"起讲,备述"慈训殷拳,大而军国机宜,小而起居服御,凡所体恤朕躬者,无微不至"。然后严辞切责说:

> 乃有不学无术之徒,妄事揣摩,辄于召对之时,语气抑扬,罔知轻重。即如侍郎汪鸣銮、长麟,上年屡次召对,信口妄言,迹近离间。当时本欲即行治罪,因值军务方棘,深恐有损圣怀,是以隐忍未发。今特明白晓谕,使诸臣知所警惕。吏部右侍郎汪鸣銮、户部右侍郎长麟,均着革职永不叙用。

而且立此以为昭诚,"嗣后内外大小臣工,尚敢有以巧言尝试者,朕必加以重罪"。[1]上谕列"信口妄言,迹近离间"为汪鸣銮、长麟的罪名,虽然没有引述具体的细节,而"妄事揣摩"以及"语气抑扬,罔知轻重",都说明此中的要害是臣下对皇帝訾议太后。一则记载说:"盖日战方已,帝忧惕将图自强,而阻于孝钦。二人为帝言,帝入继文宗,唯当母嫡后,孝钦犹其庶母,非所当敬,遂为后奄闻,归以告后,后怒。"[2]若以《清史稿》为汪鸣銮立传所说的"时上久亲政,数召见朝

---

[1]《光绪朝东华录》第四册,总3685页。
[2]《近代名人小传·官吏》,138页。

臣,鸣銮奏对尤切直,忌者达之太后"[1]做比较,而衡之以上谕用皇帝的名义表达太后之怒气勃郁,则"切直"发为訾议,而后深触太后心头之大忌,其间的情节大半应当是可信的。然则与安维峻以主战主和将光绪帝与西太后一分为二相比,汪鸣銮和长麟由"帝忧惕将图自强,而阻于孝钦"入手为母子划界,显然是已经在用开新和守旧将光绪帝与西太后一分为二了。当日时论以汪鸣銮为翁同龢一脉,而且身为侍郎,已是清流中的达官,所以汪鸣銮因"奏对尤切直"而得罪,正以其一己之怀抱显示了清流人物在皇帝和太后之间的选择和立场。而后是"图自强"的清流同时遂有"帝党"之目。[2]与此相对应的,则是一天之内在同样的罪名下断送了两个侍郎,又以其变起于莫测显示了西太后意中的家事和朝局,已越来越漫漶莫辨地混同一体,全都成了可以用一己之喜怒来处置的东西。当汪鸣銮、长麟被谴之日,翁同龢曾向光绪帝"固请所言何事,而天怒不可回,但云此系宽典,后有人敢尔,当严谴也"。[3]皇帝的"天怒"反照的是太后之怒。因此从"天怒不可回"的一腔心火里,还可以读出:起于深宫的母子不和因外廷的挽越而日趋政治化,又因日趋政治化而致矛盾越益复杂,同时又越益激剧。而后的结果,是犹在弱势一方的皇帝常常会在这种复杂和激化里更深地陷入捉襟见肘而不能自如的局促之中,而谋变法的清流中人卷入其间,一面促成了母子矛盾的复杂和激化,一面又在使自己成为矛盾激化中最先遭殃的人。在这个过程里,两宫为士大夫牵动,士大夫也为两宫牵动。与之相互映照的,是原本以清、浊分两途的士大夫,一变而以主战主和分;再变而以开新守旧分,迨"帝党"之名与"后党"之名先后出,则三变而以母子分。之后是士大夫各自寻归趋和各自有归依。因此,从这段历史里走过来的张謇后来通论这段

---

[1] 《清史稿》第四十一册,12430 页。
[2] 转引自《戊戌变法人物传稿》,308 页。
[3] 《翁同龢日记》第五册,2856 页。

历史说：

> 晚清朝政之乱，表病在新旧，本病在后帝，始于宫廷一二人离异之心，成于朝列大小臣向背之口，因异生误，因误生猜，因猜生嫌，因嫌生恶，因恶生仇。

之后一路颉颃，遂又有"因仇生杀"。[1]在他眼里，起端于"宫廷一二人"的"离异之心"是在"误"、"猜"、"嫌"、"恶"、"仇"的层层串结之中演为"朝政之乱"的。推而论之，则帝党和后党便在这种层层串结中都成了塑造者和被塑造者。事后返视，"误"、"猜"、"嫌"、"恶"、"仇"显然都不能算是理性清明的东西，然而时当甲午乙未之际，中日战争的失败，以及由士人之群议形成的对于战争失败的反思，一面促成了开新，一面又笼罩了"后帝"，遂使当日的人心之中和人心之外，"表病"与"本病"都交相重叠而分剥不开。所以，汪鸣銮因进言"尤切直"而得罪，但在汪鸣銮之前，清流一脉已在常常说两宫，常常做褒贬，常常发謷议；在汪鸣銮之后，清流一脉仍然在常常说两宫，常常做褒贬，常常发謷议。与这种不止不息相对称的，便是京城与外省的通信里，尤多见时事与评论交集的夹叙夹议：

> 常熟近甚危，廿日撤去毓庆宫，疑太夫人与本宫甚和睦，盖所谓以计取也。
> 闻上自园请安回，途间更衣（如厕）数十次，天颜憔悴，更甚于前。
> 京中乱事不可言，自毓庆宫撤后，盘游无度，赌钱放烟火，在户部提十万金为赌资，欲假洋款千万修淀园各山。本月十六有

---
[1]《张謇全集》第五卷，450页。

宦官寇连才上封事，大致言上不宜驻跸园中，太上不宜黜陟官员，不宜开铁路，不可时召优伶入内，不宜信任合肥、南海，宜早建储等语。此是愚忠。前时曾跪太上前，泣谏不听，因乞假五日作十条，膺逆鳞之怒，交刑部处决。

以及"常熟结主甚深"，之后又有"常熟日内皇皇自危"，还有"闻为同治立惇邸之孙、澜公之子为后，方九岁"，之后又有"朝局大要必翻，昨又闻吴綱斋言：继端邸之子为后，甚确"，等等。[1]这些文字出自不同的作者之手，比之汪鸣銮的"奏对"，它们都属私议，而且私议所牵及的人和事，大半都来自于传闻之知。因此夹叙夹议里便会有猜测，有互歧。然而写信人和读信人的关注之所在显然都不在这些地方，他们张目顾盼于"上"和"太上"之间，广涉神情、德性、言语、态度，其留心处却都在太后和皇帝各自的势力走向以及彼此的势力消长。而形成于同一个过程里的"朝列大小臣"之"向背"，则一定会使母子之间的事同时成为臣子之间的事。所以，评说两宫的私议和訾议一路延伸，便有"所问时事，则恭邸、合肥意见极合，而皆效忠于东朝。上所倚，一常熟耳，力不支"[2]那样的问答，以见"帝党"之留心于划分和判别后党。帝党划分和判别后党，是在以一边倒对一边倒，而其间的目力各异，尺度也各异，因此后来又有太后"左右近臣日进谗言，巨奄李莲英挟宠弄权，势焰尤赫，荣禄、刚毅与为朋比，排击忠良"[3]之说。牵连更广的，还有指屡次弹劾清流中人的杨崇伊为专门"以排正类为己任"，并由其"凶恶之至"而归到"千古亡国，如出一辙"，[4]等等。这些排比后党的评说所共同关切的，显然也是势

---

[1]《汪康年师友书札》第一册，466、480、728、467、481 页。
[2] 同上书，第二册，1318 页。
[3]《清碑传合集》（四），上海书店出版社 1988 年版，3170 页。
[4]《汪康年师友书札》第一册，479 页。

力的走向和势力的消长。以此反照庙堂里的众生相，则毕显母子之间的紧张同时又在伴生臣子之间的紧张。而时当价值变、取向变、本位变、理路变，致开新守旧各自分群之日，则帝党、后党之界又常常与新党、旧党之界相叠而相淆，并因之而使这种紧张在内涵和意义上都会变得格外复杂。

当甲午年岁末刘坤一出京请训之际，曾面对西太后的愤怒而以言之谆谆为苦心弥合，一面弥合于母子之间，一面又弥合于君臣之间。在其意中，帝王之家事便是牵动八方之大事。他怕牵动八方，于是而不能不重帝王的家事。因此出京之前又和翁同龢"深谈宫禁事"，临别时且手拍翁同龢肩背相托付，说是"君任比余为重"。他与翁同龢"深谈宫禁事"，用意当然也在弥合。因此后者心悦诚服，在日记里叹为"不愧大臣之言也"。[1]刘坤一的苦心和翁同龢的应和，非常真实地反映了当日大臣和重臣里的老成谋国者局处于母子之间，而意在左右调停的心愿和期望。虽说翁同龢久为帝师，并因其久为帝师同光绪帝更亲近，而被世之论者归入帝党，但在立朝多年之后他不会不知道，与当国已近三十年的西太后相比，母子不和一旦走向极端，则亲政未久而且权力不全的光绪帝一定不会是意态舒发的一方。所以甲午年十月，其日记中已有"言者请下诏罪己，上深韪之。臣进曰：此即盛德，然秉笔甚难，假如土木、宦官等事，可胪列乎？抑讳弗著乎？讳则不诚，著则不可，宜留中省览，躬自刻责而已"[2]的记述。他劝止皇帝下诏罪己，是因为"土木、宦官等事"都事涉太后，因此劝止皇帝，便是弥合两宫，而弥合两宫，最终又旨在维护皇帝。丙申年五月醇亲王福晋死，翁同龢于当天日记里录此一节，然后自叙"忧来填膺"。[3]他所引为深忧的，无疑是既为皇帝之生母，又为太后之胞妹的醇亲王

---

[1]《翁同龢日记》第五册，2770页。
[2] 同上书，2749页。
[3] 同上书，2908页。

福晋既死，真正能够置身于皇帝和太后之间做调停的人其实已经没有了。因此，在甲午乙未之际和之后的中国政治里，这种调停两宫的心愿和期望始终存在于皇帝和太后的周边，但大半又始终只是一种心愿和期望。比这种心愿和期望更富力度地影响了时局的，是帝王之家事可以调停，而帝王之家事一旦进入朝局，则权力之相抗相争已不可调停的既成走向。一则记载说："自毓庆（宫）撤后，盘游无度。太上每谓之曰：咱们天下自做乎，抑教姓翁的做？"[1]然则翁同龢虽常存调和之心，而自两太后看去，比心迹更容易辨识的，是直观可见的他同光绪帝的亲近程度，以及随之而来的他对光绪帝的影响程度。时当母子失和又逢清流鼓噪，这两种程度都会触发深疑和雄猜，之后积深疑雄猜而为不移的定见和成见，积定见和成见而为固结的判断。这是一个虽有推理而无实证的过程，又是一个宁信推理而不信实证的过程。由此返视光绪元年（1875）翁同龢"奉懿旨"派"毓庆宫授皇帝读，闻命感涕，不觉失声"，以及受命之日面对问答，"皇太后挥涕不止"，谕以"尽心竭力，济此艰难"[2]的场面，则翁同龢之能够做光绪帝的老师自始即出自西太后的选择和托付，因此其久任师傅适以见其久被信重。幼年和少年时代的光绪皇帝性属倔拗一路，不算是一个容易受教的学生，是以年复一年，太后召对便常常要向师傅查问功课。直到光绪十三年（1887），君臣之间还有过共论皇帝的言之恳恳：

> （太后）首论书房功课宜多讲多温，并诗论当作，亦宜尽力规劝，臣对语切挚；皇太后云书房汝等主之，退后我主之，我亦常恐对不得祖宗也，语次挥泪。[3]

---

[1]《汪康年师友书札》第一册，480页。
[2]《翁同龢日记》第三册，1176页。
[3] 同上书，第四册，2103页。

西太后的"语次挥泪"和翁同龢的"对语切挚",都说明了君臣之间的推诚相见,两者共有的意愿都在于把皇帝陶铸得像个皇帝的样子。而以岁月计,其时与光绪帝亲政相距不过两年。因此,以光绪十三年的言之恳恳比甲午乙未之际的"咱们天下自做乎,抑教姓翁的做",则七八年之间的前事不同于后事里,西太后之深恶翁同龢本是由深信翁同龢逆变而来的。其间的颠倒显见得太过剧烈,所以其间的颠倒遂不在常理常情之中。而与缺失掉的常理常情相对应的,正是产出于"本病"和"表病"层层牵结之中的深疑雄猜。而这种积深疑雄猜而为不移的定见和成见,积定见和成见而为固结的判断一经形成,便已打破维持已久的庙堂秩序和人际绾连,使咫尺变作敌国。随之,是撤毓庆宫之后十一个月,汪鸣銮"革职永不叙用";汪鸣銮"革职永不叙用"之后四个月,文廷式"革职永不叙用";[1]文廷式"革职永不叙用"之后两年,翁同龢"开缺回籍"。[2]

在这个过程里,为变法而卷入了深宫恩怨的清流人物群同时又深深地为深宫之恩怨所困。他们卷入母子之间,初旨本在于光绪帝的"锐意更张,为发奋自强之计"[3]同他们图变法的怀抱能够相为感应。所以,其中的多数人便因开新守旧之分而径情直遂地在母子之间一边倒。朝旨说汪鸣銮"屡次召对,信口妄言";说文廷式"每次召见时,语多狂妄",[4]指的都是这种扬此抑彼。他们以新旧之争解释母子之争,然而西太后始终在以母子之争解释新旧之争。曾经经历过母子之争和新旧之争的王照后来说:"太后先年原喜变法,此时因不得干政,激而阴结顽固诸老,实不过为权利之计耳。"[5]又说:"其实慈禧

---

[1]《清实录》第五十七册,59973页。
[2]《翁同龢日记》第六册,3134页。
[3]《清史稿》第四册,965页。
[4]《清实录》第五十七册,59974页。
[5] 转引自《戊戌变法人物传稿》上册,341页。

但知权利,绝无政见,纯为家务之争。"[1]若以甲午之前三十年西太后佑护洋务事业的历史事实做比照,则"太后先年原喜变法"应当不是信口开河之辞。如果没有出自朝廷的这种佑护,以洋务为中心的历史过程还会更加崎岖盘陀。但在西太后那里,这样的佑护又并不是一种洞悉世务而深思熟虑的东西,从而并不是一种固定不移的东西。因此甲午乙未之间和之后,她由"家务之争"而作"权利之计",便非常自然地会以母子之争解释开新守旧之争,并因之而非常自然地会以权力之争制约、支配和消解了变法之争。作为回应和感应,则是为图变法而在母子之间一边倒的清流人物不得不跟着想和跟着走。他们以新旧之争解释母子之争,本是一厢情愿地想用变法图强来笼罩和导引权力角抵。但时当甲午乙未之际,因战争失败而催生出来的变法之想犹在一片朦胧而细目不甚分明之际,而权力之角抵则常在近观熟视之中而明晰了然。两者之间形成的是一种对比,而对于以变法为怀抱而又被目为帝党的这一群士大夫来说,两者之间形成的也是一种矛盾。与这种对比和矛盾相表里的,一面是被他们引入中国政治的变法自强因其朦胧而不容易进入中国政治的深处,一面是权力之争因其切近和逼近而很容易搅动人心的深处。身在两面牵动之间,遂使以变法自强造时势的清流中人不能不同时又成了被时势所造的一方。而后是他们中的愿心宏大者和摄力胜人者一旦被绕进了权力纷争的漩涡之中,朦胧的东西便常常会成为远去的东西。曾是京师强学会要角的文廷式,是彼时最早自任"变法"的清流之一。但他在松筠庵聚众"讲学",尤其引人注目的则是"所论颇涉官吏黜陟",[2]由此召来言路弹劾,罪名也全在"遇事生风"和"广集同类,互相标榜,议论时政,联名执奏"。[3]然则他所着力从事的,以及言路撷拾罗举的,其重心所在显

---

[1]《近代稗海》第一辑,4页。
[2]《近代名人小传·官吏》,10页。
[3]《清实录》第五十七册,59973页。

然都少见变法图强一面而多见权力争斗一面。在那个时候以变法认同类的士大夫里,文廷式是一个富有个人影响力的人,而以李经迈记述中所说的"大考翰詹,先谕阅卷大臣以文廷式须置第一"做推想,则文廷式又是光绪帝另眼相看的人。因此,在他"革职永不叙用"之后,京中之同类议论曰:"京中真君党只渠一人,渠去则为所欲为矣";[1]外省之同类议论曰:"芸阁昨又被斥,此事本早为虑及,不料若是之甚。惟吾党中失此强力之人,至为可惜。"[2]其扼腕而叹,愤懑之所集也是"君党"意识过于新党意识。若由这种愤懑连及此前和此后京中外省以通信发横议,注目处大半在于皇帝与太后各自的势力走向和彼此的势力消长,则俱见文廷式一身所表现出来的这种倾向,其实是变法初起之日这群人的一种普遍倾向。而身在普遍倾向之中,便是身在不由自主之中。

甲午乙未之际,由于母子不和,当国近三十年之后刚刚归政的西太后和亲政只有五年的光绪帝之间,便在实际上形成了强弱不同的两种君权;又由于共赴变法的清流一脉始终以君权为归依,遂使图存图强的变法自其初起之日起便不能不捆缚于两种君权的起伏纷争之中,并在起伏纷争里常常顾此失彼。前一面和后一面都内在于同一段历史过程之中,因此,从甲午乙未到丙申、丁酉、戊戌,后来变法图强在一路腾越里走向高潮,这种内含于历史过程之中的倾向也会在一路腾越里走向高潮。而对于继起的那段历史来说,两者之间的相互矛盾、相互牵连和相互影响同样是在为其间的成败造因果。

(2012年)

---

[1]《汪康年师友书札》第一册,735页。
[2] 同上书,第二册,1236页。

1900年：新旧消长和人心丕变

1900年是19世纪的最后一年，以世路蜩螗说人间景象，也是近代中国不宁的一年。从春夏之间开始，"灭洋"、"勤王"、革命次第起于华北、华中、华南，各立宗旨以聚群体，在血色中生，又在血色中没。由此牵出的沤浪相逐使中国社会在连串的历史冲突中一路颠沛。太后、将相、疆吏、志士、民众、党人都卷入动荡的旋涡之中，先后成了造时势的人和被时势摆布的人。这一年岁在庚子，在它留下的多事之秋里有许多人物和场景都不会被湮灭，而北方的义和团与长江流域的东南互保则是这一年里以一方之力拽动天下者。它们由不同的抱负而走向不同的结局，并以各自的结局影响了继起的20世纪。

在中西交冲六十年之后，义和团蓬蓬然起于山东直隶。由此汇聚的万千"拳民"都出自下层社会，他们在西潮冲击下的经济改组过程里备受磨难，一群一群地成了失所依附的人；又因西教浸逼所促生的文化冲突和利益冲突而怨忿日积，一群一群地成了民教争斗中的发指眦裂者。因此，汇聚了这些困蹇人口的义和团，同时也汇聚了他们背负的磨难和怨忿。而后久蓄于一身一心的磨难和怨忿便合群泄出，化为喊声与回声交作的"仇洋"和"灭洋"。当四方拳民向京城涌去的时候，愤火所驱，往往群自为战，毁电杆、拆铁路、焚教堂，并且由物及人，围追堵杀大毛子、二毛子。怒气与戾气勃勃然交杂地漫延于庚子年间的华北，显示了下层社会对西潮迫来的激烈回应。时当列国环伺，在他们为命运抗争的群起一决之中，正包含着民族抗争的历史内容。然而一时汇聚的拳民大半是从旧的生产方式中走出来的，这种生产方式所构筑的那个世界正在社会变迁中碎裂，但那个世界又是他们安身立命和血肉相连的地方。所以，万千拳民的"仇洋"和"灭洋"不能不以回归旧的生产方式为出路。他们容不得教士，也容不得已经融入新生产方式的"南人"。[1]后来李大钊曾以经济说因果，由义和团的猛烈排外而直言其对于"工业经济压迫的反动"。[2]溯其本义，"反动"正是在抵拒中走向回归。由于抵拒和回归联为因果，激起于"外人逼我甚，民情益愤"[3]的义和团从一开始便非常明白地以守护传统为自觉意识。三十年以来，中国士大夫因自强与变法而新旧交争，又因新旧交争而人以群分。因此，下层社会执排外以卫旧序的万众激越一定会与士大夫中的固守旧物者发生感应，并使其中最否塞的一部分人岌岌乎跃入万众激越的猛烈排外里。于是，曾与开新久相对峙的守旧一方随之而声势盛涨，在夏季的北京成了支配朝局的力量。

当华北在"灭洋"与卫旧的斗杀声中四面动荡的时候，南方的疆吏与士夫绅商们却别有怀抱地冷眼远看，并由冷眼远看而联手相结，同"沪上各国领事"和列国"来华水师提督"立约，议"互保东南、不犯长江"。[4]诏旨严催天下督抚"杀洋人"，以此对比长江流域的中外互保，则后者显然是对于朝局的遥相颉颃。三十年之前，内战还没有止息，而效西法以图自强的洋务运动已在外患的逼迫下发轫于东南。由此作始，日后的岁月里，东南遂成先入中西交汇的区域。西来的形

---

〔1〕《义和团史料》上册，中国社会科学出版社1982年版，161页。
〔2〕《李大钊文集》下册，人民出版社1984年版，180页。
〔3〕《庚子国变记》，《清季野史》，岳麓书社1985年版，29页。
〔4〕《张文襄公全集》(四)卷二二八《抱冰堂弟子记》。

而下和形而上在这里催发出政治、经济、文化和社会生活的节节嬗递,造就了开新的人物与思潮。在这个过程中累积起来的物质和精神,常常使新旧之争与南北之分交叠在一起。因此,庚子年间长江流域的中外互保虽然旨在"留东南以救社稷",而由此形成的南方颉颃北地,则显然地昭示了三十年新陈代谢之后的分化和分野。合力肩撑东南互保的两江总督刘坤一、湖广总督张之洞,与之声气相通的闽浙总督许应骙、两广总督李鸿章、山东巡抚袁世凯,奔走指画于其间的盛宣怀、赵凤昌、沈曾植、汤寿潜、张謇、何嗣琨、沈瑜庆、陈三立、施炳燮、汪康年等等,大半都属自强变法和维新变法的局中人与同路人。虽说自强维新各成一段,但在三十年新旧嬗递之中它们都同出一脉并前后相承,面对华北的万千义和团拳民,两者之间的界限其实已经非常模糊。这些人因东南互保而联类相聚,其心同此理的识断正代表了中国社会里与开新结缘的人物、群体和思潮。

在19世纪的中国,开新与守旧都饱含着与世运相连的苦心和忧患,其间的分界未必没有一点同一。然而从戊戌之秋到庚子之夏,前者与后者已经由论争而角抵,并在角抵中牵动杀机越走越远,不复能以语言文字相沟通。积久的新旧之争因之而在激化中达到了高峰。

自春夏之交至夏秋之交,庙堂的排外和民众的排外合流于天子脚下,使卫旧成了国家政治中的强势。但这个过程唤起的情绪和意气又是一种淹没理性的盲潮。盲潮涨起,涮落了卫旧本有的理路与思想,剩下的便只有千古岁月留在人心里的蒙昧了。而后北京城里"坛场殆遍",攘夷的愤怒与烧香、焚表、请神、持咒的热忱融为一时奇观:

> 拳众所佩辟兵符,以黄纸朱砂画之,其象有头无足,面尖削粗具眉眼,顶四周有光,耳际腰间作犬牙诘屈状。心下秘字一行云:"冷云佛前心,玄火神后心。"且持咒曰:"左青龙,右白虎,冷云佛前心,玄火神后心,先请天王将,后请黑煞神。"谓持诵则

枪炮不燃，固未验也。[1]

灭洋的拳民奉仙佛，灭洋的士大夫也奉仙佛。一个御史说："洪钧老祖令五龙守大沽口，夷舰触龙背皆立沉，此天所以灭夷也。"另一个御史"与关壮穆语，得篆文帛书，言无畏夷，夷当自灭"。[2]这些话都不能用人间的道理来究诘，而彼时却正是盲潮中的强音。作为近代中国思想历史延续中的一面，卫旧自有义理和纲目，其立论并不以蒙昧为题中应有之义。但在庚子年间的华北，则卫旧因万千人的簇拥而居强势，也在万千人的搅动里成了与蒙昧同义的东西。因此，当八国联军以枪炮杀人"如风驱草"，恣睢地击溃了团聚于烧香、焚表、请神、持咒的群群拳民之后，守卫旧物的喊声和回声便同"青龙"、"白虎"、"冷云佛"、"玄火神"一起，在窒扼中一时俱寂。洋人用枪炮证明了蒙昧并不是一种排外的力量。轰然而起的义和团又轰然而散，其"外乡之人，连夜逃遁，在京之人，改装易服。一日一夜之间，数十万团民踪迹全无，比来时尤觉迅速也"[3]。随后，在联军兵威的督视之下，当日佑拳的亲贵和达官一个一个成了被惩办的"祸首"。这些人倾力把卫旧推向顶点，也使自己和卫旧一同走到了尽头。庚辛之际正在做京官的叶昌炽旁观尚书侍郎们被牵到菜市口去"正命"，曾联想前后而深致感叹：

> 戊戌所杀者，除杨侍御（杨深秀）外，皆南人也，今皆北人。戊戌皆汉人，今除天水尚书（赵舒翘）外，皆旗人也。戊戌皆少年新进，今则皆老成旧辅，反手复手，倾刻间耳。[4]

---

[1]《义和团史料》上册，53页。
[2]同上书，211—212页。
[3]《庚子记事》，中华书局1978年版，31页。
[4]中国近代史资料丛刊《义和团》第二册，神州国光社1951年版，477页。

他以南人与北人、汉人与旗人、少年新进与老成旧辅的对举刻画了19世纪末期政潮的起伏，而后人读史更容易看清的却是贯穿其间的开新守旧相斗相扑。戊戌年间守旧摧锄维新，洒了一地的血迹。然而由庚子反视戊戌，则相隔不过两年。摧锄者已被一网收入遣戍、正法、赐死、革职和身死夺官的天罗罩下，变成了别人摧锄的对象。随着他们在生路上和宦路上走到了终头，曾在朝局中据有强势的守旧便因外力的剪芟而凋落，转为国家权力结构里奄奄无气的一方。他们的身影消失之后，庚子夏季居东南以远抗京师的那个疆吏群体遂廓然恢张而万众注目，在收拾时局的过程里成了天下重心所归的一方。而后，三十年自强变法和维新变法催生的种种主张矍然重起，发为庙堂里的奏议、幕府中的策论与报章上的时文。由此汇成的滔滔议论虽然间有异同，而此中共相则在呼应和群鸣。在劫后的中国，这些从笔底泻出来的文字为刚刚过去的人间剧变所反衬，忧怖交集，尤易动人心目。于是，半因说理和感染，半因震慑和冲击，本属少数的思想便急速地影响并支配了彷徨四顾中的多数，翻出鼓荡人心的时潮。遂使"辛丑、壬寅之后，无一人敢自命守旧"。[1]当20世纪来临之后，开新变法之说已骎骎乎笼罩朝野而独步一时。时人曾感叹"庚子之役，为自有国家以来未有之奇变"。[2]对于亲历过那一场天翻地覆于倏起倏落之间的人们来说，世路上的生死、盛衰、浮沉、悲欢都是不容易忘记的。然而由人事的代谢寻历史的脉理，则"庚子之役"犁动更深的一面洵在三十年相持之后的新旧消长。它们一旦出现，就会从结果变成原因，影响了后来的中国历史，也制约了后来的中国历史。

由于新旧消长，庙堂里的是非变，天下人的是非亦变。对于身当旧邦新造而又久苦步履艰难的中国来说，这是一种别开生面。但庚辛之交的新旧消长不是由一个自然的历史过程催生出来的，而是在外力

---

[1]《辛亥革命前十年间时论选集》第三卷，三联书店1977年版，669页。
[2]《义和团史料》下册，661页。

的逼迫下促成的。因此，新旧消长之际，常常伴随着民族心理防堤的碎裂和崩塌。一则记载描述其时的京城社会相说：

> 联军入都之时，顺民旗帜，遍悬门巷，箪食壶浆，跪迎道左者，不胜指屈，其时朝贵，衣冠鼓乐，燃爆竹、具羊酒以迎师者綦众，今悉讳其名。犹得曰为保护资产身价计，无可奈何而出此下策，并非真心之爱戴他人。迨内城外城各地为十一国分划驻守后，不数月间，凡十一国之公使馆，十一国之警察署，十一国之安民公所，其中金碧辉煌，皆吾民所贡献之万民匾、联衣伞，歌功颂德之词洋洋盈耳，若真出于至诚者，直令人睹之且愤且愧，不知涕泪之何从也。

谀外一旦成风，则会在传染中漫无边际：

> 顺治门外一带为德军驻守地，其界内新设各店牌号，大都士大夫为之命名，有曰"德兴"、有曰"德盛"、有曰"德昌"、有曰"德永"、有曰"德丰厚"、"德长胜"等。甚至不相联属之字，而亦强以德字冠其首，种种媚外之名、词，指不胜屈。而英、美、日、义诸界亦莫不皆然。

记述者因此而感慨系之："彼外人讵能解此华文为歌颂之义？而丧心亡耻一至于斯！"[1]四十年前，英法联军陷北京，逼出"庚申之变"。朝官士大夫身在炮口俯视之下，有逃奔，有藏匿。但逃奔和藏匿激生的都是敌忾与愤怒。城中儒生劫中记实，往往涕泪交流，血脉贲张，"呜呼痛哉"。[2]所以，那个时候的士大夫不会有媚外之心，也不会有媚外

―――――――

[1] 《义和团史料》下册，666—667页。
[2] 中国近代史资料丛刊《第二次鸦片战争》(二)，上海人民出版社1978年版，21页。

之词。在僧格林沁堵截西人的蒙古马队被洋枪洋炮打散之后,他们的心中还有一道用历史和传统做成的防堤。然而人心是一种强韧的东西,人心也是一种脆弱的东西。以"庚申之变"中的逃奔、藏匿和愤痛比"庚子之变"后的"衣冠鼓乐"曲身相迎,显见得两代人面目今昔异样。在后一代人的"丧心亡耻"里,可以直观和记录的是种种卑鄙猥贱。而众多的卑鄙猥贱"莫不皆然"地四漫,则卑鄙猥贱已越出了士大夫个体的德性之病;它们演为染污染浊的一世颓波,折射的却是世纪之交的人心丕变。由于人心丕变,在庚子年间的华北,士大夫所代表的上流社会里有"亡耻",被称作"北民"的下层社会里也有"亡耻"。《拳事杂记》曾收录过一封信,说的都是津沽时事。其间有一段专门写义和团人物在潮来与潮退之间的变相:

> 当团匪起时,痛恨洋物,犯者必杀无赦。若纸烟,若小眼镜,甚至洋伞、洋袜,用者辄置极刑。曾有学士六人,仓皇避乱,因身边随带铅笔一枝、洋纸一张,途遇团匪搜出,乱刀并下,皆死非命。

这种因仇洋而见血的场面以太重的杀气写照了排外的极端。然而当八国联军由海口登陆,以武力致胜之后,团中人一时仇洋意敛,杀气都消;种种举措,"今乃大异",使世人看了非常惊诧:

> 西人破帽只靴,垢衣穷袴,必表出之。矮檐白板,好署洋文,草楷杂糅,拼切舛错,用以自附于洋,昂头掀膺,翘自憙若。

排外的极端一翻手间变成了媚外的极端,见不到一点游移和过渡。事隔百年,已无从推断当日的团众里究竟有多少人曾经从一个极端走向另一个极端,但记事的文字勾勒出来的无疑是一种众生相,因之而有"嗟吾北民,是岂知人世有羞耻事耶"的沉重叹息。一个故事说津门有董姓富户,拳事盛时,"曾有一大师兄入宅持刀吓之,董焚香行礼始免。后于破城之日,董路遇此大师兄,手执小白旗,上书曰,'大日本顺民'。董问大师兄此旗何用,大师兄曰,'我但求活一天是一天'。"[1]短短的一句话,说尽了精神和意志的崩溃。一批一批的人由持刀者变为执旗者,画出了团众的归宿,也画出了19世纪走向20世纪之际下层社会的心路迷失。民国初年,钱玄同在北京雇用的一个包车夫当初曾是拳民,但"其时已经是热心的天主教徒了。在他的房里供有耶稣和圣母玛丽亚的像,每早祷告礼拜很是虔诚"。他从义和团的"洪钧老祖"和青龙白虎转向天主教的耶稣与圣母,虽然跨度既大且急,却是比较之后的抉择:"因为他们的菩萨灵,我们的菩萨不灵嘛。"[2]与前一个故事里的"大师兄"相比,后者显然更多地表现了主体的自愿。这些个人故事提供了历史的细节和细目,真实而具体地说明了曾在万千人心中生根的东西是怎么样被打碎的。中西交冲六十年,是中国人的夷夏之防和夷夏之辨被外来暴力一遍一遍重挞猛击的过程。每一次挞击都留下了血痕和裂痕。在血痕与裂痕的层层交叠下,物力筑成的夷夏之防节节坍落,断成碎片;但由心力筑成的夷夏之辨虽然久经击打满身裂罅,却依然一年一年地衍续于上流社会和下层社会,以它所派生的种种观念从精神上支撑着中国人口里的多数。这是一种不容易打破的东西。然而庚子年间万千人卷入的"拳变"以前所未有的强度和烈度灭洋排外,又在快枪重炮的逼拶下以前所未有的广度和深度向反面退去。潮来潮退之间,六十年维系人心的夷夏之辨最终因剧烈震荡而分崩离析。与之俱碎的是那一道历史和传统做成的民族心理防堤。

以夷夏之辨来比对中西,是用一个时代来度量另一个时代,其间

---

[1] 中国近代史资料丛刊《义和团》第一册,289、272—273页。
[2] 《苦茶——周作人回想录》,敦煌文艺出版社1995年版,121页。

的尺寸常常与实事和实理相去太远。但作为千年历史孕育出来的一种凝固意识，它又在强邻交迫之世为众多的中国人提供了可以依傍的精神支托。因此，当夷夏之辨及其派生的种种观念在震荡中分崩离析之后，随之出现的是一片迷离和虚空：旧的民族心理防堤已经倒塌，新的民族心理防堤还重建无期；两间所余，是一群一群曾经久惯依傍而突然没有了依傍的人们。庚辛之际的新旧消长与这种广涉众生的人心丕变发生在同一个过程之中，两者虽然各成一脉，却因之而既相羼又相融。由于旧消新长，开新便成为涌起的时潮；由于失所依傍，追蹑时潮便成了愿想中的依傍。新旧消长于一个没有依傍的时代里，为当日的中国和后来的中国带来了急迫的奔涛和吹卷的浮沫，理想的摩荡和人心的躁动，天边的五色祥云和脚下的歧路舛错。庚子后一年，梁启超曾作《过渡时代论》，申说"中国自数千年以来，皆停顿时代也，而今则过渡时代也"。其中有一段富有深度的文字：

> 盖凡过渡之利益，为将来耳，然当过去已去，将来未来之际，最为人生狼狈不堪之境遇。譬有千年老屋，非更新之不可复居，然欲更新之，不可不权弃其旧者，当旧者已破新者未成之顷，往往瓦砾狼藉，器物播散，其现象之苍凉，有十倍于从前焉。[1]

作为一个智者，他预言了过渡时代里的"瓦砾狼藉，器物播散"；作为一个健者，他又不恤过渡时代里的"瓦砾狼藉，器物播散"。然而用"旧者已破新者未成之顷"指譬过渡时代，说的正是一种两头不到岸。梁启超意中那是一个短期（"顷"），以后来的事实作测度，这一段历史其实很长很长。

---

[1]《过渡时代论》，《清议报·五》第八十三册，中华书局1991年版，5213—5214页。

上个世纪的人们生活在古今中西交困之下，过渡时代的人们也生活在古今中西交困之下。但隔了庚子与辛丑，同一个题目的理路已全然不同。19世纪70年代之初，曾国藩被天津教案拖入中西交冲，身心俱苦；事后发议，言之深切的是"理"和"势"：

> 中外交涉以来二十余年，好言势者，专以消弭为事，于立国之根基，民生之疾苦置之不问。虽不至遽形决裂，而上下偷安久，将疲苶不可复振。好言理者，持攘夷之正论，蓄雪耻之忠谋，又多未能审量彼己，统筹全局，弋一己之虚名，而使国家受无穷之实累。自非理势并审，体用兼备，鲜克有济。[1]

势讲的是强弱和利害，理讲的是善恶和是非。西方人挟工业革命之后节节扩张的那个世界历史过程东来，以民族战争的重槌打破了中国人用藩篱围起来的国界，从一开始就显示了势的凌厉。此后的中西交冲，据有理的中国人遂成了为势所抑的一方。然而为势所抑是屈于力的结果，这个过程不会消泯是非善恶之界。因此，19世纪的六十年里，中国人总是徊徨于理和势之间，厄于势而抱持理。曾国藩在天津教案里受困，弄得遍体鳞伤，由此说理说势，归结为"理势并审，体用兼备"。他用八个字表达了为势所抑的一方心中执守着伸张理的愿望。在那个时候，这是身处中西交冲之世的中国人共有的常态。但20世纪的中国人已越来越多地走出了理与势之间的徊徨。潮头健儿以言论醒世，大半都善用物竞天择那一套道理诠解中西之争。1902年，志在开新的蒋观云在《选报》载文论说"竞存"曰：

> 天地之间两物相遇，则竞存之理即行乎其间。国与国遇，而

---

[1]《曾文正公全集·奏稿》卷二九《请以陈钦署天津府折》。

兴灭之事出焉:其甲国不灭,乙国亦不灭者,必其两国之程度等,彼此皆有以自立者在,否则无幸焉。种与种遇,而存亡之机判焉:其甲种不亡,乙种亦不亡者,亦必其两种之程度相等,彼此皆有以自立者在,否则无幸焉。今者地球大通,种与种遇,一人种生死之大关键、胜负之大斗场焉。

同一个意思,另一家称作《觉民》的杂志非常简赅地概括为"盖生存竞争者,物竞之公理,而优胜劣败者,天演之公例也"。[1]这些道理起源于对物种演化的观察和说明,而后由自然移入社会;又由欧西移入中国,在"进化"和"天演"的名目下成为人心中的"公理"和"公例"。以言势言理比照物竞天择,则前者是用中国人的理路说古今中西,后者是用西方人的理路说古今中西。在中国近代思想史上,两者之间的嬗蜕有如季换星移,世间的物候都随之而变。

作为一种外来思想,进化论在上个世纪已经由传教士们的"文字播道"片断引入中国。而最终把这一番"怵焉知变"的道理送入读书人视野的,则是严复以典雅的笔触译述的《天演论》。胡适后来作《四十自述》,追叙少年往事,于此印象尤其深刻:"《天演论》出版之后,不上几年,便风行到全国,竟做了中学生的读物了。"又说:"在中国累次战败之后,在庚子辛丑大耻辱之后,这个'优胜劣败,适者生存'的公式确是一种当头棒喝。"这些叙述留下了一个过来人的心痕。由他的前一段话可以知道,《天演论》一书虽然初版于戊戌年间,而其声光动天下的盛期则在20世纪初年。由他的后一段话可以知道,在《天演论》舶来的种种知识里,最能搅动时人心底波澜的正是用对仗提炼出来的物竞天择、优胜劣败。于是,"自严氏之书出,而物竞天择之理厘

---

[1]《忧患篇》,《选报》第14期,论说,第1页;《军国民主义》,《觉民》,1—5合集。转引自《辛亥革命时期期刊介绍》,人民出版社1982年版,第二集,91页,第1期,421页。

然当于人心,而中国民气为之一变。"[1]用进化论来说人说群说国说种便成了20世纪初年中国社会思想的主流。变法维新以此立论,革命共和也以此立论。

众多的志士接受物竞天择、优胜劣败的天演公理,为的是以此解说既往,以此谋求来日;物竞天择和优胜劣败中寄托的都是国运和世运。"智存愚灭,天择其群。眷念黄人,不觉泪下。"[2]在他们的文字里,天演的肃杀常常与热泪和沉痛交融在一起,化作啼血的心声。然而,从欧西原著《进化论与伦理学》到汉译的《天演论》,从铺叙义理的《天演论》到提炼为命题的"优胜劣败,适者生存",是一个在广传远播中不断简约化的过程。这个过程一步一步滤掉了对于天演的种种道德忧思,使人种成了与物种等夷的东西。创办于1905年的《直隶白话报》说:"现今的世界,正是一个弱肉强食的世界。不兴就衰,不存就亡。"用这个道理作推演,则中国之久被侵侮"怨不得人家,恨不得人家,可怨可恨就是中国人自家"。[3]创办于1906年的《豫报》说得更锐利:"夫优胜劣败,天演公理。劣之集点,在天为弃子,在人为贱种。已无自卫能力,而又障碍文明之进步,必处扫除夷灭之列。倾者覆之,无能用其偏袒耳。"[4]显然,"弃子"和"贱种"指的并不是彼族。这一类议论意在宣述天演扶优汰劣之无亲无私,以催人自立于竞存之世。然而其文字所照,却又非常明白地彰显了天演的本义其实正是一种势。"物竞天择","优胜劣败",度量的准则都是强弱和利害。而"适者生存"所对应的则是竞存之世的能够顺乎势者。在这一套道理里面,没有是非的尺度,也没有善恶的尺度。19世纪的中国人为势所

---

[1] 《述侯官严氏最近政见》,《辛亥革命前十年间时论选集》第二卷上册,三联书店1963年版,146页。
[2] 《杜国大统领古鲁家列传》,转引自《辛亥革命时期期刊介绍》第二集,108页。
[3] 《直隶白话报缘起》;《纸上谈》,《直隶白话报》创刊号、8期。转引自《辛亥革命时期期刊介绍》第二集,287、290页。
[4] 《预报弁言》,转引自《辛亥革命时期期刊介绍》第一集,601页。

抑,而心路漫漫,守护的却是理。从 20 世纪开始,由于进化和天演的别为诠释,曾经被前几代人长久抵拒的势一时意义全变,并在极短的时间里楔入人心,化成了中国人论世论时的一种思想依据和演绎前提。由说理说势的徊徨转为物竞天择、优胜劣败的天演,映照出六十年中西交冲之后,累经重挫的中国人已经向工业革命以来发源于欧西的那个世界历史过程自觉认归。比之"中体西用"那代人怀一腔委屈之心效西法,崇尚天演进化的变法人物和革命人物在凝望彼邦的时候,无疑抱的是惊羡之心。其间的新陈代谢之迹历历可见。然而以强弱利害界分优劣,则势之长正是理之消。物竞天择、优胜劣败的日播日远会非常容易地冲涮和汩没是非之界与善恶之界。当时人眼观世象,曾比较而言曰:"中国泥于古,则闭关自守,外界之风潮不一省觉。中国炫于新,则崇拜强权,务饰表面,廉耻道丧,惟以功利攘窃为能。"[1]前一面的毛病在否塞,而对后一面的责备,显然更多地出自于是非善恶之理。天演之说始于国与国之间而延于人与人之间,势长理消也始于国与国之间而延于人与人之间。这个过程把物竞天择牵入许多题目,引申出种种纵心所欲的议论。1903 年,《游学译编》刊布《教育泛论》,深恶儒者"以利己为人道之大戒"的成说,直指为"剥丧人权,阻碍进步",直指为"人道之蟊贼"。然后说:

> 惟利己故不得不竞争,竞争剧斯进化速矣;惟利己故不得不排外,排外力斯合群固矣;惟利己故不得不求助于人,求助于人,斯不得不有以助人矣。[2]

同年的《国民日日报》有《箴奴隶》一文,则以"天下之能冲决奴隶之

---

[1]《国会论》,《江西》第二、三期合刊。《辛亥革命前十年间时论选集》第三卷,419 页。
[2]《教育泛论》,《游学译编》第 9 期。《辛亥革命前十年间时论选集》第一卷上册,402 页。

网罗者,惟强盗"为独到之见:

> 吾言强盗,吾奴隶之所骇怪也。试观世界中所谓"帝国"、"民族"、"民族帝国"种种主义,无一非自"强盗主义"胚胎而成。
>
> 欧洲自强盗主义之发现,而至有今日,故吾中国欲革除国体之奴隶,不可不用强盗主义,欲革除个人之奴隶,不可不用强盗主义。[1]

这些话里并不是没有一点片断的道理,但过度的推导和蔓衍又使片断的道理蒸发于独断的汪洋恣肆里,其主旨便成了一种非常奇异可怪之论。前一篇文章借竞争立说,主张用"利己"之心推动中国的进化,后一篇文章借强权立说,主张用"强盗主义"推动中国的进化,眼光都落入常理之外。在中国人的伦理规度里,"利己"不义,"强盗"不仁,两者都不是良知所能接纳的东西。千年所积之后,已成天经地义。因此,这种没有论证的笔走龙蛇不会有太多的说服力。但他们说出了前人从来都不敢说的话,以此别创是非之格,把不可轻亵的褒贬之义化成了运用之妙存乎一心的物事。由此反照出来的,正是茁长的势对于理的蔑视。与之相类的议论纷呈起落于常理之外,不断地为人性中对应于"物竞天择,适者生存"的那个部分解脱束缚,使之显出人欲本色。而后,竞存之世多见"道德之藩篱尽撤,狙诈飙起,人皆假公义以济其私,群俗之堕落,遂有一日千丈之势"。在夷夏之辨的心理防堤分崩离析之后,儒学用漫长岁月苦苦筑成的道德防堤也开始解组了。这些随开新而衍生出来的社会景观未必都在倡开新的人们始料之中。1905年以死警世的陈天华跳海前作《绝命书》,留给后死者的深深忧思之

---

[1] 《箴奴隶》,《国民日日报汇编》第一集,《辛亥革命前十年间时论选集》第一卷下册,713页。

一、正是侪辈中人"以爱国自饰,而先牺牲一切私德,此之结果,不言可想"。其辞痛,其心苦。而笔述《天演论》的严复1906年为学界作演讲,言之谆谆,说的不是物竞,却是人伦:

> 今夫社会之所以为社会,正恃有天理耳!正恃有人伦耳!天理亡,人伦堕,则社会将散,散则他族得以压力御之,虽有健者,不能自脱也。
>
> 须知东西历史,凡国之亡,必其人心先坏,前若罗马,后若印度、波兰,彰彰可考。未有国民好义,君不暴虐,吏不贪污,而其国以亡,而为他族所奴隶者。故世界天演,虽极离奇,而不孝、不慈、负君、卖友一切无义男子之所为,终为复载所不容,神人所共疾,此则百世不惑者也。[1]

他不愿意看到由自己传入的新知与人欲掺杂,演为世间的德性无序,因此强作界说,努力为天理人伦留一点余地。然而在20世纪的中国,除旧布新的过程与势长理消的过程是剥离不开的,物竞天择、适者生存所到之处,天理人伦一定会七颠八倒。其间的变迁不可以情感,不可以理喻。1898年的严复趋前,1906年的严复回归。趋前与回归之间,显出了一个开先者的深思和反思。

因为天演进化,所以,原本在一姓之朝代的更替中循环的历史便有了时间上的阶段之分。这层意思后来称作历史发展的进步性。以此作测度,则中西分异的意义和内容也不能不随之而变。19世纪末和20世纪初,康有为为儒学原典发微,常常把进化论灌入公羊学,持君主专制、君主立宪、共和制度说据乱世、升平世、太平世,用以阐演历史发展过程中政治制度的层层递进。在他所描画出来的进化时序里,与

---

[1]《严复集》一,中华书局1986年版,168、169页。

西欧北美对应的那个时代总是在中国人所居时代的前面。[1]而那些把进化论移入社会经济的人们则深信:"凡人类进步之次第,由射猎而游牧、而耕稼、而工商。"[2]在他们描画出来的进化时序里,与西欧北美对应的那个时代也是在中国人所居时代的前面。同一类说法还有野蛮与文明、乱与治等等,都是用递进述历史,以指比欧西和中国在进化程途中的先后之分。先后之分内含的正是优劣之分。由于进化的公理性预设了进化的单向度性,因此,居后的中国人遂无地可逃地成了欧西的追随者。中国人曾经长久地俯视西方人。上个世纪西方人用大炮两次打败中国,而后俯视变为平视。时至20世纪,天演进化把中国人放到了追随者的位置上,则对于被追随者,平视会不由自主地变作仰视。1902年发刊的《大陆》杂志曾自惭形秽地说:

> 陋哉!我支那之大陆乎!古之大陆,为开明最早之大陆,今之大陆,为黑暗最甚之大陆;他之大陆,为日新月盛之大陆,我之大陆,为老朽腐败之大陆。

"黑暗最甚"和"老朽腐败"都是用对比物反衬出来的。"自欧风东渐,大雅宏达,宅心宥密,极目九万里,聚文明之新空气",而原本熟视已久的种种物象则在万顷琉璃的斜照下一一毕显其陋。这种由天演进化择定的对比物示人以优劣,也示人以法则,因此,"吾愿居于大陆者,以欧洲大陆为师,以非洲大陆为戒,则他日支那之大陆,庶有豸乎。"[3]以彼量己之际,仰视之意非常明显。

19世纪倡自强的那一代人刚刚由俯视转为平视,他们是近代

---

[1] 参阅萧公权:《康有为变法与大同思想研究》,江苏人民出版社1997年版,68—82页。
[2] 转引自《辛亥革命时期期刊介绍》第三集,61页。
[3] 《大陆发刊辞》,《敬告读者诸君》;《大陆》第1、5期,转引自《辛亥革命时期期刊介绍》第二集,116—117页。

中国最早"效西法"者。其制器、练兵、设厂、开矿,用的都是零买的方式。但由平视变作仰视,则天演进化导引下的效西法一定会从零买扩张为批发。时论说当日的学界趋向有曰:"海波沸腾,宇内士夫,痛时事之日亟,以为中国之变,古未有其变,中国之学,诚不足以救中国。于是醉心欧化,举一事革一弊,至于风俗习惯之各不相侔者,靡不惟东西之学说是依。"[1]其中"欧化"一词说的正是零买之变为批发。[2]

效西法的本义,是借西方人的办法来解决中国人的问题。用零买的方式效西法,着眼的是头痛医头、脚痛医脚。头和脚都是中国人以体用为界度择取的结果。因此,在19世纪的中国社会里,移接过来的东西终属局部和殊相。然而从零买变为批发而归于欧化,则旨在"效法西人,一变旧制",[3]其间已不复有界度,也不复有择取。在三十年头痛医头、脚痛医脚之后,中国人的问题和西方人的办法已被新一代人看成是一个整体对另一个整体,两者都不可切割:

> 今者二十世纪,全地球皆进于工商之时期也。工商之进,而政治不与之相宜,则工商不可兴,故不得不变政。变政而人心风俗不与之相宜,则政治不可行,故不得不改人心风俗。[4]

这种移接的整体性反照了天演进化赋予欧西那个世界的普遍性和必然性。因此,被天演进化所浸染的中国人常常张目谛视,总想从那个世界里的一事一物中看出这种体现了历史进步的普遍性和必然性。一个

---

[1]《辛亥革命前十年间时论选集》第二卷上册,44页。
[2] 用"零买"和"批发"比社会进化,是杜威1919年秋在北京大学讲演中的说法。此处借用这两个词以说这一段历史。
[3]《国粹说之误解足以驯至亡国论》,《丛报》第237号,转引自《辛亥革命时期期刊介绍》第一集,315页。
[4]《风俗篇》,《选报》第2期,转引自《辛亥革命时期期刊介绍》第二集,92页。

倡革命的志士在《汉帜》上发议论，深叹"巴黎之花，伦敦之犬，皆带自由不可侮之气"。[1] 另一个倡革命的志士以文字作鼓吹，由"发辫"起讲，而后说到易服饰：

> 合古今中西而变通之，其唯改易西装，以蕲进于大同矣。既有西装之形式，斯不能不有所感触，进而讲求西装之精神。西装之精神，在于发奋踔厉，雄武刚健，有独立之气象，无奴隶之性根。且既讲求其精神，斯不能不取法西人所谓政学、法律、工艺、商农之美法，一一而举行之矣。[2]

这些话大半都是不可实证的，却能使言者动容，听者也动容。西人的花、西人的狗和西人的服装一经点染便各具义理，非常写实地说明了欧西所居的进步性、普遍性和必然性是怎么样在中国人笔下泛化的。与之相伴生的是欧化的热忱和欧化的过度。1905 年，《新民丛报》与《民报》论辩，争的都是中国人的家务，而主开明专制的梁启超引"德人波伦哈克之说"为理据，主共和革命的汪兆铭引"佛兰西法学者仙治罗氏所著之《宪法要领》"为理据。[3] 他们的政见不可调和，但请来为中国作裁断的却都是欧洲人。《新民丛报》和《民报》执舆论界之牛耳，其文字代表的都是一时之风会。被欧化所裹而卷得更深的人们则"外人询我曰野蛮，亦从而询之曰野蛮；外人诋我曰聋聩，亦从而诋之曰聋聩，若与芸芸蠕蠕之众不能终朝居者"，[4] "从而询之曰"和"从而诋之曰"未必没有劝世之意，但他们的语言与"外人"太近，遂使他们说出来的话总是与国人太远。千言万语，在旁观的眼里都成了

---

[1]《辛亥革命前十年间时论选集》第二卷下册，853 页。
[2] 同上书，第一卷下册，748 页。
[3] 同上书，第二卷上册，165、397 页。
[4] 同上书，第一卷上册，441 页。

"尊西人若帝天,视西籍如神圣"。[1]"帝天"和"神圣"都不容易进入凡人的世界,因此,正在以观念造思想风潮的欧化中人一面剧烈地影响着中国社会,一面又与这个社会处处隔膜。他们留给历史的是一种脱节。

天演进化以它所衍发的进步性、普遍性和必然性催使中国人走向世界;也以它所衍发的进步性、普遍性和必然性给中国人带来了一种深深的不平等。开新的中国人在走向世界的过程中自愿地接受了这种不平等,而后两者都被那一代人转化为改造中国的急迫。

庚子后十年里,朝廷行新政;倡君宪者主变制;求共和者谋革命。其各逞一说的主张相交错又相牴牾,纷争不息,而理路则都在摹东西洋的已成之规来变中国的旧法。由此合成的是一种变法的共趋和定势。报章上的论说,常在几经曲折之后流入庙堂,以至当日奏疏中的文字类多"世界公理"、"世运进步"、"西儒社会学曰",以及"国家主义"、"国民主义"、"竞争"、"权利"、"义务"等等,[2]说的都是从欧化那一派手里借过来的语言。其间的掀动波澜者,拽入波澜者和蚁附于波澜者各有一副面目,志度本自不同,但身在时流之中,便都为天演进化所罩,成了推波助澜者。自《校邠庐抗议》以来,开新的中国人已数十年用议论呼唤变法。然而20世纪一开始便来临的这一场改造中国的变法,却犹如海潮倒灌江口,常常要漫出他们的预想。上个世纪末,康有为累次上书皇帝,以危言阐扬变法。其中第六次上书的警句之一是"能变则全,不变则亡,全变则强,小变仍亡";第七次上书的警句之一是"桓拨速成雷轰电掣"。[3]前者讲全变,后者讲速变,表达的都是变法的急迫。在近代中国议变法的历史中,这是前所未有的高亢一鸣。但能够听得见的,只有深宫里的帝王。历经庚子与辛丑之

---

[1] 转引自《辛亥革命时期期刊介绍》第三集,59页。
[2]《清末筹备立宪档案史料》下册,中华书局1979年版,613、966页;上册,30、306页。
[3]《康有为政论集》上册,中华书局1981年版,211、221页。

后，天演进化以学理渲染竞存的急迫，遂使全变速变之说由一家言变为百家言。负共和革命之志的人说："天下断未有新旧杂糅而可与言国也，慧所以除旧布新也，旧之亡也勃焉，新之兴也勃焉。支那欲立新国乎，则必自亡旧始。"[1]以君主立宪为国是的人说："洎乎近顷，欧美之势力，侵入已深，而东邻眈眈，又为吾肘腋腹心之患。有疽之附骨，饮痛而不能去。此非施以根本上之改革，无能集其效。"[2]处两者之间，更多的人是被议论派生出来的："今夫道听途说之辈自谓知天下之事，瞋目语难辄谓某事当兴，某令当废。"而后"至有四千年史扫空之语。惟告以英、德、法、美之制度；拿破仑、华盛顿所创造；卢梭、边沁、孟德斯鸠之论说，而日本之所模仿，伊藤、青木诸人访求而后得者也，则心悦诚服，以为当行"。[3]于是，在全变速变之声回荡天下，人人之耳，又入人之心的时代里，一群一群的人身当风会所煽，都成了各是其是的侈口而言变法者。"愤于国力之弱也，则曰讲求武备；痛民生之窘也，则曰讲求实业。政体不更，宪法不立，而武备、实业终莫能兴也，则曰讲求政治、讲求法律。民智不开，民气不伸，而政治、法律卒莫能变也，则曰讲求学问，讲求教育。"[4]这些递进而递谢的题目，都曾经被当成是"根本上之改革"，被文字和议论牵出来；然而后起的"根本上之改革"不断地出场，又使它们很快地被文字和议论移到了边上。"言论鼓吹，文章激励，结社标榜，挟策请求"，申说的都是兴革，而事后审视，则急迫之中催出来的旨意大半都属"知近昧远"。由这个过程挽引的种种社会变革遂起于"知近昧远"，也止于"知近昧远"，在"陈义至高而实不切于事势，理论至正而未易见之实

---

[1] 《辛亥革命前十年间时论选集》第一卷上册，92页。
[2] 转引自《辛亥革命时期期刊介绍》第三集，431页。
[3] 转引自《辛亥革命时期期刊介绍》第二集，430页；《清末筹备立宪档案史料》上册，306页。
[4] 《与同志书》，《游学译编·二》第七册。

行"中常常走不到头。[1]而后急迫转为愤切,推着改良变法走向革命变法。一个经历过改良和革命的人形容其时的变法心潮说:"悚夫欧美革新之隆,谬欲规摹仿效,谓彼一法一制一俗一惯一条一文,若移而殖之我,将旦暮可以强吾国。及为之而不效,则流血拼命以蕲之,革无效再革之,再革无效更革之。"中国人在全变速变中奔走了十多年,但以天演进化的标准来衡量,始终没有脱出旧窠。因此,另一个经历过改良和革命的人在民国初年叹曰:"前三年思想,以为立宪不成,犹可革命,今革命矣",而四顾天下,"实无可强自慰藉勉为希望之处"。[2]由此流露出来的,无疑是一代人的失望。在这种失望里,烧尽的烈火化作了灰烬。已经落时的康有为在一边旁观十年世变,积留的大半都是愤郁:"病家不能医方,徒愤激于病剧,而妄用刀割,未有不伤死。乱国之人,不学治术,徒愤激于旧弊,而妄行革变,未有不危亡其国者也。"他说的未必没有一点道理,但他所切责的"愤激于旧弊,而妄行革变"其实是从全变速变里延伸而来的。[3]显然,这个曾为思想界带来过飓风的人已记不起自己在上个世纪末那高亢一鸣了。全变速变之想由多种因而起,经1900年之后的十年激荡遂成为20世纪中国思想的一部分。因此,"实无可强自慰藉勉为希望"只能熄灭火焰,不能熄灭火种。后来的岁月里,它常常在灰烬中复燃,一次一次地延烧于万千人的心中,重新引发思想的烈火,烧掉了应该烧掉的东西,也烧掉了不应该烧掉的东西。

(2001年)

---

[1] 转引自《辛亥革命时期期刊介绍》第二集,430页;《辛亥革命前十年间时论选集》第三卷,419、626页。
[2] 转引自《辛亥革命时期期刊介绍》第五集,432页;第四集,301页。
[3] 转引自《辛亥革命时期期刊介绍》第四集,384页。

清末新政：历史进化中的社会坍塌

一

1908年12月3日（光绪三十四年旧历十一月初十），三岁的溥仪在紫禁城太和殿成为清代最后一个皇帝。当天，诏书告天下说：

> 我大行皇帝临宇天下三十有四年，宵衣旰食，勤求治理，上禀孝贞显皇后、大行太皇太后慈训，简任亲贤，抚绥区夏，维新政治，中外同钦。方期景祚延洪，及时布宪，乃圣躬弗豫，于光绪三十四年十月二十一日龙驭上宾。钦奉遗诏，祇尊大行太皇太后懿旨，以朕承继穆宗毅皇帝为嗣，并兼承大行皇帝之祧，入承大统。[1]

这些话所表述的当然不是历史的细节。半个月之前，西太后在颐和园度过了她七十四岁的生日，而后患痢疾卧病不起。十天之后（光绪三十四年十月二十一日）下旨立嗣。接着，光绪和慈禧在两天中相继去

---

[1]《宣统政记》第2卷，10—14页。

世，留下了一个让后人久费猜详的疑团。

自咸丰崩殂之后，继位的新君一个比一个幼小，而他们面对的则是越来越近的日落黄昏。时至光宣之交，两者的对比愈益鲜明，显然不会催生出人心中的憧憬。半个世纪之后，当日在啼哭声中登极做皇帝的溥仪，用一种自我调侃的笔意写出了登极的历史场面：

> 大典是在太和殿举行的。在大典之后，照章先要在中和殿接受领侍卫内大臣们的叩拜，然后，再到太和殿受文武百官朝贺。我被他们折腾了半天，加上那天天气奇冷，因此，当他们把我抬到太和殿，放到了又高又大的宝座上的时候，早超过了我的耐性限度。我父亲单膝侧身跪在宝座下面，双手扶我，不叫我乱动，我却挣扎着哭喊："我不挨这儿！我要回家！我不挨这儿，我要回家！"父亲急得满头是汗。文武百官的三跪九叩没完没了，我的哭叫也越来越响。我父亲只好哄我说："别哭别哭，快完了。"

皇帝和摄政王之间的对话使人听了心惊肉跳。

> 典礼结束后，文武百官窃窃私议起来了：怎么可以说快完了呢？说要回家可是什么意思啊？……一切的议论都是垂头丧气，好象都发现了不祥之兆。[1]

这些疑虑本来出自附会和臆想，然而后来三年的历史似乎一步一步地应验了太和殿上的对话和太和殿下的疑虑。

从1644年摄政王多尔衮率兵入关，逐鹿中原，底定东南算起，爱新觉罗氏君临中国已有二百六十四年了。18世纪的康熙、雍正、乾隆

---

[1] 溥仪：《我的前半生》，北京群众出版社1982年版，37页。

三朝父子祖孙前后相继，以中世纪的最后一个盛世，烘托了"推校往古，无有伦比"的乾纲独断之局。自19世纪开始，天下渐入"四海变秋气"。嘉庆、道光、咸丰三朝积六十余年之久由衰世演为乱世，并侷蹐于内忧外患交迫之中，从中世纪走入近代。随后的同光两朝，当时称"中兴"，而本来属于皇帝的君权则被移入了珠帘背后，使西太后以一身执国家政柄垂五十年。五十年政潮起落铸造出来的积威是一种沉重的镇慑力，当这种镇慑力随西太后的疾终而突然消失之后，后起者所面对的便是权力构造中的一大片空白。被推出来填补这片空白的，是宣统皇帝的生父载沣。

当载沣以摄政王监国之初，朝廷曾颁布监国礼节总目十六条，赋以无上的权限。凡宪法纲要所规定的皇帝大权，自黜陟赏罚、军国政事，到聘使立盟、和战大计，皆由摄政王一手裁定，以谕旨宣示施行。事有须请皇太后懿旨者，则由监国摄政王面请施行，他人不得擅请擅传。[1] 这些设定的权力意在造出一种制断天下的态势。然而在王府中长大的载沣比不得铁马金戈中长大的多尔衮，他对一夜之间归他所有的那些权力其实非常陌生，因此，举手投足之间常常显得不内行。后来做了溥仪"师傅"的英国人庄士敦曾说：

> 他（载沣）真挚，力图以无力和无效的方式愉悦每个人，却难以达意。办事畏手畏脚，全无条理，完全缺乏能力、意志和勇气。有理由说明，他身心俱萎靡不振，对危急的局势无能为力。既无基本计划，又被琐事纠缠。在他成为摄政王之后，周围的阿谀者使其固执己见，而这又几乎总是错误的决断。在与醇亲王密切联系的几年当中，他那危及帝国和儿皇帝利益的办错事、走错路的致命脾性，给我留下了深刻的印象。[2]

---

[1]《宣统政纪》第3卷，5—11页。
[2]〔加〕陈志让：《乱世奸雄袁世凯》，1988年，96—97页。

尊王的庄士敦以一种包含着同情的责备描述了摄政王在权力丛中的手足无措。在他眼中，载沣显然是个被放错了地方的人。作为宣统皇帝的生父，庙堂内外期待着载沣踔厉专辄，威行四方；但作为光绪皇帝的弟弟，载沣又是从小在谦退自敛的桎梏中被畏葸喂大的。两者之间的矛盾造出了一个庸懦的监国，而要追述这种矛盾，则需从上一代人讲起。

在道光的九个儿子当中，除第四子奕詝做了皇帝外，在晚清中国历史上留下痕迹的还有六子奕䜣和七子奕譞。恭王奕䜣的痕迹在政事一面，醇王奕譞的痕迹却大半留在帝王的家事之中。当十八岁的同治"六脉俱脱"，龙驭上宾后，西太后选醇王子载湉为嗣皇帝，宣诏之日，奕譞惊惧交加，"碰头痛哭，昏迷伏地，掖之不能起。"[1]痛哭昏迷，都出自心悸。在西太后的手掌笼罩之下，以臣子而兼作皇帝的生父是一种祸福不由自主的事。因此，曾一度热心朝政，有意和六哥比身手的奕譞，一夕之间雄心全消，转以壮年之身哀词求退：

> 臣侍从大行皇帝十有三年，昊天不吊，龙驭上宾，仰瞻遗容，五内崩裂。忽蒙懿旨下降，择定嗣皇帝，仓猝昏迷，罔知所措。触犯旧有肝疾，委顿成废。惟有哀恳矜全，许乞骸骨，为天地容一虚糜爵位之人，为宣宗成皇帝留一庸钝无才之子。[2]

就此"罢一切任职"，自号"退潜居士"。他后来虽一度与闻军机处事务并总理海军衙门，而严畏殊常，"太后提用筹备海军之积款以大兴土木，（醇）王不敢违"，及"赴烟台阅海军，懿旨赐乘杏黄轿，王不敢乘，而心益加惕"。[3]留下的不是事功而是懦弱。

---

[1]《翁同龢日记》第2册，1087页。
[2]《清史稿》第30册，9106页。
[3]《近代稗海》第1辑，2页。

这些都写照了一种长久不弛的精神疲惫。自载湉入继大统，做了光绪皇帝以后，奕譞为"避本生擅权之嫌"而活得非常谦卑谨慎。他在战战兢兢中过了十六年，死的时候只有五十一岁。然而他在这个世界上的位置与君权委实贴得太近，因此在死后还有过一场风波。王照作《方家园杂咏纪事》，叙述说："内务大臣有英年者，兼步军总兵，素讲堪舆，尝为太后择定普陀峪万年吉地，急谋升官，乘间献媚太后曰：醇贤王园寝有古白果树一株，高十余丈，荫数亩，罩墓上，按地理非帝陵不能当。况白果白字，加于王字之上，明是皇字，于大宗不利。应请旨速伐此树。太后曰：我即此命尔等伐之，不必告他。他即上也。内务府诸臣虽领懿旨，未敢轻动，同往奏闻于上。上不允，并严敕曰：尔等敢伐此树者，请先砍我头。诸臣又求太后，太后坚执益烈。相持一月余，一日上退朝，闻内侍言，太后于黎明带内务府人往贤王园寝矣。上亟命驾出城，奔至红山口，于舆中号啕大哭。因往时到此，即遥见亭亭如盖之白果树，今已无之也。连哭二十里，至园，太后已去。树身倒卧，数百人方斫其根。周环十余丈挖成大池，以千余袋石灰沃水灌其根，虑其复生芽蘖也。诸臣奏云，太后亲执斧先斫三下，始令诸人伐之，故不敢违也。上无语，步行绕墓三匝，顿足拭泪而归。"[1]这个故事一定会给醇王府人的心头留下一种沉重的阴影。

奕譞死的时候，载沣还只有八岁。在后来的日子里，一面是外侮逼迫启新旧之争，一面是西太后与光绪母子失和致宫闱之争，两者纠缠而搅动政潮起伏。"始于宫庭一二离异之心，成于朝列大臣向背之口。因异生误，因误生猜，因猜生嫌，因嫌生恶，因恶生雠，因雠生杀。恶而雠，故有戊戌之变；雠而杀，故有庚子之变。戊戌雠帝雠小臣，卒雠清议；庚子杀大臣，杀外人，卒杀无辜之民。"[2]戊戌年间的百日维新失败以后，西太后蓄意废立，光绪遂犹如囚人。这个过程对

---

[1]《近代稗海》第1辑，1—2页。
[2]《张季子九录·文录》，《四川忠县秦太公墓表》，中华书局1931年版。

醇王府中的人们无疑是一种长久的折磨。其间,府中循例向太后"贡食品"的小太监曾受命"顺路往皇上宫叩安",结果被西太后派人从府中捉去,"交慎刑司拷问,遂杖毙之"。[1]其毕露的猜狠酷鸷不会不使人惊心动魄。而八岁的载沣正是在"宫庭一二离异之心"由猜生嫌、由嫌生恶之中长大成人的,作为光绪皇帝的弟弟,可谓久在畏惕之中。因此,自小走的便不会是才智发煌一路。奕𫍰乞骸骨之际,曾以"庸钝无才"自况。其实,他在利害之间看得非常分明,并非全无慧根一流。但对载沣一代来说,外在的束制和内在的敛抑都是自幼便能消磨英气的东西,而英气消磨殆尽之后,留下的便不能不是"庸钝无才"了。

西太后砍掉奕𫍰墓上那棵白果树,显然是不愿意醇王府中再出一个皇帝。她后来因新旧之争而痛恶光绪,立端王子溥儁为"大阿哥",欲行禅让。所以,"自溥儁入宫,宫中诸人心目中皆以儁为宗主",光绪则被看成了"赘旒"。[2]然而庚子之变造成的震荡很快截断了西太后的废立之想。悍于戕杀的端王载漪既被洋人指为祸首,已在储位的溥儁不能不跟着被牵出了皇宫。权力和意志都拗不过时势。八年后,光绪和西太后接踵谢世,这种"命属天公不可猜"的结局使帝位的交替成了一件非常仓促的事。还没有断乳的溥仪仓促地做了嗣皇帝,才具不足的载沣也因之而仓促地做了监国摄政王。载沣的使命是替儿子代管君权,但他的臂力太小,常常握不住君权。时人记叙说:"监国性极谦让,与四军机同席议案,一切不敢自专。躁进之徒,或诣王府献策,亦欣然受之。内畏隆裕,外畏福晋。福晋与老福晋争权,坐视无可如何。载涛忿甚,操刀向福晋寻仇,几酿大变。载涛归西洋,欲借国债,大张海陆军,并主张剪辫,廷议大哗。载涛呶呶不休,监国避居三舍,

---

[1] 《近代稗海》第1辑,21页。
[2] 同上书,14页。

兼旬不敢还家，其狼狈如此。"监国本是天下权威之所在，但在载沣身上却蜕变为一种畏葸了。与畏葸相表里的，还有心智的暗昧："东三省总督锡良、湖广总督瑞澂以疆事同时入见，召对时则寻常劳慰，无他语。瑞澂欲有所陈，监国曰：'汝痰病尚未愈乎？'盖厌其烦肝也。出使日本大使汪大燮屡疏密陈日本阴谋，皆不报。驰驿径归，请面对，词极警动。监国默无语，徐以时辰表示大燮：'已十钟矣！'麾之退。其倏来倏去，听其自便，不问也。"广东道监察御史胡思敬"两参粤督袁树勋，皆不省。末一折指山东、上海两赃款，引载泽为证。次日，召载泽入见，以折示之，载泽不敢隐。监国曰：'既确有此事，则不必交查可矣。'载泽出，以为必有处分，越数日寂然，折仍留中"。[1]畏葸则没有制断，暗昧则没有是非。由是，西太后五十年王政一统之局遂在载沣手里被肢解掉了。宫中的隆裕、府中的老福晋，以及身为皇帝叔父的载洵、载涛都成了各据重心的一方。而后"亲贵尽出专政，收蓄猖狂少年，造谋生事，内外声气大通。于是洵贝勒总持海军，兼办陵工，与毓朗合为一党。涛贝勒统军咨府，侵夺陆军部权，收用良弼为一党。肃亲王好结纳勾通报馆，据民政部，领天下警政为一党。溥伦为宣宗长曾孙，同治初本有青宫之望，阴结议员为一党。隆裕以母后之尊，宠任太监张德为一党。泽公于隆裕为姻亲，又曾经出洋，握财政全权，创设监理财政官盐务处为一党。监国福晋雅有才能，颇通贿赂，联络母族为一党。以上七党皆专予夺之权，茸阘无耻之徒趋之若鹜。而庆邸别树一帜，又在七党之外"。[2]这是一个乱纷纷的局面，这个局面里的每一个人都与爱新觉罗氏的君权息息相关，但每个人都不把爱新觉罗氏的君权放在眼里。旧日曾为醇王府饲马的张翼，"庚子乱时，盗卖开平矿产，为袁世凯所参，入英涉讼经年，久之始议赎回。至是持监国宠，与英商勾结为奸，力护前非，主中外合办。直隶士绅

---

[1]《近代稗海》第1辑，294页。
[2] 同上书，299页。

联名力争，监国不能诘，卒从老福晋言，徇翼谋，悉依前约。"[1]赎回来的矿产遂又被卖掉了。张翼本是一个小人物，但得"老福晋"之助，却能使监国摄政王受他的摆布，把祖宗的天下送掉一块。"尽出专政"的亲贵们多为一群所簇拥，热衷的都是刲割公室，这个过程把社稷的利益分解得七零八落，爱新觉罗氏的君权因之而日趋式微。其间的因果，遂成了不可言说的东西。

众多的亲王、贝勒、福晋与监国摄政王共管朝政，其济济一堂映衬出来的正是一种前所未有的无序。在西太后五十年积威之后，接踵而来是一个庙堂来不及再造权威的时代。然而，从庙堂里望出去，面对的则是一派天下滔滔。长久积累的社会矛盾与迟来的新政正交缠在一起，在新陈代谢的过程里演为"官乱于上，民乱于下"，使旧制纷纷解体。这个过程既触发了利益与利益之间的冲突，也激成了理想与理想之间的冲突，种种冲突都在汇为惊涛拍天的巨波。

二

在后来的历史叙述中被称作"新政"那个色彩斑驳的过程是从1901年开始的。

上个世纪最后一年，义和团起于华北，以灭洋为帜。刚刚扑杀了维新变法的西太后因新旧之争而仇洋，因仇洋而排外；利益在守旧一面的朝臣嚣嚣然群起附和，朝廷遂挟义和团为重，下诏杀洋人。等到八国联军长驱直入，曾经如潮水一般涌入北京的义和团又如同潮水一般向四面八方退去。被枪炮逼赶着的西太后不得不拖着光绪仓惶西狩，从北京一路逃到西安。守旧的朝臣经此一劫大半都成了祸首，杀、戍、革职、圈禁之后，气焰俱熸。西太后既造其因，又食其果，千里跟跄于国将不国之际，身受的惊吓一面使她排外之心消而媚外之心

---

[1]《近代稗海》第1辑，298页。

长,一面又非常奇特地变成了一种比文字更有力量的启蒙。而后的痛定思痛,使一个极顽梗者在危势的逼迫之下接受了本来不肯接受的东西。于是而有1901年初"预约变法"的上谕:

> 着军机大臣、大学士、六部、九卿、出使各国大臣、各省督抚,各就现在情形,参酌中西政要,举凡朝章、国故、吏治、民生、学校、科举、军政、财政、当因当革、当省当并,或取诸人,或求诸己,如何而国势始兴?如何而人才始出?如何而度支始裕?如何而武备始修?各举所知,各抒己见,通限两个月,详悉条议以闻。[1]

这些题目放在食君之禄的人们面前,使他们无分主动被动都须以奏议作回应。此后诏书一道接着一道,皆以"振作"变法为期:

> 尔中外臣工,须知国势至此,断非苟且补苴所能挽回厄运,唯有变法自强,为国家安危之命脉,亦即中国民生之转机。予与皇帝为宗庙计,为臣民计,舍此更无他策。[2]

朝廷的诏书唤出了成批议论变法的奏章。而其中能够指划全局并影响当时的则是两江总督刘坤一和湖广总督张之洞联衔会奏的三折。

刘坤一和张之洞都是洋务人物中的大魁,但他们的幕府中又养着许多与康有为、梁启超旨趣相近的新学家。在三十年洋务运动日趋衰败之后,他们常常能够听取身边的新学家说法,于宝雨缤纷、天花乱坠之际,每易心有会通,化去许多窒碍。当惯于因循的人们还在沿用"民心固结"一类旧说的时候,他们已知"近日民心已非三十年前

---

[1] 中国近代史资料丛刊《义和团》,81—82页。
[2] 《义和团档案史料》(下),1327—1328页。

之旧:羡外国之富,而鄙中土之贫;见外兵之强,而疾官军之懦;乐海关之平允,而怨厘局之刁难;诩租界之整肃,而苦胥吏之骚扰。于是民从洋教,商挂洋旗,士入洋籍,始也否隔,浸成涣散"。[1]这种富有实际内容的清醒能化为惊惧。因此,当他们目睹庚子之变致"大局几危,其为我中国忧患者,可谓巨矣",[2]其议变法的奏折在深度和广度上都会越出昔日的界限,向新学借取眼光和办法。两者会衔出奏的三折分别从"育才兴学"、"整顿中法"、"采用西法"为主题,广涉学堂、科举、游学、捐纳、官禄、差役、刑狱、选法、八旗生计、屯卫、绿营、军实、农工、律法、税务、邮政、兵政、交通等等,都三万五千余言。自上个世纪60年代以来的种种改革议论经综贯而合为一体,在刘坤一和张之洞的名下被编为二十七条,成了为后来的新政立法式的东西。以维新为名的大部分主张因之而与以洋务为名的主张交相汇融,被疆吏中的强有力者带入了政府,成为当道者用来照路的东西。比较两年多以前以维新取祸的康、梁一群人,此一时与彼一时的不同既可以观世变之亟,也可以见朝野之间人心的浮动。

在近代中国的新陈代谢中,危亡与变迁常常为因果。自道咸至同光,积两次鸦片战争之痛,而后有旨在自强的洋务新政;经甲午战争的巨创,而后有呼号变法的百日维新。19世纪最后一年的八国联军之役留下了比鸦片战争和甲午战争更深的创痛。因此,20世纪初年的新政便以"大加兴革"为自救之方。洋人的枪炮打破了新旧之间的扞格,四十年来为扞格所阻的种种纸上议论在后来十年里纷纷被搬入社会生活和政治生活之中,演为改制和改作。上个世纪末维新派所预言的"变亦变,不变亦变",在庚子国难以后已成了一种可以眼见的事实。这种逼出来的变法虽然既不自觉又不自愿,但它终究以诏书的力量造出了洋务新政和维新变法都没有的规模和速度,使传统中国

---

[1]《清末筹备立宪档案史料》上册,335页。
[2]《光绪朝东华录》,(总)4727页。

的"文物制度"在急匆匆的除旧布新中变得面目大异。其间最引人注目并牵动万千官绅的是扩编新军、废止科举、筹备立宪、改革官制等等。

自第二次鸦片战争以后,效西法练兵便成了时务中的要目。而后每经一次失败的民族战争,这个题目都会在人心中放大。庚辛之交,朝廷刚刚经历了枪炮下的颠沛流离,因此,在议变法续安危的时候,不能不先及"时事多艰,练兵实为急务"。于是,甲午战争后因"恫丧师,知募兵不足恃"[1]而别创"一切操练章程,均按西法办理"[2]的新军,便蓬蓬然而起,以恢张之势取代了半新半旧的湘军和淮军。由于更多地移用"西法",新军汇步、骑、枪、炮、工程、辎重多兵种为一体,构造大变。这个过程,又把专业军事技术和军事知识放到了将弁和士兵面前,使军人的尺度亦随之而变。所以,新军军官多取自各类武备学堂和留学生;而士兵则以年龄、体格作取舍外,还另有识字程度一说,较之当年曾国藩取"朴实山农"为湘军,李鸿章集皖北团练为淮军,20世纪初年的新军显然在成分上已起了变化。由此产生的新式军人群体,在新学家所鼓荡的"尚武"之风中是一种备受推崇的东西。后来做了文学家的周作人,这个时候曾在《绍兴公报》上专论"军人之尊贵",以为"我国以外侮频仍,败于英、败于法、败于日、败于英法德美、败于八国联军,习知募卒不足恃,改募为征,数年于兹矣。今皇帝日自居于元帅之职矣,亦足见启导国民尚武之心。我国民曷亦深思,天下之子孰若天子之贵,降其九五之尊,下列干城之选。尊者不因是而见卑,卑者且因是而致尊。其名誉至荣,其地位至高,为社会之所欢迎,国家之所优视"。[3]另一种以"武学"为名的杂

---

[1] 《清史稿·列传》,229页。
[2] 《光绪朝东华录》,(总)3556页。
[3] 《周作人集外文(上集)》,海南国际新闻出版中心1995年版,86页。

志则更热烈地倡言,"兵乎,兵乎,为立国之本,为文明之标帜。"[1]这些舆论表达的都是一厢情愿的希望,其结果却是用文字改铸了军人的形象。在社会的另一头,科举制度的声光正因万千议论的挞伐而日趋灰暗,并最终成了被废止的东西。原本与之系结的成群读书人便被抛到了旧轨外面,由愕然而茫然。于是,半是"尚武"的推崇,半是生计的逼迫,许多文场中的人们纷纷弃去笔墨生活,由书生而成为武夫。1905年,湖北新军在黄陂募兵九十六名,其中有廪生二十人,秀才二十四人。[2]这些都是本来的读书种子。秀才当兵,说明了文武之道此消彼长。由此折射出来的,是新旧代谢之下的价值易位和人心变动。在同一个时间里,从各类武备学堂毕业的知识分子和留日回国的军事人材,也各抱"以铁血扬武烈"之心,一批一批地进入了南北军界。朝廷为强兵而编练新军,但这个过程却与历史变迁中的社会分化与重组胶连在一起,促成了中国知识分子中一部分富有活力的人们由分散而聚合,在新军里结为一种有组织的群体。在而后的历史动荡中,这些人又成了社会变迁的动因之一。

与军制的改作相比,由育才兴学引发的一系列变革曾更广泛地影响了中国社会。从上个世纪起,积四十年中西交冲的创痛和警悟,国人由器物而见及人才,渐信"学校者,人才所由出,人才者,国势所由强"。[3]即使是戊戌年间酷烈的新旧之争,新法什九条起条落,而初兴的学堂却大半没有被卷走。这种政潮来去中沉淀下来的东西,显然包含着积久而来的人所共识。因此,在20世纪的新政中,"兴学"始终被当成是一种救时之策。1901年,朝廷下诏"将各省所有书院,于省城均改设大学堂,各府、厅、直隶州均设中学堂,并多设蒙养学

---

[1] 《武学》第3期,杨集群:《军国建设》(一)。
[2] 《辛亥首义回忆录》第1册,68页。
[3] 中国近代史资料丛刊《戊戌变法》第一册,49页。

堂"。[1]国家用行政力量为新式教育机构助产,遂使天下学堂日多一日。两年后,管学大臣张百熙、荣庆会同湖广总督张之洞奏定各级学堂章程,以界定和绾连初等小学堂、高等小学堂、中学堂、大学堂、通儒院,中国近代教育至此而有了一种法度。

然而传统中国的教育制度是与选官制度联系在一起的。梁启超曾概括而言之曰:"邑聚千数百童生,擢十数人为生员;省聚万数千生员,而拔百数十人为举人;天下聚数千举人,而拔百数人为进士,复于百数进士,而拔数十人入翰林。"[2]由童生而成生员(秀才),称作"进学",然而身列庠序又是一种功名。此后的读书、应试都在科举制度的笼罩之中,教育和仕途成了剥离不开的东西。因此,以"肄习西学"为目的的育才兴学虽以改革教育为宗旨,而一旦施行,则不能不与选官的科举制度相牴牾。"盖学校所以培才,科举所以抡才,使科举与学校一贯,则学校将不劝自兴;使科举与学校分途,则学校终有名无实。何者,利禄之途,众所争趋;繁重之业,人所畏阻。学校之程期有定,必累年而后成才;科举之诡弊相仍,可侥幸而期获售。"是以"人见其得之易也,群相率为剽窃抄袭之学,而不肯身入学堂,备历艰苦。盖谓入学堂亦不过为得科举地耳,今不入学堂,而亦能得科举,且入学堂反不能如此之骤得科举,又孰肯舍近而图远,避易而就难?"[3]这种矛盾在上个世纪的戊戌变法期间已引发过开新之士的滔滔议论,至20世纪力行新政而广开学堂,则科举制度已成为兴学的一种直接阻力,两者之间不能相容。主持新政的廷臣和疆吏们虽大半由科举起家,这个时候却纷纷成了力倡"设学堂必自废科目始"的人物。他们的奏议一次比一次急迫,至1905年,遂有直隶总督袁世凯会同盛京将军赵尔巽、湖广总督张之洞、两江总督周馥、两广总督岑春煊、湖南巡抚端方联衔会奏,以科举"阻碍学堂、妨碍人

---

[1]《清德宗实录》卷四八六,光绪二十七年八月。
[2] 梁启超:《公车上书请变通科举折》,《饮冰室文集》之三。
[3]《光绪朝东华录》第五册,(总)4998页。

才",请"宸衷独断、雷厉风行,立沛纶音,停罢科举"。于是,自隋唐以来行之一千多年的科举制度便在"时局多艰、储才为急"的催逼下,被一纸诏书所废。乡试、会试、科考、岁考都随之"一律停止"。当此之际,君臣都相信"三代以前,选士皆由学校,而得人极盛,实我中国兴贤育才之隆轨。即东西各国富强之效,亦无不本于学堂"。[1]被西学理想化了的"三代以前"与"东西洋各国富强之效"联在一起,助成了新学堂战胜旧科举。就近代中国新陈代谢而言,这是一个汇数十年变革之势,如悬崖转石,不达于地不止的过程。然而当中国人为了回应西潮而一步步抛弃科举制度的时候,最先挟西潮汹汹而来的英国人,却已接受了中国科举制度的影响,建立起自己的文官考试制度。以此量彼,可谓因果各异。

科举制度既废,则利禄之途便移到了学堂之中。自分科大学、高等学堂至实业学堂、师范学堂、中学堂,"朝廷皆明悬章程,以进士、举人、拔贡、优贡、岁贡分等差,奖励出身;并各授编修、检讨、庶吉士、主事、中书、知州、知县、州判、府经、主簿、教授、教谕、训导"。时人谓之"既予以科举之虚名,又重以职官之实利"。[2]有此诱导,此后的五六年里,学堂与学生便以前所未有的速度茁长于东西南北。官家办学以外,还有许多私人斥资兴办的学堂。据《宣统元年份教育统计图表》所列,至1909年,各省的学堂及教育处所合计已达58896所。[3]比之1905年的8277所,所增过六倍。而集聚在这些学堂中的学生已多达1626720人。与学堂之盛相对应的,还有"游学"之旺。由于新政旨在以"西法"整顿"中法",是以晚清最后十年中,"疆吏之奏新政者无不以游学为言",并竞以仕路捷径相酬。[4] 1903年,《游学译编》已有《劝同乡

---

[1] 《光绪朝东华录》第五册,(总)5391—5392页。
[2] 《中国近代学制史资料》第二辑上册,华东师范大学出版社1987年版,130—131页。
[3] 同上书,下册,840页。
[4] 《近代中国留学史》,上海文化出版社1989年影印版,46页。

父老遣子弟航洋游学书》，谆谆开示说：

> 当今科举，作为三届裁完。已中式之进士，须入大学堂卒业，然后选官。向之极慕恋之科举的虚荣者，今已为蕉梦矣。而出洋学成，量与出身，已见明谕。宦达之路，利禄之路，学问之路，名誉之路胥于是乎在。我父老试思：与其以家居求之也，较之航洋求学者之进取为何如？夫得一秀才，得一举人，得一进士翰林，无论今日已作为废物，即前此又有何实际？有何宠荣？而或有掷千金以买秀才，掷万金以买举人者，不得则大痛焉。今出洋求学可得富贵名誉，较之一秀才、举人、进士、翰林，不能必得，得之亦为侥幸，而又与学问无关系者，相去远矣。[1]

留学因之而成为一种能够兼得新知与实利的事业。由此促成的留日高潮，曾在五六年间造出了万余名到日本学新法的留学生。遂使彼邦中人目击"清人纷纷负笈来学"而踌躇满志："昔日我学于彼，而今日地位逆转，此实我国之荣誉。"[2]在兴学过程里作育出来的众多学堂中人和游学之士大半刚刚从传统士人转化而来。然而与传统士人相比，百万学生因求学而聚合，由聚合而呼应，显然正在形成另一种社会群体。他们学到的新知识常常很快地化为评判时代的激扬文字，并由议论而演生出大大小小的宗派和团体。在后来的岁月里，这些都成了官界控驭不了的东西。

当兴学的时潮急匆匆地移掉了科举制度的时候，日俄战争的刺激正在把新政的兴革引向国家的政体。时人说："日俄一战，其胜负之原，千因万果，殆非常智所能窥，而以至简单之言断之，则惟可谓之专制不敌

---

[1] 《辛亥革命前十年间时论选集》第一卷上册，386页。
[2] 《中国人留学日本史》，三联书店1983年版，35页。

立宪已耳。自有此说,而言者益坚,听者益悚。"[1]虽说立宪之说在上个世纪已经出现在中国人的议论之中,但在当道的眼里最初却是"肆为簧鼓"的东西。迨君主立宪的日本战胜俄国,报章论列率多以优胜劣败,物竞天择之理诠说两者政体,往往倾动官界中人。"于是立宪之议,主者渐多"。奉使法国的孙宝琦"首以更革政体为请",随后,疆吏之有力者以立宪入奏,"而枢臣懿亲,亦稍稍有持其说者"。[2]当权的官僚先后奏疏敷陈立宪,形成了一种以臣子议君权的局面,比之江楚会奏三折里的主张,更多地显示了"时局阽危"之下变法的炙急和亟迫。立宪的魔力在官场之纷然应和中被越放越大。于是而有1905年冬的五大臣出洋考察宪政和1906年夏秋之交诏书宣告"仿行宪政"。官界立宪言论哄哄然起于一时,然而能够真知立宪本义的人们其实并不多。考察过西洋政治的载泽是亲贵中的热心言宪政者,他曾作《奏请宣布立宪密折》,力言"以今日之时势言之,立宪之有利有最重要者三端":

> 一曰皇位永固。立宪之国君主,神圣不可侵犯,故于行政不负责任,由大臣代负之;即偶有行政失宜,或议会与之反对,或经议院弹劾,不过政府各大臣辞职,别立一新政府而已。故相位旦夕可迁,君位万世不改,大利一。一曰外患渐轻。今日外人之侮我,虽由我国势之弱,亦由我政体之殊,故谓为专制,谓为半开化而不以同等之国相待。一旦改行宪政,则鄙我者,转为敬我,将变其侵略之政策,为和平之邦交,大利二。一曰内乱可弭。海滨洋界,会党纵横,甚者倡为革命之说,顾其所以煽惑人心者,则曰政体专务压制,官皆民贼,吏尽贪人,民为鱼肉,无以聊生,故从之者众。今改行宪政,则世界所称之公平之正理,文明之极轨,彼虽欲造言,而无词可藉,欲倡乱,而人不肯从,无事缉捕搜拿,自然冰消瓦

---

[1]《辛亥革命前十年间时论选集》第二卷下册,三联书店1963年版,576页。
[2]《辛亥革命》(四),上海人民出版社1957年版,12页。

解,大利三。[1]

这些话说的都不是立宪的道理,而是内忧外患交迫之下取舍抉择的利与害。因此,自诏书告天下以"仿行宪政"之后,晚清最后的五年岁月里,一面是朝廷改旧官制,开资政院,设咨议局,办地方自治,以一种极快的速度仿制出立宪国家中的许多构造,"凡政府一举一动,皆纳入于筹备宪政之范围中。"[2]一面是朝廷以利害制约宪政的内涵和外延,力申"勿挟私心以妨公益,勿逞意气以紊成规;勿见事太易,而议论稍涉嚣张;勿权限不明,而定法致滋侵越。"[3]这种包办立宪之势使仿制出来的东西常常要在权力的勒限中走样,"听其言则百废俱举,稽其实则百举俱废",[4]骎骎乎因果相悖,"北辙求南,愈趋愈远"。[5]前一面以改作旧制移来了种种君权的异体,使二千年来的乾纲独断之局和外洋传来的天演公理同处于一室之中而相互颉颃。由此促成的变化一定会动员社会,于是,"民气日益发舒,舆论亦渐成立。比年以来,政府举措有不当于民意者,舆论得挟其所见,起而与之抗争。虽以政府之腐败,官吏之专横,亦且慑于众议,不能不屈己以从众。"[6]与雷霆雨露皆天恩的时代相比,其进化之迹是确然可睹的。然而后一面则执守"采列邦之法规,仍须存本国之礼教",自上而下地为变政立界,"深恐谬说蜂起,淆乱黑白,下陵上替,纲纪荡然。"由此产生的"民情不可不达,而民气断不可使嚣",[7]对自下而上的"民气日益发舒",又正是一种直截的阻遏。两者之间的矛盾,使前所未有的社会进化与前所未有的社会争斗交相舛

---

[1]《辛亥革命》(四),28—29页。
[2]《辛亥革命前十年间时论选集》第三卷,637页。
[3]《清德宗实录》五九三卷,光绪三十四年六月。
[4]《辛亥革命前十年间时论选集》第三卷,646页。
[5]《论责望政府》,1907年6月8日《大公报》。
[6]《辛亥革命前十年间时论选集》第三卷,625页。
[7]《清末筹备立宪档案史料》上册,53页。

错，于是，清末新政因筹备立宪而达到高峰，也在筹备立宪的过程中放出了决堤的洪波。

三

庚子与辛丑之后，张之洞曾说过："欲救中国残局，惟有变西法一策。"[1]"残局"一词写照了民族危机压迫下的困厄，而与之相对待的"变西法"一语则意在借社会改革作图存之计。但为"救残局"而"变西法"，则融旧铸新之际牵动的都是群体利益和个体利益。诏书和奏议所预想的图存之计，常常在施为政事的时候被一层一层私欲截补增删而面目大异，演为利益与利益的冲突。致"百改革而百无功，万事并作，而亦旋堕于冥昧"，往往"民穷财尽，上下交乏"。[2]因此，催发于民族矛盾的十年新政，反过来又成了促生和激化社会矛盾的一种历史过程。

1907年，江苏巡抚陈夔龙作奏议，由"民气日嚣"说到"民生日困"，而后以"征敛无度"为忧："慨自甲午而后，继以庚子之役，偿款数钜期迫，财力竭于外输，其原因一也。内外亟图自强，百度同时并举。他不具论，即练兵、兴学两大端，岁支之款殆不可以数计，其原因二也。各省筹款之法，不必尽同，要以征榷为宗，说者每谓征榷取之于商，固胜取之于农，不知商人重利，断不肯坐受亏耗，于是加其售价以取偿，而四民胥受其累矣。"新政以变西法图自强，然而当纸面上的议论转化实际过程的时候，则"悉索之物力有限，而推广之经费无穷"，脚下的每一步路都要用大笔银子铺出来，"多更一制，即多一耗财之地，多设一官，转多一倖进之门，部臣筹费无出，责之疆吏，疆吏责之州县，州县舍百姓将谁责耶？"[3]在甲午、庚子两次赔款之后，移植

---

[1]《致西安鹿尚书》，《张文襄公全集·电牍五十》，中国书店1990年版，12页。
[2]《辛亥革命前十年间时论选集》第三卷，513页。
[3]《清末筹备立宪档案史料》上册，117—118页。

西法以行新政的开销便与外输的白银交织在一起，化成了压在穷民背上的种种捐税。统括各地征榷的名目，大约言之，计有灯膏捐、肉捐、车马捐、厘捐、酒捐、煤炭捐、房捐、蚕丝捐、茶摊捐、铺捐、统捐、茶捐、茶碗捐、船捐、靛捐、旱挑捐、展帘捐、猎捐、渔捐、剃发捐、糖捐、鸡鸭捐、小商品捐、学捐、车帖捐、器具捐、柴草捐、粪捐、国民捐、米捐、路矿捐、花布捐、警捐、花捐、亩捐、牛马捐、果捐、秤捐、竹木捐、牌照捐、戏捐、出口捐、契纸捐、户口捐、文庙捐、油坊捐、染坊捐、纸捐、河捐、路捐、教养捐、烟丝捐、轿捐、槟榔捐、瓷器捐、巫道僧尼捐、红事捐、农会捐、洋药统捐，等等。这些税目编成了一张天罗地网，使人一举手一投足都无所逃于天地之间。与上流社会里倡议和发令的人们相比，下层社会同诏书和奏议中述新政的那些道理其实隔得非常遥远。而"上之人且嗷嗷焉，朝下一令，曰为尔开学堂；暮下一令，曰为尔兴商务，彼民者未见丝发加益于吾事，而徒见符檄之惊恐，征敛之无已"，[1]这个过程当然不会产生心悦诚服，辜鸿铭后来说：

> 壬寅年张文襄督鄂时，举行孝钦太后万寿。各署衙悬灯结彩，铺张扬厉，费资巨万。邀请各国领事，大开筵宴，并招致军界学界奏西乐，唱新编《爱国歌》。余时在座陪宴，谓学堂监督梁某曰："满街都是唱《爱国歌》，未闻有人唱《爱民歌》者。"[2]

事情虽从"万寿"说起，但举《爱民歌》与《爱国歌》相对待，则显然是意在抉示两者在那个时候的相悖。张之洞由19世纪的洋务领袖演为20世纪的新政领袖，其半生事业都在致富致强。然而由此产生的国家观念却是一种不恤民生的东西。主持十年新政的人们大半以这种国家

---

[1]《清末筹备立宪档案史料》上册，309页。
[2]《辜鸿铭文集》，岳麓书社1985年版，17页。

观念推行社会进化,"爱国"与"爱民"遂不能不截为两节。辜鸿铭是个自觉的文化保守主义者,因此,他由冷眼旁观发为议论之际往往能够引出许多思索,比陈夔龙陈述事状的奏报更多些尖锐性和深刻性。这种矛盾,使"救时"的新政不能不异化为民间怨苦,并常常激生以下反上的民变。1910年,御史陈善同"据实纠参"河南长葛县"苛捐激变",叙其始末说:

> 长葛地瘠民贫,知县江湘到任以来,横征暴敛,如税契原系八分,加至十二分六厘;上号费每次原系五十文,加至一百文;粮票费每纸原系三文,加至八文;呈词费每次原系一百五十文,加至三百文;戏捐每台原系二千四百文,加至三千四百文;陈公祠公产及陉山书院每亩课租原系六百文,加至九百文,酒捐每家每月原系三百五十文,加至八百文,并缴酒百斤;烟税每家每月原系一千六百文,加至二千四百文,并缴烟三百斤;十二保之产行,每月每保捐钱四十千文。层层剥削,外托举办新政之名,其实尽饱私囊。典史杨梦鲜,终日在署狎妓赌牌,同恶相济,从中分肥,民力已不堪矣。此次筹办巡警,江湘拟每年加捐一万七千余串,于原捐每亩五文外加捐每亩二十五文,本年六月十二日邀各村长会商未允,经绅士司先登、郭毓瑗劝从缓议各散。十四日,江湘忽遍张告示,勒令每亩每年加捐一麦二秋,即以一合麦二合秋,按时价计算,已加至三十文以上,而又不注明合升斗之名以疑之,是趣之乱也。至十五日而变作。[1]

张之洞那一代由洋务而入新政的人们从国家观念演绎出来的变法,在江湘之类的手里已成了"层层剥削"的题目。这种蜕变说明,被致富

---

[1]《辛亥革命前十年间民变档案史料》上册,中华书局1985年版,236页。

致强简化了的国家观念其实是一种内涵空泛而无法界定的东西,当这种东西从议论化为现实的时候,其不恤民生的一面便非常容易被没有主义的污吏所借用,演为赤裸裸的苛政。同一年,莱阳还有"官激民变",致"乡民死伤约数千人"的重案。事后山东巡抚奏报说:"莱阳肇乱之原,由于已革前县朱槐之颟顸性成,信任劣绅。城董事如王圻、王墀、王景岳、于赞杨、张相谟、葛挂星、宋维坤本皆不孚乡望。近年新政繁兴,朱槐之系倚诸绅为心腹,诸绅遂出入衙署,甚且借以牟利,为众所侧目,以此丛为怨府。"显然,莱阳乡民与官绅之间的矛盾也是以新政派生出来的婪索为导因的。[1]与之相类的还有直隶易州"乱民因捐事焚毁学堂暨自治局情事"、[2]江西宜春官绅"借学苛捐"致乡民"因捐仇绅","聚众攻城,伤官戕兵"、[3]福建省城"轿夫反抗警捐,聚众暴动,抛掷砖石,围困警署"、[4]广东连州乡民"抗钉门牌聚众攻扑官军"、[5]贵州都匀府属苗民聚众抗捐"学堂经费"、四川邛州"因抽纸捐作学堂经费"而激成"无知愚民纠众打毁收捐纸行"、陕西扶风、同州等处乡民聚众抗(铁)路捐,起而"枪伤民役"、"打毁学堂"、"打毁厘局卡门牌"[6]等等。新政遍及南北东西,这一类冲突亦随之遍及南北东西。1910年,《国风报》由莱阳民变论及天下大势,以危惧之辞说新政曰:

> 夫今日民生之窘蹙,人心之杌陧,譬犹炸烈之药遍布室中,爆发之期但需时日。使不燃导线,犹可旦夕苟安,若导以火而触其机,则轰然不可复遏。我国今日之新政,固速乱之导线也。十

---

[1]《辛亥革命前十年间民变档案史料》上册,第182页。
[2] 同上书,83页。
[3] 同上书,325页。
[4] 同上书,391页。
[5] 同上书,479页。
[6] 同上书,706、770、827—829页。

年以来,我国朝野上下莫不奋袂攘臂,嚣然举行新政。兴学堂也,办实业也,治警察也,行征兵也,兼营并举,目不暇给。然而多举一新政,即多增一乱端,事变益以纷挐,国势益以抢攘。夫我国今日所谋之新政,固行之东西文明诸国,致治安而著大效者也;然移用于我国,则反以速亡而召乱。

《国风报》里的诸君子大半属于戊戌变法传下来的一脉,新政所办的种种物事本来都是他们着力鼓吹而心向往之的。就这个意义来说,这些人与辜鸿铭那样的文化保守主义者显然不会心心相印。然而在十年观察之后,他们说时务的那些言论却与辜鸿铭的忧愤变得非常接近:

> 我国今日国势危急,万事废堕,自非至愚,孰谓新政之不当速举?然举一政也,必有莫大之政费;政费又非天降地出也,必不能不取之于民。善谋国者,熟权施政轻重缓急之宜,孰者当先,孰者当后,而取费于民也,又深察民力之能任此负担与否,而但取其资生之费所赢余,是以事易举而民不扰。今之举行新政者,固不知所谓先后缓急也,支支节节,纷然并举,其取民也无艺,尽夺其资生衣食之必需。如是即令施政者洁己奉公,实心任事,而小民救死不赡,亦岂能忍饥寒以待德化之成?况乎以搜括之财,行敷衍之策,所举行之新政,曾无一事能令小民得被其泽也![1]

曾经为变法做过前导的人们当然是向慕社会进化的。但变法的新政还没有实现预想中的进化,由这个过程所酿生的官民对抗却已经把社会危机带到了世人面前,使维新自任的《国风报》不得不心忧"道

---

[1]《辛亥革命前十年间时论选集》第三卷,654—655页。

失民散,土崩之祸,即在目前,莱阳之事,接踵天下,而朝廷且旰食也"。[1]旨在变旧法的新政派生出许多盘剥,而为盘剥所苦的民众一旦自发而起,又往往固恋旧习旧法,成为传统制度最有力的守护者。1910年农历七月,易州"乡民不服调查户口,借天旱为名,有州属高陌等社,邀请乡村人民,于二十日聚众抬神来城求雨",当他们从学堂门前经过的时候,"该堂学生在外聚观,私议愚民迷信。祈雨人闻之,即与辩论。斯时人多势重(众),遂拥入学堂,将门窗器具均有砸毁。"[2]这一类打学堂的事与文明相抵触,但在那个时候却曾是多见的景观,以至《东方杂志》把《毁学堂竟成风气耶?》作为专门列论的题目,深叹"自无锡毁学之事起,四川、江西旋亦有毁学之事,今则广东毁学之事又见矣"。[3]于是,由征敛而起的冲突,使开新和守旧的矛盾与吏治的清浊、民间的怨愤交相缠绕,演为经久不息的社会振荡。延续二百七十年的祖宗法度因新政的改制正在节节脱散,而从东西洋移来的政制却刚刚在筹备之中,两者都无法驭勒民变的起落和漫延。衰迈的王朝遂不得不面对着一波连着一波的不息呼啸。

与纷然涌起于四面八方的民变相比,由教育改革孵生出来的新知识群体合力作成的是另一种滔滔波澜。1907年,朝廷下诏"整顿学务",既愤且哀地说:

> 国家兴贤育才,采取前代学制及东西各国成法创设各等学堂,节经谕令学务大臣等详拟章程,奏经核定,降旨颁行。奖励之途甚优,董戒之法亦甚备。如不准干预国家政治及离经叛道,联盟纠众,立会演说等事,均经悬为厉禁。原期海内人士束身规矩,造就成才,所以勖望之者甚厚。乃比年以来,士习颇见浇

---

[1]《辛亥革命前十年间时论选集》第三卷,658页。
[2]《辛亥革命前十年民变档案史料》上册,64页。
[3] 转引自《辛亥革命时期期刊介绍》第三集,194页。

漓，每每不能专心力学，勉造通儒，动思逾越范围，干预外事。或侮辱官师，或扰违教令，悖弃圣教，擅改课程，变易衣冠，武断乡里，甚至本省大吏拒而不纳，国家要政任意要求，动辄捏写学堂全体空名电达枢部，不考事理，肆口诋諆，以至无知愚民随口附和，奸徒游匪藉端煽惑，大为世道人心之害。不独中国前史本朝法制无此学风，即各国学堂亦无此等恶习。[1]

自"预约变法"以来，朝廷把废科举、兴学堂列为新政要目，期能以新学之才淘汰旧学之才。然而曾不数年，聚在学堂中的人们已兀然群起，一批一批化作了弄潮健儿。后来因摧折学潮被舆论指为"老虎总长"的章士钊，在20世纪初年却是闹学潮的领头人。钱基博作《现代文学史》，曾追叙章士钊二十一岁入江南陆师学堂，"时值上海南洋公学大罢学之后，阳湖吴敬恒稚晖主《苏报》，特置《学界风潮》一栏，恣意鼓吹，士气骤动，风靡全国。中国学生之以罢学为当然，自敬恒之倡也。当时知名诸校，莫不有事，陆师亦不免焉。时士钊既以能文章，为校士魁领，则何甘于不罢课而以示弱诸校？一日，毅然率同学三十余人，买舟之上海，求与所谓爱国学社者合，并心一往，百不之恤。三十余人者，校之良也，此曹一去，菁华略尽。俞明震（陆师学堂总办，而'尤重士钊者'）知士钊魁率多士，亟劝不顾；马晋羲（陆师学堂主讲国文兼教授史地者）垂涕示阻，亦且笑存之也。自以为壮志毅魄，呼啸风云，吞长江而吹歇潮矣"。[2]这一段文字在事过境迁之后重说旧日行状，语多惋惜，显然是不赞成"以罢学为当然"的，但由此画出当日学界状貌却十分传神。盖"十年之间，闽严氏、浙章氏、楚谭氏、粤孙氏、梁氏，唱民权言革命，已大影响于学子之脑海。戊戌政变，谭浏阳以为国流血自命，而汉口、广东接踵并起，社会教育之势力，明

---

[1]《清末筹备立宪档案史料》下册，1000页。
[2]《现代中国文学史》，446页。

效大验"。[1]先行者播下的思想在十年新政里燃为燎原之火,使新一代知识分子中的圣贤意态黯黯然澌灭而豪杰意态勃勃然发煌,义理、词章、考据一变而为声、光、化、电、欧罗巴、亚细亚;再变而为自由、平等、民权、共和、国魂、黄种、白种、合群、人格、独立、社会、天职、牺牲、冲突、运动、革命和加富尔、玛志尼、加里波的、西乡隆盛、拿破仑、华盛顿等等。西洋思想和东洋词汇一批一批地被荟入中国学界,化出集群的高昂和亢奋,人人欲"举数十年陋儒浅士卮言曲说,一举而廓清之,以伸独立之权"。[2]于是,在晚清的最后十年里,学潮便成为一种与兴学相伴生的社会现象了。

最初的学潮多半起于学堂的当局与学生之间。张謇曾说过:"学堂性质与书院全然不同,书院则人人意中皆功名利禄思想,学校则人人意中有生存竞争之思想;书院则人人意中有服从依赖之思想,学校则人人意中有奋起独立之思想。"[3]但管学的人们所熟悉的却是书院制度,并因之而惯"以待书院者待学校",用"检束"来对付生徒的"生存竞争"和"奋起独立",这是一种非常尖锐的矛盾。这种矛盾因时潮灌注而生,又与鼓荡的时潮相呼应,"致粗鲁未化之新思想一得新学(堂)即行暴涨。"[4]当日曾惊动一时的南洋公学退学风潮,即明显地以二百多个学生"抗上散学"表现了激进之士心目中"脱离专制学校","亟图所以自立自强之道"[5]的大题目。与之相类的还有上海广方言馆学生为改学堂章程课目,"务期忘私利明公理,求合天演之旨"[6]而以去留相争的风潮;江苏浔溪公学学生为"敬贺南洋公学学

---

[1]《说社会教育》,《苏报》1903年5月24日。
[2]《破坏教育》,《选报》第35期。
[3]《大公报》1906年5月8—9日,《张季直殿撰复两江学务处沈观察书》。
[4]《论南洋公学事》,《中外日报》1902年11月25日。
[5]《南洋公学学生出学始末记》,《政艺通报》壬寅第20期。《致南洋公学退学诸君书》,《文言报》第15号。
[6]《广方言馆风潮始末记》,《苏报》1904年5月10日。

生脱离专制学校"而与本校当局冲突,愤而退学的风潮;福建大学堂学生因监督凌辱,"临之以狱吏之尊,畜之以奴隶之礼",致全体愤激,一致退学的风潮;[1]北洋政法学堂专门科学生与教务长角抵酿成的"散学大风潮",[2]等等。在这种迭起的风潮里,西来的片断学理非常容易地转化为学生一方的激昂意态。1903年4月30日《苏报》刊《南洋公学学生王君怀沂启》说:"一国之事,一国之人共谋之。今政府既不能为民平乱,则国民起而平之,乃吾侪之天职。"1904年3月26日《中国日报》刊学界来稿《此谓之改良》说:"欲自立于国家,不得不先求自立于学界,将由学界而发现而膨胀。"又说:"唯有先长动力于学界,继长动力于政界,终则长动力于外界,三界均达,而后可实行而收其效。"1905年8月10日《大陆报》刊《江南将备学堂致〈中外日报〉馆书》曰:"自入学之日,此身即非我所有,非父母有,非兄弟妻子有,直认为四万万同胞所离割所斋醞所牺牲之身",是以"处亡决之世,存救亡之心",苦心热血,"可盟天地而泣鬼神"。1908年天津法政学堂"退学生"致《大公报》说:"某等非奴隶学生,安能受此野蛮之压制?西谚曰:不自由,毋宁死。某等之退学,原以求自由也,所持主义,自认与西哲不相背谬。"[3]这些贲张的言论中交织着自负与自信,血性与意气,政治思想与权利思想,虽说理路不尽畅达,而"负国民义务",作"将来之主人翁"的怀抱是非常明白的。因此,抗上的学潮常常被时论演绎出富有深度的内涵:"有造风潮之腐败学堂,然后有起风潮之强硬学生,故经一度之风潮,即有多数之进步。"[4]学潮催化了新陈代谢。然而此起彼落,沤浪相逐的学潮又因"日染于译书之理论,日激于新闻之记载",而有"愤叱狂吆,血涌技痒,不知其所

---

[1]《投函》,《警钟日报》1904年5月29日。
[2]《北洋法政学堂专门科学生散学大风潮》,《盛京时报》1908年1月9日。
[3]《大公报》1908年1月12日,《答无名自称退学生公启函》。
[4]《中国日报》1904年3月14日,《痛哉武备惜哉武备》。

由"[1]的一面。西来的学理中最富有吸引力的东西往往是最朦胧的东西,在吸引力和朦胧性之间便产生了一种随意诠释,"自由者何?凡吾心所欲为之事,吾皆得而为之,而人断不能禁止吾压制吾也。"[2]舶来的观念经过这样的诠释不会不走样,但对困于礼法和制度束缚的学堂中人来说,由此得到的正是一种斩芟束缚的利器:"有因薄故微嫌紊乱堂规者,有因希图出身要求卒业者,有因教员训斥纠众散学挟制官长者。往往身着操衣,横行街市,成群结党,无事生风,以孔孟为不足学,以经书为不必读,诐词邪说,恶习难堪。"[3]1907年,以翰林院编修充高等实业学堂教务长的陈骧说:"子弟读书,家塾有父兄之督责,师长之教训,故能一心向学,日有进益。今到学堂,则宗旨皆反,以教习为雇工,以管理员为奴仆,起初学生尚不敢公然出口,至管理员、教习以此自认,图沽文明之誉,而学生乃愈放肆而不守规矩。于是一切习为自由之说,万不复受约束,及至上堂受课,虚心静听者固不乏人,而嬉笑谩语与昏睡无闻者,十有六七,逮课毕,则相率出门,逸游晏乐。"而后,他以一个具体的例子列叙了学生的"心骄气肆":

> 今年自正月开学至五月,未经期考,自然应遵照奏定章程,于暑假前考试,乃诸生徒顾私谊,意欲不考,以便数人之私,遂托辞天气炎热,有碍卫生,来请免考。因与酌拟每日卯时入考,巳刻散场,该生等以既无碍卫生,初皆遵诺。至五月初一日,诸生惑于异说,仍来坚请免考,而事在应考,再三未允。该生退后,即纠众罢课,自此连日聚众于礼堂,登台演说,喧嚣哄乱,并逼令监督,撤去考试之谕,以至暑假亦竟不考,而即散学。此纠众滋事,先以罢课,次以罢考,嚣张之气,百倍于前之情形

---

[1]《浔溪公学生第二次冲突之原因》,《选报》第35期。
[2]《童子世界》第四号,《论自由》。
[3]《清末筹备立宪档案史料》上册,170页。

也。聚众之初,同学有不愿与闻者,倡首诸人,威逼万端,且更勒令入会,其势汹动,不可向止。至五月初八日,会中首领印布会章,名曰研究会,而其实有报告员、纠察员、干事员、书记员等,一堂之内,严防密探,俨成敌国。[1]

在这场风波里,学生一方的群哄显然不是出于匡时济世,而是为了抵拒考试。但当"一切习为自由之说"已风行学界的时候,因抵拒考试而起的上下冲突一样能与朦胧的"新学平等之说"相钩连,演为罢课、罢考、聚众集会,使当局束手无策。在晚清最后十年的学堂里,这一类场面与学界"骎骎乎挟文明之气而渐种而渐动之"[2]的潮起潮落一样引人注目。时人曾统括而言之曰:"学生亦拘然自得,以为无学生则无学堂,学生者,学堂之主人翁也,虽干犯规则,办事者其奈我何?由此规则尽具虚文,教科定于学生之手,而撤退学师、稽查帐目,其权悉属于学生。学生之权既张,若稍拂其请,则以退学相挟,以开会相争,至办理人虽欲整顿而无由。"[3]学潮的这一面虽然以依傍新学为理据,而渊源却半在士人的旧习之中。亲身经历过科举制度下县考、府考、院试的包天笑后来作《钏影楼回忆录》,曾述当日掌故说,他第一次下场县考,主试的吴县知县"是一个捐班出身",来考秀才的童生们因之而"瞧不起他,常常戏弄他。在点名的时候,都挤在他案桌左右,七张八嘴,胡说白道,甚至于用一根稻草,做了圈儿,套在他的顶珠上,以为笑谑"。而受了侮弄的县官"依然是和颜悦色,笑嘻嘻地对他们说:'放规矩点,不要胡闹'"。与吴县相邻的元和县,知县李紫璈"是个两榜出身",考生虽不敢公然戏弄,而顽劣者情不自禁,"还是唤他'驴子咬'、'驴子咬'(吴语,李读如驴,咬读如璈)。他也只得

---

[1]《清末筹备立宪档案史料》下册,989—990页。
[2]《新世界学报》第10期,《学生大进步》。
[3]《申报》1906年12月3日,《论中国教育之邦》。

伪作不闻。"原本分散的童生因考试而聚在一起,遂由个体合为群体,也便有了犯上的胆气和声势。包天笑引申而类比说:"苏州小考,童生们的吵闹是有名的,人们呼之为'童天王',那些书吏们办公事的,见了他们都头痛。后来各省设了学校,苏州各学校的学生,也常常闹风潮,其实也不是新玩意儿。在我们旧式考试时代,已经很流行了。"〔1〕这种类比出自阅世的直观,当然不具备推理的周密。但它确乎指显了昔日的"童天王"和后来的"稍拂其请,则以退学相挟,以开会相争"的学界潮动之间那一种看得出来的传承。当新学急遽进入中国之际,名词常常要比它所内涵的思想走得更快更远。大批的人接受了种种名词而来不及辨识本义,便非常自然地会以旧知推度新知,把自己熟悉和向往的东西移入新名词之中,借西来的新学脱去制束。抗争与恣纵、进取与盲动、血性与意气、公义与私利便羼在一起,汇为抗上的源源动力。光绪末年,给事中董灼华奏议学堂致乱,言之愤愤地说:"且今之学堂岂真学哉,挈一富贵利达之心而来也,次则鄙夷朝政、次则煽惑国民、次则勾结匪党,盖三五少年,中文未精,血气未定,以挟制官吏凌辱师长为文明,以君臣平等父子不亲为文明,以诋毁圣贤废弃礼法为文明,以干预政权牺牲牲(性)命为文明。"〔2〕这些话里有许多因憎恶而生的偏见,但若以学堂致乱而言,则所言并未全失真相。

由于抗争、进取、血性与恣纵、盲动、意气相交织,起于学堂的风潮从一开始就注定要越出门墙,汇入动荡的社会之中。1902年岁末,南洋公学学生全体散学之际即放言高论:"昔日者不过爱国、爱国、爱国而已,今者靡不曰革命、革命、革命!"由学界冲突而至排抵时政,一派激越慷慨,其声光耸动多缘于此。随后,越来越多的学潮涌动使越来越多的学生脱离了学业,纷纷然以新学之说与政府相冲

---

〔1〕《钏影楼回忆录》,香港大华出版社1971年版,93—94页。
〔2〕《清末筹备立宪档案史料》下册,994页。

撞,"专以恣骂政界为主义"。而最初一哄而起的散学罢课则在这个过程中演为种种桴鼓相应的社团和群体。自治会、爱国会、誓死会、开知会、易知会、演说会、文学会、讲演会、公强会、研究会、铁血会、联合会等等名目勃勃然起于南北学界,自信"充学生之势力,无论内忧、无论外患,殆无不可摧陷而廓清之"。[1] 成群的学子,因之而在晚清最后十年的社会冲突里成了以搅动天下为专业的人物。作为一个社会群体,这个时候的学生都是新政的产物。但他们中的许多人却从一开始就期待和向往一种比新政更加剧烈的变动,深信"不举数千载混乱之政而毁裂之,改革之,使前此之国贼民贼群贼人贼悉无所凭借,以存积重腐之窠臼绪余,则不可与言爱国"。[2] 以此立论,则社会进化中的新旧冲突很容易被鼓胀的热血简约为"不能破坏非英雄"。[3] 这种泛义的"破坏"观念未经界说却又不言自明,极富感染力地推动走出学堂的学生们急迫地否定中国社会中既有的人物、制度、价值、权威,与急急然而起的革命合流。他们中的多数人并非都是自觉的革命者,但他们在为时局造动荡的过程中,又非常自觉地成为一种与政府相对抗的力量。1903年,主理浙江大学堂事务的劳乃宣呈报说:"各学堂中学生惑于平权自由诸邪说,致谋不轨,往往结党,自立社会,民间不肖少年踵而行之,上中下城,所在皆是。"[4] 笔下已是一片乱象。至1909年,《砭群丛报》载文论时势,提到一个"平居固甚驯谨"的学子,入军校数日,"则革命排满,信口谰言"。责之以严词,夷然答曰:"公无独责我也,全校皆如是;公亦无独责我校也,各校皆如是。使弗与之党,将不可一日容。势之所趋,非一二人独自异立也。"再询其状,"则其言皆人之所不敢言,与人之所不忍言者。"述其事者以名

---

[1] 《苏报》1913年5月31日,《论中国学生同盟会之发起》。
[2] 《教育界之风潮》第5章。
[3] 《苦学生》,《国民日报汇编》二。
[4] 《苏报》1908年5月23日《杭州来函照录》。

教自居，由此发议，扼腕感叹说：

> 邪说朋兴，是非倒置，而大防隳矣。犯上而死，美以烈士之名，刱乱而诛，加以救国之誉。于古昔圣贤豪杰不能举其一二，而崇拜洪秀全、杨秀清，荣之为汉族之英雄。于西洲政治典章未尝窥其崖略，而推崇克伦威尔、段敦，视之为革命之鼻祖，久已习非成是，竟为倒行逆施。故此数年中，谋逆之为，兵变之事时有所见，时有所闻。事败伏诛者累累相望，而此响彼应，奔走呼号，谓为汉族复仇，代国民流血，天职所在，义当如此。患根遍布，随地萌生。[1]

与自发而起的民变相比，这种由"自由平权"、"革命排满"之说催生出来的"谋不轨"，显然内含着更多不易扑灭的韧性。学堂一个个成了以思想"肇祸端"的胚胎之地，斯文一脉遂横决而出，流入天下滔滔之中。

农村中的民变与官府相抵拒，城市里的学潮与朝廷相抵拒。前者嫌变法太过急遽而起，后者恨变法太过迟缓而起。两者各不相谋，但都表达了对于新政的否定。与这些起于局外的动荡腾乱相比，局中人在新政牵动下的分解组合和轧砾争斗则从另一面显示了社会矛盾的变化。1906年，当诏书告天下以"仿行宪政"的时候，预设的重心是"廓清积弊，明定责成必从官制入手，亟应先将官制分别议定，次第更张"。[2]这个过程未必没有除旧布新之意，而直接引发的却是权力和利益的消长挪移，因此，被那一代变法议论寄予无限希望的筹备立宪便不能不成了一种激化矛盾的东西。变官制从置立新衙门开始，但以人事而论，新衙门中积潴的污气更重：

---

[1]《砭群丛报》第1期，1909年6月，《阅各报兵警交哄事感言》。
[2]《光绪朝东华录》，5563页。

旧制新员签分入部者，其途有四：曰进士、曰拔贡、曰荫生、曰捐纳。非由此四途，虽枢府大僚欲位置一人，不能也。部务皆有成例，尚待欲以己意相高下，曹郎得引例争之；曹郎欲出入轻重于其间，胥吏援例以请，亦不能强辞辩也。其处理未协者，虽闻奏请旨，疆臣辄拒不受。自总署改外部，商部、警部、学部接踵而兴，用人行政本无轨辙之可循，移文提取动辄数十百万，指名奏调动辄数十百人，奔走小吏夤缘辐辏于公卿之门，投其意向所趋，高者擢丞参，次者补郎员，人不能责其徇私。朝三而暮四，此是而彼非，语言相轧，权力相倾，苟苴相唯诺，人不能责其乱法。聚无数阘茸小人于一堂，其面目可憎，其齿牙距角可畏，于是造谋生事，外扰乱郡县，内攘夺六部之权。废科举、立学堂，则礼部之权归学部矣。尽裁天下绿营，练巡警兵；设四品厅丞理京师刑名，权位视古廷尉，则兵部、刑部之权为警部所侵矣。关卡厘税居司农岁入大半，商部曰："此商务，当关白我。"是与户部争权也。庚子之变，外吏以保护教堂不力，被劾去位者凡数十员，事后稍稍开复。外部曰："此外人交涉，当照会使馆，由我定准驳。"是与吏部争权也。大理院兴，法部遂成闲曹，两衙门分争权限，咨会往来，辄相水火。天下一统而辇毂之间先成支离破碎之象，识者已知其不祥。后警部改为民政部，直无所不统。自署置官僚如吏部，自创办铺捐、车捐如户部，自练警兵如兵部，自开学堂如学部，把持讼狱如刑部，大治街道、辟马路如工部，其实皆地方有司职守。[1]

新衙门移夺旧衙门的治权，本是新政变法的题中应有之义，但其间的起落消长又太多以私利相啃噬的贪婪，遂使诏书所布告的宗旨从一开

---

[1]《近代稗海》第1辑，257—258页。

始就被利欲消融得面目全非。因此，这一段议论虽以旧党口吻评说时事，而笔下却颇多实录。二百多年来的祖宗成法已经积弊丛生，因之而有新政变法之说。然而自另一面言之，祖宗留下的旧例又曾长久地体现了一种制约，使官界中人在权力和利益之间常常要面对许多板结的界度而不能纵心所欲。变法的新政以"廓清积弊"之旨改官制，倾力拆掉了久被诟病的种种成法，但热心于改官制的人们大半又是挟私心而来的各有怀抱者。于是，积弊还没有廓清，旧例的制约却已荡然无存。新立的衙门遂能肆无忌惮地逐利于众目睽睽之下。一个叫朱福诜的侍讲学士目击"宫庭锐意求新"而"内政日益纷更"，愤切地说："设立新部以来，人人争言运动，其所用之人，非纨袴即市井耳。其中津贴最多者，所营之事惟修饰车马衣服及征逐冶游豪赌耳。在朝廷不惜宽筹经费以行新政，破除资格以求人才，而适以便诸臣植党营私之计，为若辈居官行乐之方，臣所谓痛心疾首者此也。"[1]

自从人才成为经世之学的一个题目之后，近代中国有心改革的忧时之士便常常憧憬"破格"。他们的议论持之有故，言之成理，能以文字演绎出圆融的道理。然而一旦移入新政，化为人人都看得见的东西，用文字说出来的道理就会变得全然不成模样："自新改官制添设各部，而该堂官误会破格用人之义，流品之杂，名器之滥，亘古未有。夫资格可破，品格不可破，一二人可破格，非尽人可破格也。乃市侩吏胥，弹冠相庆，皮毛新学，一岁三迁。"[2] 由于"误会破格用人之义"，仕路就成为一种没有尺寸来度量长短的东西了。在旧格被破掉的地方，出现的是与"人人争言运动"相对应的倖门。这个过程用速成法造成了一批腾达的官僚，他们的面目还没有被世人熟识，而一蹴之间已成官界要角。《国闻备乘》述光宣间朝政，言之凿凿地说："光绪末年，小人阶之以取富贵者，捷径有二：一曰商部，载振主之；一曰北

---

[1]《清末筹备立宪档案史料》下册，625页。
[2] 同上书，339页。

洋，袁世凯主之。皆内因奕劻而借二杨为交通枢纽。当世凯初在北洋，梁敦彦方任津海关道，凌福彭任天津府，朱家宝任天津县，杨士骧、赵秉钧以道员在直隶候补，不二三年，敦彦官至尚书，家宝、士骧均侪节镇，福彭升藩司，秉钧内召为警部侍郎。其非北洋官吏而攀附以起者，严修以编修在籍办天津学堂，遂擢学部侍郎；冯汝骙与袁世凯联姻，遂擢江西巡抚，吴重熹为世凯府试受知师，遂擢河南巡抚。唐绍仪旧从世凯驻朝鲜，甲午之变，出死力护之以归，故遇之加厚。既夺盛宣怀路政界之，邮传部开，又用为侍郎，一手把持部务，案卷合同尽为所匿，尚书张百熙虽属袁世凯姻娅，不能与之抗也。绍仪既得志，复引用其同乡梁如浩、梁士诒、陈昭常等，皆列要位。士骧又引其弟士琦入商部。"[1]这种仕路亢进留在官场里的大半都是污迹。后来做北洋政府陆军总长的段芝贵其时由巡捕起家，本是一个供达官差遣的走卒驺从。因捉得袁世凯家逃仆，"世凯大喜，赞其才，令捐道员，密疏保荐甚力。"迨新政改官制，又出重金购歌妓杨翠喜，"献媚于载振"，遂一夜之间超擢黑龙江巡抚，成为封疆大吏。而旨下之际，"京员相聚偶语，皆不知芝贵为何许人也。"[2]这种多数人的惊愕说明：破格一词非常容易在权势手里演变为便捷利私的随意性。与出自旧染的段芝贵相比，各色学生之借新学求躁进者是变官制造出来的另一个群类。曾是那一段历史过来人的刘成禺后来统括清季政象曰："与其谓亲贵掌权，毋宁谓旗门掌权，满人敢于为此，实归国留学生之为朝官者有以教之耳。"他说：

> 当时朝士之奔走旗门者，可分为两类：一，海内外毕业武职学生；二，曾毕业文职学生及科举旧人。自军咨府创立以来，涛、洵领海陆军，倚日本归国留学生为谋主，各省陆海军学堂出

---
[1] 《近代稗海》第1辑，269页。
[2] 同上书，230页。

身者附之。虽革命健将中，亦多海陆学生，而其时居大位者，皆由奔走旗门而来也。奔竞之风，由京中遍及各省，上行下效，恬为不怪。其他文职朝士，谈新学者集于肃王、端方之门，作官者则入载洵、庆王父子之门。谈宪政者又趋于伦贝子之门。某也法律政治大家，某也财政科学大家，弹冠相庆，几不知人间有羞耻事。[1]

陆宗舆、曹汝霖、章宗祥、金邦平一类以留学添身价的人物遂纷纷乘时而起。被世人目为中国社会里最颟顸的亲贵与"东西文明"造出来的新学中人沆瀣一气，非常醒目地合为新政变法的一种奇观。然而，以后来的历史作比较，"归国留学生之为朝官者"其实既没有新知识，也没有旧道德。与出身旧格的官僚相比，这些由破格进身的人物恐怕更等而下之。因此，刘成禺追述既毕，感叹说："清末朝士，风气卑劣，既非顽固，又非革新，不过是走旗门混官职而已。故辛亥革命，为清室死节者，文臣如陆春江等，武臣如黄忠浩等，皆旧人耳，新进朝士无有与焉。向之助清杀党人者，既入民国，摇身一变，皆称元勋。朝有官而无士，何以为朝？清之亡，亦历史上教训耳。"[2]他当日站在排满革命一边，而事后论史，则多见"新进"不如"旧人"。"有官而无士"一语，尤能写照清末破格以变官制的取舍得失。

由行新政而变官制，本以仿效东西洋各国之既强且富为因，然而其果则变官制而后开倖门，开倖门而后分群类，当群类既分之后，遂不能不起争斗。1907年，都御史陆宝忠上奏，以"天下之乱，其端皆起于人心之不平，不平则相激，相激则不和，由是门户纷纭，竞争不已，而国家实受其祸，遂于无所底止"起讲，深忧"改定官制以来，大臣不

---

[1] 《世载堂杂忆》，山西古籍出版社1996年版，164—165页。
[2] 同上。

和之事时有所闻，其机实起于细微，而其害驯至于倾轧"。[1]清代以抑朋党为家法，是以朝臣之勾角斗心多半流入阴柔一路，很少以赤裸裸的勃豀争剠为手段。这种局面随改官制而变，于是阴柔转为悍斗，倾轧便成了一种常见的事。与前代朋党各立旨意以分水火相比，新政中的倾轧很难辨出君子与小人、正义与邪恶、天理与人欲。群分类聚的朝官各相撕咬；而面目则莫分清浊，一片混沌。其间奕劻与瞿鸿禨角力，奕劻、袁世凯与岑春煊斗法，都曾各出机杼以动西太后之心，翻出朝局的一层层波澜。吃了亏的岑春煊后来追叙说：袁世凯"知东朝（西太后）平生最恶康梁师弟，乃阴使人求余小照，与康梁所摄，合印一帧，若共立相话然者。所立地则上海时报馆前也。既成，密呈于孝钦，指为暗通党人图乱之证。深宫不审其诈，既见摄影，严然信之不疑，惊愕至于泪下"。宠遇正深的岑春煊遂一个跟斗跌了下来。[2]西方传入的摄影技术渗进了朝廷的倾轧之中，为纷纭世局平添了一种奇异的险诐诡谲。当奕劻驱走瞿鸿禨、袁世凯驱走岑春煊之后，载泽、载涛、载洵和铁良、良弼等等又被另一群人簇拥着乘势而起，与奕、袁争一日之长短。"无论那一伙，都有一群宗室觉罗、八旗世家、汉族大臣、南北谋士；这些人之间又都互有分歧，各有打算。如载字辈的泽公，一心一意想把堂叔庆王的总揆夺过来，而醇王府的兄弟们首先瞩目的，则是袁世凯等汉人的军权。就是向英国学海军的兄弟和向德国学陆军的兄弟，所好也各有不同。"[3]于是而形成了另一场庙堂里的群斗，胜负之间没有善恶，只有利害。其间的纷争常常会唤出人性中丑恶的一面，为后世留下许多笑料：

> 常州朱宝奎游学西洋归，夤缘入盛宣怀门。宣怀以乡谊，处

---

[1]《光绪朝东华录》，5691页。
[2]《近代稗海》第1辑，104页。
[3]《我的前半生》，中华书局1977年版，24页。

> 以铁路局小差。人颇机警,渐被信任。不数年,由同知捐升道员,遂充上海电报局总办,凡各局弊窦,无不知之。窥宣怀有婢,绝美,求为箧室,宣怀不许,由是离交。私发铁路局积弊,并抄录累年洋商交涉案,叛归袁世凯。世凯久涎铁路、招商、电报三局之利而不详其底蕴,至是得所借手,遂参宣怀,尽撤其差。以铁路局交唐绍仪,招商局交杨士琦,电报局交吴重熹,而宝奎为邮传部侍郎。

然而被人所卖的人转过身来又卖掉了别人:

> 盛宣怀既失铁路之利,郁郁不伸者累年。已而袁世凯黜,载泽与粤党争权,窥其有隙可乘,遂贿载泽六十万金,起用为邮传部尚书。载泽知宣怀多财善贾,因出宿储合成百万,托其存商生息。宣怀极赞萍冶矿局之利,给以股票一张。国变后排满之风日炽,悉侵没为己有,载泽不敢校也。[1]

晚清的变法新政由这些人过手,而在这些人手里,新政变法都化成了一己之物利。官界遂成了当日中国最龌龊的一个地方。

官制的变动不仅促成了朝官之间群相哄斗,而且使朝官与疆吏之间旧有的矛盾化出许多新的冲突。自咸同以来,因太平天国造反而起的内战曾长久地撼动天下,旧有的成法纷纷被战事打破。疆吏在乱世里各自为计,因募勇成军而移去了朝廷的兵权,又因自筹饷需而移去了朝廷的财权。等到战火熄灭,这些由朝廷流向地方的权力已经收不回来了。居内驭外的局面由此而变。新政仿行立宪,"谊属宗支"的黄带子和红带子们多喜效东洋法度,羡慕彼邦"凡国之内政外交,军备

---

[1] 《近代稗海》第1辑,271、302页。

财政，赏罚黜陟，生杀予夺，以及操纵议会，君主皆有权以统治之。论其君权之完全严密，而无有丝毫下移，盖有过于中国者矣"。[1]日本人用"中央集权"演绎宪政，为有心强干弱枝的那些人提供了一种向地方收回权力的样式。于是，在行新法的过程中，天下的兵政便在一个一个的机构之间挪来挪去，由兵部移到练兵处、由练兵处移到陆军部、由陆军部移到军咨处。而后"更各省督练公所章程，设军事参议官，并由军咨处荐任，镇协统皆得专折谢恩。自是渐夺督抚军权入军咨处手。"[2]与此相对称，是户部改度支部之后，急急"奏派清理财政监理官。每省正副各一员，分赴各省"，期能"将各省财政，集中于度支部"。[3]管度支的载泽气极盛，"每论政，独断即行"，执意"立监政处于京师，自称督办，以诸疆吏为会办。凡蓝官迁除，皆督办主政，督抚半以为不便。锡良领衔连电与争，泽阳示退让，改议章制，而阴以危词要载沣，遂传旨申饬良等。自是榷盐权亦集于中央"。[4]在上个世纪的内战里，国家权力由朝廷移向地方是在战争引起的社会震荡中发生的，其间既有被动的顺变，也有主动的应变。五十多年来，这些下移的权力已在地方生根，并虬结出种种利益关系、社会关系、行政关系。因此，以"仿行宪政"来重建居内驭外之势的那些变法一旦推行，则一定会触痛这些关系，并使疆吏与朝廷中筹划的人们不能不断断相争。久做湖广总督的张之洞曾是倡新政的先觉者。而"光绪季年创行宪政，议改官制"之际，则以一个疆吏的立场与骛新法的枢臣岸然立异，以为"今日预备立宪，只须合立宪之用意，不必求合于海外立宪国之官制。大抵中国疆域广大，数倍于东西各国，而轮船、火车、电线通者什一，不通者什九。且立国之本原，历代政体相沿之成局，

---

[1] 中国近代史料丛刊《辛亥革命》(四)，上海人民出版社1959年版，28页。
[2] 《现代名人小传》卷下，《满蒙王公》，7页。
[3] 《辛亥革命》(四)，7页。
[4] 《现代名人小传》卷下，《满蒙王公》，9页。

国民性情之利病,目前国家之实力,中外各自不同,岂能事事强合"?并非常尖刻地说:"昔唐贤有云:'天下本无事,乃庸人自扰之耳。'洞窃以为不然,无事自扰,尚无大害,若方今四海有事之日,再加之以扰,则不可支矣!且庸人安能扰天下乎?惟才敏气盛,急于立功立名之人,察理不真,审势不明,贸然大举,乃能扰天下耳!"[1]枢臣讲的是一套道理,疆臣讲的是另一套道理。两套道理格格不入,朝廷与地方之间便会因新政而衍生裂痕。是以梁启超说:"近数十年来,督抚之系民望者,恒过于军机大臣各部长官。非必督抚之才皆优越于彼辈也,其责任较专,其展布较易也。故中央虽万机丛脞,而有一二贤督抚,则一方之民犹食其赐。自一二年来,假筹备宪政之名,行似是而非之集权政策,而督抚始不可为矣。督抚失职不平,渐奋起而与中央争;争之而不能胜也,乃反其本。于是责任内阁之重要,渐为督抚中贤者所同认。"[2]虽说那个时候的政争旨在以各自的道理守护各自的权利,但舆论的同情显然在"争之而不能胜"的疆吏一面,而借集权之说重造居内驭外之势的"才敏气盛急于立功名之人"则不为多数所喜欢。这种由新政而起的裂痕一定会在新政的更张中扩大,并促成疆吏对朝廷的日趋疏离。因此,当国会请愿运动聚众集群,掀作大波的时候,督抚中的许多人都热心推波助澜,以函电交驰为鼓荡呼应。1910年九月,云贵总督李经羲电各省督抚,"主先设内阁国会,再行借款筑路",南北疆吏多复电赞同。十月,广西巡抚张鸣岐奏请设责任内阁。而后"东三省总督锡良、湖广总督瑞澂、两广总督袁树勋、云贵总督李经羲、伊犁将军广福、江苏巡抚程德全、安徽巡抚朱家宝、山东巡抚孙宝琦、山西巡抚丁宝铨、河南巡抚宝棻、新疆巡抚联魁、江西巡抚冯汝骙、湖南巡抚杨文鼎、广西巡抚张鸣岐、贵州巡抚庞鸿书等联

----

[1] 转引自《蕉廊脞录》,中华书局1990年版,56—57页。
[2] 《辛亥革命》(四),135页。

电请立即组织内阁,定明年开设国会"。[1]由"联电"聚合起来的疆吏对国会与内阁的识解未必都能得其真髓,然而朝廷倚君权行"中央集权"之策以统制天下,则限制君权的国会便非常自然地会成为地方当权派们乐意亲近的东西。而众多的督抚用这种办法公示政见,对于正在抵制国会请愿的朝廷来说,显然是一种有意的为难。枢臣和疆吏同在新政局中,但两者都喜欢用自己那一面的道理诠释新政。于是,他们分解了新政,新政也分解他们。在因果循环之间,历史传统留给地方和朝廷维系彼己的同一性,遂被变革的更张一节一节地磨断了。

当官场的争斗正入酣境之际,绅界中人的进取心也在新学的摩荡下一天比一天炽热。他们借用许多发源于东西洋的题目急急乎扩张绅权,使官绅之间的角智角力常常演为激烈的政治冲突。清世曾久抑绅权。太学卧碑刻文即视集群结社为厉禁。顺康之际,苏南诸生"哭庙"一案因官绅冲突而兴大狱,以摧锄绅衿,"凌迟者二十九名,斩者八十九名,绞者四名",[2]其中最著名的便是金圣叹。此后二百余年,绅士在国家权力(官府)的逼视下活得非常安静。然而自上个世纪50年代开始,国家权力在内战中脱出了旧榘,久蛰的绅士遂纷纷被时势召出来,在襄办地方事务的过程中各露头角。后来的五十年里,通过科试、捐纳、保举(军功、劳绩)得功名而又游离在仕途之外的人越来越多。他们中的一部分人在近代化的过程中由农村流向城市,更多的人则留在籍贯所在的地方,以其个体的知识、才干、名望和积累的财产、势位、影响兴作于官府和民众之间,成为一种牵动上下的社会群体。随之而来的是绅权的步步伸张。这种崛起的绅权最初是傍贴于官场的。叙晚清掌故的《暝庵杂识》曾说:"咸丰初,张亮基为湖南巡抚。时承平久,官益尊,政益弊,民隐不得上闻,巡抚教令中隔,拱立

---

[1]《近代中国史事日志》下册,中华书局1987年版,1368、137页。
[2]《哭庙纪略》,转引自《国史旧闻》第三册,中华书局1980年版。

受所司欺谩。亮基乃聘左宗棠入幕,使通宾客,日夜访民苦。吏有奸、山泽有盗,巡抚辄知之,远近骇以为神。乃骆秉章再任,益遵张法,练兵转饷防寇,多参用士人,事皆办,颇胜他省。"[1]在二百年久抑之后,绅权是被地方官扶植起来的。因此,在上个世纪后半期,绅界中人大半都不会有与官场相颉颃的充足意识。然而官府的权力来自国家,绅界的利益则在地方。其间常常会有矛盾。绅权伸张的过程同时也在促使这种矛盾一路膨胀。到20世纪开始的时候,已经伸张的绅权和已经膨胀的矛盾都变得十分明显了。以二千年历史为背景,此时腾起的绅权本是一种非常古老的东西。但自宪政之说倡行,从东西洋迻来的许多学说都在为绅界重造出别开生面的境界。1907年,江苏巡抚陈夔龙说:"近年预备立宪之举,颇为海内欢迎,而欢迎之故,无非歆动于地方自治之一言。"[2]"地方自治"所以"歆动"人心,正在它所阐发的旨意能够被正在伸张的绅权所借用,为古老的东西移接一副炫人眼目的新头脸。于是,本来傍贴于官场的绅权便因新政的展布而得以自立门户,在咨议局、城乡议事会和其他种种地方自治机构中得到了舒展手足的机会,并急迫地期待着在国会中更上一层楼。这种变化为绅界拓开了一种前所未有的政治空间。所以,一时声光炎炎的名流如张謇、汤寿潜、谭延闿、汤化龙、蒲殿俊等等,都官格齐备而不愿入仕途,宁肯以绅界领袖的面目造时势。而后,得新学之助的绅权便挟着一派咄咄逼人的盛气,与官界权力步步对抗,节节冲突。当时人曾记叙"各省咨议局"与"行政官厅"之"争执",颇能描绘情状:

> 浙江因浙路公司总理奉旨革职,不准干预路事。咨议局以公司总理,由股东公举,载在商律,请浙抚代奏,收回成命,一面

---

[1] 《瞑庵杂识 瞑庵二识》,岳麓书社1983年版,96页。
[2] 《清末筹备立宪档案史料》上册,178页。

停议待旨。浙抚劄令开议,允开议后代奏,咨议局要求先行代奏,然后开议,浙抚不允,劄令停会数次,势将解散。后浙抚代奏,遂开议。江西以加增统税,不交局议,系侵夺咨议局权限,呈请资政院核办。广东咨议局,以提议禁赌案,议员有反对者,致不通过。主张禁赌者,以禁赌不定期限为辞辞职,舆论大哗。反对者亦以此为辞辞职。全省绅民,要求速行禁赌,粤督初以赌饷筹抵无着,未允入奏,后以风潮日甚,奏请定期速禁,议会乃仍开议。广西咨议局以禁烟案公布后,桂抚擅将土膏店应禁之期展限,全体辞职。资政院请旨照原案办理后,始照章议事。此外湖南公债案,广西限制外籍学生案,云南盐斤加价案,由咨议局与督抚之争执,引起资政院与军机之冲突。[1]

这些争执当然都有是非之分,但是非的源头和归宿大半都在地方利益。可见新学提供的题目所扯动的常常还是中国社会固有的那些物事。因此,由绅士而为议员的人们在时人眼里与东西洋议院中人的形象相去甚远:"十金买一票,百金买一票,运动选举,何足为议员。以私利而托公议,以一二人之意而冒全体之名,何足为代表。事事要求,事事请愿,一言不合,辄请收回成命,一语不合,辄请诛斥大臣,何足预闻政事。其在咨议局则言停会,言辞职,日与疆吏为难;其在资政院则言剪发易服,言赦党人,言劾军机,日与政府为难。"[2] 在上个世纪的内战以后,随国家权力的下移,有过一个疆吏向朝廷争利权的时代。等到20世纪初年"仿行宪政",则是绅界坐大,他们既向疆吏争利权,也向朝廷争利权。这种演变曾寄托了中国人进化的期望,而在当日却直捷地促成了上流社会的紧张和分裂,仿行宪政的局面便常常使人想到历史上的乱世。绅权是一种两头有刃的东西。它们

---

[1] 伧父:《议会及政党》,《辛亥革命》(四),70—71页。
[2] 《清末筹备立宪档案史料》上册,355—356页。

在新学引发的社会变动中动辄代表地方利益以制官家权力，显示了前所未有的锋利。然而绅权的过度扩张又未必总是地方之福。从咨议局往下看，非常容易见到这个过程搅出来的种种腥秽。一个言官奏论地方自治，鄙夷地说："臣闻各省办理地方自治，督抚委其责于州县，州县委其责于乡绅。乡绅公正廉明之士往往视为畏途，而劣监刁生，运动投票得为职员及议员与董事者，转居多数。以此多数劣监刁生，平日不谙自治章程，不识自治原理，一旦逞其鱼肉乡民之故技，以之办理自治，或急于进行而失之操切，或拘于表面而失之铺张，或假借公威为欺辱私人之计，或巧立名目为侵蚀肥己之谋。甚者勾通衙役胥差，交结地方官长，藉端牟利，朋比为奸。"由此显露的也是一种前所未有的锋利，而被割的则是绅界所代表的地方民众："其苛捐扰民也，不思负担若何，惟恐搜括不尽，农出斗粟有捐，女成尺布有捐，而牙行之于中取利，小民之生计维艰，概置弗问。其开销经费也，一分区之内在局坐食者多至一二十人，一年度之间由局支出者耗至二三千圆，以一城数区合计之，每年经费不下万金。而问其地方之善堂如何、学校如何、劝业如何、卫生如何，不曰无款兴办，即曰不暇顾及。所谓办有成效者，不过燃路灯、洒街道，或设一二阅报社、宣讲所而已。而旧日育婴堂、养老院、义塾、社仓、宾兴、乡约、施药、施茶、积存诸公费，皆非挥霍尽净不休。"[1]在那个时候，这类掊击之辞不仅出现在奏章里，也多见于时论之间。他们提供了绅界人物的一种普遍情态。显然，与绅权相表里的地方自治，给多数人带来的大半都是怨恨。当初考察过东西洋政治的人们都说："凡政治学家之言，皆曰非立宪无以自存，非地方自治无以植立宪之基本。"[2]然而这种为立宪"植基本"的东西一经移入中国，则成了劣绅施用"旧技"的场所。旧染中习见的操切、铺张、欺人、肥己本在传统道德的抨击拘束之中，

---

[1]《清末筹备立宪档案史料》下册，757页。
[2] 同上书，下册，722页。

得此一番错动,却成了被解放出来的东西,可以赤裸裸地放手横行于人世而无须惭怍。随之而来的是一种没有法度的局面。

十年新政效西法以除旧布新,把那一代中国人拖入了一场自上而下的社会变动。然而,舶来的西法改造了中国社会,二千年历史沉积而成的中国社会也改造了舶来的西法。这种交互改造使西法和中法都失去了本来的面目,四万万人遂身在新旧之间,两头不到岸。而"杂税日增,民心不安;科举全废,士心不安;新学多偏,众心不安;官制屡变,官心不安;洋货争衡,商心不安"。[1]被时势卷入变法的人们没有一个能得其利乐。迨"新政之害,已情见势绌,督抚知之,政府知之,摄政王亦知之。京师官三五杂坐,莫不接手叱骂。其实骂新政府者无一非办新政之人,即无人不享新政之利。游东洋归者骂留学生,而钻营求差自若也;在学部当差者骂学堂章程,而拟稿批呈自若也;在法部当差者骂新律,而援引听断仍自若也。举一国之人,如蜩如螗,如沸如羹,妖由人兴,事极可怪"。[2]当得益于新政的那些人也成了新政反对者的时候,这一场迟来而又急速的变革便陷入了既没有进路也没有退路的困局。十年之间,君权推行了新政。然而在新政犁过的地方,为君权垫底的基石却先被撞碎。曾经使疆吏、枢臣、朝官、亲贵、缙绅、武将和众多附着于科举制度的士人合为一体的那些东西,在这个过程中日趋分崩离析,随后产生的是一个个分异的利益群体。这些不同的利益群体都托身于同一个社会构架之中,但他们招来的仇衅却放手悍斗,在踢打之际不停地扯散这个社会构架。从秦汉以来,中国历史中还没有过这样自深处发生的圮塌。与上层建筑层层圮塌相对应,是下层社会日积日深的愤怒和新知识群体越来越急切地呼应革命。旧时的社会因此而进入解体之中。以一个解体的社会为对象,则摄政王所代表的君权不能不成为一种孤独无依的东西。于是,

---

[1]《清末筹备立宪档案史料》上册,240页。
[2]《近代稗海》第1辑,303页。

武昌城里的炮声传来,历时二百七十余年的王朝便在很短的时间里一块一块地四散坍落了。而由新政所开始的那些变化却留在后来的历史里,伴着世纪的风雨,再造出一幕一幕悲喜剧。

(1997年)

新学生社会相

汪康年是光绪十八年（1892）进士，但作为一个知名的历史人物，其事业却多半应当归入报界一行。这种富有特色的履历，反映了近代知识分子择业旨趣的变迁，也会浸润出科名之士原本不容易有的职业眼光。他所留下的《汪穰卿笔记》一书，撮录见闻，记叙了晚清最后十多年里的纷呈世态；在写实之中表露了自己对于社会的观察，并为那个时候特有的人与事立此存照。其中可以咀嚼品味，发人感想的内容之一就是清末新政作育出来的学生形象。

20世纪以前，中国人语汇中的"学生"一词多用作秀才的别名；有时也与门生或弟子同义，作为受业师的对待之称。自从仿效西法的各色学堂借诏旨的力量一批一批地产生出来之后，它们已经不再具有上个世纪那种异花盆栽的性质。随之，出现了一个不同于举子生童的知识分子群体，"学生"二字遂被移用为他们的专称。在这些人中产生过后来的杰士和英才，但就他们中的多数而言，最初一代学生却以其夹新夹旧的社会相给人以特别深刻的印象。汪康年叙录的一则故事说：

> 京曹官有奉部命至湖南某州有所调查，一日偶与人家婚宴，座中有昂然气态出众者。问之，则以湖北寻常师范毕业生，在其

州中办新政者也。一人忽前语曰:"某家逼嫁事,君何不过问欤?"其人曰:"吾何暇为之?吾既办全州教育,而州官又浼吾办警察,岂暇为此?"请者又徐曰:"君盍姑问之,某家固尚有三牛也。"此人闻言,即俯首沉思,不复言有暇否矣。[1]

在新政之名时行天下的年代里,旧学的贬值和新学的升值都会因功利主义而被人为地放大。由此造成的新旧不相榫接,使那个时候出产的成群学生正好成为新与旧之间适逢其会的人物。"寻常师范毕业生"之所以能够包办教育、包办警察,并且有权干预新政范围以外的民间诉讼,并不是因为他生就一副无往不宜的好身手,而是因为他脸上有一块新学的胎记。比起满坑满谷正在延颈企踵苦盼差使的穷候补官来,靠新学吃饭的人们确乎有滋有味。得来容易的富贵,总会带上些暴发户惯有的倨傲气。一个"浼"字极富妙趣地表达了他们俯就之态中包含的踌躇满志和顾盼自雄。但在旁观者眼中,踌躇满志和顾盼自雄都脱不掉沐猴而冠的轻薄相。这些人因新学而得时,说明了庚子与辛丑之后,高居庙堂的当权群公和珠帘背后的西太后已经不能不求助于新学了。回眸反看戊戌年间在菜市口断头于刀斧之下的新党六君子,则此一时与彼一时之间,社会变迁之迹昭然可睹。然而,后起的新学家们多半是依靠办学堂而一批一批制造出来的。在东洋传来的速成法备受欢迎的时代里,粗制滥造是常有的事。时人曾举师范为例评论说:"监督不常驻堂,校员无所统属,学生惟闻钟上课,退则宿舍聚谈耳。师范生汉文通者,则鄙夷科学,汉文劣者,则徒有技能,不数年或不数阅月而均毕业矣。虽简易科、本科、选课,所立之名目殊,而程度浅深,品性高下,不甚悬绝也。"与科举制度的苛严规制相比,学堂无疑是一个自在世界;与科举制度狭小的入口相比,学堂的门又要大得

---

[1]《汪穰卿笔记》卷五《杂记》。

多:"凡老师宿儒以及黄口孺子,皆可为师范生,师范生类无不可以毕业。"[1]这种长幼无序、老少同堂的景观本不悖乎教育宗旨,但作为塑造新学家的对象,"老师宿儒"与"黄口孺子"毕竟不是同一类物。若以缠足为比喻,那么,前一种人已是数十年久经桎梏之后的小脚,留下的只是麻木。后一种人则甫受缠绕,天足还没有变成金莲。其可塑与不可塑是一目了然的。数量更多的是介乎"老师宿儒"与"黄口孺子"之间者,他们在人生的半途中折入古今中西交汇之局,"变亦变,不变亦变",吸纳了一点来自新学的声光化电和亚细亚、欧罗巴,然而举手投足之间又会非常自然地流露出旧习浸染而成的惰性与惯性。其夹新夹旧,恰像小脚放大之后的模样。湖南某州襄办新政的"寻常师范毕业生"之所以具有历史观赏价值,正在于他是能够代表这类人的一个典型。虽说"气态昂然出众"于周旋揖让之际的官僚相和"俯首沉思"取财之术的贪婪相本是旧染中人多见的面目,但这些东西出现在以新学进身者的脸上却会使人觉得格外不受用。旧习已经化其气质,于是新学只能化其皮毛。这种兼有旧气质和新皮毛的人物常常是既没有旧原则,也没有新原则的人物。他们在品类上更等而下之。《京华慷慨竹枝词》中有一首题名为《学生》,其辞曰:"攘利欺名此一肩,如今世界总须官,也曾青紫场中去,多少纷华误少年。"[2]它描写的是北方社会。南与北同此曲调,反映了那个时候学生界的通病,也反映了新学行时的年份里众多新学家们的旧嘴脸。

自学生成为一种新起的社会群体之后,其中的妇女知识分子遂引人注目地受到各类文字的描述和记叙。比起男子来,她们更加新奇。汪康年说:

河南某观察丧偶,谋续娶,以友人作伐,聘南中一女学生,

---

[1]《教育感言》,《时报》,光绪三十三年八月十九日。
[2] 见《清代北京竹枝词》,北京古籍出版社1982年版,142页。

年三十八矣。既诹吉，遣纪纲仆先期迎至汴，偕来者仅一女之表兄耳。迨吉日迎娶交拜毕，甫入房换妆，女谓仆媪曰："速请老爷来，我须开谈判矣。"某至，女曰："我此来仅能留一星期耳，届时我须行。我方为某处某某学堂教员，学生尚有一学期毕业，我不能半途而废也。"某默然。至期，果不携一仆一婢，只身偕其表兄行矣。某至此嗒焉若丧。闻其送妆时，以一亭置其毕业文凭，舁而过市，人有视之者，则一初等女小学堂之文凭也。[1]

旧式妇女本以婚姻为终身之托。《女界钟》刻画其心理说："生平束身圭璧，别无希望，惟此却扇之夕，如登科及第，望阙谢恩，以为供职录用，生平之大事毕矣。"[2] 这段记事中所录叙的"南中女学生"却能在旧途之外别开蹊径，轻易地把婚姻的位置挪到了其他东西的后面。虽说"开谈判"一语用在夫妇之间有点不伦不类，但时当大量新名词从日本进口并行销于新学界之际，不伦不类正是语言变迁中的一种特色。能够表现其新派面目的地方不在这里，而在于她蔑视夫权，懵然不知男尊女卑的昂藏意态。比照旧式女子的甘于雌伏，可谓一猪一龙，判然不同。然而以昂藏意态表现新面目，庄严之中又显得滑稽，由此产生的是一种笑不出来的俳谐相。身背四品翎顶的"某观察"因之而"嗒焉若丧"，显得瘟头瘟脑。在那个时候，取法新学的妇女恐怕比男子更多一些标新立异的自觉性。她们想借助这种方式来表达女性的自主，但女性的自主并不能借助这种方式真正实现。于是，标新立异常常流为肤浅轻躁，使她们在世人眼中成为不无悍气的人物："一条辫子直长拖，不着绫绸不着罗，双脚革靴双眼镜，原来中国主人婆。"以"主人婆"指言女学生，描绘的正是她们的盛气。所以，民国初年报刊中的征婚启事类多以新知识与旧道德并举，列为理想女性的必要条

---

[1]《汪穰卿笔记》卷四《杂记》。
[2]《女界钟》，7页。

件。即使同出新学之门的豪杰，也很少有人愿意择偶于身上带着龙虎气派的女子。由是，曾不数年，常见于第一代女学生中的浮嚣意态在后来的知识女性身上日渐褪去，仅仅成为时人记述里留下的一种曾经有过的社会相。"浮嚣"是个贬义词，拿来形容历史进化中产生的新式妇女显然有点不敬。然而，从彻头彻尾的旧到半通不通的新，又是进化本身造成的一个难以绕越的阶段。在这种境界里，旧的开始破碎，新的还没有长全，置身其间的人们既无所依傍，又两受缠绕，恰恰会变得极易浮嚣。现成的例子便是充作嫁妆的毕业文凭："其送妆时，以一亭置其毕业文凭，舁而过市，人有视之者，则一初等女小学堂之文凭也。"女学生的本意是炫耀新知以区别于流俗妇女的旧态，但这种特有的排场却是从传统中借来的，它在外观上更容易使人想到童生进学和举子中式之后惯见的喧闹。自觉的意识和不自觉的下意识，表现了新旧两不协调，结果只呈现为浮露矜嚣。

汪康年收罗的时闻中还有一个故事，叙写了"豫西群盗之首"王天从的押寨夫人。她是另一种类型的女学生：

> 天从无所顾忌，其势复振，立寨于嵩县山中，党羽布全邑。其妻乃上海女学生，天从假名候补道，持印札赴沪办军火时诱娶之。至河南，女始知其为盗也。然女有智谋，劝勿显与官吏为难，设学塾山中，聘汴中师范生教之。天从且立公堂，三、八放告，集听讼狱，附山之民听其指令勿敢违。或有逋官粮勿纳者，天从出示戒之，则立输于官。嵩县令在其掌握，惴惴惟以结欢为事，幸旦夕之安而已。[1]

乱世多民变，也多割据山头的大王。这本是一种非常古老的职业。虽

---

[1]《汪穰卿笔记》卷一《记事·记总兵谢宝胜治盗事》。

然替天行道的团伙里以前也出现过女性,但那种生涯所重视的并不是她们的知识。所以,"群盗之首"选择女学生做内助,正反映了山林草泽之中发生的变迁。欧风美雨东来,不仅改变了世态,也改变了绿林人物的眼光。然而,对于女学生来说,与占山为王者匹配却不是自愿选择的结果,两者之间存在着多方面的不对称。把不对称的两者联结起来只能用骗术。由此产生的婚姻无疑是一种尴尬婚姻。中国旧有嫁鸡随鸡、嫁狗随狗一说,专门用来譬喻木已成舟之后的尴尬婚姻。它说明:在尴尬转变为不尴尬的过程中,妇女总是被改造的一方。但以此对照做了押寨夫人的"上海女学生",则旧说已经明显地不能适用。因为在豫西那个绿林王国里,她并不是被改造的一方,而是改造别人的一方。本以打家劫舍为专业的"豫西群盗之首",后来变得理路清晰,头脑井井有条,其中正有着被知识和"智谋"改造过的痕迹。更能显示女学生本色的,则是"设学塾山中,聘汴中师范生教之",接受改造者的广度因此而愈见扩大。她聘来"汴中师范生"而不聘三家村塾师,说明了物以类聚人以群分;而"汴中师范生"愿意受聘入山,又说明了其道不孤。当梁启超侧处海外大声鼓吹开民智的时候,这些人在一个非常不同的环境里做着同一件事,她(他)们虽与"群盗"为伍,却比别人更多地保留着一点新学应有的理想主义。

  清末中国处新旧摩荡之际。这是一个能够产生伟人的时代。但对多数知识分子来说,瞻新顾旧又是一种常态。瞻新顾旧于新旧摩荡之际,会造出种种社会相。在可鄙、可笑、可敬的面相背后,自有一种发人深思久想的东西。

(1992 年)

论清末知识人的反满意识

清代以八旗得天下，然而从18世纪到19世纪，旗人生业的日趋"穷迫"[1]便一直与清代的国计和户政相牵结，衍为积久积重的累世时病和一朝一朝的奏论与策论。因此，20世纪初年朝廷行新政，局中人和局外人纷纷论国事，督抚、都统、道府、京堂、翰林、御史，以及身在江湖而心存巍阙的旧式士人和新式士人都在说"八旗生计"的"憔悴"和"可哀"，[2]引出一片唏嘘之声。八旗中有蒙古和汉军，但八旗的主体则是被统括于这个制度里的满人。所以，这种积久而积重的时病正说明了二百六十多年满人的君权之后，是满族在整体上的贫弱和衰弱。贫弱和衰弱皆非强人面目和凶悍气象，应当不会催激满汉之间已经静蛰的种族之辨。然而世路常常要走出推理之外，在当日的中国，与"八旗生计"之"憔悴"和"可哀"同时存在而互相对应的，却正是知识人中蓬蓬然而起的反满意识。前后十年之间，这种反满意识引"黄帝魂"入"自由血"，用"大汉天声"拽出了一场共和革命。其间的激烈和壮烈都已刻进了那一段历史的过程里与意义里。但

---

[1]《皇朝经世文编》卷三五《户政十·八旗生计》，舒赫德：《八旗开垦边地疏》。
[2]《清末筹备立宪档案史料》下册，中华书局1979年版，915—960页；《杨度集》，湖南人民出版社1986年版，414页。

历史之可以理解本在于历史中自有因果。以满人在整体上的贫弱和衰弱为比照,则一时暴起的反满意识显然不是一种相对称的东西。两者之间的矛盾突出于这一段历史,于是读史和论史便不能不为这种矛盾追溯源头与来路。

一 八旗制度与满汉关系

八旗制度在《清史稿》里被归入"兵志"一类,然而这一制度由"出则为兵,入则为民"[1]而来,旗籍所包纳的其实是满族的全部人口,因此满人无不自称旗人。[2]

旗制是一道墙界。"以旗统人,即以旗统兵",[3]用"统"的办法来串管人口,则圈出来的总是一个有限的空间。二百六十多年来,包纳于八旗制度里的满族,都是身在被统之中的人,也都是栖止和生聚于墙界之内的人。八旗以京师为根本,"亲王不得出京师三十里外"。[4]入仕的满人虽可远走四面八方,但解任之后皆须带着眷口"回旗"。所以督抚、两司、将军、都统,其子孙都在京城里生根结果。八旗中派出的部分称作"驻防"。驻防八旗布列于南北冲要之间,而"尤重都会"[5],于是墙界也随之而被带到了冲要和都会。《荆州驻防志》说:"康熙二十二年旗兵设防于此,虑兵民之杂列也,因中画其城,自南纪门东,迄远安门西,缭以长垣,高不及城者半,名曰界城,其东则将军以下各官及旗兵居之,迁官舍、民廛于界城西。"[6]这种专门修起来的"长垣"阻隔了"兵民",也阻隔了满汉,而驻防所到的地方则必有"长垣",由此划出的区域民间通称"满城"。"满城"由将

---

[1]《清太宗实录》卷七,《清实录》第二册,中华书局1985年版,98页。
[2] 蒙古八旗和汉军八旗与题旨无涉,不在本文论列之内。
[3]《八旗通志》二集,卷三二《兵制志》。
[4] 叶恩:《上振贝子书》,《新民丛报》第15期,1902年9月。
[5]《清史稿》第39册,中华书局1977年版,1182页。
[6]《荆州驻防志》,湖北教育出版社2002年版,87页。

军、都统、副都统、城守尉管,并自有一套司法系统,"所在地方官不得而约束之"。[1]与国家官制里的督抚、司道、州县相比,显然是自成一派。旗籍既是兵籍,"满城"里的人们遂长在不可自由移动之中。除了出仕以得官禄之外,皆"坐食兵粮"[2]而不能自为生业。因此,左宗棠论八旗,曾通谓之"不习行商服贾之业,不知服田力穑之劳,不谙匠作工师之技,于世之所谓四民者,仅可名之为士,而农与工商无与也",[3]他所说的"士"取自古义,主要是指兵。这些话显然不是好评。二百六十多年里,本来意义上的"兵食"在八旗不能成兵之后变成了用国赋养一个民族,其不在常理之中是非常明显的。然而吃"兵食"的八旗不入农工商之界,汉族人口中的多数则因之而在整体上同满人离得很远。满城里的兵丁不守规矩的事虽有时而有,但都不为王法所容。[4]由于离得很远,满汉之间的民众与民众既不容易相往来而亲近,也不容易相劫斗而憎恶。所以20世纪初年汪东倡革命,犹曰:"昔者八旗特设制度示与齐民异,不事生产,惟待供给于汉族,虽为民病,犹特消耗其辛苦所得于无用耳,未尝与民争利。"[5]在八旗退出生产的过程里,17世纪后期满洲人入关所带来的那种遍地戾气和仇恨便被制度造出来的距离与墙界所隔断,并在后来的岁月里熄灭而且褪色。18世纪和19世纪,平民社会里多见宗族械斗和民教争斗,与此相比,满汉之间则保留着一种不相熟识的陌生,也因之而安静得多。

八旗制度多立墙界,显示了满族君权本有的种族意识。墙界守护的都是满族从关外带来的种性和面目,诏书称作"期复旧俗,永保

---

[1]《清末筹备立宪档案史料》下册,928页。
[2]《杨度集》,413、431页。
[3]《光绪朝东华录》第1册,中华书局1958年版,(总)405页。
[4] 陈登原:《国史旧闻》第4册,中华书局2000年版,235—237页。
[5] 寄生(汪东):《革命今势论》,《民报》17期,1907年10月。

无疆"。[1]然而满族的君权要成为中国的君权，则帝王不能不接受中国的文化。18世纪的康、雍、乾三朝，一面是君权的种族意识与士人的种族意识相遇而引发出连年的文字狱；一面是帝王在接受中国文化的过程中步步儒化。于是，同文祸里的株连摧残相伴而生的，是帝王引用学来的儒学批判士人手中辨夷夏的儒学。雍正说："《书》曰'皇天无亲，惟德是辅。'盖德足以君天下，则天锡佑之，以为天下君。未闻不以德为感孚，而第择其为何地之人辅之之理。"[2]他以《书经》为理据说天命之所归，为的是把满族的君权融入中国的历史之中，融入了历史，便也融入了人心。这一类引述六经的话头乾隆用得更自如。虽说从六经里引出来的片断之词未必能够平释当日异视"东胡"的满汉之辨，但与四百多年之前蒙古人的君权始终漠视儒学，并因此而与读书人始终夹生的态度相比，则满族的君权向儒学讨法则，显然是归化了士人在精神上生死依托的同一种东西。读书人崇儒，帝王也崇儒，儒学涵化六合，重的是以文化别夷夏，满族君权既已自附于儒学，以遗民心结为源头的"种族大义"遂不容易在后起者的心里一代一代传下去。因此，乾嘉之学和乾嘉学人都不再追问明清之际的往事，并与遗民留下的精神日去日远。

满族君权自附于儒学，同时满族君权便成了中国文化规范和制束之下的君权。比之明代帝王，清代的君主更多一点民为邦本的自觉和警醒。康熙一朝江宁织造曹家和苏州织造李家常常要专门进奏密报地方时事，其中的题目之一便是民生。于是而有"夏季雨足米价如常折"、"镇江丹阳一带忽有飞蝗业经扑灭不致成灾折"、"请安并报稻禾收成折"、"苏州地方菜麦已经收割折"、"浙江各府县灾情折"、"扬州得雨折"，等等。而一旦奏报失时，则须另作"迟进晴雨录原因

---

[1]《荆州驻防志》，14页。
[2]《清代文字狱档》下册，上海书店1986年版，926页。

并请处分折"。[1]农时、物候、米价、年成都是历史中的琐碎和细节,而彼时万千民生之所托即在于此。因此帝王不肯疏远细节,正说明了帝王之不敢懈怠民生。满人的本色在骑射,民生成为政治的重心显然不是从满洲"旧俗"里移过来的,而是儒学精神熏化帝王的结果。奏折和硃批以"晴雨录"为常课,可以非常明白地看到:接受了中国文化的满族君权,其理路已皆在中国文化之中。因此,在18世纪的中国,与连年文祸同时出现的,是一个轻赋立国的盛世,满族君权造出了传统中国的最后一个盛世,而其间的义理则取自于中国文化所蕴结的王道政治。当文字狱引发的凌厉和紧张使士人世界不得安宁的时候,盛世里的田夫耕氓正各安其业,在这个多数人的世界里,很少有人会感受到来自那一头的冲击和窒迫。而后,盛世的规矩留给了后起的帝王,便成了祖宗家法,"历朝尊行不替"而"不敢逾定制一步"。因此孟森后来述清史,曾概论之曰:"康雍之不欲扰民,自是当日善政,不必异世而转作不恕之词也。"[2]

由于八旗制度多立墙界,满汉之间能够相往来的地方便只有官场。二百六十多年里,满人因仕别有途径而曾经据有官场的优势,其"旧俗"里的粗陋遂容易转化为骄横。然而与科举制度相比,这种从满洲带来的优势并不是富有生命力的东西。当19世纪中叶内忧外患交迫而来的时候,内忧外患都成为一种淘汰,满汉之间积久的失衡便在溃决中现出本相。当日肃顺以宗室秉政,任事果敢"暴悍"而"独敬礼汉人",视八旗蔑如也,以为"后起皆竖子"。[3]"敬礼"、蔑视皆反照出世运的淘洗磨括,其间的此消彼长都不是人力可以挽回的。因此,恭亲王奕䜣与肃顺为政敌,而继起秉国政,走的依然是"敬礼汉人"一路。汉人之应当"敬礼",正在于内忧外患交迫之秋

---

[1]《李煦奏折》,中华书局1976年版,2—27页。
[2] 孟森:《明清史讲义》下册,中华书局1981年版,482、476页。
[3] 沃丘仲子:《慈禧传信录》,崇文书局民国七年版,4页。

粜平内乱和回应西潮的都是汉人。他们负天下之重，因此他们居天下之重。世运之变迁成就了满汉之嬗蜕，此后五十年里，虽然政潮有起伏，但才地、勋名、物望、知识、政略，从而对君权的影响力和制约力则大半归于汉族官僚。其间虽有过像刚毅那样一身气焰的满人，而头重脚轻，结局都不能长久。与才地、勋名、物望、知识、政略相比，气焰已是一种立不起来的东西了。因此，同光以后，入官场的满人大半都不再有自负"从龙子弟"的别样意态。曾经久做部曹的何刚德，民国初年说春明旧梦，有一段文字专写当日京官中的满人：

> 满人在京，可分三等。一则一二品大员，年高位尊，各自持重；礼节周旋，一味和蔼。虽有闹意见者，间或以冷语侵人，而绝无乖戾之态，平心而论，较汉人尚多平易近情。一则卿寺堂官，及出色司员，稍有才干便不免意气自矜，然一涉文墨，未有不甘心退让者。至寻常交际，酒肉征逐，若遇有汉人在座，转不免稍涉拘谨。一则平常司官、笔帖式，个个乡愿，无争无忤而已。窃揣满人心意，亦知平常占尽便宜，人才又不能与汉人较，故见汉人颇讲礼让。而汉人之在京者大半客居，但见其可交可亲，转有视若地主之意。此余在京十九年，饮食周旋，所日相接触者，固历历在目也。[1]

满人以京师为聚汇之地，而十九年所见，多的是一团和气，少的是恢宏发舒。没有恢宏发舒的一团和气出处全在中气不足。因此满人论满人往往更苛薄。庚子之后行新政，王士珍以汉人补副都统，觐见之际，光绪说："你这要与旗人共事了，他们都糊涂哇。"[2]这是一种同悲哀融在一起的苛薄。而端方"自为满人，偏诋满人为不肖"，曾

---

[1] 何刚德：《春明梦录 客座偶谈》，《春明梦录》下，上海古籍书店1983年版，7页。
[2] 《德宗遗事》，《近代稗海》第11辑，四川人民出版社1988年版，267页。

使酒骂座,肆口痛詈"旗人作外官,一事不懂,一字不识,所有事件皆请教于门政,门政即是爸爸"〔1〕,则苛薄之中又羼入了许多刻毒。与端方之开口就骂相比,其间还有满人为满人说来日,以为"吾满洲王气前人发泄已尽。今八旗之人但一着衣冠,则神志沮丧,不久当胥为隶役,质性已近之矣"。〔2〕其刻毒兼有短气,犹自更深一层。以"敬礼"汉人为反衬,苛薄、悲哀、刻毒和短气都表现了满人看不起满人。光绪是君权的代表,端方后来做了疆吏,他们的话与肃顺的睥睨连在一起,描画了一时世风。显然,在一个满人看不起满人的时代里,聚八旗声势与汉人争一日之长短的意识一定不会成为茁长的东西。

满汉之间的此消彼长,是一个满人在整体上衰弱化的过程。而官场之外,则是长久的豢养生息之后,满人在整体上的贫苦化。光绪初年,御史英震曾专折说宗室穷迫状:

> 宗室文武仕途,设立员缺无几,且多系京职。以前人数尚少,似觉道路甚宽,今则人数日盛,有志上进者每因入仕艰难,不能不退而思转其闲散。宗室养赡钱粮,年至十岁始食二两,年至二十岁始食三两。后复改为十五岁始食二两。当初食饷者有限,各府之甲亦足分赡宗族;今则红名不下数千余人,钱粮按现放章程,食二、三两者仅得一两有余,虽养一身不足,何能仰事俯畜。况谁无父母,谁无妻子,更何所赖。是以宗室案件层出不穷。〔3〕

因"人数日盛"造成的仕路拥挤满汉都一样。宗室的困顿在于入不了

---

〔1〕《春明梦录 客座偶谈》,《春明梦录》上,30页;陈恒庆:《归里清谭》,《凌霄一士随笔》第2册,山西古籍出版社1997年版,637页。
〔2〕《民国诗话丛编》第2册,上海书店出版社2002年版,16页。
〔3〕《光绪朝东华录》第1册,(总)294页。

仕路的人又走不出墙界。于是"人数日盛"则"养赡钱粮"日少，天潢贵胄久苦窘迫之后，便常常要出格。胡思敬作《国闻备乘》列"宗人贫乏"一条，叙述说："尝有友人入内城赴宴，各征一妓侑酒。门外车马阗咽，忽见一艳妆少妇，年约二十许，乘红托泥车扬鞭竟入。问从何来？曰：王府街宗室某宅。及入座，遍拜坐宾，即侑酒者也。"[1]"侑酒"是贱业，因此宗室女眷操"侑酒"之业，"遍拜坐宾"之际，已经卖掉了皇家的颜面。与此可以比类的，还有"手托粉团叫卖于市"的宗人，穿走于京城之中为人驾车的宗人，以及"闲散王公贫甚，有为人挑水者"。金枝玉叶因此而化为满脸风尘的市井面目。等而下之的，则腰间缚着黄带子在下层社会里做痞棍做"老太爷"，[2]而后有"宗室案件"之"层出不穷"。宗室生来就有四品顶戴，所以别贵贱也。然而生来的顶戴不能充衣食，遂使贵贱之界因"养赡钱粮"的不足而倒塌，留下的便是一种久经败落的麻木。

都中的宗人为贫所苦，京营里的旗兵和驻防于京师之外的旗兵更贫更苦。毓贤署江宁将军之日曾奏告说："察看各兵丁及其家口，多属蓝缕异常，情形窘苦"，有如"乞丐"。[3]这种没有兵气的营盘已是一个触目成愁的地方。由江宁一隅而通天下论之，"京旗及各省驻防人口不下数百万，兵额不下数十万"。以"数十万"比"数百万"，则"额兵之外，尚有许多非兵非民之人，虽不在民籍而有兵籍，然又非兵也。若问生计之由来，则无论是兵非兵，而皆仰食于俸饷。非不在兵额亦有兵饷也，乃以此区区兵饷之数，直接被养者为充兵之旗人，间接被养者为不充兵之旗人"。[4]这些"间接被养者"便是"家口"。显然，

---

[1]《近代稗海》第1辑，四川人民出版社1985年版，305页。
[2]《申报》，光绪二年六月初二，转引自《国史旧闻》第4册，272页；《汪穰卿笔记》，《近代稗海》第11辑，383页；《春明梦录　客座偶谈》，《春明梦录》下册，10页。
[3]《光绪朝东华录》第4册，(总)4324页。
[4]《清末筹备立宪档案史料》下册，937页；《杨度集》，445页。

以"数十万"人的兵食作"数百万"人的生计,而又"饷项屡经扣减",[1]满城里的男女老幼在艰难竭蹶之后,不能不一群一群地现出讨饭相。时人以此入诗而皆成叹息:"计臣折扣余,一兵钱一串。饮泣持还家,当差赎弓箭。乞食不宿饱,弊衣那敝骭。壮夫犹可说,市门娇女叹。"[2]咏叹之中都在写实。由于"生齿日繁,甲分有定",所以八旗制度注定是一种"以有限之钱粮养无限之丁口"的制度,[3]其不能站稳正是理所当然。由此产生的矛盾曾在"雍乾两朝"被"屡谋之",至19世纪则积久积重而牵动朝野,于时务之中自成一局。道光间魏源助贺长龄辑成《皇朝经世文编》,已以"八旗生计"为要目立第三十五卷;而后郑观应"求富强之本",康有为倡维新变法都曾以"旗籍之生未遂"为题目做过策论。[4]八旗之生计日窘,为八旗筹生计的议论也越多。等到清末最后十年,立宪之说由学界绅界传入庙堂,而后以宪政为准尺广议八旗制度不合时宜的言论纷纷然起于官场人物和舆论界里的新学家之中。行之二百六十多年的八旗制度虽经"屡谋"而不改本色,在东西洋立宪成法的部勒下却成了不得不废的东西。然而当日以八旗制度为不合时宜,最能言之有物的仍然是"生计日蹙,无可为谋",[5]而热心为旗人求出路的则大半都是汉人。杨度说:

> 向者旗人因世袭终身充兵,致夺生计自由,尚有一种特别官吏权,可以为其损害赔偿之万一。然因屡次改革官制之结果,亦既废止此特权矣。今日旗人之所余者,惟世袭终身兵役之义务耳,营业、转移、财产所有权之不自由耳。齐民之不能平等于旗

---

[1]《清末筹备立宪档案史料》下册,937页。
[2]《石遗室诗话》(1),辽宁教育出版社1998年版,96页。
[3]《光绪朝东华录》第1册,(总)405页。
[4]《郑观应集》上册,上海人民出版社1982年版,474页;《康有为政论集》上册,中华书局1981年版,143页。
[5]《清末筹备立宪档案史料》下册,926页。

人者略已尽去,旗人之不平等于齐民者尚如此其重。举全国国民而比较之,其最被压抑束缚者,莫如八旗之人。是则今日中国国民之憔悴可哀者,实无可与旗人并举者矣。[1]

二百六十多年来,汉人以国赋为兵食养满人,从而维持了八旗制度。端方说,"汉人无不纳税,满人则以兵之名额,坐领饷糈,有分利之人,而无生利之人",[2]正是山穷水尽之后满族的达官对于满人寄生的一种反思。然而"无生利之人"本原在于无生利之业,寄生的满人以剥离生利之业换来"坐领饷糈",而当"一甲之粮不足以赡此数十百倍之人"的时候,以"分利"为生业便成了一个长在穷愁之中的过程。时人以吃"兵食"的满人比纳国赋的汉人,熟见"满人唯累世贵显,席履丰厚。其闲散宗室,直省驻防,困苦情形较之汉人有过之无不及"。[3]因此,论八旗生计,其制度中内含的寄生一面便常常会被众生的穷愁所盖没,由果说因,"初制之优待满人,亦适以害之也"。[4]杨度那一段话正是以此为主旨,深论满人因"优待"而剥离生利之业,遂因"优待"而失掉了更多的东西。彼时他正在东京作报章文字,以"茫茫国事急,恻恻忧怀著"[5]为一己之抱负,显然不肯从小处着眼。虽说他为满人争生计的言论激昂犹且过于满人,而"压抑束缚"和"憔悴可哀"则都是沿19世纪的士论一路而来,其间以汉人的同情回应满人的穷愁,正表达了两个世纪以来读书人共有的悲悯。这种以同情回应穷愁的心路和端方对满人"坐领饷糈"的反思都因八旗生计而起,但由此记录的却是当日满汉之间曾经有过的真实关系和真实情感。

---

[1]《杨度集》,414页。
[2]《清末筹备立宪档案史料》下册,926页。
[3] 同上书,926、939页。
[4]《春明梦录 客座偶谈》,《春明梦录》下册,10页。
[5]《民国诗话丛编》第2册,275页。

由于弱化和贫化,时至20世纪初年,满人已全失二百六十多年之前的本来面目。章太炎说:"满人于中国语言文字既同化矣,而职业犹不。"其"贵人惟逐倡优,歌二簧,弹琵琶以终日月。驻防之军日提雀笼嬉游街市,寒则拥裘而出,两臂结胸腹间持熏炉以取暖,行过饼家见有美食则张口而喫食之,不以指取。此人人所共睹者。彼其呰窳偷生,不知民业,又三荒服(回部、西藏、蒙古)之不若"。[1]他有意描画满人群体的猥琐,而使人印象更为深刻的却是满人群体的衰颓。猥琐以形相见,衰颓以精神见,两者都是贫化和弱化的结果。失去了本来面目的满人以"呰窳偷生"为社会相,与之相陪衬的,一面是由弱化而生的满人看不起满人;一面是因贫化而生的士论以同情回应穷愁。满人和汉人都在被历史改变,满汉之间的种族之见和种族之界遂不能不日趋日弛。曾经名列清流的盛昱是宗室里肯一辈子读书的人,晚年作诗说时事,向往的是"大破旗汉界",以"起我黄帝胄,驱彼白种贱"为心声。[2]他向黄帝认祖归宗,意愿之中正有着一种满人趋同于汉人的自觉。而后,光绪朝的最后几年里,庙堂议论无分上谕奏疏,都已经以"化除满汉畛域"为公论和通论。与前朝帝王"期复旧俗,永保无疆"的苦心比,"化除满汉畛域"的取向和归向全在破"旧俗"。以满汉之间人口比例的悬殊为前提,其预想中显然也有着一种满人趋同于汉人的自觉。

曾经剽悍的满人在八旗制度的墙界里贫化而且弱化,又因积贫积弱而不得不走出墙界,归向汉人久居的那个世界。然而与这个过程相交逢的,却是久蛰的反满意识勃然涌起于中国社会的另一头,在20世纪的最初十年里唤来满天风雨。反满意识唤来满天风雨,但自强变法和维新变法四十年之后,在中国社会以新旧论是非的思想潮流里,反满意识又是一种突兀而起的东西。曾在上个世纪末做过新党领袖的康

---

[1]《章太炎全集》(4),上海人民出版社1985年版,258页。
[2]《石遗室诗话》(1),96页。

有为不能识"类族"之说的来路，既惊且疑地向"后生新进爱国之士"发问说："夫以二百年一体相安之政府，无端妄引法、美以生内讧，发攘夷别种之论以创大难，是岂不可已乎？"[1]彼时他正被"政府"指为"逆党"而身在逋逃之中。其惊疑发问显然出于利害好恶之外，因此其惊疑发问应当不会没有一点可以思索的价值。

二　清末知识人的反满意识

19世纪中叶太平天国反满，被"书生用民兵以立武勋"[2]扑杀。而五十年之后，章太炎因"政府不道"而反满；秦力山愤于自立军溃败而反满；吴敬恒从日本被"流逐返国"而反满；蔡元培由办学而趋反满；章士钊由退学而趋反满。在种族革命的文字潮里，书生成了反满的主体。所以章太炎当日说："以前的革命，俗称强盗结义；现在的革命，俗称秀才造反。"[3]19世纪的读书人作《讨粤匪檄》，20世纪的读书人作《讨满洲檄》。在彼一时和此一时之间，是世路的剧变和心路的剧变。

太平天国以上帝教为主义造人间的"小天堂"，并因此而"奉天讨胡"：

> 上帝为天下大共之父，人人是其所生所养。苟不认得生我养我之天父，而反拜邪神、行邪事，虽是天生天养之人已变妖矣，已有罪矣，而况本出自胡地者乎？[4]

在满人的君权下造反不能不反满。然而经西教别为解说，则反满本有

---

[1]《辛亥革命前十年间时论选集》第一卷上册，三联书店1960年版，334、212页。
[2] 蒋方震：《中国五十年来军事变迁史》，转引自罗尔纲：《湘军志》，中华书局1984年版，1页。
[3]《章太炎年谱长编》上册，中华书局1979年版，229页。
[4] 中国近代史资料丛刊《太平天国》第1册，神州国光社1952年版，288页。

的种族之义变成了一种"真神"同"妖魔"的打斗:"胡虏目为妖人者何?蛇魔阎罗妖,邪鬼也,鞑靼妖胡,惟此敬拜,故当今以妖人目胡虏也。"[1]这些从宗教世界里演释出来的道理,自尘世中的人看去已是非常稀奇古怪之论。而以上帝教为主义造人世间的天堂,反满并不是止境。用来扫除"鞑靼妖胡"的东西同时又正在摧锄中国人的传统和文化。西教内含着"独一性",并因其独一性而成太平天国的排他性。所以在"耶苏之说"和"《新约》之书"所到的地方,与精神世界相联结的书籍、学宫、庙宇、社坛总是先受荼毒,常在一炬中化为灰烬。而由此撼动的则是人心中的文化和历史。"天父爷火华"的宗教世界不肯容忍中国人本有的精神世界,儒学和佛道便一体成了上帝踩在脚下的物事,而后四民都没有安身立命之地。曾国藩谓之"举中国数千年礼义人伦、诗书典章一旦扫地荡尽"。太平天国带来的是"开辟以来名教之奇变",因此太平天国走不进读书的士人之中。在已经接受了中国文化的满族君权与正在摧锄中国文化的上帝教之间,后者显然更异己。于是,"鞑靼妖胡"与"蛇魔阎罗妖"的种种说辞没有激起反满的种族意识,而"礼义人伦"和"诗书典章"的"扫地荡尽"却逼出了"赫然奋怒,以卫吾道"[2]的八方激越,使那一代读孔孟之书的章句之儒整体地成了太平天国的反对者。章太炎后来说,"太平洪王之兴,则又定一尊于天王,烧夷神社,震惊孔庙,遂令士民怨恚为虏前驱",[3]说的正是此中因果。而后中国人的"名教"与西来的"天父天兄之教"便苦相撑拒于血色和杀气之中。

读书人整体地成为太平天国的反对者,说明了时当中西交冲之初,读书人的自信仍然在于传统和文化。"赫然奋怒,以卫吾道",正因为"吾道"是可以托命的地方。太平天国把满人的君权同名教连在

---

[1] 中国近代史资料丛刊《太平天国》第1册,162页。
[2] 《曾国藩全集·诗文》,岳麓书社1986年版,232—233页。
[3] 《辛亥革命前十年间时论选集》第二卷下册,713页。

一起作扫除,那一代被内战召出来的读书人则因守护名教而守护了既有的君统。用西教的神权释反满,反满意识便异化为一种外来的东西。在19世纪的中国,它们因之而成了一种没有结果的东西。然而五十年之后的另一代读书人已经与名教日去日远。他们不是被内战召出来的,而是被变法召出来的。章太炎后来说:"鄙人自十四五时,览蒋氏《东华录》,已有逐满之志。丁酉入时务报馆,闻孙逸仙亦创是说,窃幸吾道不孤。"[1]这种由读书得来的"逐满之志"使他在追述既往的时候能够引为自矜,而示人以上智和下愚的本自不同。但溯其始末,真正把他从治经生涯里牵引出来的,其实不是"逐满之志",而是以"变法图强"作风潮的康有为和梁启超。以"变法图强"作风潮,造成的也是八方激越:

> (有为)以公车上书得名。又与同志集强学会,募人赞助,余亦赠币焉。至是(1896),有为弟子新会梁启超卓如与穗卿集资就上海作《时〈务〉报》,招余撰述,余应其请,始去诂经精舍。[2]

"赠币"而后招请,呼与应都不出"变法维新为当世之急务"的范围。所以,章太炎作"撰述",以"变郊号,柴社稷,谓之革命;礼秀民,聚俊材,谓之革政。今之亟务,曰以革政挽革命"[3]为总论,笔下并没有"逐满之志"。与《东华录》里的历史故事比,变法维新对应的是剧变的时事,身在时局之中,其逼拶、伤痛、急迫所带来的冲击和感召显然更直接。因此,20世纪最初十年里以反满造革命的杨笃生、吴敬恒、于右任、蔡元培、秦力山、谭人凤、刘揆一、马君武等等,虽分

---

[1] 《章太炎年谱长编》上册,161页。
[2] 同上书,28页。
[3] 同上书,36、41页。

别起于东西南北,其干预国运的政治意识则同章太炎一样,都以19世纪末期的变法为起点,并曾各自随流于当日的"竞然倡维新"[1]之中。被章太炎引为"吾道不孤"的孙中山虽有"余自乙酉中法战败之年,始决倾覆清廷,创建民国之志"[2]的自叙,而其甲午年间的行藏,则留下过"结交"康有为并以策论动李鸿章的进取之迹。彼时他尚在士流之外,是个边缘人物,康有为与李鸿章都漠漠然视之,结交和策论遂皆成一厢情愿。然而以甲午比乙酉,从这种一厢情愿里却能够读出那个时候的历史和思想,使人因此而看得明白:当变法维新骎骎乎成大流之日,先知先觉者的革命意识曾经是一种可以游移的东西。

内战召来的八方激越,主旨在于守护;变法召来的八方激越,则主旨在于厘革。所以,后起的一辈人从一开始便倾力于除旧布新,并从一开始便常有以下伐上的意态和摆布天下的意态。他们自负的是知识和思想,因此他们惯于大言炎炎为人说法,知识和思想所到之处,其目中遂不再有尊卑之界。康有为七上皇帝书,常常因恣酣见肆张,用独断为醒目,笔下便成慷慨自雄:"凡此三策,能行其上,则可以强,能行其中,则犹可以弱,仅行其下,则不至于尽亡,惟皇上择而行之。宗社存亡之机存于今日;皇上发愤与否,在于此时。"[3]这一类文字高视阔步,都是以新进士人在调教九五之尊。而同时的谭嗣同尤能不恤不畏,敢于措置四海疆域一如信手走棋:

> 试为今之时势筹之,已割之地不必论矣。益当尽卖新疆于俄罗斯,尽卖西藏于英吉利,以偿清二万万之欠款。以二境方数万里之大,我之力终不能守,徒为我之累赘,而卖之则不止值二万万,仍可多取值为变法之用,兼请英俄保护中国十年。

---

[1]《蹈海烈士杨君守仁事略》,《民国人物碑传集》,四川人民出版社1997年版,249页。
[2]《孙中山全集》第6册,中华书局1985年版,229页。
[3]《康有为政论集》上册,中华书局1981年版,209页。

> 费如不足,则满洲、蒙古缘边之地亦皆可卖,统计所卖之地之值,当近十万万。盖新疆一省之地已不下二万万方里,以至贱之价,每方里亦当卖银五两,是新疆已应得十万万,而吾情愿少得价者,以为十年保护之资也。且价亦不必皆要现钱,凡铁甲船、铁路之钢条、木板、精枪、快炮及应用之一切机器,均可作抵。于是广兴学校,无一乡一村不有学校;大开议院,有一官一邑即有议院。[1]

他相信变法可以牺牲版图。这种自信出自为中国谋富强的一片血诚和一派浪漫,而与之相表里的却是以一己之意志为万千人造命的傲睨与霸气。在变法召来的八方激越里,康有为的恣酣肆张和谭嗣同的不恤不畏都是一时典型,在他们的周边和背后,正有着那个时候特有的士人盛气。王文韶说:"迩来报馆林立,指摘时政,放言罔忌,措词多失体要。"恽毓鼎说:"阅近日少年文字及聆其谈论,往往矜奇斗异,肆为大言,讥诋孟孔,称扬叛逆,心实忧之愤之。"[2]皆以一面之词描述了当日士人和士风的蜕变。与政治主张相比,蜕变的士风更容易熏染天下而摇动一世。

变法维新的知识和思想取自西学。但在三十年效西法以"讲求洋务"之后,变法维新之能够另起波澜而自成一段历史,则在于后起的一辈人志在放手厘革制度。梁启超说:

> 法者天下之公器也,变者天下之公理也。大地既通,万国蒸蒸,日趋于上。大势相迫,非可阏制,变亦变,不变亦变。变而变者,变之权操诸己,可以保国,可以保种,可以保教;不变而变

---

[1]《谭嗣同全集》上册,中华书局1981年版,161—162页。
[2]《戊戌变法档案史料》,中华书局1958年版,448、506页。

者，变之权让诸人，束缚之，驰骤之，呜呼！则非吾之所敢言矣。[1]

后人论史，易见的是"变者天下之公理也"那一面。因为从19世纪末到20世纪，这一面召来了一个以趋变为潮流的漫长时代，以层层传播作层层泛化，在沤浪相逐中引出种种翻天覆地。然而对于亲历维新变法的一群一群读书人来说，真正与"讲求洋务"的技术主义分为两截，并因此而震断了传统的，却是"法者天下之公器也"那一面。清人好说"祖宗家法"，以此为立论之据。"祖宗"和"家法"连为一体而能够罩得住天下，其本源正出自君权的至上性以及由此派生的君权与制度的一体性。[2]但以"法者天下之公器"为道理，则制度的旨归都应当在于国家（国）、族类（种）和文化（教），处"万国蒸蒸"而成"大势相迫"之世，三者其实是同一的。这一套因"大地既通"而带来的新义用"公器"移易轻重，使君权成了一种有限的东西，作为对比，是国家别成一个观念，在那一代士人心里获得了至上性和神圣性。因此以"保国"立会可以聚起人群，而不为那一套新义动心的人物最惊诧和最难忍的，也正是其"忠君爱国"不肯"合为一事"[3]的异色异味。两者虽各立一端，却同样真实地说明：在"万国"反照下被催生出来的那个以国家为名目的观念，已不入"忠君"正所以"爱国"的理路之中，在变法维新的知识和思想里，国家与君权是可以脱榫的东西。国家与君权相脱榫，则君权已经不能承载国家。而后"民权"之说连类而起，在新陈代谢中为国家重造了一个承载者。汪康年谓之"医之疗疾，急则治标，且申民权，亦非得已"。[4]这个思想过程，由作为观念的国家引来了作为观念的民权。变法维新之能够在厘革制度中搅动天

---

[1]《饮冰室合集·文集》1，中华书局1989年版，8页。
[2] 言官以"祖宗家法"进谏，其实是用制度化了的君权来规范帝王之一人一身。
[3] 中国近代史资料丛刊《戊戌变法》第二册，神州国光社1953年版，485页。
[4] 中国近代史资料丛刊《戊戌变法》第四册，249页。

下,其间的大处和深处皆在于此。而后来的历史里,民权之终究不能逮国家,其间的渊源也在于此。

然而在观念中以国家为至上的变法维新,其实际的过程却先取依傍君权以为捷径。由于依傍君权以为捷径,所以康有为喜欢游走于切近人主的朝士之间,并累书上皇帝而不肯歇手。而梁启超在湖南做教习,则热心于向疆吏讲国家,向时务学堂里的诸生讲民权,并因之而常常以议论抑君权:"臣也者,与君同办民事者也。如开一铺子,君则其铺之总管,臣则其铺之掌柜等也,有何不可以去国之义?"[1]前一面和后一面同时存在于那一群人里,显出了那一群人此时此地与彼时彼地的不相同一。但这种因后来的历史叙述而被剥离开来的矛盾,在局中人的身上却是自然地缠连在一起的,变法追逐国家的富强,君权也追逐国家的富强。其间的区别在于前者正用道理把忠君与爱国分为两途,后者则久在君权与国家合为一事的天经地义之中。而溯其富强之想的源头,两者在那个时候的世局里感受的痛楚和愤懑都是一样的。因此,维新一派由道理入世局,便不能不与君权相牵结于"救中国"之途。曾私议"生民之初本无所谓君臣,则皆民也。民不能相治,亦不暇治,于是共举一民为君"的谭嗣同以"共举之,则且必可共废之"[2]为当然。他在精神上显然已经不太贴近君权。然而戊戌年间的百日新政里,他又被召入军机处以小臣处君侧,成了与君权最近的人。变法依傍君权,是志在维新的人物自信可以改造君权。与之相对应,曾有过出自知识和思想的议论在百日之间化作一道一道诏书,为除旧布新营造出一种纸面上的声势。梁启超彼时在书牍中说:"新政来源真可谓令出我辈",[3]下笔之际显然顾盼自雄。士论化出诏书,留

---

[1] 梁启超:《致陈宝箴》,中国社会科学院近代史所藏手抄本《梁启超书信》,转引自孟祥才《梁启超传》,北京出版社1980年版,38—39页,《翼教丛编》,上海书店出版社2002年版,148页。
[2] 《谭嗣同全集》下册,339页。
[3] 中国近代史资料丛刊《戊戌变法》第二册,542页。

下了一段变法与君权同路的历史;而声势存在于纸面,却是与事实相隔膜的东西,并因此而是靠不住的东西。但人在声势之中,却容易沿着知识和思想越走越远,越走越急。当维新一派最终想用"围颐和园"的办法来罩定君权的时候,他们便在西太后的面前遇到了君权不可改造的一面。移来的"法者天下之公器"敌不过土生的"祖宗家法",依傍君权的人遂成了被君权逐杀的人。而后是雷霆与刀锯之下的百日声势顿时全熄。

以知识和思想为起点的变法维新在一番声势和重挫之后依然回到了起点。然而历史过程一经发生则不会留下空白,被知识和思想召出来的读书人身历此劫之后,已经在19世纪末的士人中另成一类。刚刚过去的那个历史过程里,一面是变法鼓荡下"忧国之士汗且喘走,天下议论其事而讲求其法者杂遝然矣",于是"好战者言兵,好货者言商,好新器新理者言农工,好名法者言新律,甚或以痛哭流涕之谈指斥近臣,疏离骨肉";一面是"谤言塞途"和"诸臣忌甚"因抗阻变法而起,并演为言路的一劾再劾和士大夫以新政为巨祸的公议与私议。湖南举人曾廉至"上书请杀康有为、梁启超。摘梁在时务报论说,及湖南时务学堂讲义中之言民权自由者,指为大逆不道,条例而上之"。[1]这种对立因开新守旧而分,却常常要引动杀机,一面与另一面之间没有一点可以调和的余地。在中国人的历史里,自有士大夫以来便有朋党和政争,士人与士人的冲突不是少见的事。但朋党和政争都脱不出同一种意识形态,因此君子儒和小人儒虽各以品相分群类,却仍然同在一个整体之中。然而变法取西学为知识和思想,正在引入另一种意识形态。当一部分有功名的人与另一部分有功名的人各有一种意识形态的时候,被称作士大夫的这个古老的群体便开始了真正意义上的分裂。二千多年来,在高悬的君权和散漫的生民之间,是一个由士人维持的

---

[1] 中国近代史资料丛刊《戊戌变法》第一册,292、384、253页;《康南海自编年谱》,中华书局1992年版,40、44页。

天下。世路起伏于治乱而王朝来去于兴衰，但士大夫群体却始终代表着共有的文化和共有的价值，穿过治乱兴衰稳定地支撑着中国的社会构造，成为历史变数中的一个常数。以此作对比，是曾经代表稳定的东西正在变作最不稳定的东西。于是士人的分裂便醒目地标示出深刻的社会分裂。变法维新没有得到一心想要的"定立宪，开国会，以安中国"，[1]却以新旧之争为路引，给中国社会带来了这种发生在深处的分裂。与"立宪"和"国会"比，深处的分裂将会更剧烈地改变中国。

在这个因思想分裂而致群类分裂的过程里，最先脱出旧体的总是最激烈的那一部分人。他们在当日居于少数，然而他们亲历了变法维新的声势和重挫，心中郁积的那一派以下伐上的意态和摆布天下的意态正越益炽盛。戊戌年间，刚刚走逃日本的"新党某君"曾作书"上日本政府、社会"，其中的一段话专为东洋人谈中国"志士"的心声：

> 大率敝邦之人三十岁以上者，别为一种类；二十岁以下者，别为一种类；两种之人，其意想气象，正大相反。惜旧种遍居要津，而新种皆贫贱之士，手无尺寸柄，现时不得不忍受鱼肉耳。然而愈压之则愈振，愈虐之则愈奋，正所谓"野火烧不尽，春风吹又生者"，今时不过萌芽而已。[2]

"敝邦之人"所指全是读书的士人，市井贩夫和田间耕氓显然不在范围之内。而以"三十岁以上"和"二十岁以下"界分"旧种"、"新种"，已是移进化论为价值论。由此一作衍发，便成所谓"少年中国说"；再作衍发，便成20世纪以诔颂青年为时趋的思想潮流。被变法召聚起来的人物、观念、意志、主张、期望、抱负、情绪、关注都因变法

---

[1] 中国近代史资料丛刊《戊戌变法》第二册，236页。
[2] 《梁启超年谱长编》，上海人民出版社1983年版，165页。

的摧折而失路,"要津"和"贫贱"、"压"与"振"、"虐"与"奋"的对待之中俱见一派怨愤。动员这种力量原本为了追逐富强以抗"强邻四逼",[1]但失路之后的人物、观念、意志、主张、期望、抱负、情绪、关注都在很短的时间里把刀锋从强邻转向了庙堂,梁启超说"盖二十年来,腐败之政府,皆西后所造成",所以"非用雷霆万钧之力,不能打破局面"。[2]外烁的民族矛盾遂很容易地转化为内卷的社会矛盾。由于知识和思想已经从理路上把国家和君权分开,因此,为知识和思想所引导的士人便能够在戊戌以后急速地据国家以断绝朝廷,与君权脱为两截。当日的奏议称这部分人为"鼓其猖狂逆谬之语"而"多涉宦裔士林"。[3]虽说其中的一群依然拥光绪为君,并因之而有"保皇会"名目,然而在他们的笔底波澜里,光绪所象征的已不在君权而在维新。所以梁启超为"自立军"作筹划,可以有"举皇上为总统"之想;而康有为撰《驳后党张之洞、于荫霖伪示》,以为"即孙文议论,亦不过攻满洲,而未尝攻皇上",[4]轻重之间已分"满洲"与"皇上"为二事。作为一个帝王,光绪遂因此而变得非常抽象。这一群人曾做过变法的前锋,但当观念中的国家和观念中的民权入人之脑而且深入人之心以后,被他们召出来的士人里,便会产生出"愈增踔厉"而走得更急的一群,章太炎"避地台湾"之日,曾作书致康、梁,说是"以少通洋务之孙文,尚知辨别种族,高谈革命,君等列身士林,乃不辨顺逆,甘事虏朝,殊为可惜"。[5]彼时康、梁正痛詈"逆后当朝"而朝廷正视康、梁为匪徒,"甘事虏朝"四字其实并不对得上尺寸。然而以不合尺寸的批评之辞比说康、梁,正可以见走得更急的一群失路之后正

---

[1] 《康有为政论集》上册,216页。
[2] 《梁启超年谱长编》,163、162页。
[3] 《光绪朝东华录》第4册,(总)4558页。
[4] 中国社会科学院近代史所藏《梁启超书信》手抄本,转引自《梁启超传》,77页;《康有为政论集》上册,446页。
[5] 转引自《章太炎年谱长编》,73—74页。

在亟亟乎脱出规范和束缚。由于清代的君权是满人的君权，因此观念中的国家与君权（朝廷）脱辐于变法横受摧折之际，为君权所重创的一方一定会由此及彼，沿波追源，从君权里牵出种族，唤起本已静蛰的满汉之辨。戊戌年岁末，梁启超作《戊戌政变记》，已直指朝廷为"满政府"，并列数其"家贼"视汉人，"家奴"视汉人，"练旗兵以压汉人"。[1] 次年，唐才常立"正气会"以筹备勤王，而述宗旨的文字之中又有"低首腥膻，自甘奴隶"和"非我族类，其心必异"的种族之辨。这种反满意识泄出于曾经依傍君权的读书人笔下，说明了内卷的社会矛盾正在不可止抑地把历史和文化带到现实里来。明清之际的历史伤痛和中国文化内含的种族意识虽然在百年盛世之后尘封已久，却始终与读书的士人近在咫尺。因此章太炎、梁启超、唐才常都能够在变法一朝重挫之后，急遽地从效西法的维新伸向中国人久已熟识的"辨别种族"，其间无须一点过渡。而章太炎之属于走得更急的一群，正源于他比不能全脱维新理路的梁启超更自觉地执守历史和文化。当他以"少通洋务之孙文"比"君等身列士林"的时候，用意并不尽在显扬孙中山，而在于强调族类出自文化，所以分族类而为天下"辨顺逆"的责任本属据有文化的"士林"中人。用"少通洋务"描述孙中山，正可以见其多得历史和文化的自重与倨傲。由于不能全脱维新理路，曾经排满的梁启超一番激烈之后仍然归入了宪政一途，期能以此造出观念中的国家。在激烈排满之后回归宪政是一种求索的心路，其间当然会留下深思熟虑和真知灼见。然而更深地浸入于历史和文化的章太炎则相信观念中的国家"不可苟效宪政以迎致之，莫若理其本。理其本者，当除胡虏以自植"。[2] 他也在求索，但在他的意识中，种族比宪政更合于重造中国。被知识和思想构画出来的国家观念在这个过程里由抽象而变得具体，又由具体而变得歧义。当"诋毁清政，别立

---

[1] 中国近代史资料丛刊《戊戌变法》第一册，290页。
[2]《章太炎全集》(3)，598页。

政府"的"自立军"以勤王之名起,以逆乱之名败之后,其中本已蓄积的种族意识遂在一捆之下横决而出。劫后余生者先后东渡日本,纷纷成了读书人倡导反满的先辈,在他们身后跟来的,是两湖知识人的那个革命群。所以章士钊论述"自立军"一役的前因后果,曾统括而言之曰:"倡革命者,即出于勤王之军将。"[1] 首尾三年之间,被变法维新召出来的一代士人屡经震荡,一挫再挫,而北中国则在庚子与辛丑之间始于排外,止于重创,由此带来的大灾大难使满族的君权在舆论的追究里成为无地可逃的祸首。这种比照自然地催激着正在醒来的种族意识,士人中最富活力和最有进攻性的人物遂化心血为骁桀,拉着走得更急的一群与本属边缘的孙中山以类相聚。至20世纪初年,排满革命别成一帜,不仅同君权对立,而且同曾经做过思想界导师的康有为与梁启超对立。于是戊戌之后从士大夫群体中分裂出来的人们便因宪政和种族之歧而再度分裂。

从"以革政挽革命"到"除胡虏以自植"是一种大变。然而这又是一种由思想激发,并以思想为支撑的大变。种族观念突兀地进入中国的政治,并不是历时二百六十多年的满汉关系正在现世里转向冲突的结果,而是起于士人唤出的历史回声。因此,反满意识从一开始就带有以思想推演思想的特点,由此产生的激昂便常常缺乏可以体验的具体性。汪精卫曾说:

> 他日我民族崛起奋飞,举彼贱胡,悉莫能逃吾斧钻。芟薙所余,仅存遗孽,以公理论,固宜以人类视之;而以政策论,则狼性难驯,野心巨测,宜使受特别之法律,若国籍法之于外人归化者可也。如此则彼有能力,自当同化于我,否则与美洲之红夷同归于尽而已。[2]

----

[1] 《章士钊全集》第1册,文汇出版社2000年版,130页。
[2] 《辛亥革命前十年间时论选集》第二卷上册,95页。

这些话都说得非常愤毒。在反满一群里，十九岁中秀才的汪精卫虽属晚出而后来居上，是个用言论争锋而且以文字影响一时的人。但以当日满人在整体上衰弱化和贫苦化作对比，则其"举彼贱胡，悉莫能逃吾斧钻"的烈度和以"狼性难驯，野心叵测"网罗天下满人的广度都与社会真实相去太远。在这种脱节里，可以看到的遂只有思想的跳踉。与汪精卫同属反满一群的蔡元培没有绕开满人普遍的"贫弱困苦"，所以能够修辞立其诚而说得更近事理一点：

> 自欧化输入，群知人为动物进化之一境，而初无贵种贱种之别，不过进化程度有差池耳，昔日种族之见，宜若为之消释。而仇满之论，反炽于前日者，以近日政治思想之发达，而为政略上反动之助力也。[1]

由"政治思想之发达"而引出"政略上之反动"，虽指述不甚明晰，但反满意识之从思想到思想的本相则是一看就能明白的。从思想到思想的过程发生在彼时中国实在的满汉关系之外，然而这个过程又在把满人从整体上圈入"索虏"、"建虏"、"夷虏"、"东胡"、"贱胡"、"满奴"、"贱族"、"异种"、"逆胡膻虏"、"犬羊贱种"、"通古斯人"里，并以"驱除鞑虏"为总括而一概归于"汉之不能容满，亦犹夫满之不能资汉"。[2]族类之辨只重归纳不重分析，因此族类之辨一起，人都会被族淹没。用这些从历史中引来的观念说时事，得到的不会是观念与时事的对应，而是观念对时事的笼罩。因此，观念虽能一传再传，却始终是一种空洞的东西。但在20世纪的最初十年里，这种缺乏对应性因之而缺乏真实性的观念曾越播越远，非常真实地成了当

---

[1] 《辛亥革命前十年间时论选集》第一卷下册，679页。
[2] 同上书，第二卷上册，70、93、95、109、391、472、556页；《章太炎年谱长编》上册，117、171页。

日社会思想中居有强势的一方。柳亚子说"勿言政革,唯言光复";张继说"国亡可以再兴,种灭不能再长。一空间不能容两物,满汉不能两立";朱执信说"夫使我汉族而统治于一王之下,苦其暴政而欲革之,则暴政去而吾事毕矣。今之革命,复仇其首,而暴政其次也。盖满洲之以虐政苦我者,犹其余事,而吾祖先所衔恨以没,不得一伸者,将于此一泄焉"。[1]从士大夫中分裂出来的读书人和学堂里培养出来的读书人都在向这个题目拢集,又因这个题目而能够旧沤连新沤,合为同一种激烈。于是,"自唱民族、讲公理、羞亡国、求独立之宗派出,而思潮之所鼓盈,风声之所趋驰,遂如急湍迅流,侵人脑际"。[2]历史学家吕思勉论述戊戌后三十年中国思想的变迁,曾深刻地说过:"社会当变动时,本非有所慕于彼,而思以竭力赴之之问题;乃皆有所恶于此,而急欲排去之之问题耳"。[3]他相信社会剧变之际最能号召人心的,是众恶之所归。四十年之间,中国士大夫以忧患促成了洋务;以亢急催出了变法。自戊戌以后,则忧患与亢急都在内卷的社会矛盾里变成了那一代知识人的"皆有所恶于此"。由思想所激发,并以思想为支撑的反满意识虽然并不出自真实的满汉关系,却在历史记忆的反照之下容纳了众恶所归,为内卷的社会矛盾提供了一个可以寄托愤怒的"急欲排去之之问题"。章太炎说:

> 逆胡膻虏,非我族类,不能变法当革,能变法亦当革;不能救民当革,能救民亦当革。[4]

---

[1]《辛亥革命前十年间时论选集》第一卷下册,596、687页;第二卷上册,115—116页。
[2] 同上书,第一卷下册,775页。
[3]《吕思勉遗文集》上册,华东师范大学出版社1997年版,380页。
[4]《狱中答〈新闻报〉》,《苏报》1903年6月29日。转引自《辛亥革命时期期刊介绍》第1册,人民出版社1982年版,379页。

胡汉民说：

> 所谓恶劣之政府，谓以恶劣之民族而篡据我政府，其为恶也，根据于种性，无可剪除，无可增饰，且不指一二端之蔽政而云然。故虽有伪改革而恶劣如故，即亟亟然袭用欧美之宪章成法，而恶劣亦如故。章太炎比之醋母之无投不酸，得其例耳。[1]

这些文字富有代表性地表达了一种见不到推理的执信。在八旗制度下，仕路之外的知识人与围在满城里的旗人本自不相熟识，而以这种执信为满人立"种性"，则不相熟识的东西可以虚拟地变作深知的东西，而后满汉矛盾便失真地成为当时中国最大的矛盾。

清末知识人的种族意识取自于历史和文化。但在20世纪最初的十年里，这种茁生的种族意识又常常要越出历史和文化，急遽地与西学里的主义相呼应。当梁启超还在《新民丛报》上编发排满议论的时候，曾对康有为说过：

> 今日民族主义最发达之时代，非有此精神，决不能立国，弟子誓焦舌秃笔以倡之，决不能弃去者也。而所以唤起民族精神者，势不得不攻满洲。日本以讨幕为最适宜之主义，中国以讨满为最适宜之主义。[2]

"今日民族主义最发达之时代"，是逋逃海外之后从西学里读来的新知。对于好做概括的梁启超来说，这正是一种可以概括欧西历史的东西："凡百年来种种之壮剧，岂有他哉，亦由民族主义磅礴冲击于人人之脑中，宁粉身碎骨以血染地，而必不肯生息于异种人压制之下"，是

---

[1]《辛亥革命前十年间时论选集》第二卷上册，375页。
[2]《梁启超年谱长编》，286页。

以"今日欧洲之世界,一草一石,何莫非食民族主义之赐"。这些文字里显然有着叙述的激动。型塑了欧西历史的民族主义之所以能够使中国人激动,正在于民族主义已在急急东来,"至千九百年顷,其风潮直驰卷腾溢于欧洲以外之地"。土生土长的反满意识因之而可以与这种"顺之者兴,逆之者亡"的东西相对接,使自己归入"凡国而未经对民族主义之阶级者,不得谓之国"[1]的那个世界潮流里,在民族主义的恢张中获得本来所没有的意义。虽说"自癸卯、甲辰之后《新民丛报》专言政治革命,不复言种族革命",[2]但由梁启超打穿后壁说出来的那套道理却是当日反满的知识人所共有的,所以满汉之争的背后总是站着西学里的主义。因《苏报》案关入西牢的章太炎狱事了结之后匆匆走日本,曾在东京的同道里演说"平生的历史",自谓读"戴名世、曾静、查嗣庭诸人的案件"而愤于"异种乱华";读"郑所南、王船山两先生的书"而"民族思想渐渐发达。但两先生的话,却没有什么学理,自从甲午以后,略看东西各国的书籍,才有学理收拾进来"。[3]他把反满意识与东西"学理"的对接前移到"甲午以后",同19世纪后期的思想历史相比较实在是太早了一点。但中国人的"民族思想"须借"东西各国的书籍"作提炼始能成正果,则意思同梁启超说的正是一样。20世纪初年的中国,章太炎是少数能够以独得的思想在欧化面前自立骨架的人。[4]然而倡反满于西潮浸灌之日,其心底的中气仍有不足,而不得不向西潮讨取"学理"。他崇敬郑所南、王船山,是因为"两先生"毕生守种族之辨。但在二百数十年历史变迁之后,郑所南、王船山一辈人所看到的那些出毳毡之俗而以铁骑踏平了

---

[1]《辛亥革命前十年间时论选集》第一卷上册,31、32、33页。
[2]《梁启超年谱长编》,229页。
[3]《章太炎年谱长编》上册,211页。
[4]《四惑论》一文说:"昔人以为神圣不可干者曰名分,今人以为神圣不可干者,一曰公理,二曰进化,三曰唯物,四曰自然。有如其实而强施者,有非其实而谬托者,要皆眩惑失情,不由诚谛。"

论清末知识人的反满意识

南北的满人,已全然"失其野蛮时代之狠悍尚武性"[1]而只剩下一派猥琐荏弱。因此,"两先生的书"虽然能唤起"民族思想",却并不能切中这个时候真实的满汉关系。从章太炎所说的"没有什么学理"里,可以看到的是被意识放大了的种族矛盾正面对着一个自己包纳不了的实在社会;由于包纳不了,没有实证作支撑的意识更需要理论作支撑,以说服人心和慑动人心。出自于东西各国的"学理"正是这样被"收拾"进来的。以重"学理"的章太炎为反衬,彼时更多的志士言论引"欧族列强"的"民族主义"比类中国人的反满意识,则纯乎举西人之已有,为中国所应有,"今民族主义,既发达弥盛,而吾四百兆同胞犹无民族的国家,受治于异种人之下,耻莫甚焉"。[2]他们想要借用的不仅是西洋和东洋的学理,而且是西洋和东洋的权威。其深处的因果皆在于"欧风美潮卷地东下,万马齐驱,有一日千里之势,而吾之所重者,又在彼而不在此,时尚所趋,久且视为固然"。[3]19世纪是枪炮的强势在"欧风美潮"一边,至20世纪则学理与主义的强势也到了"欧风美潮"那一边。强势之所在,便是权威之所在。于是以下伐上的意态和摆布天下的意态在"欧风美潮"面前遂一时俱失,"吾学界不能无取诸日本泰西亦势也"。[4]

以历史和文化为渊源的种族之辨合流于"逐太平洋之浪潮"而来的民族主义,排满意识的发煌遂非常显目地成为古人思想的发煌和东西洋思想的发煌。在新旧交争的中国,很少有这样能够把古今中西捏到一起的东西。由于以历史和文化为渊源,满汉之争最容易牵动夷夏之辨。刚刚从士大夫群里分裂出来的读书人和半路里走到学堂里去的读书人熟悉的也是夷夏之辨。所以"非我族类,其心必异"和"戎狄豺

---

[1]《辛亥革命前十年间时论选集》第二卷下册,1006页。
[2] 同上书,第一卷下册,592页。
[3]《论保存国粹宜自礼俗言文始》,转引自《辛亥革命时期期刊介绍》第3集,400页。
[4]《辛亥革命前十年间时论选集》第二卷上册,44页。

狼不可亲也"那一类古义便常常要被引到清末最后十年的思想主流中来，为世人从头说起，使满汉之间已经共处了二百六十年的历史化为乌有。汪精卫在《民报》第1期里说：

> 夫以满族与我民族相比较，以云土地，彼所据者在长白山麓之片壤，而我则神州；以云人口，彼所拥者蕞耳之氓裒，而我则神明之冑；以云文化，彼所享者，鹿豕之生活，而我则四千年之文教，相去天壤，不待言也。[1]

怀姜在《复报》第5期里说：

> 彼珠申贱族，人口不过五百万有奇耳，无文化、无学术、无道德、无思想，当其未入关以前，榛榛狉狉，只恃畜牧为唯一生涯，与深山之猺獞奚择，彼种之沉灭，曾何足重轻。而吾汉族则固煌煌然四百兆华冑也，户口百倍，文化万倍，历史之价值，民族之荣光，更高不知其几千万级，而顾生死于少数野蛮人。呜呼，系千钧于一发，吾不知吾同胞是何居心?[2]

《民报》出自东京，《复报》出自上海，而这两路文字却在同一年同一月里申述了同一个意思，显然地表达了排满一方的人同此心。在他们之前和在他们之后，还有更多的论说推演夷夏之界，以"犬羊殊族，非我亲昵"[3]，把满人置于化外。19世纪中叶满人琦善以"蛮夷之国，犬羊之性"比西人，[4]六十年之后，则是满人在笔锋的追溯下被扫到了

---

[1]《辛亥革命前十年间时论选集》第二卷上册，125、88页。
[2] 同上书，556、557页。
[3] 同上书，510页。
[4] 道光朝《筹办夷务始末》卷十五，7页。

"蛮夷"和"犬羊"一堆里。夷夏之辨由文化累积而成，不是一种需要论证和可以论证的东西。因此当初指西人为"犬羊"和此日指满人为"犬羊"本意都不在说理。其有力的地方正是无须论证和无法论证。朱执信所以亟言"民族之思想"根系于"感情"，道理本在于此：

> 抑知其以感情言而举国风动者，其故何者乎？实以其感情为举国之所同，而以一二人者，乃代表之以发言者也。夫感情为一国之所同者，其发为行为必不可抗，此固于学理亦不能谓非者也。[1]

这种"为一国之所同"的感情只能从"一国之所同"的文化累积中被引出来。所以文化越多，感情也越多，置满人于化外而立其说于报章，言之激昂和听之动情的，其实都是读书人。由于以夷夏辨满汉，20世纪初年的中国人便越过了漫长的时间和空间，一下子面对着二百六十多年之前中国人的那个世界："夫以黄种遗胄，秉性淑灵，齐州天府，世食旧德，而逆胡一入，奄然荡复"，已经远去的旧事因之而被推到了眼前：

> 自流寇肆虐，遗黎凋丧，东南一隅，犹自完具。虏下江南，遂悉残破。南畿有扬州之屠、嘉定之屠、江阴之屠，浙江有嘉兴之屠、金华之屠，广东有广州之屠。复有大同故将，仗义反正，城陷之后，丁壮悉诛，妇女毁郭。汉民无罪，尽为鲸鲵。[2]

其中显示出来的都是伤痛和血痕。旧事推到眼前，目的则在于时人和时事。所以章太炎作《中夏亡国二百四十二年纪念会书》，从"明祚既

---

[1]《辛亥革命前十年间时论选集》第二卷上册，118页。
[2]《章太炎全集》(4)，192、191页。

移,则炎黄姬汉之邦族,亦因以澌灭"说起,而以提撕天下人心为归结:"愿吾滇人,无忘李定国;愿吾闽人,无忘郑成功;愿吾越人,无忘张煌言;愿吾桂人,无忘瞿式耜;愿吾楚人,无忘何腾蛟;愿吾辽人,无忘李成梁。"[1]旧事重提便成为知识人的一种社会动员。然而相隔二百六十多年之后人间已经几度沧桑,用旧事里的意义来映照和解说时事,处处都会显出隔膜,由此催生的激动遂常常不能切入当世的轨路之中。《苏报》案之后,章士钊曾借"王船山史说"发议以申"种性之辨"。以为"天下所极重而不可窃者二",而"道统"居其一,尤痛恶于夷狄"窃圣人之教":

> 夫人未有能自欺其心者,夷狄盗贼,岂不自知为夷狄盗贼,不过吾虽夷狄盗贼之肺肠,而已作圣明天子之面目。工部具一奏曰修圣庙,礼部具一奏曰开鸿科,而天下之士走集而相庆者,已填骈于日下,则文化大起,居然圣庙。昨日之夷狄盗贼,则永远之太祖、太宗,是何乐而不为!夫天下惟名与器不可以假人,是夷狄盗贼何以被太祖、太宗之名,则败类之儒假之也。呜呼!此败类之儒,罪岂胜杀!其长一二人非分窃国之想,犹可言也;其蒙蔽万世子孙不识太祖、太宗之即为夷狄盗贼,不可言也。[2]

道统承载文化,并因此而给君统以正当性。自前一面言之,"道统"之所以成为"天下所极重而不可窃者",正在于道统是一种从根本上把中华与夷狄分开来的东西;自后一面言之,以道统辨族类,则族类之辨会很容易牵出君臣之辨。章士钊的命意本自前一面,而一旦由道统深入,却不能不沿着其内里的逻辑走到后一面去,笔下滔滔,"修圣庙"和"开鸿(博学鸿词)科",争的其实都是君统。以当日革命与排满相

---

[1]《章太炎全集》(4),198页。
[2]《章士钊全集》第1册,161—162页。

连结的宗旨作尺度，这些意思显然全在题义之外，然而从历史和文化中取来的种族意识，又天然地与这些意思交织而成义理，使字面上的反满议论变得不容易达意。章太炎主"光复"，尤主"种族革命之志为复仇"，而寻根问底于历史和文化，则"复仇主义之大纲，即君父之仇不共戴天也"；[1]柳亚子追慕"自由平等"，而以满汉之辨排诋君主立宪，则行文之际一时章法全乱：

> 东邻三岛以皇统绵绵万世一系之故，立宪之易为天下最，此其明效大验者矣。今我中国复安所得同胞同种之王而奉为无责任之元首乎？憩憩卧榻，鼾睡已属他人，沉沉昆明，妖灰未苏前劫。波兰印度二百年于兹，非我族类其心必异，乃欲以变法让权之大典，责诸不同利害、不同感情、不同历史、不同风俗之殊族，是岂非必不可得之数耶！[2]

他把立宪之是非化作种族之异同；又由种族之异同归为满汉之君权。力为阐发的都不在宪政本相之内。以其惊羡"东邻三岛"的"明效大验"为反衬，则"今我中国复安所得同胞同种之王"虽是陈述，亦多惋叹。在观念与观念的勾连里，这是一种笔力所不能控驭的东西。而本以排诋君主立宪为主义的论说却因之而失其伦次，弄得颠三倒四。与这种笔力所不能控驭的惋叹比，署名"季子"的《革命其可免乎》一文更多地由种族意识带出君臣之议，其间的准则与二百六十年之前一模一样：

> 顾吾君而犹是一家圣明之君欤，则即为之屈死而亦无不可；吾罪而犹是确乎当诛之罪欤，则即投畀豺虎而更何退辞。至若君

---

[1]《章士钊全集》第1册，270页；《辛亥革命前十年间时论选集》第二卷下册，1006页。
[2]《辛亥革命前十年间时论选集》第一卷下册，594页。

非固有之君，臣无可摘之罪，投袂兴起，大义宣昭，此固环球各邦所当闻而起敬，而吾皇祖在天之灵，以迫成汤、周武、汉高、明太诸仁圣先帝，鉴是苦衷，尤将阴降高原，畀之玺剑，指挥神兵，助扑此獠，无可疑耳，而何尚迟回哉！鉴夷狄之有君，羞哉诸夏；眷波兰之无国，痛矣为奴。周文公曰：戎狄是膺，荆舒是惩。念之哉，革命其可免乎！[1]

从历史和文化中取来种族意识则不能不发煌古人的思想，而古人的思想里并没有政治（政体）革命那一路义法。因此使排满成为第一义的东西，同时又在使排满的意义不容易与这个时代的其他意义内在地编连在一起。章太炎说："今之种族革命，若人人期于倾覆清廷而止，其利害存亡悉所不论，吾则顶礼膜拜于斯人矣。而缀学知书之士，才识一名以上，皆汲汲于远谋，未有不以共和政体国家社会耿耿于心者。余虽蹢躅，亦不能不随俗为言。"[2]戊戌年间国家与君权从观念上被分剥开来，并在观念中此长彼消的思想过程曾经为那一代士人脱辐于君权（朝廷）作过前导。然而种族意识大盛之后，在历史和文化里浸润精神的读书人则一面脱辐于满人的君权，一面用文字追溯和重塑"成汤、周武、汉高、明太诸仁圣先帝"。他们执排满为第一义，而推到极处之后便是在满人的君权下怀念汉人的君权。"共和政体国家社会"因此成了疏远而且没有深度的东西。章太炎虽然"随俗为言"，而心底的理想则一直系于一个"文能附众，武能却敌"，以大义"与凶顽争命"而为"人心所归"的"睿圣仁疆之大人"。[3]同发端于戊戌前后的那个思想过程相比，这些显然都是与潮流反向的回澜。但回澜能够

---

[1]《辛亥革命前十年间时论选集》第一卷下册，563—564页。
[2]《章太炎全集》（4），273页。
[3]《辛亥革命前十年间时论选集》第一卷上册，98页；《黎澍集外集》，社会科学文献出版社2003年版，224页。

"激动种性"。当读书人什九不能真知八旗生涯实在面目的时候，旧知什九会成为论说满汉的绳尺，于是夷夏之辨、"仁圣先帝"和明清之后的历史故事一经呼喊，便起回响。旧知在人心之中，因此，呼喊与回响之间，以辨满汉识种性灌入人心的过程常常会取得一种从旧知里绎出满汉之辨的外观，使一批一批读书人都自觉自愿地成了排满革命的志士。辛丑后四年，孙中山在东京与留日学生聚会，以眼前的济济多士比早年之会党人物，兴奋感慨皆出初意所料，叹为"思想进步，民族主义大有一日千里之势"。而用文字鼓吹排满的章太炎则深知这种"一日千里"的声势里自有着回澜倒卷之力，所以他亟信历史文化以"兴起幽情，感怀前德"为功，而"吾辈言民族主义者犹食其赐"。[1] 执舆论的"言民族主义者"本居少数，而以舆论发煌古人的思想，"幽情"和"前德"都会自成动力，把排满的民族主义撒向四面八方。"犹食其赐"四字既表述了个人在当日的心境，也描述了群类在当日的心境，在个人与群类之间，正是一个少数人善用历史文化而影响了多数人的历史过程。他的话得自阅历，因此能够纪实。

发煌古人的思想，是用中国人的过去来比类中国人的现在；发煌东西洋的思想，则是引外国人的理路来解说中国人的题目。移来的理路总是一种脱落了起源和过程的东西，所以，在前者那里，是民族主义以恢张历史为特征，而在后者那里，则民族主义以省略历史为特征。由于不用作历史功夫，当日先以东西洋学理说满汉关系的文字遂大半出于急火烹煮，往往以气势擅一时之胜场。《江苏》四、五期有《新政府之建设》一文，为"素昧于政治学理，不明种族之关系"的"吾同胞国民"说西人之民族主义：

  荷兰何以脱西班牙而独立？希腊何以离土耳其而自立？意大

---

[1] 《辛亥革命前十年间时论选集》第二卷上册，125页。转引自郑师渠：《晚清国粹派》，北京师范大学出版社1993年版，207页。

利何以起革命谋统一?匈牙利何以与奥宣战立新政府?德意志何以成联邦?爱尔兰何以布自治?门的内哥、塞尔维亚何以起倡独立?脱兰斯哇、菲腊宾何以与英美战?

这些排比堆叠用"二三百年来"的"惊天动地之大风潮"为欧西"民族主义所激荡"造像,旨在向中国人传播民族主义在彼邦的广罩和独尊:

盖自"两民族必不能并列于一政府统治下"之精理既发明,欧洲之政局乃大变动,而所谓民族建国主义者磅礴膨胀不可消磨。于是乎政治家以民族主义为方针,法律学以民族主义为定义,教育学以民族主义为精神,军人以民族主义为目的。伟哉白人,莫不有一民族主义坚树于脑中,专制魔王所不能灭,烈风暴雨所不能摧。

这种用化繁就简的笔法和染声染色的激情转述出来的民族主义铺张过度,并不尽合彼邦事物的真相。但说的人和听的人皆在神旺之中而无暇讲求分寸。旧学崇"天命",新学尚"潮流",两者指的其实都是同一种不可以智力究诘,并不可以人力抵挡的世路推移。描述彼邦民族主义之广罩和独尊,正是描述其不可究诘和不可抵挡。因此,引欧西"精理"比中国"四百兆冠冕之主人,乃归辖于五百万之客民",[1]则排满革命便当然地由志士事业而接入了世界潮流。比较和接入,都不计中西之间的各有因果和各有制约,其重心全在用西人的普遍性证成中国人的必然性。此谓之"民族上之研究,第一宜求诸公例,公例者,演绎归纳,以获原理,立之标准,以告往知来者也,为变虽繁,必由其

---

[1]《辛亥革命前十年间时论选集》第一卷下册,558—559页。

轨者也"。[1]古人说"理一分殊",而以"公例"为轨道,显然是只求"理一"以为止境。用普遍性证成必然性,是用抽象证成具体,用外来证成内在,其要义在于中国人的问题跟着东西洋的学理走。《游学译编》曾"据日本高材世雄所论而增益之",作成《民族主义之教育》,从德语和英语的词义说起,批评"支那文士大夫"之空言"国民教育"为不明本末先后:

> 今欲存支那者,不可不集合支那民族以自相提携,自相固著,集合皇汉民族以自相提携,自相固著,不可不言民族建国主义。今蹴去民族主义之一阶级,而嚣嚣然建国民教育以号于天下,国不知为谁氏之国,民不知为何一种族之民。

"阶级"引入的是一种历史阶段论,比之"皇汉民族"里包含的夷夏之见,历史阶段论是中国人陌生的东西。然而它预言了一个尚未来临而一定会来临的社会过程,以庚子之后正在勃勃然播扬的天演进化之说作解读,其陌生的地方遂恰恰变成了格外有说服力的地方。由历史和文化支撑的反满意识执种族大义为根本而不涉过去将来之想;但东西洋学理以历史阶段推衍民族主义,则一定会牵出过去将来之想,使排满革命在一夜之间便有了寄托未来的意义。陈天华说:

> 日本奏维新之功也,由于尊王倾幕。而吾之王室既亡于二百余年之前,现之政府,则正德川氏之类也。幕不倾则日本不能有今日,满不去则中国不能复兴。

在他的憧憬里,日本"四十年之前与我等也,以四十年之经营,一跃

---

[1]《辛亥革命前十年间时论选集》第二卷上册,85页。

而为宇内一等强国。矧以土地人民十倍之者,不能驾轶之耶?夫创始者难为功,因袭者易为力。以欧美积数百年始克致之者,日本以四十年追及之,日本以四十年致之者,我辈独不能同比例求之乎?"[1]这一类远瞻虽一厢情愿而逻辑厘然,当日排满一群多乐言之。因跌仆和重挫而起的反满意识本多跌仆和重挫的愤怒,但在这种憧憬里,郁积的愤怒正转化为理想主义和乐观主义。同愤怒比,以学理起信的理想主义和乐观主义更能耐磨耐久,然而远瞻将来的理想和乐观却都是观乎"欧美之进化",用民族主义的"公例"排比出来的,它们的本源不在中国自身,而在彼邦的已成之迹里。因此,排满的过程便不自然地成了一个宣讲西国历史、人物和思想的过程:

> 美人之拒英而独立也,哲非逊、哈弥尔顿辈之演说坛、新闻纸鼓吹之力也;法人之复王政而为民主也,福禄特尔、卢梭辈之杂剧及不平等论文鼓吹之力也;意大利之排异族而谋统一也,马志尼少年意大利令鼓吹之力也;俄国虚无党之蔓延于全国而谋破坏也,巴枯宁辈厌世观之哲学鼓吹之力也。夫不有倡者,莫之为应,不有悲者,莫之为泣。支那民族之涂炭,权利之销融,为满政府断送其生命者,历劫而不可偿也。其民族虽知之而或不知其所以然,虽恶之而或不知所以脱其祸。凡在今日,苟既知其所以然,且知谋所以脱祸之术者,不可不自任为福禄特尔、卢梭,不可不自任为马志尼,不可不自任为巴枯宁。支那民族今日之待哲非逊、哈弥尔顿之鼓吹也,如蔬果之待时雨而怒生,如羽簇之待鸣弦而应的也。[2]

与《中夏亡国二百四十二年纪念会书》里列举的李定国、郑成功、张

---

[1]《陈天华集》,湖南人民出版社1958年版,209、206页。
[2]《辛亥革命前十年间时论选集》第一卷上册,408页。

论清末知识人的反满意识

煌言、瞿式耜、何腾蛟、李成樑相比，20世纪前十年间初入中国的哲非逊、哈弥尔顿、卢梭、马志尼、巴枯宁一辈人大半都在隔雾看花的不甚分明之中。"时雨"里没有具体性、细节性、准确性；"鼓吹"所播撒的也意不在久想深思。然而"传薪一脉拜卢骚"，[1]反满的知识人以此为功夫，已自信能够自度度人。身在积弱之境而心怀急迫之情，中国人向东西洋取学理，不容易得到的是真知，最容易得到的是皮相之知外加种种倾慕和敬畏，走到极端，便是引外国人的是非为中国人的是非。汪精卫作排满言论之日，曾以"瓜分"为题目推论因果：

> 然则瓜分之原因，由于不能自立，不能自立之原因，由于满洲人秉政，可决言也。闻者疑吾言乎？试取外国人之言论以证明之。

遂先引"古芬氏著《最近之支那》第4章"；次引"庚子之役，联军既破北京，各国会议善后处分"时美国人的言辞；再引"去年日清谈判之际，日本进步党首领大隈重信于东邦协会"的"演说"，而后总结说：

> 上所引证，皆非出于我国人之口，乃出于外国人之口者也。满洲政府一日不去，中国一日不能自立，瓜分原因一日不息，外国人尚能知之能言之，乃我国人而反昧乎？[2]

19世纪以来中国面对的是一个发源于欧西的世界历史过程，这是一个挟着暴力在扩张中改造世界的过程。因此，以满人为祸根来解释强邻四迫的历史和现状算不得是深刻之论和求实之论。汪精卫三引"外国

---

[1]《江苏》第八期柳亚子诗，《辛亥革命时期期刊介绍》第1集，340页。
[2]《辛亥革命前十年间时论选集》第二卷上册，457—458页。

人之言论以证明之",结果并没有获得更多的真实性和深刻性,而在世人眼中留下的,则是外国人比中国人更懂得中国社会。在彼时以鼓吹为职志的文字里,多见的意态是以西人的学徒作国人的导师,于是学理滔滔,用外国人的理路校正中国人的时务便成为流行的常态。辛亥革命后五十年章士钊回忆排满旧事,有感于当日章太炎驳康有为,行文之间高标华盛顿、拿破仑为"极点",而置尧、舜于等而下之,说过一段深作反思的话:

> 清末文人,好持抹煞之论刻责本国,无端厓之辞崇拜外人,谚所谓中国月亮小,外国月亮大。习俗移人,贤如太炎,亦所不免。试思压抑尧、舜,而仰望华、拿如在天上,号之曰"极点",此既非老一辈人所能通解,亦非今日之思想水平所能默喻。

而由此上溯,以前一代士大夫处中外之际犹能力作倔强为对比,这些都成为他的感慨:

> 今且不论,论李鸿章。鸿章适美,美人邀登开国大总统之陵墓,用意甚盛,而鸿章遽书于壁曰:"华盛顿,特中国陈涉、吴广之流亚耳"。此一豪情胜慨,太炎视之以为如何?[1]

章士钊和章太炎本是办《苏报》的同道,后者的这些文字借《苏报》以行世。前者应是先睹者之一。然而身在同一个历史过程之中的时候,章士钊并没有持此以为诧异;而当他从旧事里引出感慨和追问的时候,其一身却已经远在这一段历史过程之外了。五十年之前,欧西的历史、人物和思想都被用来直接证出排满,是因为外国人的民族主义

---

[1]《章士钊全集》第8册,227—228页。

经时论的移接正急速地变为中国人的民族主义。而时当知其然不知其所以然之际,外国人的民族主义能够无须转化地被中国人当成自己的主义,靠的正是知识人以"无端厓"之"崇拜外人"为共有的群体意识。中西之间不会没有窒碍,但在理解来不及消化的时候,"崇拜"更容易化去窒碍。因此,后来受到追问的东西,当时则是磅礴地造成了历史的东西。

三 不可究诘:反满意识里的多义和歧义

历史文化里的族类之辨和东西洋学理中的民族主义汇通于20世纪初年的中国,使戊戌变法失败之后节节内卷的社会矛盾得以附着聚合,在知识人的论说里激烈地归向排满一途。然而邹容说:"今者风俗臭味少变更矣,然其痛心疾首悬悬必以逐满为职志者,虑不数人";刘师培说:"今之所谓革命党,不外学生与会党二端";汤增璧说:"民族思潮,灌输中等以上,行商坐贾、老圃佣工、贩夫走卒之属,农氓、役隶之流,及于役戎幕、浮浪江湖、山泽联群、乡曲结社、市肆贾勇以为活者,凡诸品类,固有几人能识黍离之痛哉。"[1]面对一个多数人所闻见的世界,知识人的论说始终是一种不能进入深处的物事。邹容、刘师培、汤增璧的指述都自列于少数而自居于先觉,但"凡诸品类"所代表的应是一个大众社会,则"凡诸品类"之不识"黍离之痛"显然不是"凡诸品类"之全无心肝,而是大众社会对于他们那个世界里满汉关系的别有感觉和感知。因此,在多数与少数之间的合不拢来里,比后觉与先觉的扞格更深一层的,其实是形而下对形而上的扞格;是社会对思想的扞格。用历史文化里的族类之辨和东西洋学理中的民族主义论说排满,本来对应于一个由思想激发,并由思想支撑的过程。当思想过程自成其思想过程的时候,古人的思想和西人的思想都不难

---

[1]《辛亥革命前十年间时论选集》第二卷下册,469、952页;第三卷,87页。

自圆其说。然而族类之辨和民族主义同知识人的愤怒和血性相串结，从思想过程里推演出来的东西都是为了总括社会过程，把20世纪初年中国人的内绌外困一并归结到满汉之争。《民报之六大主义》说："满洲去，则中国强。"同一个意思在《复报》的《"新民丛报"非种族革命论文驳议》里表述为："譬如解网，纲举则目靡不张矣。"〔1〕排满的知识人深信这一套道理，并以此成其屡仆屡起和百折不挠；但20世纪的内绌外困积成于19世纪的百年衰世和古今中西的相克相激，而后"政府梦蛰于上，列强束胁于外，国民怨讟于下，如半空之木，复被霜雪，如久病之夫，益中以渗疬，举国相视，咸儳然若不可终日"。〔2〕其间的地动山摇都不是满汉关系所能归纳得了的。从思想过程里推演出来的东西罩不住社会过程中的世事起伏和因果始末，因此，用反满意识总括当日中国的社会矛盾，便不能不牵事实以就论说。合群于族类之辨和民族主义的人们虽共奉一个宗旨，而笔下的文字则各以才识情性和心思阅历为规范。于是，当这些论说此起彼伏于思想潮流之中的时候，被牵来牵去的事实常常会首尾不能相顾。当日排满的文章多，然而由文章带来的牴牾也多。

章太炎作《讨满洲檄》，"数虏之罪"凡十三。其中一节专说等类不平：

> 世奴之制，普天所无，虏既以厮役待其臣下，汉人有罪，亦发八旗为奴，仆区之法，有逃必戮，诸有隐匿，断斩无赦，背逆人道，苛暴齐民。

"以厮役待其臣下"到"苛暴齐民"，都是举人间之大不平说"满洲"的暗无天日。但在收入《訄书》的《平等难》一章里，他由"天地之

---

〔1〕《辛亥革命前十年间时论选集》第二卷上册，380、552页。
〔2〕同上书，下册，1055页。

道,无平不陂"起讲而文义不涉满汉之辨,则引为论据并言之侃侃的却是清末中国的众生平等:

> 今自包衣而外,民无僮仆。昔之男子入于罪隶,女子入于舂槁者,今亦及身而息。自冕黼绂钺以逮蓝缕敝衣者,苟同处里闬,一切无所高下。然则以种族言,吾九皇六十四民之裔,其平等也已夙矣。复从而平之,则惟去君臣,绝父子,齐男女耳。[1]

章太炎的笔下少见盛赞,而这一段文字庶几近之。《皇朝通志》里与此相关的记述是"雍正元年,时山西省有曰乐籍,浙江绍兴府有曰惰民,江南徽州府有曰伴当,宁国府有曰世仆,苏州之常熟、昭文二县有曰丐户,广东省有曰疍户者,该地方视为卑贱之流,不得与齐民同列甲户。上甚悯之,俱令削除其籍,与编氓同列。而江西、浙江、福建又有所谓棚民,广东有所谓寮民,亦照保甲之法,按户编查"。[2]嘉道之际,俞正燮曾对这些在各色名目下被剔出了齐民的人口用心作过通考,而后举"乐户"作总论说:"自三代至明,惟宇文周武帝、(唐高祖)、后晋高帝、金、元及明景帝,于法宽假之,而尚存其旧,余皆视为固然。本朝尽去其籍,而天地为之廓清矣。"[3]则章太炎不会不知道"昔之男子入于罪隶,女子入于舂槁,今亦及身而息"正是在满人的君权下做到的。因此,以学人作鼓吹,他一面能引清代的历史来论说清代之等类不平;一面又能引清代的历史来论说清代之众生平等,然而用《平等难》里的意思校对《讨满洲檄》里的意思,其前后的议论便不能不相悖相歧。与"乐籍"、"惰民"、"伴当"、"世仆"、"丐户"、"疍户"相比,"世奴(包衣)之制"其实是旗人的家事。包衣虽在"厮

---

[1]《章太炎全集》(4),192页;(3),37页。
[2] 转引自俞正燮《癸巳类稿》(2),辽宁教育出版社2001年版,425页。
[3]《癸巳类稿》(2),435页。

役"之列,却远不是八旗中的"卑贱之流"。康熙朝李士桢籍隶正白旗包衣,而一生"历陟显仕,宦迹不可枚举,浔晋使相,开府豫章,旋抚南越,治行卓卓"。[1]近一点的,还有同治朝的大学士官文和光绪朝的兵部尚书立山,其官品虽高,而究其来路,也都是从内务府里走出来的包衣。这些人都可以由"厮役"之身而致通显,以此为实例,则排满而持"世奴之制"为讨伐之辞,其间牵事实以就论说显然已绕得太远。

章太炎的矛盾,是同一个人的前后牴牾,而更多的矛盾则出自志士之间的牴牾。孙中山说:

> 夫汉人失国,二百六十年于兹矣,图恢复之举不止一次,最彰彰在人耳目者莫如洪秀全之事。洪以一介书生,贫无立锥,毫无势位,然一以除虏朝复汉国提倡汉人,则登高一呼万谷皆应,云集雾涌,裹粮竞从。一年之内,连举数省,破武昌取金陵,雄据十年,后以英人助满洲为之供给军器,为之教领士卒,遂为所败。不然则当时虏之为虏未可知也。[2]

这段话显然地表达了一种追慕和敬意。但同一年杨笃生在《新湖南》里说洪杨旧事,则笔下剥开的都是血污,全然不肯为太平天国留一点体面:

> 洪杨之举事,虽能震荡天下,实踉跄无远略,其用兵殆同儿戏,而其虏掠焚杀之惨,几几不减于前明闯、献之所为者。自粤来围湖南时,吾乡实受其荼毒,至今父老言之心悸。其掠人也,常喜刳腹屠肠,刲其肝而食之,一父老言见一酋为此,在傍赐得

[1]《李士桢李煦父子年谱》,北京出版社1983年版,1页。
[2]《孙中山全集》,中华书局1981年版,222页。

一脔焉,投小儿高数仞,而承之以枪,或自腹出于背,或贯其颅而出;尤恶书籍,用以入厕拭秽。吾里中某处为刳腹所,某处为笞首所,言之历历。[1]

太平天国是19世纪的一段与内战连在一起的历史,在20世纪初年盛涨的反满意识里又成了一种观念的象征。由具体的历史变为观念的象征是一个抽象化的过程,这个过程滤掉了细节,也滤掉了乱世中万千人的生存状态和历史命运。是以排满的孙中山能够以观念连接观念,无窒无碍地向"除虏朝"的洪秀全认前辈。然而经历过血战的两湖不比远离内战的广东,五十年前的地方历史同兵燹和血光连在一起,由此留下的伤痛是一种不容易被过滤掉的东西。因此,在广东人孙中山看到"登高一呼万谷皆应"的地方,湖南人杨笃生看到的是"虏掠焚杀之惨"。杨笃生与孙中山一样以排满为抱负,但在他的心中,太平天国的历史始终是具体的历史,这个过程里的生民涂炭不是用观念中的"除虏朝"能够熨平的。他没有完成太平天国的抽象化,所以他无法亲近洪秀全。与之相类似,另一个排满的湖南人宋教仁曾说过:"吾则沅、湘间产也,犹念曾国藩、左宗棠者,起自布衣书生,而能摧陷大敌,人奉为宗。其是非亡足论,观其识度,无忝于英雄,其民又乐为之致死。"[2]他所指涉的也是这一段历史。虽说"其是非亡足论",但与孙中山比,他的敬意和追慕显然都是给了敉平太平天国的曾国藩和左宗棠。因排满而汇为一群的知识人本来各有前世今生,以此融入鼓吹和灌输,则南腔北调之间便常常各人有各人的说法。所以当他们牵事实以就论说之际一旦脱缰而走,遂成此亦一是非,彼亦一是非。张继说:"汝满洲人之窃夺中原也,北自幽燕,南至滇粤,屠创焚掠,较胡

---

[1]《杨毓麟集》,岳麓书社2001年版,36—37页。
[2]《章太炎全集》(3),600页。

元尤甚。扬州十日、嘉定万家，此他州县之比例也。"[1]他不是一个以史学为长技的人，但像他这样用扬州和嘉定的故事拢括当日中国，把明清之际那一段天崩地坼的历史统束为汉人之痛史的道理，却是20世纪初年排满言论中最能代表多数并被说了又说的东西。所以《东方杂志》里的一篇文章总言之曰："夫彼党所借口者，亦惟以扬州十日、嘉定三屠，为其持论之根据焉尔。"[2]然而当别人都在说扬州十日和嘉定三屠的时候，雷铁崖办的《鹃声》为四川人通论二百六十多年之前的四川历史，言次所痛恶的，却还是屠蜀的张献忠：

> 试问张献忠剿四川，那一段惨历史，至今虽然到了二百数十年，我们四川妇人孺子，那个不知，那个不晓，一想起那惨无人理的张献忠，杀人不转眼的时候，诸君诸君，你说可怕不可怕？诸君试想，现在的四川人，岂还是从来土著的四川人吗？四川从来土著的人，岂非是被张献忠杀完了吗？[3]

《鹃声》主张排满革命，并因之而为疆吏所厉禁。但说到明清之交的山河岁月，则川人之痛异乎江南人之痛，牵事实以就论说之际，扬州和嘉定的历史都太过文不对题。当日满人杀汉人，张献忠也杀汉人；而与满人的刀头比，张献忠的刀头在四川留痕委实更有深度。因此川人说史，记得更分明的一定会是张献忠。然则由排满的知识人重提二百六十多年之前张献忠的"惨无人理"，对于正在热说扬州十日和嘉定三屠的人们而言，却是一种直接的矛盾。由于前一面以血色相陪衬，后一面的"屠创焚掠"之酷遂不能不减杀其满汉之辨的种族意义，剩

---

[1]《辛亥革命前十年间时论选集》第一卷下册，686页。
[2] 同上书，第二卷下册，628页。
[3] 同上书，第二卷上册，566页。

下来的正是两者所共有的人性中的恶。而"虏下江南，遂悉残破"[1]的历史故事一旦减杀了种族意义，也便失去了可以引申的地方，在旁观的评点中都成了"此固吾国易姓时之普通现象，彼汉高、明太开辟之初，何尝不杀人盈城，杀人盈野也乎！"[2]论说容易持一面之理，而历史本以多面为真相。因此，一面之理援历史以为助，结果常常是论说之间的相互捉襟见肘。沿一面之理走得更远的，则是从心头翻上来的推想和独断，它们更少一贯性，所以更多彼此的扞格。《复报》第11期曾以"政治革命之非"为题目力攻君主立宪，大言曰："吾今正告若，戴虏拥贼若党耳，若党于汉族，渺苍海之一粟耳，而排满革命者全部汉族。"这是一种以数量作比较而产生的极度自信。但在相近的时间里，刘道一发"驱满酋必先杀汉奸论"于《汉帜》，说的是"预备立宪之满诏下，此我汉家子孙举吊旗服丧之日也。乃庆祝立宪会，倡之于学界，应之于政界、商界，创办于京师、上海，遍及于各省各郡各埠，龙旗耀日，演说如雷"。他称之为"举国若狂，不可思议"，并由愤懑激出一腔"杀汉奸必杀立宪党"之心。[3]其杀心正是以没有自信的态度回应了立宪一面在当时的人声鼎沸和气象盛大。同《复报》眼里的"苍海之一粟"比，两者之间的程度显然相去太远。与此相类而题目更大一点的，还有自贬汉种"奴隶之根性"和自褒汉种"能力之伟大"的相悖；进化论和伦理学的相悖；蔑视古学和发扬国粹的相悖；代议制度之然和否的相悖；南人和北人的相悖，等等。这些围绕同一个题目而孳生出来的异议存在于共有一个主义的群类之中，说明了以思想为源头的反满意识常苦于太过空泛。主义太过空泛，阐发便可以人自为说，鼓吹和灌输遂成一派繁弦急管之势。然而沿众声喧哗深入内里，则不难看出反满意识所维系的群类统一，其实是一层缺乏固性

---

[1]《章太炎全集》(4)，191页。
[2]《辛亥革命前十年间时论选集》第二卷下册，628页。
[3] 同上书，822、858页。

和没有厚度的东西。

由排满发为论说,重心在于攻击。因此,义理、词章、考据都不足以为这种别成一类的文体立规范,攻击能够支配论说,攻击便已自成规范。于是人自为说不仅常常相扞格,而且容易信笔游走而漫无制束,其间的指述遂不能用考信之法细读深究。经历过那一段历史的李肖聃后来作《星庐笔记》,说章太炎曰:

> 章乃以洪、杨为神圣,谓曾、左为大盗。见于著述,至再至三。深文狯悍,无复人理。所为《检论》,谓公(曾国藩)死三十年,其孙广钧语人曰:"吾祖民贼。"及为广钧所呵,又复易为家人,羌无主名,此不直辱其先祖,亦且诋其子孙矣。[1]

"以洪、杨为神圣"和"谓曾、左为大盗",是用种族之辨判人物之是非的结果。因此詈"曾、左"即所以詈"满洲","深文狯悍"犹是题中本有之义。然而由"深文狯悍"而凭空撰结,把曾广钧拖入笔下以供其无中生有,则显然已经越出了常理和常度。章太炎学识植于古文经学,以考辨和实证为家法,不会不知道言而有据的道理。而一旦纵笔论时务,却往往好作任情咳唾,不肯守知之为知之,不知为不知的古训。戊戌正月,他曾上书李鸿章,建言"与日本合从":

> 威海固日本戍邑也,使德据胶湾,俄据旅顺,则威海之在其间,亦腐肉朽骨而已。与其使俄德得之,何如使日本得之;与其使日本攘而取之,何如我迎而与之。夫与之腐肉朽骨而足以市恩于彼,何苦而不为。[2]

---

[1] 李肖聃:《星庐笔记》,岳麓书社1983年版,14页。
[2] 《章太炎年谱长编》上册,62页。

彼时他还刚刚从诂经精舍的读书生涯里走出来，于中外情事皆非深知，而指论国事之际，已敢于率意比划，操刀一割。等到反满意识自成潮流之后，志士文章讨伐"满洲"，无不以土地利权做大题目发为痛诋："若胶、威、旅、大，皆吾立国之重门键锁，若铁路权、矿山权、理财权、练兵权、教育权等，皆立国之精神元髓，为吾四百兆同胞所披霜戴月风尘憔悴以殖生者；而彼则尽数敲剥，以献诸外人焉。"[1] 排满的论说虽多纷呈歧义，在这一点上却绝无牴牾。若以文字本义相比类，"献诸外人"的意思与"迎而与之"的意思应当相去不远。然则通观于此一时与彼一时之间，显见的正是章太炎以学人作策论之恣肆和随便。由于恣肆和随便，策论变为鼓吹之日便易走入臆断和臆想一路。戊戌后三年，他在《正仇满论》里评说光绪曰：

> 彼自乙未之后，长虑却顾、坐席不暖者，独太后之废置我耳。殷忧内结，智计外发，知非变法无以交通外人得其欢心，非交通外人得其欢心无以挟持重势而沮太后之权力；故戊戌百日之新政，足以书于盘盂，勒于钟鼎，其迹则公，其心则只以保吾权位也。曩令制度未定，太后夭殂，南面听治，知天下之莫予毒，则所谓新政者，亦任其迁延堕外而已。何也？满、汉二族，固莫能两大也。[2]

己亥立储，而后有"废置"之说。但己亥在戊戌后一年，其间的事实一经被移到戊戌之前的乙未，则史事颠倒，因果也颠倒。用这种颠倒史事和因果的办法推论光绪的心迹，意在掘出"满、汉二族，固莫能两大也"的大义，因此，"交通外人得其欢心"和"其心则只以保吾权位也"的一连串探赜索隐，其真实程度已是次一等的事了。在这种以一

---

[1]《辛亥革命前十年间时论选集》第一卷下册，591页。
[2] 同上书，95页。

己之悬想作推论的过程里，真实性被当成了一种可以让路的东西。由此层积而伸张，便很容易产生使李肖聃深致不平的那种假故事。李肖聃以不实责备章太炎，但时当排满发为论说而论说成为鼓吹之际，这种言之凿凿而不可考辨的风格远不止乎一人一时。与有史以来中国人的文章流派相对比，鼓吹和灌输显然是一种不由师法而前无古人的文字产品。它们之所以别成一格，大半应归于不尚精确而以渲染为功。与之相匹配的正是反满的知识人整体上的躁急而没有静气。因此，由渲染过度而致情节离奇，在鼓吹和灌输里并不仅仅是一种个人现象。孙中山作《支那保全分割论》，也说过一个经不起深诘的故事：

> 往年日清之战，曾亲见有海陬父老，闻旅顺已失，奉天不保，雀跃欢呼者。问以其故，则曰："我汉人遭虏朝涂毒二百余年，无由一雪，今得日本为我大张挞伐，犁其庭而扫其穴，老夫死得瞑目矣"。夫支那人爱国之心，忠义之气，固别有所在也，此父老之事即然矣，此岂外人之所能窥者哉！[1]

孙中山意在用"海陬父老"的话语形象阐说满汉之争的深结于人心。但被称作"日清之战"的甲午中日战争是一种太过具体的背景，有此反衬，则被盛赞的"海陬父老"所显出来的便不是一种实相，而是一种暝濛。甲午这一年的春天和夏天，孙中山自广东起程至上海，又由上海到天津，由"游京津"到下武汉，而后在秋日里从上海远去檀香岛。[2] 除去广东，其行迹之间只有上海与天津地在沿海，与文中的"海陬"之义稍近。然而推算时间，"旅顺已失，奉天不保"事在甲午十月的下旬，节令已过立冬而近小雪，他应当早就不在"海陬"了。这种时间与地点的断脱，使得"亲见有海陬父老"成为一种不可指实

---

[1]《孙中山全集》，第1卷，222页。
[2]《孙中山年谱长编》上册，中华书局1991年版，73—74页。

的叙述。由此深入一层,则不会不触到甲午一战给中国人带来的深痛入骨,以及当日中国人在深痛入骨里的号哭和愤激,"回视龙旗无孑遗,海波索索悲风悲",[1]这是万千人心中的国之大丧。因此,在甲午年间不作中日之辨而作满汉之辨,并在日人的横暴和血腥面前"欢呼雀跃"的人,无论横看和竖看,都是不能识其来路的人。由此牵出的"爱国之心"和"忠义之气"便因其太过异常而成了另一重不可指实的叙述。在那个时候的中国,这一类不可指实的叙述虽然经不起深诘,却在排满发为论说的过程中支撑了先设的结论。所以,它们很容易被放手攻击的知识人召入文字里。《苏报》一枝独秀于东南之日,曾"登载清廷严拿留学生密谕",并由张继作《读"严拿留学生密谕"有愤》以为烘托,着力要染出"心为之动,足为之跃,血为之沸,气为之涨"的四海怨怒。然而事过境迁之后,局中人章士钊后来说的是:

> (其时)清廷知之,曾谴责《苏报》捏造上谕,《苏报》却坚称密谕是真,从江督署借钞得来。要之,当日凡可以挑拨满、汉感情,不择手段,无所不用其极。[2]

其末了的论断总括了彼时士风中的一种普遍性。因此,事涉满汉,便无忌禁。古来的士大夫留下过许多界限,而在知识人的手中都成了可以打碎的东西。阿英论晚清小说史,曾举黄小配的主要著作《大马扁》和《太平天国演义》两种评述说:

> 前者写在康有为到日本活动的时候,后者是在广州光复党人起义失败之后写的,书中竭力宣扬民族思想,并有章太炎的序

---

[1]《甲午中日战争文学集》,中华书局1958年版,3页。
[2]《章士钊全集》第8册,206页;《辛亥革命前十年间时论选集》第一卷下册,685页。

文,与史实尽多不符,在当时却是很重要的政治宣传读物。[1]

"与史实尽多不符"正是不可指实的叙述扩展到历史范围中去的结果。在20世纪初年的反满印刷物里,小说是当作论说来写的,两者之间并无太多立意上的区别。不符史实而可以成为"很重要的政治宣传读物",自非中国士人的本来传统所能想见。然而历史中的变迁常常是正面连着负面,知识人的近代化是由政治化开始的,因此,从士大夫到知识人的嬗蜕,近代政治的正面和负面都会成为一种改造群类品格的力量。与此相对应而造成了一世文风之转移的,是19世纪的经世文编演为20世纪的"政治宣传"。两者虽同出于用世济时之心,但后者更自觉地依傍于一种既定的思想。在那里,既定的思想代表了最终的真实,所以思想便成了可以安排情节的东西,而政治文字中的叙人与叙事则常常因此而经不起认真的钩稽和对证。

19世纪中叶以来的六十多年里,中西交冲催发出民族意识,民族意识演化为民族主义。由于民族主义的源头在彼邦和彼族,所以民族主义的锋芒所指也在彼邦和彼族。六十多年之间,虽然社会在变迁中前后嬗递,一代人与一代人的主张各不相同,而民族意识和民族主义作为一种共有的精神,则始终是连续于前后之间,把一代人与另一代人接起来的东西。但在排满汇成的思想潮流和社会运动里,民族主义的名目和锋芒都是指向满人的。于是,一面是中国由"变局"而入"危局",一面是涨起的满汉矛盾正在淹掉久成中国人心头之愤的"外衅危迫,分割洊至"。由此产生的论题和论旨,便成了近代思想历史脉路中凸起异峰。当日东京留学生以"拒俄"起风波,张继在上海作时论评"拒俄"而笔下别立是非,说的全是另一套道理:

---

[1]《小说闲谈四种》,上海古籍出版社1985年版,206页。

> 吾愿人自今之后,莫言排外矣。非因不去,良果不结,小丑不除,大敌难御。……如以主权归异族为亡国,则中国之亡,已二百六十年矣。满洲游牧,有何高出于白人者?不愿白人之来分割我、支配我,而甘为满族之奴隶,其汉人恃以不亡之道乎?[1]

他把满洲人和外国人一同归入"异族",则东西洋的侵逼与"二百六十年"的"亡国"历史相比而成了轻重不能相称之物。因此排满比排外更要紧。另一个志士在《民报》上说,"夫排外之特质,立国于天地之所极不可缺者也。特今日而言排外,当先用之于满洲",[2]其持论出于同一套道理。被这一套道理移到后面去的民族矛盾,其实是近代中国最激烈,并因此而最突出的一种矛盾。与知识人翻出来的满汉旧事比,19世纪中叶之后的六十多年里,累次民族战争留下的都是还没有愈合的伤口。生当20世纪初年,这些场面犹在泪血未干之际,比之"扬州十日"那一类层层转述的故事要切近得多,其创深痛巨也真实得多。因此,章太炎曾说:

> 言种族革命,则满人为巨敌,而欧美少轻。以异族之攘吾政府者,在彼不在此也。若就社会政治计之,则西人之祸吾族,其烈万倍于满洲。

又说:

> 然以利害相较,则革命军不得不姑示宽容,无使清人、白人协以谋我。军中约法,半为利害,不尽为是非也。[3]

---

[1]《辛亥革命前十年间时论选集》第一卷下册,687—688页。
[2] 同上书,第三卷,43页。
[3] 同上书,第三卷,80—81页。

他不是不知道"西人"的新祸比"满洲"的旧祸更猛烈,但事涉"种族革命",则不能不把"白人"放在一边而专向"清人"下手。这两段话构成的是一种思想矛盾,说明了排满的人群生于此世此时,不会没有一点心头的趑趄与回徨。而"半为利害,不尽为是非也",又说明了趑趄和回徨最终都不会成为排满一群的心理障碍。中西交冲的历史和现状使内卷的排满意识面对着外向的民族意识,从而迫使他们在排满的过程里要对满人和外人作类比,然而种族革命所给予他们的理路又实在太过褊狭。所以,当日以文字作排满,便常常会产生非常奇异可怪之论。吴樾说:

> 不观联军之入北京乎?称英、法、德、美之顺民,夫亦可见我同胞之不以满洲为存亡与俱之政府矣。盖前此之为满洲顺民者,乃屈于满洲之权力而不胜;今满洲将为英、法、德、美所倾,则称为英、法、德、美之顺民者,亦屈于英、法、德、美之权力而不胜。若后此满洲之为革命军所驱除,吾知吾同胞其必称为革命军之顺民,可深信者也。[1]

中国人向八国联军称"顺民"本不是一件有脸面的事,而一经排满之旨深作开凿,则居然别成意义而自有光华。然则以排满论时事,人间的道理有时候会酸咸异乎常味。章太炎也喜欢深作开凿。他说:

> 夫自族民言之,则满、日皆为黄种,而日为同族满非同族,载在历史粲然可知。自国民言之,则日本隔海相对,自然一土,而满洲之在鸡林鞑靼,亦本不与支那共治。且其文字风俗之同异,则日本先有汉字,而后制作和文,今虽杂用,汉字犹居大

---

[1]《辛亥革命前十年间时论选集》第二卷下册,728页。

半,至满洲则自有清书,形体绝异,若夫毡裘湩酪之俗,与日本之葛布鱼盐,其去中国,孰远孰近,然则日亲满疏断可知矣。[1]

章太炎比吴樾更有学问,而一旦笔走偏锋也更狭更拗。在他用"鸡林靺鞨"和"毡裘湩酪"描画满人的时候,满人其实早已脱出了"鸡林靺鞨"和"毡裘湩酪"。在他用"文字风俗"与日本人叙亲近的时候,日本人却正在以自己的欧化鄙视中国人的文化和种族:"试观留学生与游历考查官绅,一履日本之境,其上流社会视为奇货,辄甘其言曰同文同种;中流社会视若无知之白痴,辄津津而道甲午战胜之故事;下流社会则嘲骂无所不至,言及支那人,辄含有轻薄愚弄之意。彼初不知有所谓满、汉者也。"[2]因此,"日亲满疏"虽然以倒叙历史为"粲然可知",但由直观而见的事实作衡量,则错得非常厉害。章太炎的毛病在于学问用得不对路数,所以一面把满人与汉人分开来,一面把"白人"与日本人分开来,凭空攀亲弄出许多曲折,使人看了诧异而且肉麻。在那个时候的知识人当中,像这一类因仇满而致亲外的趋向虽属极端,却并不是主流之外斜生出来的东西。《浙江潮》第7期有《四客政论》一文,统说"当日人士执持之宗旨"为四派,其中之一便是排满人而佞洋人:

夫白人之文明,非过于满人远耶?均之为奴,吾宁戴体面之主人翁矣。且夫为满人所管领之土地,与其与白人所管领之土地,其治理之必不能及白人,可断言之。彼印度者,于已为英人所得以后,与未为英人所得以前,则后者固已胜于前矣,惟失者自立之权而已。且夫白人虽暴,蔑视异种,或不以人理待;然如今者,满人屠戮新党之惨刑,愁天地黯日月,彼白人者犹以为

---

[1]《辛亥革命前十年间时论选集》第一卷上册,98—99页。
[2]同上书,第三卷,125页。

过,而动其不忍之心。盖不肯以屠戮兽类之道屠戮人类。

这一段文字出自移述。作文字的人并不崇奉其间的宗旨,所以移述有如临摹,一旦把握不住尺寸,下笔之际便太过酣畅,使这个题目应有的含蓄之趣一一变作恣肆淋漓。然而由文字识读思想,则其本来的面目和本来的取向仍在显然可见之中。作为一种能够被归入"当日人士执待之宗旨"的东西,它所代表的当然是既有呼声又有回声的群鸣。以情理而论,被裹入其中的人物未必都能与排满革命的志士同归一类。但排外的民族主义既为反满的民族主义所遏,则以此遏彼之际,其内在的理路便会催生出满人与洋人之间由比较而抑扬,由抑扬而取舍,由取舍而终至一面排满一面佞洋。这个过程由排满意识中内含的"半为利害,不尽为是非也"发为端绪,虽然越来越浮泛化和单边化,却越来越有影响力和支配力。所以《四客政论》一文在叙述之后特为标记曰:置身于此说之"旗下者,不知凡几",[1]以说明影响力和支配力都在化作规模的可观。于是,随反满意识在彼时社会思想中的腾越摩荡,附着于排满意识的人口日多,用反满淡化外侮的杂议旁出也日多,而后则是排外的民族主义日弱。彼时多次聚众起义,而曾经用过的口号之一便是"保洋灭满"。[2]当《民报》与《新民丛报》交争之日,梁启超曾说:

> 中国言民族者,当于小民族主义之外,更提倡大民族主义。小民族主义者何? 汉族对国内他族是也。大民族主义者何? 合国内本部属部以对国外之诸族是也。

---

[1]《辛亥革命前十年间时论选集》第一卷下册,506、507、508页。
[2]《辛亥革命时期期刊介绍》第1集,52页。

汪精卫斥为"其言有类梦呓"。[1]梁启超的"大民族主义"无疑延续了上个世纪以来中国人回应西潮的苍茫心路,而在晚清最后十年盛涨的反满意识面前,却成了被刻薄奚落的对象。但与反满意识相比,"大民族主义"内含更多历史的真实和时代的真实。因此,武昌起义的枪炮声响过之后,迁延十年的反满意识戛然而止,在后来的岁月里没有留下一点余响。而回应西潮的苍茫心路却一直在历史中延伸,一次一次唤出中国人锋芒外指的民族主义。思想之有根和没有根,其区别盖在于此。

在清末的思想潮流中,反满意识所体现的是一种毁灭性的批判。它以毁灭性地批判中国现状作为自己的存在方式。然而当后起的无政府主义自张一帜之后,惯以批判和攻伐为常态的反满意识也成了被批判者。

中国最早的无政府主义群类大半是从排满的知识人里走出来的,因此,两者同属"秀才造反"而常在别有渊源之中。《新世纪》里曾有一段话说,"凡吾辈今日主张社会革命与大同主义者,昔皆曾主张种族革命与祖国主义,此二主义非相反,惟今之主义较昔之主义为进化耳",[2]正是在自叙次第。但"大同主义"与"种族革命"虽在这一群人身上因"今""昔"而相连,前一种道理和后一种道理其实是不能兼容的。如果各就本来面目,则两者不是"非相反",而是正相反。所以无政府主义中能够深入义理的人物,常常要对排满的种族革命施以反手一掌。与立宪一群对反满意识左推右挡以作招架相比,这种反手一掌由造反派批判造反派,常能别成精彩。《天义报》第3期有《保满与排满》一文,其中说:

若夫彼之排满者,非尽恶政府也,特恶满洲耳。其昌言革命

---

[1]《辛亥革命前十年间时论选集》第二卷上册,100页。
[2] 同上书,第二卷下册,984页。

> 者，特希冀代满人握统治之权耳。故革命尚未实行，已私立总统之名，或利用光复之名，以攫重利。

无政府主义是一种理想主义，以此度量排满的人物和思潮，其批评大半都是从道德开始的。"希冀"、"私立"、"以攫重利"罗举的都是不纯不净，而抉发的则是伦理上的没有正当性与公信力。由此深入一层，便是用"公理"扼种族主义之吭。

> 夫以汉人视满，则满人为异族；以苗民视汉人，则汉人又为异族，使实行民族主义，在彼满人，固当驱逐，即我汉人，亦当返居帕米尔西境，以返中国于苗民，岂得谓中土统治权，当为汉人所独握。故知民族主义，乃不合公理之最甚者也。[1]

排满以种族之辨为大义，但这又是一种没有彻底性的大义。无政府主义一派用彻底性演示了一遍，结果便是否定了种族之辨本身。而后，在观念中被整体化和抽象化了的满人与汉人重新成了可以分析的具体对象。李石曾说："夫排满，则私矣，满人非尽恶也，有革命思想谋社会进步者，固不乏（人），不可因其满人而一网打尽。"移同一个道理说汉人，则"汉人非尽良也，助纣为虐，为桀作犬者，今日之当道皆是也，不可因其汉人而置之不问"。[2]他仅仅把常识常谭引回了思想之内，却已从弥漫于暴涨和暴热的反满意识中获得了一片清凉。而在舆论世界里没有还手之力的满人，则借助于这片清凉讨回了一点公道。这种由革命党为满人讨回来的公道特色地折射了清末中国的纷杂多态。彼时反满意识喜欢锐利，无政府主义也喜欢锐利，于是批判便成

---

[1]《辛亥革命前十年间时论选集》第二卷下册，915—916页。当日学人深信汉族人种由西而来，因之有帕米尔之说。

[2] 同上书，1005页。

针锋相对。《民报》曾刊"祝辞",其中有一段呼唤祖宗的文字:

> 白日有灭,星球有尽,种族神灵,远大无极,敢昭告于尔丕显皇祖轩辕列祖金天高阳高辛陶唐有虞夏商周秦汉新魏晋宋齐梁陈隋唐梁周宋明延平太平之明王圣帝,相我子孙,宣扬国光。

《新世纪》引为大谬,迎头一击说:"此文实具三种迷信:一崇拜帝王,二崇拜祖宗,三仇视异族。此实吾辈所谓旧世纪之革命矣。"并追问:"即使轩辕果可崇拜,其灵何在,即使种族自应无极,所谓神灵何解?"这种推论用科学主义解构了精神感召,文不对题而又咄咄逼人。受到解构的一方遂被归入"凡此类文辞,皆野蛮时代用之惑众,乘机利用,以图利己",[1]成为一种过了气的东西。排满的知识人曾把满人圈进"野蛮"之中,而代表了更"进化"的无政府主义一旦起来,又把反满意识圈到了"野蛮"里面。此可谓一种思想的跳踉遇到了另一种思想的跳踉。

章太炎曾说:"世乱则文辞盛,学说衰;世治则学说盛,文辞衰。"[2]以此对比清末最后十年的反满意识,则这一段思想历史里显然见不到学术。古人的思想和外来的思想都在鼓吹之中引入时论,又在鼓吹之中化作了一地碎散的文辞,当时和后来都没有办法串起来。

(2004 年)

---

[1]《辛亥革命前十年间时论选集》第二卷下册,981—982 页。
[2]《章太炎全集》(3),230 页。

20世纪初年知识人的
志士化与近代化

1902年,梁启超作《敬告留学生诸君》,"顿首上书于所最敬最爱之中国将来主人翁留学生诸君阁下",描述了一个新知识群体在人心中的升起:"今之中国岌岌矣。朝廷有欲维新者,则相与咨嗟焦虑。曰噫!无人才;民间有欲救国者,则相与咨嗟焦虑。曰噫!无人才。"一片苍茫之中,"举国有志之士"所"矫首企踵"而"且祝且祷"的,都是"今日之学生"。因此,他慨言乎言之曰:

> 夫以前后一二年之间,而诸君之被推崇受期望也,忽达于此高度之点,是一国最高最重之天职,忽落于诸君头上之明证也。[1]

次年,《苏报》刊布《倡学生军说》,推崇学界,言之尤见热切:"盖学生者,今日处于最重要之地位者也。其责任重,其价值高,稍有热诚者,咸引领张目而望之,名之曰'主人翁',比之曰'狮子吼',其于学生如是其殷勤也。彼学生者,又以西乡隆盛、玛志尼、加富尔、加里波

---

[1]《饮冰室合集》第一册,文集之十一,中华书局1989年版,21页。

的自命,欲行其惟一之主义,以造成一新中国,使吾汉族永享无穷之幸福。"[1]这些文字所指述的,都是正在"游学"的读书人和已入学堂的读书人。他们在清末的最后十年里一群一群地被"兴学育才"的时潮孵化出来,而后又"各负所学以自岸异",一群一群地汇入改造中国的时潮之中,以东洋和西洋的学理呼风唤雨,以东洋和西洋的学理推波作澜。在举子士人的千年历史之后,这是中国知识人的一个蜕变期。从庚子到辛亥,蜕变中的知识人曾经为天下造跌宕起落之势,而笔下的汪洋恣肆转化为世间的激荡驰骤之后,他们中的多数人又成了身不由己者,纷纷为跌宕起落之势裹卷而去。

一

作为一个群类,20世纪最初的知识人是由新政催生的。因此,游学与学堂从一开始就不在一个自然的历史过程之中。作成于1901年的《江楚会奏三折》曾以疆吏的臂力倡兴学,而思虑所注,则在"速成":

> 事急需才,恐难久待。查日本文武各学校皆有速成教法,于各项功课择要加功,于稍缓者量加省减,刻期毕业。应旨饬出使大臣李盛铎切托日本文部、参谋部、陆军省代我筹计,代拟大中小学各种速成教法以应急需。[2]

以此开先,意在寻取一种捷径。然而用国家力量为捷径作导行,则"速成"很容易广罩多数而变为兴学的常态。六年后,学部的奏议统计说:

> 查在日本游学人数虽已逾万,而习速成者居百分之六十,习

---

[1]《倡学生军说》,《苏报》1903年6月24日,《辛亥革命时期期刊介绍》第1集,人民出版社1982年版,371页。
[2]《光绪朝东华录》第四册,中华书局1958年版,(总)4733—4734页。

普通者居百分之三十，中途退学展转无成者居百分之五六，入高等及高等专门者居百分之三四，入大学者仅百分之一而已。[1]

显然，日多一日的留学生大半喜欢走捷径。但与捷径相对称的往往不是学问，而是世人眼里的"来去飘忽，作辍靡常，毕业者仅计年期，后来者又循故辙"。[2]其间的重心并不在科目与知识。由于速成的急迫，游学日多一日，学堂也日多一日。郭沫若后来说，辛亥年之前，方圆只有二十二里的成都城里单单法政学校便已办了好几所，而且还在越办越多。叙述之中夹带的正是讥嘲。彼时他正在成都"久负盛名"的中学堂里做学生，"国文是熬来熬去的一部《唐宋八大家文》"，已经使人不能餍足，而"新学"更次，"讲理化、数学的教员"连"浅显的教科书都读不断句"。[3]这些话里有文豪追说往事的睨视之态，但比照当日庙堂议论中所说的"盖以未受教育之人，强之行教育之事，支离蔓衍，谬种流传，其弊殆不能悉数"，[4]则他在成都所见到的景观别处也能见到。十年兴学造出了成千成万的学堂而造不出一种为学之序。因此，学生常常要脱出学堂的课程范围，各是其是，神游八方。其间的重心也不在科目与知识。

与知识相比，十年兴学中更富有笼罩力的是思想。游学中的知识人与学堂中的知识人虽然以受学为业，其实是被思想哺育出来的。

曾在南洋公学退学风潮里露过身手的伍特公，五十八年后回忆旧事，印象最深的情节之一是"我们那班差不多个个人看"《新民丛报》。[5]《新民丛报》的本色即在思想。以退学风潮喧腾而起的1902年为例，次第见于其篇目之中的《新民说》、《近世文明初祖二大家之学

---

[1]《奏定日本校事项章程折》，转引自《辛亥革命时期期刊介绍》第1集，121页。
[2]《清末筹备立宪档案史料》下册，中华书局1979年版，973页。
[3]《郭沫若文集》（一），卷上，四川文艺出版社1994年版，155、157页。
[4]《清末筹备立宪档案史料》下册，964页。
[5]《辛亥革命回忆录》（四），人民出版社1962年版，68页。

说》、《地理与文明之关系》、《论民族竞争之大势》、《泰西学术思想变迁之大势》、《生计学学说沿革小史》、《新派生物学家小史》、《意大利建国三杰传》、《格致学沿革考略》、《国家思想变迁异同论》、《民约论巨子卢梭之学说》、《论世界经济竞争之大势》、《乐利主义泰斗边沁之学说》、《政治学学理摭言》、《近世第一女杰罗兰夫人》、《进化论革命者颉德之学说》、《亚里斯多德之政治学说》、《欧美各国立宪史论》等等，都是以文字述思想之作。全年二十四期（号）《新民丛报》里，与之相类的论说共有一百八十多篇。[1] 欧西的人物，欧西的历史，欧西的理想，欧西的论争，先后被牵到了中国，对于众多读报的知识人来说，由此得到的无疑是一种扑来的思想浸灌。钱基博后来说："《新民丛报》播被尤广，国人竞喜读之，销售至十万册以上。清廷虽严禁，不能遏也。"[2] 在"播被尤广"的过程里，学堂提供了一个从来没有过的阅读群体，而《新民丛报》则以思想的浸灌培育了这个阅读群体。而后，《苏报》、《民报》、《警世钟》、《猛回头》、《革命军》、《黄帝魂》挟着更见激扬的思想波涛而来，使那一代知识人由浸灌而浸染，一个一个地被卷入了纷争的思想旋涡之中。

后来以慷慨一击名动天下的吴樾曾作《暗杀时代》，自叙心路陂陀说：

> 阅（《清议报》）未终篇，而作者之主义，即化为我之主义矣。日日言立宪，日日望立宪，向人则曰西后之误国、今皇之圣明，人有非康梁者排斥之，即自问亦信梁氏之说之登我于彼岸也。又逾时，阅得《中国白话报》、《警钟报》、《自由血》、《孙逸仙》、《新广东》、《新湖南》、《广长舌》、《攘书》、《警世钟》、《近世中国秘史》、《黄帝魂》等书，于是思想又一变，而主义随之，乃知前

---

[1] 参见《辛亥革命时期期刊介绍》第1集，146页。
[2] 《现代中国文学史》，岳麓书社1986年版，383页。

此梁氏之说几误我矣。[1]

《清议报》的支配力来自于思想,《警钟报》、《自由血》的支配力也来自于思想。前者用"主义"塑造了他;后者用"思想又一变,而主义随之"重塑了他。塑造和重塑都说明那个时代的知识人无所逃于思想之间。与吴樾的不肯游移相比,身在浙江高等学堂的蒋梦麟则有过一番兼容:"我们从梁启超获得精神食粮,孙中山先生以及其他革命志士,则使我们的革命情绪不断增涨。"[2]梁启超和孙中山各以旨义立说,也各以旨义相歧。但对学堂中人来说,两者都为当日的中国划出了一种既定的思想范围。蒋梦麟乐于受用"精神食粮"而又脱不出"革命情绪"的呼唤感召,正写照了自己受浸灌和受浸染的模样。因此,"精神食粮"与"革命情绪"兼容于一人之身,同样说明了那个时候的知识人无所逃于思想之间。

学堂中的知识人接受思想,报馆中的知识人制造思想。与十年兴学相对应,是"国中报馆之发达,一日千里"。于是"学生日多、书局日多、报馆日多",携此牵彼而来,成为推陈出新的一种壮观。据后来的历史学家统计,1900年至1918年之间,先后面世的"各种期刊约有七八百种之多"。[3]由此产出的多量文字,能够动人之心的大半不是叙事,而是"向导国民"的说理。因此,身在局中的人物直指20世纪初年的中国"可谓言论时代也矣"。[4]言论时代以说理经世济时,播扬思想的文章一派五色斑斓,而题目都在世运与国运。自由、平等、博爱、民权、进化、权利、竞争、欧化、国粹、尚武、保种、保教、立宪、革命,个人主义、民族主义、国家主义、民生主义、军国民主义、

---

[1]《辛亥革命前十年间时论选集》第二卷下册,三联书店1963年版,715页。
[2]《西湖·新潮》,岳麓书社2000年版,58页。
[3] 梁启超:《鄙人对言论界之过去及将来》,《大众报》1912年10月24日,引自《辛亥革命时期期刊介绍》第1集《说明》,1页。
[4]《辛亥革命前十年间时论选集》第一卷下册,803页。

虚无主义相会于同一个题目之中,而后有言论的呼应与言论的抗争,犹如万窍怒号。言论的呼应与抗争用输入的观念为向慕新学理的知识人开智,也用输入的观念汇聚了知识人中的出类拔萃之辈。传统士人与近代知识分子的嬗蜕正是从这种思想的搓揉和淬砺中开始的。然而用输入的观念说中国人的国运和世运,常常容易引出人心中的焦炙与涉想,使"向导国民"的言论在呼应与抗争中绞促声急笔走偏锋。

当梁启超执言论界牛耳之日,曾以"极端之议论"为倡率,"虽稍偏稍激焉而不为病":

> 何也?吾偏激于此端,则同时必有人焉偏激于彼端以矫我者,又必有人焉执两端之中以折衷我者。

偏激和极端本是一种由盲目而致片面的思想过程,但在梁启超笔下,偏激和极端都是自觉的,清醒的,理性化的,千言万语由此而出:

> 彼始焉骇甲也,吾则示之以倍可骇之乙,则能移其骇甲之心以骇乙,而甲反为习矣。及其骇乙也,吾又示之以数倍可骇之丙,则又移其骇乙之心以骇丙,而乙又为习矣。如是相引,以至无穷。所骇者进一级,则所习者亦进一级。

这种自觉的偏激和极端已"近于刍狗万物之言",而"我佛说法,有实有权,众生根器既未成熟,苟不赖权法,则实法恐未能收其效也"。[1] 他在"权法"和"实法"之间寄托了一片苦心,然而苦心所托的那些道理其实都是一厢情愿。偏激与极端一旦羼入言论以"向导国

---

[1]《辛亥革命前十年间时论选集》第一卷上册,220—221页。

民",则其"条理明晰,笔锋常带感情"的文字既会以独具的"魔力"促成言论的急走远播,也会以独具的"魔力"促成偏激与极端的四散弥漫,使"读的人不能不跟着他走,不能不跟着他想"。这个过程不仅养育知音,而且养育论敌,"至与梁氏政见相反之人,其初实多赖梁氏文章而启发志气。"[1]思想虽由笔端表述,而一旦流布,便已不能收发由心。在那个时候,偏锋易成世间的强音。因此梁启超笔走偏锋,章太炎也笔走偏锋。章士钊多年以后说革命掌故,留下过一番深思之论:

> 凡人持论,都未免受时代性之拘束。盖当时论家好以将来之未知数翻作前提,以折服人。此在逻辑,直犯倒果为因之悖。而论者不顾也。辛之此类论点,往往助长少年人之朝气,于革命里程有益。如太炎《狱中答新闻报》,公然以五十年后之铜像为樗蒲大注,其著例也。

他由此而发议说:"刘秀凭仗谶纬,恢复大汉,近今公羊家颂言三统,悬想太平,凡此都是革命粮糇,可得长养革命体质。"[2]这些道理显然都不能用学理来衡量。与偏激和极端相比,章太炎的毛病在独断。比"樗蒲大注"更典型的是"公理之未明,即以革命明之;旧俗之俱在,即以革命去之。革命非天雄大黄之猛剂,而实补泻兼备之良药矣"。[3]用来说服人心的,纯是一派不可证明的磅礴刚猛之气。而章士钊以过来人的眼光估量当时,这种把"未知数翻作前提"的毛病,在革命"论家"里其实不算少。

---

[1] 胡适:《四十自述》第四章;《悼梁卓如先生》,见《追忆梁启超》,中央广播电视出版社1997年版,211、115页。
[2] 《辛亥革命回忆录》(一),253页。
[3] 《章太炎政论选集》上册,中华书局1977年版,204页。

在20世纪的前十年里，梁启超和章太炎都是以文字动天下的人物。他们的笔走偏锋代表的是那个时代。因此，在同时的报章言论里，"杀人"、"毁家"、"排孔"、"无圣"、"亡国"、"复仇"、"破坏之教育"、"激烈的好处"以及"为外人之奴隶与为满洲政府之奴隶无别"、"强陵弱众暴寡亦有合于公理"等等，都曾是醒目之作。十年之间，一批一批的知识人通过阅读别人的文章而接受思想；当他们各立宗旨之后，又一批一批地转化为写文章的里手，再用自己的文章和思想去影响别人。于是，随着思想的一传再传，偏激和独断也会在一传再传中化为各有特色的激昂与凌厉。1912年春，戴天仇作短评于《民权报》，满纸都是杀气："熊希龄卖国，杀！唐绍仪愚民，杀！袁世凯专横，杀！章炳麟阿权，杀！此四人者，中华民国国民之公敌也。欲救中华民国之亡，非杀此四人不可。"[1]这一年他刚刚二十三岁。当章太炎作《驳康有为论革命书》，被天下目为革命言论之巨擘的时候，他还在成都的新学堂里读书，是个十四岁的孩子。而相隔九年，革命"论家"中的学生辈人已经提刀而立，向老师辈的人作怒目而视了。其间的相逐和相迫当然起于政见之争。但在他挟杀气作政争的一腔血脉贲张之中，可以看得见的却正是老师辈人传下来的独断和偏激。历史代谢自有因果，而历史的因果常常会走出情理之外。为笔走偏锋开先路的梁启超和章太炎后来旨理渐变，先后敛手，不复再以文字作风雷。然而多数人不愿意回归。"见夫今之号称志士者，陈义惟恐其不高，立言惟恐其不激"[2]，在传统士人转化为近代知识分子的过程里，笔走偏锋遂常常成为一种内在理路，起伏于主流思想之中。输入的观念经偏激与独断的截长补短而被再造和重组，又因再造和重组而变得简约明了，慑动人心。所以，笔走偏锋往往更容易感染众生。严复说："今世学者，为西人之政论易，为西人之科学难。政论有骄嚣之风（如自由、

---

[1]《戴季陶集》，华中师范大学出版社1990年版，389页。
[2]《辛亥革命前十年间时论选集》第二卷上册，500页。

平等、民权、压力、革命皆是),科学多朴茂之意。且其人既不通科学,则其政论必多不根。"〔1〕"骄嚣"与偏激对应,"不根"与独断对应,都是不能入眼之物。但20世纪知识人的历史正开始于这样一个思想(政论)淹没知识(科学)的时代,作为初生的群体,他们的蜕变与思想之独亢一时相连为因果。思想的一时独亢使晚清最后十年的知识人一时独亢,而其间的理路则在一遍一遍的复制中积为知识群体的一种思想惯性。后来的岁月里,学理和学说因嬗递而不断翻新,但思想惯性却能够穿行于时间和空间之中,与不同的学理和学说相榫接。于是,在20世纪的思想史里,常常可以看到知识人用偏激和独断烧出来的火与光。他们大半各据学理,而烧出来的火与光则非常相像。

二

晚清最后十年在朝野之间独亢一时的知识人来路大半在游学与学堂。与惯见的传统士人比,学堂与学生都是世人眼里的异相。因此,在知识人以文字作议论声动天下的时候,他们自身也常被别人拽入笔下,成为议论的对象。

1907年初,御史徐定超作奏议,由"天下竞言学矣,而瘠邑穷乡之间,反以学堂既设,而学者更鲜"起讲,为朝廷说人世间的上下悬殊:

> 古者入学不择富贫,所以凿壁偷光,犹成魁硕,茹蔬食淡,亦有名儒。今则修膳之资,逾于往昔,中人之产,耗以一年,富者得以登堂,贫者望而却步,虽欲向学,其道无由。

八个月后,给事中李灼华在奏章中论学堂,言之耿耿的也是这个意思:学堂"每入一人,岁需百馀金,中国寒士居多,有力入学者,率皆

---

〔1〕《辛亥革命前十年间时论选集》第一卷上册,113页。

大族富商,而寒畯子弟,转叹向隅"。同时的另一道奏疏则用数字为准尺比较今昔:"往昔未变法时,州县岁试率数千人,今一州县或立一校,学生三四十人。乡曲数十里间,往往无学。"[1]显然,从"数千人"到"三四十人",消失了的那个数目都是被"修膳之资"淘汰掉的。与已经废止的科举相比,学堂是一种以贫富为偏斜的东西。因此,庙堂议论为穷人鸣不平,报馆议论也为穷人鸣不平。同一年的《天义报》曾以"新政为病民之根"立论,切言学堂"远不若科举之公":

> 昔日之贫民有习农工而兼习举业者,故起于寒微者甚众。又义学之制随在而有,赤贫之家其子弟均可入学,且可免费,所成就者甚多。今则非得学校卒业文凭不克进身,而赤贫之民,永无得学校文凭之望矣。

沿着这种偏斜之势走下去,则"富者益智,贫者益愚;因智而贵,因愚而贱,可逆睹也"。[2]这些话与言官的奏议一样,着眼的都是学堂带来的不平等。不平等用筛滤的办法为人分类,留下的则是群体之间的社会距离。因此,比之传统士人,那一代出自游学和学堂的知识人与社会下层一定会更加夐远。后来杨笃生和陈天华先后以古所未有的"中等社会"比称知识人,[3]他们意在唤起责任,而折射出来的却正是一种自觉的分类和距离。

与社会下层离得更远的知识人也在与农村社会离得更远。十年兴学,学堂是由诏书推广的,由诏书推广的学堂同时又按诏书分布:"着各省书院于省城改设大学堂,各府厅、直隶州均设中学堂,各州县均

---

[1]《清末筹备立宪档案史料》下册,978、995、997页。
[2]《辛亥革命前十年间时论选集》第二卷下册,969页。
[3] 同上书,第一卷下册,629页;第二卷上册,969页。

设小学堂。"[1]而后,县城、府城、省城便成为新学堂的汇集之地。这个过程使教育的重心移到了城市之中,并顺着由低到高的等序向大城市归趋。由于诏旨兴学,当日中国的学堂不仅与知识相联系,而且与利禄相联系。1903年的《游学译编》刊有《劝同乡父老遣子弟航洋游学书》,说过一番道理:

> 夫得一秀才、得一举人、得一进士翰林,无论今日已作为废物,即前此又有何实际?有何宠荣?而或有掷千金以买秀才,掷万金以买举人者,不得则大痛焉。今出洋求学可得富贵名誉,较之一秀才、举人、进士、翰林不能必得,得之亦为侥幸,而又与学问无关系者,相去远矣。[2]

这些道理由游学演绎出来,而移用以说学堂之"富贵名誉",正同样丝丝入扣。因此,相比于上个世纪严复在心路茫茫中"应募为海军生",20世纪初年入学堂的人都是挟所愿而来的。学堂是一条远走的长路。走在这条路上的人沿着等序从农村到县城,从县城到府城,从府城到省城,而后入南北都会。其中一部分脚力更健的,则能够游学彼邦,愈走愈远。在当时的名人中,章士钊是由"长沙东乡和佳冲"走出来的;宋教仁是由桃源"上香冲"走出来的;蒋智由是由诸暨走出来的;陈独秀是由怀宁走出来的。他们都在学堂和游学的路上走得很远,并就此不再回去。[3]从那一代知识人开始,这种一去不返渐成负笈远游者的常态。

清末的学堂把有志进取的读书人一群一群地召到城市里来。这些

---

[1]《中国近代学制史料》第二辑上册,华东师范大学出版社1987年版,520页。
[2]《辛亥革命前十年间时论选集》第一卷上册,386页。
[3]《辛亥革命回忆录》(二),138页;《宋教仁集》上册,中华书局1981年版,序言,1页;《民国人物碑传集》,团结出版社1995年版,784页;《民国名人传》,岳麓书社1992年版,471页。

人因学堂而与"中外历史"、"中外地理"、"高等数学"、"解析几何"、"天文地质"、"地文地质"、"博物学"、"兵事学"、"理化"、"法政"、"财政"、"东文"、"英文"、"俄文"、"法文"等等结缘。[1]由此学得的声光化电、法理税则和欧罗巴、亚细亚都是来源于西学的新知。但时当20世纪初年,这些东西都是属于城市的,它们与农村社会不仅隔膜,而且遥远。因此,读书的过程便会成为疏离农村的过程。同这些东西相比,晚清最后十年滚动于文字之中的思想潮流与农村社会更加疏离。然而弄潮于沤浪之间的,则大半都是学堂中人。其间的潮头健儿常常是热心人与优秀者。历史学家顾颉刚后来以疑古成名,但他在苏州读书的时候却还不知道世间事之可疑和应疑,并因之而非常容易地被思想潮流卷入江亢虎的社会党,做了一个认真的信徒。他多年之后说当日曲折,以第三人称的笔法追叙过一段祖孙对话,非常传神地描绘了潮流中的知识人:

> 因为热心于新社会的开创,(顾颉刚)常常工作到半夜。祖母问他:"你忙的什么?"他说:"要实现一个没有国家,没有家庭,没有金钱的社会。"祖母说:"既经没有家庭,把我放在那里?"他说:"请你住在养老院。"这一句话触犯了她,禁不住大怒道:"我这般喜欢你,你竟要把我送到养老院去过活,成什么话!"[2]

顾颉刚不是从内地和农村走向城市的。但他身在学堂而为潮流所牵引的思想经历则写照了一种知识人共有的社会相,20世纪初的学堂中人大半都可以从那里照出自己的青春面容。顾颉刚学来的那一套道理他祖母全不能懂,然而他的祖母却代表了中国人的多数。这种祖孙之间的不可沟通,非常明白地使人看到:那个时候的思想潮流总是走在多

---

[1]《中国近代学制史料》第二辑上册,646、670、747页。
[2]《辛亥革命回忆录》第六集,499页。

数人的前面。十年之间，君主立宪、民主共和、社会革命、政治革命、天演大同、拒俄运动、抵制美货都是先起于报馆和学堂最多的城市，而后由一个城市传向另一个城市。呼声起于城市，回声也起于城市。而中国最大多数人口所在的农村社会则漠漠然而且懵懵然，犹如一个世界与另一个世界。思想潮流使知识人急速地趋近于演变中的世界和正在重造的中国，两者都以城市为自己的天地。然而近代化过程已经使城市与农村分离，前者用来达意的语言常常是后者陌生的。因此，为思想潮流所吸引的知识人便不能不与农村社会越来越疏，越来越远。旧日的士人从农村起程远走，他们大半都会回来。但为学堂召去的读书人一经从农村走入城市，却大半不会回来了。

知识人疏离了农村社会和下层社会，与之对应，农村社会和下层社会则视知识人为异己。在已经过去的千年历史里，传统士人的源头和归宿都在农村。他们天然代表了那里的利益。旧时以四民（士农工商）分人口，就群类而言，士与农最相熟而且相亲。十年兴学促成了传统士人向近代知识分子的转化，但与旧日的士人相比，万千农民从一开始就不喜欢学堂和学生。王国维冷眼看世，曾叹"小民之疾学堂，殆视教会为尤甚"。[1]因此，与兴学同时发生的常常是乡民打学堂。1910年，江苏宜兴因调查户口而引发谣言，"愚民无知，转辗传述，以调查者均系学界中人，遂触发其仇视学堂之积念。鸣锣聚众，将各学堂焚毁，兹捣毁办理学务诸人之房屋。"毁学能得一呼百应，正说明了仇学不止一家一户。"其后地方绅士立将学堂匾额除下，改悬书院匾额"，绅士用这种办法来息众怒，而反照出来的则是"愚民"对书院和学堂的喜和恶。[2]在这个故事里，学堂和学生都是被牵连的。与之相比，同一年起于直隶易州的打学堂则更多学生与乡民的直接冲突。地方官的奏报叙述其来龙去脉说：

---

[1]《王国维文集》第三卷，中国文史出版社1997年版，91页。
[2]《中国近代学制史料》第二辑上册，305页。

> 值天气亢旱，有高陌社等处十八村民众，于六月二十日祈雨进城，由学堂门前经过，该堂学生在外聚观，私议愚民迷信。祈雨人闻之，即与辩论。斯时人多势重（众），遂拥入学堂，将门窗器具均有砸毁。[1]

以祈雨为迷信其实并无大错，但当大众仍在祈雨时代里的时候，道理的是非与人数的多少便成了反比。随后的砸打都是由这一类对比而引出来的。留心世务的《东方杂志》曾说："甲辰以前，中国闹学毁学之事，见于学生；甲辰之后，中国闹学毁学之事，见于愚民。"[2]学生毁学，指的是学潮，"愚民"毁学，则专打学堂。在中国历史上，这是一种独有的景象。而士与农之间曾经有过的相熟和相亲则在"闹学毁学"的过程里被打得粉碎。虽说知识人曾在辛亥革命前十年的中国一时独亢，但自农村社会里的人看去，他们始终来自彼岸而不在常人和常理的界度之内。所以，在鲁迅笔下的未庄，辛亥革命后的知识人便成了阿Q眼中的假洋鬼子。

十年兴学造就了一个与农村社会日去日远的知识人群体。然而他们中的多数人又很难融入城市社会。1917年，李大钊作《学生问题》，把学生视为"社会日日培养"而"自造之阶级"，而后既忿且哀地说：

> 被造就之人人，一入此阶级，一得此身分之后，乃以此阶级身分之故，社会反与为冰炭之质，枘凿之势，所学无论其为何科，社会皆不能消纳之应用之。

"他处之学生吾不敢知，京津之学生卒业而未就职者以万千计"。当诏

---

[1]《辛亥革命前十年民变档案史料》上册，中华书局1985年版，64页。
[2]《毁学果竟成风气耶》，《东方杂志》1910年第11期时评，78页。

旨兴学的时候，很少有人会想到从学堂里育出来的知识人会过剩。旧日的士人在落第以后可以回家，但这一代本应属于城市的知识人已经无法返归农村了。由此而来的是一种长久的困窘：

> 而学生者，又不能不谋自存之道，不能不服事畜之劳。于是无问其所学为工、为农、为商、为理、为文、为法政，乃如万派奔流以向政治之一途，仰面求人讨无聊之生活。[1]

这些话写出了深深的怅惘和落寞。同诏旨兴学的庙堂中人很少会想到知识人的过剩一样，当那一代知识人抵掌而谈国运和世运的时候，也很少有人会想到自己后来的无所依傍。社会造就了知识人，但社会又没有足够的空间容纳造出来的知识人，这是近代化变迁中的脱节。于是，怅惘和落寞都预示了士的时代过去之后，无所依傍的知识人在20世纪中国的前途失路。

三

"不道珠江行役苦，只忧博浪锥难铸。"[2]在晚清最后十年里，知识人以文字作大波唤来了急剧的社会变迁。但后人读史，过目而不能轻忘的，常常是一现再现于那个时候的知识人的轻死剽急。

19世纪末期的百日维新以失败告终。然而在失败之后从容断头的谭嗣同却为后世催生出一种轻死的精神。时人说：方祸难初作之日，"有西人重其人，请与俱奔某国使馆避祸。嗣同谢曰：'不有行者，谁图将来？不有死者，谁鼓士气？自古至今，地球万国，为民变法，必先流血。我国二百年来，未有为民变法流血者，流血请自谭嗣

---

[1]《李大钊文集》上册，人民出版社1984年版，426—427页。
[2]《黄兴集》，中华书局1981年版，62页。

同始。"[1]他自愿地选择了死,以四溅的颈血向天下昭示了读书人的强毅和壮烈。戊戌年过去之后,时序代谢。当继起的革命正在热力四射之际,维新人物留给20世纪的影响便只有梁启超的滔滔议论和谭嗣同的人格感召。后起的革命群曾与梁启超以文字争锋,但谭嗣同的感召则能够穿越维新和革命,长久地引发忧国之士的心底共鸣。

19世纪与20世纪之间的这种感召和共鸣都是从勘破生死之界开始的。吴樾说:

> 谭嗣同有言曰:"志士仁人,求为陈涉、杨玄感,以供圣人之驱除,死无憾焉。若其机无可乘,则莫若为任侠,亦足以伸民气,倡勇敢之风,是亦拨乱之具也"。又曰:"困于君权之世,非此益无以自振拔,民乃益愚弱而窳败"。至哉言乎!

他由"任侠"引申,深信"今欲伸民气,则莫若行此暗杀主义",[2]其轻死之意是非常明显的。于是而有前门车站刺杀五大臣的一场爆炸,而行刺的吴樾则在"肠腹崩裂,手足皆断"中一时绝命。从谭嗣同的轻死到吴樾的轻死,折射了那个时代的知识人汹涌盛涨的心底波澜。这种波澜出自信念,为急迫所摧动,而在一挫再挫之后激越奔腾。因此,与吴樾相类的,还有徐锡麟杀恩铭,彭家珍杀良弼,史坚如谋刺德寿,刘思复谋刺李准,熊成基谋刺载涛,等等。这些事都曾经震动一时,使人目睹书生操刀的轻死剽急。在传统士人向近代知识分子转化的过程中,知识人与圣贤意态越离越远,与豪杰意态越趋越近。知识人的近代化因之而与知识人的志士化常常叠合。由是,在晚清最后十年里,一面是学理与学说的激荡播扬,一面是知识人以侠气点燃个人意志,焚烧出一团一团的烈焰,倏然腾起,又倏然熄灭。在意志燃

---

〔1〕《清国殉难流烈士传》,转引自《戊戌变法人物传稿》上编,中华书局1982年版,98页。
〔2〕《辛亥革命前十年间时论选集》第二卷下册,718—719页。

起的烈火面前，对手和自己都是很容易被焚毁的。《革命逸史》里有一则记载说：

> 户部侍郎铁良南下，搜括民财，急于星火，东西（南?）各省，元气大损，怨声载道。有鄂人王汉谋阻击之于顺德府，卒以戒备严密，无从下手。乃愤而遗书一通，并将所携手枪存于逆旅，自投井而死。

他燃起的烈火没有烧掉对手，所以他在烈火中焚毁了自己。王汉出耕读之家，父兄"俱名诸生，少受庭训，年十八通五经大义"，本属名教门户里的规矩人。但在20世纪初年一经融入知识人的蜕变之中而为风会所煽，却成了一个枪手并因此而一去不归。其间的变化，有如脱胎换骨。[1]作为志士群里自生自灭的一员，王汉在当时和后来都不算名人。正因为如此，他所走过的路迹能够真实地以殊相映照共相，为彼时的志士风貌作写真。意志燃起的烈火造就了崇高和悲壮，也造就了极端和孤行。陈天华作《警世钟》，而投海于日本；杨笃生作《新湖南》，而投海于英国。他们的文字唤起过许多国人，但自己的一腔忿郁却全部掷进了万里波涛。知识人中的优秀者一个接着一个为扑满死，为醒世死，为信念死，为愤怒死，他们的血灌溉了理想主义，也灌溉了轻死剽急。遂使那个时候的理想主义因轻死剽急而高涨，轻死剽急因理想主义而激扬。汪季新当日曾作"革命之决心"一文，说"贞"说"烈"：

> 不畏死之勇，德之烈者也；不惮烦之勇，德之贞者也。二者之用，各有所宜。譬之炊米为饭，盛之以釜，蒸之以薪。薪之始

---

[1]《革命逸史》第三集，中华书局1981年版，197、192页。

燃，其光熊熊，转瞬之间，即成煨烬。然体质虽灭，而热力涨发，成饭之要素也。釜之为用，水不能蚀，火不能镕，水火交煎逼，曾不少变其质，以至于成饭，其煎熬之苦至矣，斯亦成饭之要素也。

"呜呼！革命党人将以身为薪乎，抑以身为釜乎，亦各就其性之所近者，以各尽所能而已。"[1]他在办《民报》的过程里曾经做过多年的"釜"，写完这篇文章之后则渡海北上，去谋刺摄政王了。显然，他在说"贞"说"烈"之际已经选择了做"薪"。理想主义与轻死剽急的交相感应，使理想主义与轻死剽急都会感染更多的人。于是，"赤铁主义当今日，百万头颅等一毛，沐日浴月百宝光，轻生七尺何昂藏"[2]便不仅成为意气的发舒，而且成为常理和常谭。久在感应和感染之中，出身翰林的蔡元培，文章冠多士的章士钊以及日后为德先生和赛先生作前驱的陈独秀，都曾在密室里用功夫，做过"学习炸药以图暗杀"的热心人。

身当传统士人向近代知识分子的转化之中，新知与旧学常常相染。20世纪最初十年里的范型知识人因之而具有一种自成一格的面目。他们在革命的催化下一面志士化一面近代化，手眼所到，常常会着力撕破传统。然而在血脉之中，他们那一代人与二千多年历史积成的士人精神仍然相通。作《革命军》的邹容从日本来到上海，出入于新人物群聚的爱国学社，而"性偶傥，喜詈人，谓诸社生曰：'尔曹居上海，在声色狗马间，学英文数岁，他日堪为洋奴耳，宁知中外之学乎？'社生群聚欲殴之，乃去"。[3]邹容率性而言，以"中外之学"作尺度，对"声色狗马间"的人物无分新旧皆任情咳唾，流露的正是一

---

[1] 中国近代史资料丛刊《辛亥革命》（二），上海人民出版社1956年版，445页。
[2] 《秋瑾集》，上海古籍出版社1979年版，82页。
[3] 章太炎：《邹容传》，《章太炎年谱长编》上册，中华书局1979年版，163页。

种蔑视商业社会的士人本色。后来章太炎致书孙中山,追叙"同盟、光复初兴,入会者半是上流,初无争竞,不图推行岭表,渐有差池。盖被习文教者寡,惟以名号为争端,则两会之公咎也"。[1]他以"文教"为尺度,在革命群里显分人等,笔意中横泻的,则是士大夫独有的精神上的贵族气。自戕于辛亥年间的杨笃生既能写文章,又善做炸弹,是革命人物中的翘楚。而"夙沉浸于词章旧学",游学多年之后,"书生本色犹在"。因此,他在《新湖南》中说历史,直言"洪杨剽窃天主教之绪馀",其同情并不在为反满开先河的太平天国一边,而在"讨粤匪"的曾国藩一边。[2]由此显出来的褒贬和评判,仍然出自传统那一脉。在这些人身上,知识和观念的近代化并没有消解历史留给他们的文化心结。

清末的革命曾经卷入了工商社会和秘密社会。但能以轻死剽急为天下张大义的,则大半正是背负着历史情结和文化心结的知识人。章太炎作《訄书》,列"儒侠"之目曰:

> 天下有亟事,非侠士无足属。侯生之完赵也,北郭子之白晏婴也,自决一朝,其利及朝野。
>
> 且儒者之义,有过于"杀身成仁"者乎?儒者之用,有过于"除国之大害,扞国之大患"者乎?得志有夏后,不得志有比干、豢龙逢,儒者颂之,任侠之雄也。[3]

"儒者颂之,任侠之雄也",非常明白地说出了士气与侠气的相印与相通。他后来入西牢,以"临命须掺手,乾坤只两头"为吟咏之词,气象正在儒与侠之间。自司马迁作《游侠列传》之后,他所指述的"救人于

---

[1] 章太炎:《邹容传》,《章太炎年谱长编》上册,383页。
[2] 《辛亥革命回忆录》(一),256页;《辛亥革命前十年间时论选集》第一卷下册,619页。
[3] 《章太炎全集》(三),上海人民出版社1984年版,11页。

厄,振人不瞻,仁者有乎;不既信,不倍言,义者有取焉",[1]便积留于中国的文化史之中,常常被士人引来寄托向往和感慨;燕赵之地的屠狗者因之而成为他们笔下怀念的对象。士言义,侠行义。因此,在以义利之辨区分等类的时代里,士人以贱商为常态,然而贱商的士心中都尊侠。二千多年的历史是一个叙述和复述的过程,由此留下的应是一种精神上的心传。当20世纪来临之后,知识人正在蜕变中分化。其间背负历史情结与文化心结最多的人便常常成为最喜欢作说大义的人。他们已经开始向新知识分子转化,但在精神上他们又是最后一代士人。因此,在鼓荡革命的百折艰难里由言义而行义,他们比别人更热诚地召唤侠魂,也比别人更容易为任侠精神所导引而走向轻死剽急。1908年,汤增璧作《崇侠篇》说:"往者吴樾一弹,徐锡麟一击,风雨为泣,鬼神为号,祖宗玄灵于是焉依。毡裘之族,震慑而丧所持守,有甚于萍乡之义举。"[2]他对吴樾和徐锡麟的歌颂与礼赞,用力处全在侠风和侠气。显然,其笔下既有革命人物的心声,又有历史和文化的回响。心声与回响震荡于20世纪最初的十年里,以知识人的豪杰意态和知识人的轻死剽急为后来诞生的民国助产。由此留下的种种悲歌慷慨在文字记述中常读常新,但在传统士人向近代知识分子转化的过程里,轻死剽急终究不是一种能够升华的东西。随后而来的年代容纳不了它们。因此,在随后而来的年代里,他们便成了历史视野中消失了的东西。

(2001年)

---

[1] 《史记》,太史公自序。
[2] 《辛亥革命前十年间时论选集》第三卷,86页。

革命家的良心：民生主义的历史思辨

自中西交冲以来，富强之想便由议论而成思潮，支配了几代中国人。产生于19世纪和20世纪之交的民生主义虽由这种思潮孕育催生，但在中国近代思想史上却是一种别立新义的东西。两者之间由递连而嬗蜕，折射了历史变迁中的沤浪相逐，也为后人留下了思考诠释的题目。

19世纪60年代开始的洋务运动，是传统中国近代化（现代化）的起点。但这个过程又带着两次民族战争失败的伤痛，是在西方人俯视的炮口下逼出来的。因此当其发轫之初，主持洋务事业的人们心力所注的都是"自强"。而后，制器练兵推及铁路、航运、开矿、织布，"自强"一词的旨义也延展为"富强"，并越来越明显地成为时务中的一个主题。

由于"自强"是对西人逼迫的一种回应，因此，它从一开始就不得不以民族主义为源头和指归（其中既有夷夏之辨的延续，也有近代民族主义的萌蘖）。"富"和"强"既因中华与泰西的对峙对比而显，则"富"和"强"的意义与价值都是同国家连在一起的。洋务运动为寻求这种与国家连在一起的富和强而向西方人"借法",移来许多古所未有的东西,促成了传统中国的变化。这个过程为后来的历史造就了进化之势。然而这个过程又常常要顾此失彼,使国家的富强淹没社会和民生。光绪十四年(1888),礼部尚书奎润等因廷议修筑铁路而奏疏论民生:

> 自轮船通行江海,东南舟车已多失业。现在津通失业之民,以车为生者约一万人,以船为生者约三万人,以行店负贩为生者约二万人。此六万人中,以一家五口计之,已三十万人。平日赖此为生,上以养其父母,下以畜其妻子。铁路开行之后,此项人等作何安置?将使码头运货,则码头一隅之地,所需之人力无多。将使分运乡村,则乡村偏僻之区,所用之车辆有几?弱者转于沟壑,强者散于四方,凡此惨苦之情形,亦岂圣明之本愿。

因此,他们由铁路之争而总论洋务,统括言之曰:"今之谋国者,第知夺外洋之利,而不知所夺者止为中国穷民之利。"[1]这一类议论常常与固守旧物的意态交融在一起,使西方移来的物事不容易进入中国,并因之而在历史变局面前显得不识时务。但透过新旧之争,他们用民生反照富强的文字以矛攻盾,却是一种能够触到痛处的东西。儒学原典多以民本立论,经二千年逐层累积之后,传统中国的政治遂与民生连在了一起。所以,清代设置在东南的几个织造府,除了为皇家提供衣料之外,还要随时打听地方的民情、物候、收成、雨旸,在奏告中回答这些帝王挂心的问题。[2]君臣之间的问答不惮细小,而显出来的则是重心所在。但自西潮东灌之后,中国人被外力拽入了一种无法用历

---

[1]《光绪十四年十二月二十一日礼部尚书奎润等奏》,中国近代史资料丛刊《洋务运动》(六),上海人民出版社1961年版,211—212页。
[2] 参见《关于江宁织造曹家档案史料》,中华书局1975年版。

史经验来比说的危势。由此形成的"海国环伺"逼扼日亟，不能不使国家的至上性在人心中放得很大。然而至上总是由舍弃来实现的。因此，为国家造富强的人们便常常会顾不到民生。由儒学原典传下来的政治传统在他们手里被弄断了。19世纪60年代以来，以洋务为范围的近代化每一步都会引发纷争。站出来为民请命的人，大半出自旧垒里面。虽然他们一弹再弹的都是老调，但由老调引出来的问题，却是为国家造富强的人们没有办法回答。这是一种深刻的矛盾。这种矛盾使人非常明白地看到，外力逼迫下的近代化过程已经衍化为国家与社会相脱节的过程。在三十年洋务运动之后，顺次而起的维新变法代表了一种新的历史时序。"自强"的内涵也随之而演为立议会、改官制、变科举、办学堂、设报馆、兴学会、开民智。议变法的维新人物从西方人那里移来了更多古所未有的东西，并常常以此非议上一代洋务人物"不知本原"。这些人更富进取的热心与热血，然而就国家和社会的脱节而言，他们与上一代洋务人物又是一脉相承的。康有为说："大抵欧、美以三百年而造成治体，日本效欧、美，以三十年而摹成治体。若以中国之广土众民，近采日本，三年而宏规成，五年而条理备，八年而成效举，十年而霸图定矣。"[1]这些话表达了宗旨所托，于是，变法所广涉的议会、官制、科举、学堂、报馆、学会、民智都失其本义，融入了至上的国家观念之中。其间的"图霸"无疑是以一种极端的方式表达了国家观念，但这种极端又使国家在观念里变得非常悬空。因此，其百日高亢和戛然而止都与尘世苍生离得很远。[2]

当康有为用他那一套道理游说于京城的公卿之间，以言辞"摄力胜人"的时候，孙中山已在海外和南国结会谋革命了。作为一个19世纪60年代出生的中国人，孙中山受过富强之想的乳育，由此形成的抱

---

[1] 《进呈日本明治变政考序》，《康有为政论集》上册，中华书局1981年版，224页。
[2] 《孙中山全集》第二卷，333页。康有为曾"演大同之义"，以神驰八极的玄想恢宏动人，但那些道理都不是为19世纪的中国设计的。

革命家的良心：民生主义的历史思辨　　415

负,是他终身不能去怀的东西。在这一点上,他与图自强的洋务人物、谋变法的维新人物能够形成一种历史递进中的前后接续。然而在富强之说正骎骎乎激议论而动人心之际,孙中山的眼界已经越过国家的富强而触到人世间的"贫富不均",并因之而"对于社会问题尤热心研究"。在筹划革命的同时,他常常上溯历史,注目于"三代之井田,王莽之王田与禁奴,王安石之青苗,洪秀全之公仓"等等,[1]想在中国寻出一条酌富济贫的路来。由此产生的民生主义,使久被至上的国家观念淹没的天下苍生重新回到了世人的眼前。

国家与社会的脱节是在效西法的近代化过程中出现的;在四十年自强和维新之后,开新的中国人回头审视民生这个老题目,也是效西法的近代化过程促成的。孙中山后来追叙伦敦蒙难脱险之后,在欧洲"考察其政治风俗",而思想由此一变:

> 两年之中,所见所闻,殊多心得,始知徒致国家富强,民权发达如欧洲列强者,犹未能登斯民于极乐之乡也。[2]

在19世纪西学东渐的过程里,洋务人物是带着委屈效西法的,维新人物是带着惊羡效西法的。虽说委屈与惊羡情态各别,而两者反映的却都是以中国的弱势看西方的强势。在他们眼里,西方那个世界里的物力厚富和制度昌明是一片亮色。孙中山也留意物力厚富和制度昌明,但他又从那一片亮色的阴面里看到过贫富"悬绝"之下的种种"惨境"。[3]因此,他不再会有"近时志士舌敝唇枯,惟企强中国以比欧

---

[1] 《革命逸史》第三集,中华书局1981年版,206页。
[2] 《孙中山全集》第六卷,中华书局1985年版,232页。
[3] 同上书,第一卷,中华书局1981年版,228页。

美"[1]的那种一厢情愿的独面亢进。孙中山相信"世界潮流",然而在"世界潮流"的引照下由欧西返视中国,则不能不催生怀想将来的忧思:"吾辈为人民之痛苦而有革命,设革命成功,而犹袭欧美日本之故辙,最大多数人仍受痛苦,非吾人革命之目的也。"[2]由于"最大多数人仍受痛苦"凸出于怀想将来的忧思之中,四十年来被富强之想弄得非常悬空的国家观念便不再具有唯一性。比之"惟企强中国"的"近时志士",孙中山更多一重为社会谋"平均"的怀抱:

>欧美今日之不平均,他时必有大冲突,以趋剂于平均,可断言也。然则今日吾国言改革,何故不为贫富不均计,而留此一重罪业,以待他日更衍惨境乎?此固仁者所不忍出也。[3]

于是,民生能够成为一种"主义"而与民族主义、民权主义连缀为一体。在19世纪与20世纪之交的中国,"仁者"和"志士"都是使人起敬的人物。然而志士不知不觉地把国家与社会掰开来,仁者自觉自愿地把国家与社会接起来,两者的历史活动留下来的痕迹,又成为一种久耐咀嚼而意味深长的东西。

过去的四十多年里,民生这个题目曾久被旧垒里的人据为守护传统之物。但在民生主义里,这个古老的题目已融入图改革的开新之中。孙中山回答了洋务人物和维新人物都没有回答过的问题,也使民生的旧义在时代的变迁之中发生了新陈代谢。

在重农的传统中国里,民生是与自然经济连在一起的。近代化的过程分解了自然经济,哀民生的议论遂纷纷然而起。但在不可逆转的历史过程面前,这种议论留下的大半是单面的愤怅和叹息。与他们

---

[1]《孙中山全集》第一卷,288页。
[2]《胡汉民自传》,见《近代史资料》总第45号,13—14页。
[3]《孙中山全集》第一卷,228页。

比,则孙中山立民生为主义,抱负在于"文明之福祉,国民平等以享之"。其理路的来源和出路都在近代化的过程之中:

> 当改良社会经济组织,核定天下地价,其现有之地价,仍属原主。所有革命后社会改良进步之增价,则归于国家,为国民所共享。肇造社会的国家,俾家给人足,四海之内,无一夫不获其所。敢有垄断以制国民之生命者,与众弃之。[1]

这些主张刊布于《军政府宣言》,当时被概括地名之为"平均地权"。在19世纪与20世纪之交,中国人口中的最大多数都与土地连在一起。因此,孙中山关注民生,不能不以土地问题为要目。这是一个几乎与中国历史同样长久的题目。围绕这个题目,他曾纵论古今中西,想过种种方案。[2]而心念所往,则"于欧美之经济学说,最服膺美人亨利·佐治(Henry George)之单税论。是为土地公有论之一派"。是以产生于这个过程的"平均地权"酌取"亨利·佐治学说而自成一家"。[3]旨在借用西学的新办法来解决二千年来中国的老问题,由于引入了"文明之福祉",本与自然经济相连接的土地便进入了一种新的经济关系之中。所以,在当日议民生的一派愤怅叹息之后,孙中山的论说遂以远视将来的乐观与宏达显示出独有的神采。

这种预想的"平均地权",为中国人描述了一种能够唤起神往的境界。但在接下来的历史变迁中,这种预想的境界并没有转化为现实。因此,它们在历史学家的笔下常常受到探究剥绎,引起了许多见仁见智而辨析细微的评说。然而就中国近代思想史的演化嬗蜕而言,"平均

---

[1]《孙中山全集》第一卷,297页。
[2] 参见《新民丛报》第4年14号,梁启超:《杂答某报》;《章太炎政论选集》上,《定版籍》。
[3]《革命逸史》第三集,206页。

地权"中内含的意义其实并不止于它所规划的土地制度。透过不太周密的土地制度那一层外壳,后人可以从"平均地权"中读出推引国家回归社会和民本的自觉意识。这种用文字写出来的思考突起于历史发展的前段和后段之交,在时光与岁月的流逝中是不容易磨灭的。孙中山以"平均地权"寄托民生主义,其设定的驿路开始于"改良社会经济组织",而归宿则在于"肇造社会的国家"。出现在起点和归宿之间的土地"公有"、土地"限制"、土地"报价"[1]等等案议和后来标立的"耕者有其田",都是在为"改良社会经济组织"谋一条脱出旧窠穴的捷径。虽说这一类改造土地关系的案议以先出与后起分异同,而贯穿于其间的则是归宿所在的"肇造社会的国家"。"肇造社会的国家"是一个新命题。这个命题不仅把国家与社会榫接为一体,而且以词位的旨义切直地表述了社会对于国家的制约。由于这种制约,国家的重心遂从"自强"转向"家给人足,四海之内,无一夫不获其所"。这些道理虽由"平均地权"说起,但在重新诠释国家观念的过程中,其论域已经远远地超出了"平均地权"的本义。

孙中山说:"世界开化,人智益蒸,物质发舒,百年锐于千载,经济问题继政治问题之后,则民生主义跃跃然动,20 世纪不得不为民生主义之擅场时代也。"[2]时当民族革命和民权革命正蓬蓬然吸引一批一批健儿弄潮之际,他看得更远一些。因此,他掀动了用革命重造中国的潮流,而心头则长怀一派悲天悯人之情。在反满共和的声浪之中,轰鸣的枪炮是强音。但能够以富有深度的思想昭示后人的,却是"肇造社会的国家"。后来的新文化运动里,劳工问题、人力车问题、平民经济问题、平民教育问题、人口问题、自杀问题、无业问题、游民问题、兵匪问题、面包问题、女子解放问题、废娼问题、币制问题、学徒解放问题等等曾倏然涌起于四面八方,汇成了以中国社会为

---

[1] 《孙总理》,《逸史》第一卷第三期(1939 年 6 月)。
[2] 《孙中山全集》第一卷,288 页。

全景的思想潮流。孙中山所预言的"民生主义跃跃然动"因之而成为一种可见的事实。这个潮流席卷一时并产生了自己的思想领袖，然而就思想发展的历史足迹而言，他们的议论和思考都是沿着国家观念与社会观念的嬗蜕向前延伸的结果。

民生主义依托于近代（资本主义）文明，但被依托的近代文明又是一种"有善果，也有恶果"[1]的东西。"善果"和"恶果"粘连在一起，使艳动人心的"文明之福祉"在福兮祸所倚的因果迁移之中常常变得面目全非。所以，倡民生的中国人便不得不在相悖的两面之间穿行：一面要借近代文明的"物质发舒"以实现"四海之内，无一夫不获其所"；一面又要提防与"物质发舒"连生的"贫富斗绝"。由此形成的"节制资本"继起于"平均地权"之后，成为民生主义中富有特色的内容，并在20世纪的中国留下了深远的思想影响。

洋务运动效西法"制器"，在造船造炮织布开矿的过程里催生了中国最早的资本主义生产关系。而后，维新变法倡"能变则全，不变则亡，全变则强，小变仍亡"，[2]志在用"变政"的办法为这些中国原来所没有的社会制度和经济制度助长。由催生到助长，表现了对于以欧西为样式的资本主义越来越自觉的期待。孙中山比他们更熟识资本主义工业化的来路与去径。从上书李鸿章"指陈时事"到《建国方略》中筹议的《实业计划》，都留下了追蹑欧美以图中国工业化的心路。与孙中山的名字连在一起的辛亥革命用暴力打散了旧的国家构架，而后重筑的构架（南京临时政府）为"实业"（工商）的发煌做过种种铺垫。[3]辛亥后一年，孙中山已辞职南下，而一路讲演，大半都在宣述

---

[1]《孙中山全集》第一卷，327页。
[2]《上清帝第六书》，《康有为政论集》上册，211页。
[3] 参见黄逸平：《辛亥革命对民族资本主义工业的推动作用》，《辛亥革命七十周年学术讨论会论文集》，中华书局1983年版，157—170页。

"列强致富之原，在于实业，今共和初成，兴实业实为救贫之药剂，为当今莫要之政策"[1]。以今日的眼光读历史，这种"兴实业"的过程都是与资本主义缠绕在一起的。20世纪之初，资本主义在中国体现的是从传统走向近代的历史进化，因此，孙中山在历史学家的笔下能够长久地受到推崇。

然而与"全变则强"那一派道理不同的是，自觉追求资本主义的孙中山，同时又是近代中国最早自觉地批判资本主义的人物之一。其初期以学理论是非，已力申"敢有以垄断制国民生命者，与众弃之"。据欧西经济之重心的"资本家"因之而成为不祥之物。民国肇兴之后，则学理之中每多融入情感，言论常常更见亢激，他曾以美国为例说：

> 夫美洲之不自由，更甚于专制国。盖专制皇帝，且口不离爱民，虽专横无艺，犹不敢公然以压抑平民为帜志。若资本家则不然，资本家者，以压抑平民为本分者也，对于人民之痛苦，全然不负责任者也。一言以蔽之，资本家者，无良心者也。[2]

由此流露出来的是一种辞旨鲜明的痛恶。这些话由一个以美国为榜样缔造了共和国的人说出来，在当时和后来都具有足够的震撼力。孙中山推倒了皇帝，就改造中国一面而言，他比康有为做得更加激烈。但以中国视欧西，他并不崇尚"全变"。其间的区别，大半系于民生主义。

追求资本主义而又批判资本主义是一种明显的矛盾。然而在民生主义的理路中，矛盾的两面却能够置于同一之中。孙中山说："盖实业主义为中国所必需，文明进步必赖乎此，非人力所能阻遏。"这是一个

---

[1] 《孙中山全集》第二卷，341页。
[2] 同上书，333页。

源于历史的必然过程,但这个过程的"自然演进"又会带来太多人世间的苦痛。因此,"吾人之所以持民生主义者,非反对资本,反对资本家耳,反对少数人占经济之势力,垄断社会之富源耳。"[1]孔夫子不患贫而患不均,孙中山既患贫又患不均。他想用"节制资本"的办法把资本主义的生产过程与"资本家"剥离开来。其理路和心迹都昭示了一个革命家的良心。资本主义言利,民生主义言义,孙中山半生锲而不舍于用近代文明造民生主义,走的正是一条化利为义的路。由于化利为义,求索民生主义的过程又使孙中山成为一个能够同情和理解社会主义的人。然而,持筹握算的"资本家"其实已不再是生物学意义上的人类,他们是资本主义经济关系的人格化。在"兴实业"的经济活动中,两者实在是难分难割的。因此,当资本主义的行程还没有在中国走完的时候,民生主义始终面对着一种无法从心所欲的历史难题。

近代中国的资本主义是迟生的东西。它从19世纪进入20世纪,一路穿过的是许多坎坷。辛亥革命的成功曾为它打碎了许多旧的桎梏,但随着思想潮流移向社会,它又成了一种应当被限制的东西。因此,中国的资本主义不容易长大。这种独特的历史现象折射了近代中国新陈代谢的曲折和复杂,也折射了历史进程中义与利之间的难于圆融。孙中山的民生主义之所以久耐释读诠说,正在于他思考过的许多问题仍然值得继续想下去。

(1999年)

---

[1]《孙中山全集》第二卷,492页。《孙中山选集》上册,人民出版社1956年版,93页。

西潮与回声

蒋梦麟十九岁（1905）中秀才，三十一岁（1917）成为哥伦比亚大学哲学博士，十二年里跨过了中西之间漫长的空间。他是20世纪中国有心以文化经世的人物之一，也是那个时候名场中的人物之一。40年代初，国难逼来，山河破碎。他与西南联大的众多师生一起，炮火声中作弦歌，并在满目断垣残壁的边城中追录往事，寄托将来，写下了五十多年里的见闻和思考，从而有了《西潮》一书。他说："当我开始写《西潮》的故事时，载运军火的卡车正从缅甸源源驶抵昆明，以'飞虎队'闻名于世的美国志愿航空队战斗机在我们的头上轧轧掠过。发国难财的商人和以'带黄鱼'起家的卡车司机徜徉街头，口袋里装满了钞票。物价则一日三跳，有如脱缰的野马。"[1]这段话以冷峭的笔意写出了一种观世的忧然和悯然。而忧然和悯然融入叙事，又常常会化作深度。

《西潮》一书半写身世，半写家国，有点像自传，有点像回忆录，也有点像近代史。其中自有许多隽永之言。但更加耐读的却是叙述中带出来的历史细节，它们能使人在作者已经说完的地方继续想下去，

---

[1]《西潮》，台湾金枫出版有限公司1990年版，2页。以下所引蒋梦麟言论均出自此书。

产生一点游思和随想。

蒋梦麟那一辈名人,大半有过一段不甘跪伏于礼法的少年期和青年期。20世纪最初的十年里,梁启超、孙中山、拿破仑、华盛顿以及立宪、共和、民权、革命、自由、平等、科学、文明等等都是浸灌学界,曾经使人如痴如醉的题目。这些题目汇成了西潮拍岸的涛声,也唤起了新一代知识分子的激越,"于是一切习为自由之说,万不复受约束。"后来做了教育部长的蒋梦麟,这个时候却因学潮而上过"黑名单",是个造反派。西方传来的新知在很短的时间里就被他们用来改造世界了。然而激越常常是与朦胧为表里的。他们用来改造世界的东西未必都是他们已经真知的东西。若干年后,蒋梦麟负笈西行,自船靠旧金山的时候起就明白了这一点。他说:"我上岸时第一个印象是移民局官员和警察所反映的国家权力。美国这个共和政体的国家,她的人民似乎比君主专制的中国人民更少个人自由,这简直弄得我莫名其妙。我们在中国时,天高皇帝远,一向很少感受国家权力的拘束。"在热心谈论了多年共和自由之后,蒋梦麟一下子发现自己其实并不太懂共和自由。这种矛盾虽由一个历史细节反映出来,却以足够的深刻性说明了弄潮的中国人与西潮之间非常容易产生的隔膜。以此观照百年新陈代谢中的人和事,往往可以看到:用西学做出了掀天揭地事业的人们,有时会离奇地显露出精神上与西学扞格不通的一面。康有为在《大同书》里说过许多为天下女子争权利的话,并祝之曰:"始于男女平等,终于众生平等,必至是而吾爱愿始毕。"[1]这些话中无疑回响着西潮的声音。但康有为又是一个妻妾成群的人。在他留下的一幅照片里,两边环列的众姬犹如拱月的群星一般,以序数编号的"夫人"竟有六个之多。这个壮观的场面令人印象非常深刻。因为其中既看不到男女平等,也看不到众生平等。在近代中国人当中,康有为是

---

[1]《大同书》,上海古籍出版社1956年版,297页。

最早用新知表述了理想境界的人物之一,他用这种境界为国人作启蒙,然而他自己的精神仿佛依然留在理想境界之外。与之相类的还有吴虞。他以反对家族专制的激烈言论而惊世骇俗,并因之而成为新文化运动中的名流。但作为家庭中的至尊,吴虞自身又常常再现家族专制。他曾在一封信中斥责女儿"在中华黑暗之社会,(慕)欧美自由之文明",然后冷森森地警告说:"若再不谨慎笔墨、郑重行止,妄与外人通信,吾若知之,断不能堪。置之死地,不能怪我。"[1]显然,他与自己所歌颂的新文化之间,同样有着一重不易化解的隔膜。这些人都是近代百年与西潮相呼应的代表。没有他们,西潮来到中国将"潮打空城寂寞回"。但他们又各自怀抱隔膜,因隔膜而误读,因误读而朦胧;虽有一片激越心声,而对西潮运来的东西却未必尽能食髓知味。

蒋梦麟1908年到美国,之后,在彼邦就读九年。相比留美七年的胡适,他似乎资格更老一些。这段时光使他受用了西方那半个世界里的教育、科学、工业、技术;也使他因阅历而得见识,成为西方文化的内行和相知。在细述西潮故事的时候,他间或照自己的理解,把中国的近代化过程称作"西化",表现了一种明切的认同。然而,作为一个自觉于人文精神的知识分子,他又并不喜欢所有西潮裹挟来的人物和事物。由此衍发出来的,有时是疏离,有时是厌薄。疏离与厌薄都表达了思考和见解。时当《西潮》记叙的年代,中国最"西化"的地方莫过于上海。蒋梦麟刻画过上海社会相,毫无赞美之意。他说:"上海有五等人,依次为洋商、买办、中国商人、工人和苦力。洋商自大、无知、顽固,而且充满种族歧视,就是对于他们自己国内的科学发明和艺术创造也不闻不问,对于正在中国或他们本国发展的新思想和新潮流更无所知。他们唯一的目的就是赚钱。"买办"像洋主子一样无知,也像洋主子一样富足"。中国商人则眼巴巴地望着买办,"买办们张嘴巴

---

[1]《吴虞日记》上册,四川人民出版社1984年版,373—374页。

向洋主子讨肉骨头时,他们的同胞也就流着口水,不胜羡慕地大摇其尾巴"。这种各见形相的描绘,用词尖辣酸刻,一点不比普罗作家情感激烈的文字来得逊色。然后,他蔑乎视之而又酣畅淋漓地描画了口岸城市中的商业精神:"这五等人合在一起,就构成了一般人所说的租界心理。"一种崇拜权势,讲究表面的心理。"上海人一天到晚都像蚂蚁觅食一样忙忙碌碌。他们聚敛愈多,也就愈受人敬重。在上海,无论中国文化或西洋文明都是糟糕透顶。中国人误解西方文明,西洋人也误解中国文化,中国人仇恨外国人,外国人也瞧中国人不起,谁都不能说谁没有理由,但是他们有一个共通之点——同样地没有文化;也有一个共同的谅解——敛财。这两种因素终使上海的中国人和外国人成为金钱上的难兄难弟。"西方人带来了商业精神。但当商业精神笼罩一切的时候,这个世界就会变得畸态和丑陋。蒋梦麟的言辞半含挖苦半是排揎,直露地表达了一个谈论西化的知识分子面对这个世界时所产生的陌生感和异己感。从这些陌生感和异己感中可以读到文化、读到历史、读到新旧嬗递中的曲折世路和复杂心路。

19世纪的忧时之士曾目睹西方商业精神的逼来而倡"商战"。商战的主旨,是呼唤中国人的商业精神。与梁启超同出一个师门的麦孟华说:"西人之以商弱我非一日矣。侵我利权,增我漏卮,夺我生业,吮我脂膏",是以"今日立国,首在商战"。他们用民族主义把读书人心目中原本形象猥琐的商人们热心扶起来,然后在这些人的肩头放上救国重任。从那个时候起,岌岌乎向西方追求真理的人们怀着一片苦心,比照彼国商人的模样,总想在中国塑造出一个同样的商人群体来。于是,借助于西潮的涌荡冲刷,士与商之间板结的社会界限一点一点变得模糊漫漶。当其潮头高高扬起之际,连状元张謇也半路出家,入市做了"绅商"。这是一个通达之士普遍崇商的时代。

然而这个时代很短。当20世纪的最初十年过去之后,类似的言论已经很少听到。被唤来救国的商业精神老是摆不正义与利之间的位置,并老是想把义化为利。"五四"后一年,陈独秀说:"什么觉悟、爱国、利群、共和、解放、强国、卫生、改造、自由、新思潮、新文化等一切新流行的名词",在"算盘声,铜钱臭"的熏化之中都"仅仅做了香烟公司、药房、书贾、彩票行底利器"。[1]近代化了的商业行为冷酷地把志士的呐喊变作了利润和金钱,遂使神奇化作腐臭。西潮运来的许多东西到了中国都不容易长大,唯独商业精神却像野草一样在口岸城市蔓延开来,用不着施肥,就生机旺健,蓬蓬勃勃,成为攀缠于百业之中的社会意识。商业精神漫溢出界的地方,既会淹没中国文化,也会淹没西方文化。陈独秀和蒋梦麟是两个具有明显差别的人,但作为同一代知识分子中各见神采的代表,则他们对于口岸城市孜孜逐利的众生相正表现了一种非常相像的轻视和贱视。与上个世纪开新之士弘扬"商战"的激情与浪漫相比,这个时候的知识分子们显然更自觉于把文化精神与商业精神用一道沟壑划分开来。虽说20世纪曾有过"实业救国"一说,但以文化自守的人们多半更愿意把自己归入"教育救国"、"科学救国"一类。于是,士与商之间一度曾经淡化的界限似乎重新成了一种明晰可见的东西。负有时名的知识分子尽管各怀歧见,分道扬镳,但在这一点上却往往表现出异乎寻常的相似与相近。如果张謇活到蒋梦麟写《西潮》的年代,恐怕很难从知识分子群体里再找到一个知音了。

  20世纪的知识分子不会比19世纪的开新之士更无知,不会不知道近代化过程赋予工商社会长足发展的历史合理性。然而商业精神逐利的内在冲动又注定会使商业行为越出度外,以物欲推动进取,以进取传播物欲,并因此而显出它们与良知相悖的一面来。这种矛盾,不能不使20世纪更富近代精神的知识分子在评估贾道的时候缺乏19世纪开新之士的那种热情与浪漫。他们的言论更切近于古老的义利之辨。自

---

[1]《陈独秀文章选编》中册,三联书店1984年版,24页。

从西潮拍岸以来,新旧之争常常曳引出利义之争。亘贯于自强、变法、立宪、共和起伏代谢里的,是新党多言利,旧党多言义。义利之辨也随之而被新学家们看作是不值钱的旧货。然而,当昧昧乎固守旧物的声音越来越少之后,接受了更多新知识的人们却怀着一种复杂的心态,时常在追求进化的同时重新思辨义利,就像江流东去的波涛里一定会出现的回澜。而古老的义利之辨历经百年巨变以后仍然牵动人心,触发思绪,又说明了它本身内涵着常新的蕴义。

蒋梦麟以"西潮"立名追叙近代中国的变迁,无疑是想表达自己对这种变迁的理解和解释。但在叙事的过程中,他又常常用实例演示了中国人精神中不为西潮所掩的一面。华北事变之后,驻守东交民巷的日本军队曾以武力胁迫蒋梦麟去大连,并预期着他在刀枪面前的畏惧。蒋梦麟平静地告诉他们,自己并不害怕:"中国圣人说过,要我们临难毋苟免。"这句话很短,然而在那样一个场合里却比千言万语更明白地宣述了应该宣述的意思。西潮运来了西方文化中的形而上和形而下,但当危难逼来之际,受过西方文化洗礼的中国人却直接地从中国文化中寻找支撑身心的精神力量。这是一种发人长思久想的现象。蒋梦麟那一代人是由19世纪以来的古今中西之争熏陶出来的。古今中西之争曾使他们高筑新旧之界,也使他们终究会看到中国文化里不能以新旧作褒贬的东西。《西潮》一书记录过两个中国人与一个西方人之间的师生对话:"有一个夏天下午,杜威教授、胡适之先生和我三个人在北平西山看到一只屎蚵螂正在推着一个小小的泥团上山坡。它先用前腿来推,然后又用后腿,接着又改用前腿。泥团一点一点往上滚,后来不知怎么一来,泥团忽然滚回原地,屎蚵螂紧攀在泥团上翻滚下坡。它又从头做起。重新推着泥团上坡,但是结果仍旧遭到同样的失败。它一次接一次地尝试,但是一次接一次地失败。适之先生和我都说,它的恒心毅力实在可佩。杜威教授却说,它的毅力固然可嘉,它的愚蠢却实在可怜。"蒋梦麟说完这个故事后慨乎言之曰:"这真是智者见智，仁者见仁。同一东西却有不同的两面。这位杰出的哲学家是道地的西方子弟，他的两位学生却是道地的东方子弟。西方惋叹屎蛣蜋之缺乏智慧，东方则赞叹它之富于毅力。"对话和感慨虽从细小的题目说起，而表述出来的则是富有深度的人情物理。智慧和毅力都是美德。但智慧和毅力又是两种不能互相替代的东西。因此，蒋梦麟以实笔重叙这个故事，既自觉地表达了一个中国学生对西方老师的敬重，也自觉地表达了一个中国知识分子与西方文化之间的差别。这种差别，使西潮拍岸的潮声常常会与五千年历史蕴育的心声交汇。于是，潮声和心声在近代百年留下的痕迹都成为论史的题目。

(1994年)

新文化运动:从"美国思想"到"俄国思想"

一

辛亥革命后一年,黄远庸说:"晚清时代,国之现象,亦惫甚矣。然人心勃勃,犹有莫大之希望。立宪党曰,吾国立宪,则强盛可立致;革命党曰,吾国革命而易共和,则法美不足言。今以革命既成,立宪政体,亦既确定,而种种败象,莫不与往日所祈向者相左。于是全国之人,丧心失图,皇皇然不知所归,犹以短筏孤舟驾于绝潢断流之中,粮糒俱绝,风雨四至,惟日待大命之至。"[1]他以一个记者的观察和体验,写照了那个时候中国社会的凄楚与失望。北洋军阀统治下的黑暗政局和乱世群生相,同武昌起义之后"咸与维新"所带来过的希望成为一种强烈对比,逼使向往过共和立宪的人们在身与心交困中重究既往。由此形成的思想巨潮,催生了比上一代革命人物更激进的民主主义者。

1915年9月陈独秀创办《青年》(自第二卷起改名为《新青年》)

---

[1]《远生遗著》卷一,商务印书馆1984年增补影印第一版,88—89页。

杂志,在声光和激情久已沉寂的舆论界首先以民主(人权)与科学并重立言,预示了行将来临的大海潮音。稍后,胡适、刘半农、易白沙、鲁迅、钱玄同、李大钊、高一涵、吴虞、沈尹默、周作人等先后在同一宗旨下聚合于《新青年》,用前所未有的彻底性和猛烈性全面地掊击了以孔学为代表的旧文化。随之开始的新文化运动给当时和后来的中国都留下过深刻的影响,但其勃然以兴却并不是一朝一夕的结果。

自从上个世纪40年代以来,西方人用条约制度把古老的中国社会拖出了旧轨。在这个过程里出现的西学东渐,使一代一代的中国人看到了与惯见稔熟之物不同的另一种东西。由此产生的比较,与中华民族在磨难中的苦痛交织在一起,但又以近代的欧西映衬中世纪中国,显示了先进与落后的不同。这种矛盾,曾使每一代开眼看世界的忧时之士在抵拒侵逼的同时又不能不以彼律己,省察自身,于是而有历时久远的古今中西之争和每一代人择取西学的不同命题。40年代的中国人以"师夷之长技以制夷"为议论,表达的是炮口迫视下的久睡初醒;随后,开始于60年代的以洋务为中心的历史过程着意于"中学为体,西学为用",以撷取与限制的同一,寄托了中国人借"西用"卫"中体"的苦心;70年代开始露头的早期改良派和后来的维新派醉心的是"君民共主";90年代之后的革命派取法的是"民主共和"。七十多年里,这些命题的变换和嬗递反映了中国人移接西学的路迹和心迹,其前后相续与由表及里包含着艰难的层层深入。但是不同的命题所择取的东西虽说有器物与制度之分,却都是直观西方文化的结果,择取的具体性同时又意味着择取的局限性。相比之下,后起的新文化运动则以民主和科学为命题,对西方近代文明作了更有宽度的概括。由择取到概括,表现了古今中西之争由形而下到形而上的一种飞跃。这个过程同时又在使科学和民主成为一种符号而可以笼罩四面八方,因此它们不仅统括了七十年西学东渐的累积,而且以一见多,成为当时人手里一种近代化的评判尺度而直面一切社会现象。陈独秀在《敬告青年》一文中"谨陈六义",说是"自主的而非奴隶的"、"进步的而非保守的"、"进取的而非退隐的"、"世界的而非锁国的"、"实利的而非虚文的"、"科学的而非想象的",正是在古今中西的对待中用这一尺度作出了多面的评判取舍。其特色便是大而化之。而后,新文化运动由评判取舍而攒及礼教、文体、文学、家族制度、偶像崇拜,不可阻遏地戳到了中国文化和中国传统的一切方面。"要拥护那德先生(民主),便不得不反对孔教、礼法、贞节、旧伦理,旧政治。要拥护那赛先生(科学),便不得不反对旧艺术,旧宗教。要拥护德先生,又要拥护赛先生,便不得不反对国粹和旧文学。"〔1〕由此划出的新旧界限具有整体和全盘性,比之上个世纪那些命题曾经引起过的社会反应和观念变化,新文化所内涵的这种以整体批判整体,必然会使它们向往中的社会启蒙变成思想震荡。

就中学(旧学)和西学(新学)所代表的不同时代内容而言,西学东渐过程里产生的每一个命题都曾间接或直接地带来过具有启蒙意义的影响。但启蒙成为一种自觉的意识则开始于维新运动。谭嗣同由一腔愤痛发为激越呼号的"冲决网罗";严复典雅而富有理致的众多译述与比较中西之论;梁启超在亡命日本期间孜孜矻矻阐发的"新民"说,都是意在抉破蒙昧,以新学牖启国人之作。然而,当维新运动在时势的催逼下转向戊戌变法的时候,"君民共主"以及由此派生的政治改革不能不比启蒙更突出地成为吸引多数人注意的中心,而改革在达到高峰之后的迅速失败,则使启蒙在政局的变动中成为没有知音的声调。随后,革命替代改良骎成时潮的中心,在它所带来的一连串武装起义里,由鲜血、枪炮和硝烟表达的排满共和呼啸又不会不以自己巨大的音响淹没笔墨叙写的议论。这种矛盾并不是那一代志在救国的人们主观抉择的结果,然而由此造成的态势却历史地使社会启蒙的进趋

---

〔1〕《陈独秀文章选编》上册,三联书店1984年版,317页。

迟缓于政治革命,并使独步一时的政治革命不能穿透社会心理的深厚屏障而扎根于民众。继起于四年之后的新文化运动之所以一开始就倾力以思想启蒙为己任,其直接的历史触发点正是目睹社会意识对于政治变革的疏离:"今之所谓共和、所谓立宪者,乃少数政党之主张,多数国民不见有若何切身利益之感而有所取舍也。"但"立宪政治而不出多数国民自觉,多数国民之自动,惟曰仰望善良政府,贤人政治,其卑屈陋劣,与奴隶之希冀主恩,小民之希冀圣君贤相施行仁政,无以异也"。于是,新文化运动便急切地成为一种"唤起吾人最后之觉悟"[1]的运动。这个过程承续了上个世纪以来先行者的旧迹,前一代人从西方介绍过来的进化论、民约论、自由、平等、博爱,以及他们曾经最早发挥而又浅尝辄止的"诗界革命"、"新文体"、"崇白话废文言"、"欲新一国之民不可不先新一国之小说"等等主张,作为历史的先声和汇积都为后来者包容吸纳。然而,比之刚刚从旧式士大夫转变过来的上一代志士仁人,新文化运动中的众多群体已经代表着万千出自国内外近代学校的另一辈知识分子了。两代人之间,淀积着中国社会二十年新陈代谢留下的沧桑巨变和饱含挫折的反思内容。巨变和挫折都被简约化地归结到新与旧的不能两立,所以,作为另一种时势下的启蒙潮,新文化运动从一开始就以前所未有的规模和力度表现了远远超越前人的反传统程度,期"以人为之力,冀其迅速蜕演,虽冒毁圣非法之名,亦所不恤矣"。[2]两千多年来久被崇敬的孔学,这个时候已被当作残骸枯骨,当作与民主和科学相对待的另一种符号,第一次在备受猛击中变成了激进的知识界集中批判的目标。由此产生的震动和影响,反映了比辛亥革命斩绝君统更为深刻的社会观念变化。

反孔成为新文化运动的一个主题,就其与现实对应的一面来说,正是革命以后旧潮回澜刺戟的结果。时人说:"民国三四年的时候,复

---

[1] 陈独秀:《吾人最后之觉悟》,《青年杂志》一卷6号。
[2] 《李大钊文集》上册,人民出版社1984年版,264页。

古主义披靡一世，什么忠孝节义，什么八德的建议案，连篇累牍地披露出来，到后来便有帝制的结果。可见这种顽固的思想，与恶浊的政治往往相因而至。"[1]当时人深信旧文化和旧政治之间的这种感应是可以由直观而见的。所以，"提倡孔学必掊共和"，"信仰共和必排孔教"非常自然地被新文化运动中的潮头健儿当作题中应有之义。后来的历史学家把这个过程看作是辛亥革命所代表的政治潮流在民国以后的延伸、补足和深化。但是，反孔成为新文化运动的一个主题，当日更能冲击人心的一面还在于它以中西文化的比较和观照指出"今"与"古"的截然对立："现代生活，以经济为之命脉，而个人独立主义，乃为经济学生产之大则。其影响遂及于伦理学。故现代伦理学上之个人人格独立，与经济学上之个人财产独立，互相证明，其说遂至不可动摇；而社会风纪，物质文明，因此大进。"反观中国，则"胥反乎是。儒者三纲之说，为一切道德政治之大原。君为臣纲，则民于君为附属品，而无独立自主之人格矣；父为子纲，则子于父为附属品，而无独立自主之人格矣；夫为妻纲，则妻于夫为附属品，而无独立自主之人格矣。率天下之男女，为臣，为子，为妻，而不见有一独立自主之人者，三纲说为之也"。[2]今与古的对待，被化约为民主自由、天赋人权与礼教的对待，这种比照，写出了20世纪初期中国激进的民主主义者们快捷而且简单的理路。他们都相信：比之外在的政治专制，礼教的思想影响是一种更具惰力的内在禁锢，它使过去了的历史成为一张拖住今世的潜网，使半个多世纪的变革都没有换来一个近代化。吴虞说："不佞常谓孔子自是当时之伟人，然欲坚执其学以笼罩天下后世，阻碍文化之发展，以扬专制之余焰，则不得不攻之者，势也。"李大钊说："以圣人之虚声，劫持吾人之思想自由者，吾人当知其祸，视以皇帝之权威侵害吾人身体为尤烈。"陈独秀说："欲建设西洋式之新

---

[1]《五四运动文选》，三联书店1979年版，233页。
[2]《陈独秀文章选编》上册，153、103页。

国家,组织西洋式之新社会,以求适今世之生存,则根本问题,不可不首先输入西洋式社会国家之基础,所谓平等人权之新信仰,对于与此新社会新国家新信仰不可相容之孔教,不可不有彻底之觉悟,猛勇之决心;否则不塞不流,不止不行!"[1]他们的言论里独断和意气多于学理,而后意气激昂遂成为一种历史特色。虽说与思辨相比,意气缺乏缜密性,但在那一代人激昂的意气中贲张是与血性连在一起的。他们期望以振聋发聩之吼破启传统结成的厚重禁锢,唤起"多数国民"舍古趋今,"自度度人"。正因为如此,随着猛烈的反孔,20世纪初期的中国出现了从未有过的思想解放潮流。尽管这一潮流的最后归宿未必在那一代人的预想之中,然而他们是历史的开闸者。两千多年来,以孔子之是非为是非久成天经地义。思想解放之蔚成潮流,正反映了越来越多的人在走出这种天经地义,于是而有后来的百家争鸣。这个过程,产生了影响和改变中国历史的另一代人。

对于礼教的排击,直接引来了文学革命。所谓"旧文学、旧政治、旧伦理,本是一家眷属,固不得去此而取彼"。[2]最先向旧文学发难的是胡适经"年来研究"之后在《文学改良刍议》中所说的"八不主义":"一曰,须言之有物。二曰,不摹仿古人。三曰,须讲求文法。四曰,不作无病之呻吟。五曰,务去烂调套语。六曰,不用典。七曰,不讲对仗。八曰,不避俗字俗语。"这些议论,虽然多半是就文体、形式、风格、语言而发的,因而很少火药气,但在当时却极有针对性地切中了从晚清一路传下来的"桐城谬种"、"选学妖孽"之弊。同时,以"八不主义"竖看历史,则不能不引出亵渎经典之论:"今人犹有鄙夷白话小说为文学小道者,不知施耐庵、曹雪芹、吴趼人皆文学正宗,而骈文律诗乃真小道耳。"[3]以"八不主义"付之实行,则最终导

---

[1]《陈独秀文章选编》上册,148、29页。
[2] 同上。
[3]《新青年》二卷5号。

致了白话文替代文言文。因此,胡适称为"改良刍议"的东西,陈独秀却名之为"文学革命",并以淋漓的元气起而呼应说:"余甘冒全国学究之敌,高张'文学革命军'大旗,以为吾友之声援。旗上大书特书吾革命军三大主义:曰,推倒雕琢的阿谀的贵族文学,建设平易的抒情的国民文学;推倒陈腐的铺张的古典文学,建设新鲜的立诚的写实文学;推倒迂晦艰涩的山林文学,建设明了的通俗的社会文学。"[1]他在声援之中同时把文学革命由形式推到了内容。就新文学后来实际发展的路向而言,"三大主义"所描画的不过是一种大而化之空泛构想,其中模糊性实多于确定性。但在新文学的出生期,这一类慷慨议论却以自己的凌厉声势起过极大的助产作用。在他们之后,周作人主张"用人道主义为本,对于人生诸问题加以记录研究",并直指新文学为"人的文学"。[2]他的见解明显地带有20世纪初期日本文学潮流影响的痕迹,然而在当时的中国却最有深度地从理论上标示了新文学与旧文学的区别。因此,方文学新潮初起之时,其主张便与白话文一起成为支配潮流的"中心理论"。[3]由民主和科学接引来的新文学所孳生的第一批作品,常常表现出为民主和科学呐喊的自觉。出自鲁迅之手的《狂人日记》,虽是一个没有情节的故事,却在当时和后来久负盛名。因为他以逼人的冷峭写出了礼教吃人的主题;借助于形象思维的描述,旧文化里鬼气森森的一面成为一种须眉毕现的东西。由此产生的感召力,曾比逻辑思维的论说打动过更多的人心。新文学的这一品格,使文学革命的涌起必然会促成新文化运动的渗开和扩大。《文学改良刍议》刊出两年又数个月之后,"白话报纸风起云涌,各地学生团体的小报纸,形式略仿陈独秀主编的《每周评论》,至少有四百种。白话

---

[1]《新青年》二卷6号,上海良友图书公司1935年版。
[2]《中国新文学大系》第一集,193、196页。
[3] 罗常培:《中国文学的新陈代谢》,见《中国人与中国文》,开明书店1945年版,9—21页。

的杂志也出了不少,如《少年中国》、《解放与改造》、《新中国》等。性质与《新青年》有些相近,所登载的文章大都是介绍西洋文化,攻击封建思想。还有许多日报的副刊也都改登白话作品,较为重要的,北方有《晨报副刊》,南方有《民国日报》的《觉悟》。《时事新报》的《学灯》,对社会发生了很大的影响"。[1]

这是一个思想力量汇聚社会力量的过程。由启蒙唤起的青年知识群体在民主和科学的导引下本已呼之欲出,而"一战"后的时潮鼓荡和日本的咄咄相逼,终于使他们在国难的刺激下急迫地走向社会。曾经是这个群体一员的恽代英后来说:"有人心、有血性的北京各校学生,因为他们受了蔡元培、陈独秀、胡适之诸先生思想的影响,亦因为不忍看见中国四万万同胞与他们自己,屈服于日本及甘心卖国的亲日派政府之下,于是在五月四日举行了二千余人的游行示威,这是中国以前不曾有的伟大运动。"[2]民主和科学与"外抗强权、内惩国贼"在同一代人身上合流,反映了近代中国文化与世运的濡沫相依。在这里,曾经激烈地批判过传统文化的人们同时又以自己的言论和行动强烈地显示了得自传统文化的关注世运和担当世运的意识。由是,以启蒙为开端的事业在1919年走向高潮,为新民主主义革命拉开了序幕。

二

"五四"爱国运动之后,走向高潮的新文化运动同时又开始发生明显的变化。1919年12月,《新青年》杂志以全体社员"公共意见"的名义发表了"新青年宣言",其中说:"我们相信世界上的军国主义和金力主义,已经造了无穷罪恶,现在是应该抛弃的了。"[3]"军国主义"和"金力主义"分别指述帝国主义和资本主义,比照四年以前《敬告青

---

[1] 周阳山:《五四与中国》,时报文化出版事业有限公司1981年版,612页。
[2] 《五四运动回忆录》(续),中国社会科学出版社1979年版,24页。
[3] 《新青年》七卷1号,《本社宣言》,1页。

年》一文中热情讴歌资本主义近代文明的言辞,其前后的不同是显而易见的。这种不同,深刻地现露了欧战及其结局对中国社会的影响,也现露了由此而来的中国激进的知识分子对西方观察与认识的变化。据蔡和森说:

> 十月革命未影响,帝国主义以前统治中国,思想界的势力完全为美国的势力,既[即]美国资本主义的势力所统治,换言之,为民主主义(德莫克拉西主义)、实验主义的势力所统治,……我们看一看当时的出版物、校课书的内容,学生的倾向,即可知民主主义、实验主义影响之大及对五四运动的关系了。五四运动虽不是绝对的完全受美国的影响,但成分是很多的。这个影响正有力的时候,全国人民对美国的幻想都是很大的,是希望美[国]来帮助中国打倒日本帝国主义。[1]

虽说陈独秀在用民主和科学概括欧洲近代文明的时候常常以"法兰西文明"作同义语,但那个时候美国的一派"公理"形象和来自彼邦的实验主义却使国人更容易把民主和科学与它直接对应起来。于是而有1919年5月4日游行学生在烈日暴晒下向美国公使馆陈词,吁请"于和平会议予吾中国以同情之援助"[2]的事实。因此,标举美国思想的影响,适可以测度来自西方的资本主义文化在"五四"前后中国知识分子中所曾经达到的潮位。就新文化运动的初旨而言,欧西资本主义文化的滚滚东来本是选择和追求的结果,但欧战造成的破败相与苦难相,却使选择和追求过资本主义文明的中国人已经开始怀疑资本主义制度本身的合理性了:"这次大战把第二种文明(即资本主义文明)的破罅一齐暴露了:就是国家主义与资本主义已经到了末日,不可再维

---

[1]《中共党史报告选编》,中共中央党校出版社1982年版,6—7页。
[2]《晨报》,1919年5月6日。

持下去了。""他的黑暗,他的势力和消费量的不平均,他的残酷,'以人类为牺牲',以及其他种种罪恶,已经使生活在他底下的大多数的人类,感到极端的痛苦,而想用各种的方法,做各种的运动群起而推翻之了。"[1]因此,置身于潮头的大批对现状"非常不满"而怀抱"爱国热情"的知识分子,渐渐"都不再相信18世纪法国式革命能够挽救中国"。[2]

从追求资本主义到批评资本主义,表现了新文化运动发展中的矛盾和嬗递。与此相伴随的,则是为新文化运动所裹挟的人们在走向社会的过程中日益急切地"谋求社会之改造":"我们处在中国现在的社会里头,觉得四周的种种环境,层层空气,没有一样不是黑暗、恶浊、悲观、厌烦,如同掉在九幽十八层地狱里似的。若果常常如此,不加改革,那么还成一种人类的社会吗?所以,我们不安于现在的生活,想着另创一种新生活,不满于现在的社会,想着另创一种新社会。"两者的交相为用,历史地推动着那个时候激进的中国人去追求一种比资本主义更合理的社会制度。于是,社会主义思潮澎湃涌起,成为新文化运动的主流。当时人描述说:"大西洋的新潮流,一天一天的由太平洋流到中国来,在东洋文化史上,开了一个新纪元。什么平民主义、社会主义等等学说,都印入吾人的脑子里;吾人于此亦恍然大悟,晓得阶级制度,是不可存留的,资本观念,是不可久持的,将从前鄙陋的思想,去了大半。"[3]社会群体的进趋路向在短时间的变换,明显地反映了新文化运动自身在世界历史翻然巨变中的新陈代谢。几年之后,蔡和森以《新青年》为代表,把这种新陈代谢概述为由"美国思想"到"俄国思想":"这个刊物开始时的两个口号为:民主和科学。而这个口号又完全是代表美国的精神,故《新青年》以前也是美国思想

---

[1]《解放与改造》一卷1号;《新社会》11号。
[2]《五四时期的社团》(一),三联书店1979年版,552—553页。
[3]《杭州学生联合会报》三十一期,"五四"号增刊。

宣传机关，但到了仲甫（陈独秀）同志倾向社会主义以后，就由美国的思想变为俄国的思想了，宣传社会主义了。"[1]就其本义而言，社会主义应当包含民主和科学，但当它们分别地连接于不同社会形态时，中国人更多地注意和强调的是它们之间的不同。在这里，以"俄国思想"称社会主义，用意在于指出中国人接受科学社会主义是向俄国学习的结果。同一个意思，毛泽东后来表述为："十月革命一声炮响，给我们送来了马克思列宁主义。"[2]

但是，在新思潮名义下开始传入中国的社会主义并不都是代表"俄国思想"的。其间还有来自欧洲社会主义运动中不同派别和学说的异流。由此汇成的舛错多态曾是社会主义在中国传播的一种历史奇观。瞿秋白追叙当日感受说："社会主义的讨论，常常引起我们无限的兴味。然而究竟如俄国19世纪40年代的青年思想似的，模糊影响，隔着纱窗看晓雾，社会主义流派，社会主义意义都是纷乱，不十分清晰的。正如久壅的水闸，一旦开放，旁流杂出，虽是喷沫鸣溅，究不曾自定出流的方向。其时一般的社会思想大半都是如此。"[3]在"隔着纱窗看晓雾"的朦胧中，马克思主义与无政府主义、互助主义、新村主义、合作主义、泛劳动主义、基尔特主义、议会主义的社会主义等等一起被中国人统称为社会主义而接纳过来。虽说主义与主义之间往往相去很远，但对于"五四"以后为中国寻求出路的人们来说，它们曾经同样有过吸引人心的力量。身历其境者后来回忆说："我们读了那些无政府主义和空想社会主义的书刊，对于书中描绘的社会主义和共产主义的美妙远景，对于那种没有人剥削人、人压迫人、人人劳动、人人读书、平等自由的境界，觉得非常新鲜美好，觉得这就应该是我们奋斗

---

[1]《中共党史报告选编》，8页。
[2]《论人民民主专政》，人民出版社1949年版，5页。
[3]《瞿秋白文集》(一)，人民文学出版社1953年版，23—24页。

的目标。"[1]于是，带着浓厚的理想主义，成群成群的激进民主主义者在很短的时间里都成了信仰宽泛的社会主义者。

西方传来的社会主义思潮迅速地影响了"五四"前后崛起的一代以改造社会为怀抱的人们，这一事实，反射了世界潮流的变动，同时又有着特定的社会历史原因。

一方面，古已有之的大同理想成为一种熟识的思想中介，沟通了中国人与社会主义学说之间的联系。《礼记·礼运》说：

> 大道之行也，天下为公，选贤与能，讲信修睦。故人不独亲其亲，不独子其子；使老有所终，壮有所用，幼有所长，矜寡孤独废疾者皆有所养；男有分，女有归。货恶其弃于地也，不必藏于己；力恶其不出于身也，不必为己。是故谋闭而不兴，盗窃乱贼而不作，故外户而不闭，是为大同。

这种托名于孔夫子的记述带有明显的空想性质，但它刻画的互爱互助和没有争斗的世景，却长久地延续于中国文化的变迁之中，成为最易唤人向往之情的东西。"五四"前后激进的民主主义者们多以痛击旧文化而成名，然而他们大半又保留了熟知的大同理想。1919年2月，曾经以《庶民的胜利》和《Bolshevism的胜利》欢呼十月革命的李大钊，在《青年与农村》一文中诚挚地召唤那个时候的青年知识分子到农村去，"把自己的生活弄简单些，劳心也好，劳力也好，种菜也好，耕田也好，当小学教师也好，一日把八小时作些与人有益，与己有益的工活，那其余的工夫，都去作开发农村，改善农民生活的事业"。"日出而作，日入而息，耕田而食，凿井而饮。那些终年在田野工作的父老妇孺，都是你们的同心伴侣，那炊烟锄影，鸡犬相闻的境界，才是你们

---

[1]《五四运动回忆录》（上），中国社会科学出版社1979年版，108—109页。

安身立命的地方呵！"[1]他以改造农村立论，但笔下却隐约地透露了古代大同理想的遥远回声。正是这种古已有之的大同理想，使众多中国人面对来自西方的社会主义思潮因似曾相识而心驰神往。所以，那个时候的社会主义者常常以此度彼，非常自然地相信"'货恶其弃于地也，不必藏于己，力恶其不出于身也，不必为己'这几句话确可以代表社会主义底神髓"。[2]当然，比之近代社会主义的各个流派，原始大同理想毕竟是一种空泛而缺乏内在规定性的东西。但空泛的东西恰恰正提供了多方面理解社会主义的可能性。由此产生的古今中外兼容并蓄曾是那个时候社会主义思潮的一种特有的景象：

> 我们理想的新时代新社会，是诚实的、进步的、积极的、自由的、平等的、创造的、美的、善的、和平的、相爱互助的、劳动而愉快的、全社会幸福的。希望那虚伪的、保守的、消极的、束缚的、阶级的、因袭的、丑的、恶的、战争的、轧轹不安的、懒惰而烦闷的、少数幸福的现象，渐渐减少，至于消灭。[3]

另一方面，从甲午中日战争到第一次世界大战结束，资本主义（包括国家资本、私人资本和外来资本）在中国缓慢而持续的发展为西方社会主义思潮的流入准备了现实的社会基础。资本主义在中国的生长和影响，曾经与19世纪末的维新变法和20世纪初的武装革命相感应，但资本主义的内在矛盾又无情地造成"机器所到的地方手工业之破坏好像秋风扫落叶一般，且因资本生产制造成物价昂贵的结果，中产社会渐渐都沦为无产者而且是失业者"。张目四顾，"社会上困苦的失业者已普遍都会与乡间了"。人们因久睹这些事实而不能不体会到"资本主义

---

[1]《李大钊文集》上册，264、651—652页。
[2]《中国现代思想史资料简编》第一卷，浙江人民出版社1982年版，700页。
[3]《新青年》七卷1号，《本社宣言》，2页。

生产制一面固然增加富力,一面却也增加贫乏"。[1]在西方思想史上,对于资本主义制度下种种罪恶的道义愤怒,曾是孕育社会主义的逻辑起点。相比之下,始终没有建立起一种完整资本主义制度的近代中国,却更早地显示了对于资本主义制度的忧虑。20世纪初,致力于资产阶级革命的孙中山就说过:"能开发其生产力则富,不能开展其生产力则贫。从前为清政府所制,欲开发而不能,今日共和告成,措施自由,产业勃兴,盖可预卜。然不可不防一种流弊,即资本家将从此以出是也。""夫吾人之所以持民生主义者,非反对资本,反对资本家耳,反对少数人占经济之势力,垄断社会之富源耳。"[2]他的话明显地反映了追求资本主义的同时又希望限制资本主义那样一种矛盾。虽说怀抱这类见识的人在那个时候并不多,但这种矛盾丛集于民主革命领袖人物的言论之中,则引人注目地显示了社会主义意识在中国的早熟。第一次世界大战的结局,使中国人集中地看到了资本主义制度的阴暗一面,由欧洲比照本国,无疑会使种种弊象益见醒目。于是,在资产阶级民主革命还没有完成以前,社会主义已经成为众多先觉的中国人寄托未来的东西了。

然而,各派社会主义合流的新思潮虽以自己的涌来之势汇成过浑然共鸣,它们彼此之间的分异却终究是浑然共鸣所不可淹没的。由此产生的百家争鸣,表现了不同的社会主义流派以自己的面目来影响社会思想和学术思想的努力。比之先秦土生土长的"百家",它们是外来之物。外来之物可以转化为内在之物,但这个过程的实现是历史选择的结果。群起的社会主义流派在相互抵牾中曾显现了一时的多姿多彩,又因自己的理论破绽和设计漏洞而先后色泽褪尽;它们来也匆匆,去也匆匆,在短短的一阵潮头过去之后就波平浪静,了无痕迹

---

[1]《陈独秀文章选编》中册,54页。
[2]《民主主义与社会革命》、《提倡民生主义之真义》,均见《孙中山选集》上册,人民出版社1956年版,88、93页。

了。只有与"俄国思想"同义的马克思主义扎入了中国社会的土壤之中,召聚新的阶级力量,以前所未有的局面掀开了百年新陈代谢的另一页。由杂多的新思潮到马克思主义的一枝独秀,饱含着那一代追求真理的人们在求索中付出的比较、尝试、论辩和思考,他们在比较、尝试、论辩和思考之后的选择正体现了历史的选择。

其一,空想社会主义的试验及其失败。1919年底成立于北京的"工读互助团",以他们所标张的"工读互助主义"而在那个时候的知识界有过广泛的声誉。组合于其中的青年知识分子们"本互助的精神,实行半工半读";"团员每日每人必须作工四小时","工作所得归团体公有";"团员生活必需之衣食住"、"教育费、医药费、书籍费,由团体供给"。他们期望用"平和的经济革命"实现"人人作工,人人读书,各尽所能,各取所需"的理想,并相信"将来办理久了,已养成劳动互助的习惯,所有一切简单规约皆可废止。我们以后的生活便是,日出而作,日入而息,凿井而饮,耕田而食,帝力——政府——于我何有哉!"[1]其宗旨虽以"工读互助"为名称,但包含于其中的新村主义、泛劳动主义、互助主义和无政府共产主义的内容却是显而易见的。这种并熔一炉的空想社会主义试验曾经备受时人的注目,并远远地影响过天津、武汉、上海、广州、南京、长沙的学生群体。然而试验一旦开始,实践就会用事实打破空想。被"工读互助主义"所漠视的现存经济关系最先成为不可绕越的难关:"因为现在社会制度的下面,想拿半天劳工所得的工资,万难维持全天的生活费。"所以,"团体发展一步,经济紧急一步;团体存在一天,经济困难一天。由经济紧急而经济困难,由经济困难而经济穷绝。"[2]继之而来的是空泛理想导致的团体精神涣散:"我们那时以为,我们的无政府、无强权、无法律、无

---

[1]《少年中国》一卷7期。
[2]《俞秀松致骧世伯的信》,转引自彭明《五四运动史》,518页;《时事新报》,1921年2月3日。

宗教、无家庭、无婚姻的理想社会,在团里总算实现一部分了,……所以这种枯燥无味的工作,也都很高兴地去做,不感着什么痛苦。直到彼此感情渐渐隔阂,团体精神渐渐涣散,于是对于工作发生极大的变化,顿时感觉没有兴味,……刚刚这时食堂里发生经济危险,万难支持,而其他工作也不能维持生活,……于是就有人主张索性破坏。这个时候,差不多大家对于这个团体都没有十分感情,除出一二人外,都不愿去维持他。"[1]在外来的经济压力和内在的精神溃散交作之下,轰动一时的工读互助运动仅仅支撑了半年之久即在山穷水尽中归于沉寂。对于曾经热心其事的那一代人来说,这个结局无疑会带来幻灭的痛苦,然而认识的深化也往往开始于此。从"工读互助团"里走出来的施存统在饱尝苦辛之后说:"(一)要改造社会,须从根本上谋全体的改造,枝枝节节地一部分的改造是不中用的。(二)社会没有根本改造以前,不能试验新生活,不论工读互助团和新村。""既然免不掉现实社会的支配,当然要发生许多试验新生活的障碍。如果要免除这些试验新生活的障碍,惟有把这些障碍根本打翻。要打翻这些障碍,惟有合全人类同起革命之一法。"[2]比之"工读互助团"初起时的憧憬,这是一种彻悟。在当日曾经信仰过空想社会主义的知识分子中,与之相类的由憧憬而彻悟者远不是个别的。就谋求社会"根本改造"的本来含义而言,他们在空想社会主义试验失败之后的转向不会不与科学社会主义理论发生感应。其时,中国人已经知道:

> 依马克思的唯物史观,社会上法律、政治、伦理等精神的构造,都是表面的构造。他的下面,有经济的构造作他们一切的基础。经济组织一有变动,他们都跟着变动。换一句话说,就是经济问题的解决,是根本解决。经济问题一旦解决,什么政治问

---

[1]《星期评论·劳动纪念号》,1920年5月1日。
[2] 同上。

题、法律问题、家族制度问题、女子解放问题、工人解放问题，都可以解决。[1]

对于亲历或目睹过"工读互助团"盛衰兴灭的人们来说，马克思的理论无疑是亲切而极中肯綮的。从空想社会主义试验中所获得的经验虽然只有负面价值，但它却可以转化为一种说教所无法替代的思想基础，促成有志于社会主义的先进知识分子在天翻地覆的世局中走向马克思主义，接受马克思主义。

其二，十月革命的成功，以社会制度的剧变证明了马克思主义的理论力量。如同日俄战争里日本的胜利为当日的中国人提供了一种立宪的实证一样，十月革命为中国人提供了科学社会主义的实证。1919年2月，李大钊在北方的《晨报》副刊上载文说："在这回世界大战的烈焰中间，突然由俄国冲出一派滚滚的潮流，……这种社会革命的潮流，虽然发轫于德、俄，蔓延于中欧，将来必至弥漫于世界。"同一年12月，杨匏安在南方《广东中华新报》上撰文介绍马克思主义，并说："马氏之言验矣！今日欧美诸国已悟布尔什维克之不能以武力扫除矣。"他们的言论，明白地昭示了在十月革命影响下服膺马克思主义的思想轨迹。众多年辈稍轻的知识分子后来脱颖而出，也是沿着这一轨迹前行的结果。与他们相比，亲身参加过辛亥革命的吴玉章是具有另一种经历的人了，但他晚年自叙往事，同样把十月革命的感召作为求得真知的起点：

> 1918年我在广州，由于帝国主义和北洋政府封锁消息，我们还不知道俄国已发生了一个开辟人类历史新纪元的伟大革命。……后来我就读到了约翰·里德写的《震动环球的十日》，这本书对十月

---

[1]《李大钊文集》下册，37页。

革命的过程描写得很生动。通过这本书,我了解到我们北方邻国已经建立了一个社会主义国家,建立了一个劳农政府,伟大的俄国人民已经摆脱了剥削制度,获得了真正的自由解放。从前我在法国接触了社会主义各种思想流派,深深为社会主义理想所吸引。今天这个理想居然在一个大国内开始实现了,心中感到无限兴奋和鼓舞。[1]

他由此而开始寻找马克思主义,登东山而小鲁,登泰山而小天下。吴玉章是一位老同盟会员,在接受马克思主义以前,已经躬历过旧民主主义革命的多次战役。因此,其思想在十月革命影响下的巨变,正记录了科学社会主义在中国传播曾经有过的沛然莫御之势。戊戌维新效法日本,辛亥革命追蹑法美,"五四"以后的中国人则开始"以俄为师"。三十年之间,取法对象的频频变换反映了社会变迁的急速相,俄国人因先得马克思主义而成为中国人的老师,由此形成的权威,又使中国人在运用马克思主义改造社会的过程中常常把俄国人的道路当成一种模式。但内在的国情迟早会修正外来的模式,于是而有后来马克思主义的中国化。

萌蘖于1915年的新文化运动因科学社会主义的广泛传播而达到了自己的巅峰。然而,出现于同一时期的种种论争又显示了曾经同道的人们已不再同道。巅峰期的新文化运动因之而走向自己的终结。在它后面顺序而起的,是国民革命的狂飙。

(1991年)

---

[1]《五四运动回忆录》(上),中国社会科学出版社1979年版,59、53页。

历史的矛盾与"社会主义的讨论"

从 1920 年开始的社会主义讨论表现了中国人对欧战之后世界潮流的回应。作为一场文化运动的延伸,这个过程又与上个世纪以来西学东渐的脉流前后相接。拥护社会主义的人们曾一捆一掌血地猛击资本主义,但当思想运动转化为现实的社会运动以后,中国的社会主义者却不得不重估中国的资本主义。由此产生的矛盾,显示出理论与国情之间的窒碍。矛盾和窒碍呼唤理论回归国情。于是,马克思主义的中国化便成为一个历史命题。

一

自上个世纪 70 年代起,中国已经有人听说过泰西"康密尼人(Communist,共产主义者)"和他们主张的"欧罗巴大同之义"。[1]但直至"五四"以后,社会主义才源源流入时论,在四起的回声中蔚为新文化运动中的显学。其间,来自欧美和日本的众多流派曾引人注目地各标风采,又在潮起潮落之后相继沉寂。它们被那一代人引入,也被那一代人淘洗。当巴枯宁、克鲁泡特金、托尔斯泰、武者小路实笃

---

[1]《西国近事汇编》,1877 年卷二、1874 年卷一。

一类人物经簸扬淘洗渐次淡褪的时候,马克思主义却以十月革命后的苏俄为样式而在中国获得了夥多的知音,借助于马克思的理论和苏俄的样式,用社会主义改造中国第一次成为一个可以论证的题目。这个题目具有严肃的学理性,但对别有选择的另一部分知识分子来说,这个题目又以学理挟风雷,显露出鲜明的党派性。由此触发的异议导致了以社会主义为对象的论辩。与那个时候专用肆口丑诋来对付"过激主义"的粗野不文者相比,论辩显示的则是理性。因此,健于作辩的陈独秀循乎其实地名之为"社会主义的讨论"。

最早怀抱自觉的理论意识向社会主义公开立异的是张东荪。然而他又曾经是新文化运动中宣传社会主义的颇负时誉者。由于这种名声,代表第三国际的维经斯基1920年来华期间还与他"会谈了好几次"。[1]白云须臾变苍狗,在一个多变的时代里,人常常会被自己和别人放错位置。张东荪是从研究系的圈子里走出来的。追溯历史,被称作研究系的知识群落本来发源于晚清的维新派和立宪派。虽说二十多年里世路曲折,人物代谢,但历史渊源会带来一种不易摆脱的惯性。作为近代中国最先出世的新党,他们中的多数人并不缺乏接纳新知的趣味和度量;作为近代中国资格最老的政治改良派,他们中的多数人又一以贯之地抵拒暴力与革命。两者嵌接在一起,合成了由来已久的群体特色。因此,维经斯基的一片热心决不会吸引张东荪,使他离社会主义更近;只会吓倒张东荪,使他离社会主义更远。几个月之后,张东荪相伴罗素游湖南,写成《由内地旅行而得之又一教训》一文,翻然转向,从社会主义者的朋友变成了异己。随后,在同一个论旨下陆续出手的还有数量更多的文字。

张东荪是一个具有哲学素养的人。然而论辩社会主义却不能不从经济起讲。他说:

---

[1]《包惠僧回忆录》,人民出版社1983年版,17页。

第一,社会革命必起于富之分配不均,而不能起于富之一班(般)的缺乏。盖贫乏太甚,则一切举动皆不能实行。譬如直接行动之罢工等,决非十分贫乏之工人所能为。第二,贫乏之可患甚于不均,不均可由重新分配之法于短时间内救正之,而贫乏则非短期所能救济。俄劳农政府之办法对于不均固完全解决矣,而对于贫乏则尚在试办,罗素所不满于彼者或亦在此。盖两相异之问题,不能用一相同之方法为之解决。故吾敢预言中国真正社会主义之起,必在由贫乏而进于不均之时代。

这些话并没有驳诘社会主义学说所内含的理论和逻辑。它强调的是20世纪20年代的中国与社会主义之间的遥远距离。"盖中国民不聊生急有待于开发实业,而开发实业方法之最能速成者莫若资本主义。"[1]因此,"于此之际,苟目睹资本主义兴焉,Bourgeois(资产阶级分子)兴焉,皆当认为当然之阶级,与其拒之不如希其速来"。他认定中国社会的本病在"贫乏",表病在"无知"、"兵匪"、"外力",并相信产业资本主义既可以治本病,也可以治表病:一、"实业兴后,虽阶级分明而无求生不得之人,方有讲教育之余地",于是可以医疗"无知病";二、"将来必有一天资本主义与武力主义大斗法,而武力主义又必败在资本主义手里"。此起彼伏之间,会自然地消弭"兵匪病";三、"外货挟资本主义与国家主义之势而来",久成中国祸殃。但"中国物产不发达,则无丝毫抵抗外国资本主义之力"。所以,"开发实业以增加物产",正是用国内的资本主义排拒国外的资本主义,以中华物力逼退"外力病"的一种路径。[2]张东荪的手里有许多具体性。他用这些道理来说中国

---

[1] 《中国近代思想和文化史料:马克思主义在中国》下册,清华大学出版社1983年版,151页。

[2] 同上书,148页。

的资本主义,意在映衬社会主义者的"好高骛远"。[1]然而他从经济入手解说中国社会的现状与出路,本身又折射了社会主义学派影响下一时风气变趋的痕迹。这些道理兼有实测和臆说两个方面。实测和臆说,都是尚未在中国走完行程的资本主义为自己张扬历史的合理性。稍后,梁启超作《复张东荪书论社会主义运动》,与之桴鼓相应。若仅以旨趣衡量,其论说并不多见驾张东荪而上之的地方,但他文辞明丽畅达,意绪曲折多致,感染力则远远过于张东荪。因此,在当时和后来,他们都被看作是社会主义讨论中左袒资本主义的代表人物。中国知识分子多自觉于天下国家之责,怀抱天下国家之责的知识分子又常常人以群分。张东荪以"救国"立议论;梁启超以"国家元气"为警句,时人称之为"爱国主义与资本主义结合"。[2]他们那些意在劝退社会主义的论述中未必没有修辞立其诚的自信,然而在20年代初期的中国,思想变迁以后浪翻过前浪之急速和急迫的特色。是以"爱国主义与资本主义结合",已经在更新的潮流面前变作了陈词。

上个世纪以维新自命的知识分子群体曾是近代百年最早全面宣传"西法",并因"西法"而涉入资本主义的人物。他们憬慕资本主义,是在"强邻四迫"的愤痛之下审量彼己,相信资本主义可以致富致强的结果。天演论东来,最能影响人心的一面是物竞天择的严酷无情。所以,在那一代人身上,民族主义归结为国家主义,国家主义倚傍于资本主义。自此以后的二十多年里,这种观念贯连革命和改良,成为新陈代谢中的主流。但时至新文化运动后期,中国人的眼界与心思已经发生了很大的变化。在民主和科学引导下走向社会的另一代知识分子曾直面日本的虎视鹰瞵联袂群起,他们汇成的爱国巨潮表现了与上一代人同样炽烈的民族主义情感。然而,这一潮流向前延展,却以"谋社会改造"为主题,极其分明地表达了上一代人没有思考过的另一种观

---

[1]《由内地旅行而得之又一教训》,《时事新报》,1920年11月6日。
[2] 李达:《讨论社会主义并质梁任公》,《新青年》九卷一号。

念。与国家主义相比,改造社会具有显然不同的内涵和外延。于是,过去在世人眼中惯见不惊的种种社会弊象,这个时候却次第成为时论剥绎研讨、反复探究的东西了。出现在众多刊物上的劳工问题、人力车问题、平民经济问题、平民教育问题、人口问题、自杀问题、无业问题、知识阶级的责任问题、游民问题、兵匪问题、面包问题、人生问题、家族制度问题、女子解放问题、废娼问题、婚姻问题、服装问题、国语问题、币制问题、学徒解放问题,等等,纷披多态地合成了思想史上不同于上一代人的景观,急速地走出了富国强兵的范围之外。虽说其间曾有过胡适借"问题与主义"别抒怀抱的议论,但这种议论与诸多问题的本来面目是分得开的。丛聚于国人面前的种种"问题",触目生哀地写照了中国社会在百病交作之下的"阴气沉沉"和"穷窟醒醍"。其中既有腐熟已久的传统制度留下的旧疾,也有初起未久的资本主义关系造成的新病。所以,19世纪的通达之士为了致富致强而向资本主义新学执弟子礼;20世纪的通达之士却在改造社会的宗旨下不仅掊击封建主义,而且笔伐资本主义:

> 余敢谓现代社会所以发生贫民,由于经济组织不正当,不合理。经济组织之所以不正当,不合理,则资本主义之作祟也。故资本家者社会之虎狼也,平民者犬羊也。犬羊与虎狼遇,乌得免吞噬哉?[1]

由此引发出来的思索,对于上一代人以国家主义为特征的信念和理想是一种直白的发问和质疑:"人人能得其所应得,何必再求强国?强国而仍不能得其所应得,强了也有何用?"是以"不平不均,富强都与平民无益,而且有害"。[2] 与八十年西学东渐过程里先后出现过的种种

---

[1]《贫民救济问题》,《曙光》一卷六号。
[2]《邵力子文集》上册,中华书局1985年版,528、530页。

思想命题相比，他们富有新意的言论以追求社会制度的合理性为标帜而别开一层境界。这种分异醒人眼目地说明：以社会为思考对象的观念已经从上个世纪空濛的国家观念中分离出来，成为更能影响人心的东西了。社会观念与国家观念的嬗递，改变了中国知识分子旧有的论题和论域，并在承先启后之交引导了社会思想的新陈代谢。新陈代谢的摩荡，一面表现为批判，一面表现为寻求。当批判已经触及资本主义的时候，寻求一定会超越资本主义。从1920年返视戊戌、辛亥，则二十多年之间，新曲弹奏未久就已成了旧调。这种后浪逐前浪的急速，正是近代中国社会变迁的一个显著特点。张东荪和梁启超为资本主义立说本多驰辩之辞，但是，用资本主义来答复正在超越资本主义的思想潮流，却成了一种文不对题的隔膜之论。他们自信言之成理，却又始终被人目为不合时宜，其原因正在于此。然而身在历史时序的变换之中，为资本主义作辩的人们瞻前顾后，也会看到资本主义关系已被剥开的不合理，并因此而发生牴牾赵趄。流质多变的梁启超曾以迂曲的笔路写出过一种苍凉的低首徘徊之叹：

> 中国之生产事业，倘长此终古，斯亦已矣。若有一线之转机，则主其事者，什九仍属于"将本求利"者流。吾辈若祝祷彼辈之失败耶？则无异自诅咒本国之生产事业，以助外国资本家张目。若祝祷彼辈之成功耶？则是颂扬彼磨牙吮血之资本主义，与吾辈素心大相剌谬，以吾之愚蒙，对于此一问题利害冲突之两方面，积年交战于胸中而不能自决，有生之苦闷，莫过是矣。[1]

这些文字留下了一种"意态由来画不成"的迷离。迷离之中含结着那

---

[1]《复张东荪书论社会主义运动》，《改造》三卷六号。

个时候抵御社会主义的人们内心特有的矛盾和复杂，因此，迷离也反映了历史。

二

与张东荪、梁启超论辩的那一代社会主义者们多半有过追求资本主义文明的个人历史。然而他们在新学理的旗帜下批判资本主义的时候，却从一开始就表现出非常显目的高亢和锐利。来自移译的"自由竞争"、"工银制度"、"剩余价值"、"生产过剩"、"经济恐慌"等等语汇和句述在极短的时间里便融入了他们的论说之中，以一种兼有逻辑和情感的力量剥出了资本主义经济关系的内在矛盾。这个过程复述了马克思学说中的要义，也掺入中国人的理解和感受。[1]陈独秀说：

> 我相信生产过剩的弊害资本家终是没法救济，非弄到破裂不止，我更相信军备无限的扩张是资本阶级杀人适以自杀的利器；我相信当初资本阶级是拿殖民政策或国外商场救济了国内生产过剩的危机，我更相信将来资本阶级正因为互相争夺殖民地或商场，酿成国际资本阶级大倾覆的更大危机，我相信欧战底结果，国际资本阶级底基础已经大大的动摇，我更相信将来再经过一二次美日或英美战争，便到了资本阶级底末日，即国际的崩溃。因此我们可以断定资本主义的生产分配方法不良，已到了自身不能救济自身底危机必然崩溃的运命。[2]

这些话的用意当然在于引发国人思考自己的国运。由于中国土生的资本主义迟迟而起，发育不全，资本主义的内在矛盾也会在中国显得发育不全。所以，他们从马克思主义中取来的理论未必全部都能够由直

---

[1]《陈独秀文章选编》中册，91页。
[2] 同上注。

观而得到体验。缺乏直观体验的东西本来容易产生隔膜,但那个时候有心改造社会的人们大半相信资本主义的盛衰起落并不是一种以国度为界的现象。他们常常从战火烧过之后欧洲资本主义的残破衰败想见中国资本主义正在到来的风雨黄昏,并直入地以彼律此:"各国资本制度都要崩溃,中国那(哪)能够拿国民性和特别国情等理由来单独保存他?"[1]这种联比用简约性造出了直捷性,在中国人的社会现实与浩荡涌涨的世界新潮之间提供了一种能够榫接的同一,这个过程化掉了许多具体性。从上个世纪开始,倡言革新的舆论家们就乐于引述世界潮流以论证改良和革命。虽说改良和革命来也匆匆,去也匆匆,但世界潮流一词却成为与普遍性和必然性等义的东西,深深地印入了中国人的心中。拥护社会主义的人们以世界潮流为背景来演证中国"资本制度"的"崩溃",像是后人在思想方法上对于前人的沿用。然而由外观探究内里,则可以看到其间自有种种历史理由。

同宗法关系不无温情的一面相比照,资本主义制度显露出更多赤裸的冷酷无情。由此激生的义愤,曾是新文化运动中的中国人批判资本主义的直接导因之一。但义愤半是情感和意气,它们既不能说明历史,也不能说明未来。以新思潮初起时的激越与朦胧为反衬,马克思主义从一开始就鲜明地表现了一种理性的深邃。它从剖解资本主义的内在矛盾开始,不仅显露了这个过程里的血污,而且指述了这个过程为社会主义的出现所提供的种种物质前提。于是,资本主义的矛盾成为社会主义的直接催生物。由批判开始的理论脉络以一种法则的形式井然有序地描画出人类社会在进化中的代谢。因此,它不仅能够说明历史,而且能够说明未来。社会主义用进化连接了历史和未来,对于上个世纪90年代起就开始呼吸于进化论氤氲里的中国人来说,进化正是熟闻已久、容易理解的东西。他们常常从这里引发推理和思考。陈

---

[1]《陈独秀文章选编》中册,92页。

独秀说：

> 社会主义要起来代替共和政治，也和当年共和政治起来代替封建制度一样，按诸新陈代谢底公例，都是不可逃的运命。[1]

李大钊说：

> 我们是立足在演化论和进步论上，我们便会像马克思一样的创造一种经济的历史观了。我们知道这种经济的历史观，系进步的历史观，我们做人当沿着这种进步的历史观，快快乐乐地创造未来的黄金时代。黄金时代不是在我们背后的，是在前面迎着我们的。[2]

以"黄金时代"比称社会主义，无疑是借用形象的色彩写出了进化的理想境界。虽说社会主义来到中国之后，曾以阶级论的出场宣告了进化论时代的终结，但方其初始，由进化论派生的观念和影响却真实地充当过中国人与社会主义之间的中介物。由于先行思想形成的中介提供了渡筏，后起于中国的社会主义学说才能够富有顺序感地接续近代思想的历史发展，成为有过民主主义经历的激进知识分子们的拳拳服膺之义。在思想与思想的接续中，有着八十年西学东渐的过程为社会主义传来预作铺垫的痕迹。就意识形态的阶级性立论，这无疑是一种矛盾。然而，在一个自然经济远远超过资本主义经济的国家里，这种矛盾的思想现象又独异地助成过社会主义由外来向内在的转化。

与进化相类的另一个观念是科学。1919年冬，杨匏安作《马克思主义——一称科学社会主义》一文，赞叹"自马克思倡其唯物的历史

---

[1]《陈独秀文章选编》中册，32页。
[2]《李大钊文集》下册，人民出版社1984年版，634页。

观以后，举凡社会的科学，皆顿改其面目"。[1]此后，这一类文字日见增多。恩格斯叙述过社会主义从空想到科学的发展。当这些内容渐次传入中国之后，就形成了倾心于新学理的知识分子们以科学名社会主义的热烈议论。比之社会主义，科学本是更早地渗入和影响近代中国人精神世界的观念。它以自己的渗入和影响改变了古旧的社会思想，又在这个过程中被多方衍发而成为舆论界的熟识之物。胡适说过：

> 这三十年，有一个名词在国内几乎做到了无上尊严的地位，无论懂与不懂的人，无论守旧和维新的人，都不敢公然地对他表示轻视或戏侮的态度。那个名词就是"科学"。[2]

"三十年"是一个约数。其间的高峰应当开始于科学以"赛先生"之名掀动天下的时代里。由于新文化运动扬沙卷沫，波潮漫溢，被涌举着的科学已骎骎乎越出了声光化电的范围，先后与"国故"、"宗教"、"神道"、"美学"、"小说"、"哲学"、"文学建设"、"美术"、"人生观"、"诗"、"方法论"、"文化运动"、"现今社会"、"革命思潮"、"东西文化"、"实际生活"等等联结为种种富有创意的论题，多方面地为中国人评判是非、真假、善恶。由此发生的广义化，促成了以知识体系为本义的科学向价值体系的演变。在这个过程里，一方面是传统的精神权威因排孔巨潮的撞击而分崩离析；一方面是广义化的科学观念迅速地走入前者留下的思想空隙。在一个没有权威的时代里，科学几乎成为一种新的权威。近代中国最先倾慕马克思主义的人们多半是刚刚接受过"赛先生"洗礼的新文化运动前驱者，在他们那里，社会主义与科学之间既有着时间上的继起性，又有着学理上的并存性。两者的连接，不仅仅移入了一个欧洲传来的现成概念，而且理所当然地包含着新文

---

[1]《马克思主义在中国》下册，71页。
[2] 胡适：《科学与人生观序》，《科学与人生观》上册，上海亚东图书馆1923年版，2页。

化运动培育出来的全部体验。他们常常带着这种体验来阐释科学社会主义。陈独秀说:

> 欧洲近代以自然科学证实归纳法,马克思就以自然科学的归纳法应用于社会科学。马克思搜集了许多社会上的事实,一一证明其原理和学说。所以现代的人都称马克思的学说为科学的社会学。因为他应用自然科学归纳法研究社会科学。马克思所说的经济学或社会学,都是以这种科学归纳法作根据,所以都可相信的,都有根据的。[1]

他用以称述马克思的那些词和句未必具有十足的精确性和切当性,然而他的言论又本色地表现了那个时候初学社会主义的人们崇信马克思与崇信科学的同一。自从中国人向西方追求真理以来,被称为真理的东西曾多少显示过彼此之间的多样性。但时至新文化运动后期,科学已普遍地被世人看作是真理的唯一准尺。准尺的唯一性决定了真理的唯一性。因此,以科学名社会主义虽然自有本来的语义,而更多的中国人则常常会从这里体会到科学观念对于社会主义学说直接的认同和印证。马克思和"赛先生"之间的这种关系,是由那一代人的具体经历所形成的。在一个具体的时间和空间里,思想的传播总是不可绕越地要穿过历史的具体性,并因之而带上历史的具体性,由于科学认同和印证了社会主义,拥护社会主义的人们便非常自然地会从学理中获取高昂的信念,并因高昂的信念而发为磅礴的气概。在他们的言论之中,常常流泻出一种真理在手的锋利和刻直。1921年初,远在法国蒙达尼的蔡和森致书陈独秀说:"闻公主张社会主义而张东荪欢迎资本主义,两方驳论未得而见,殊以为憾。和森为极端马克思派,极端主张:

---

[1] 《陈独秀文章选编》中册,177页。

唯物史观，阶级战争，无产阶级专政。"[1]可谓字字倔强，摸之有棱。

进化，科学与社会主义之间的一线相通，显示了西学东渐向前延伸的思想史迹。然而在近代中国的历史变迁之中，每一种传来的西学又都是以其直接感应现实的一面而与中国人心心相印的。瞿秋白说：

> 经八九年中国社会现象的反动，《新青年》《新潮》所表现的思潮变动，趁着学生运动中社会心理的倾向，起翻天的巨浪，摇荡全中国。当时爱国运动的意义，绝不能望文生义的去解释他。中国民族几十年受剥削，到今日才感受殖民化的况味。帝国主义压迫的切骨的痛苦，触醒了空泛的民主主义的噩梦。学生运动的引子，山东的问题，本来就包括在这里。工业先进国的现代问题是资本主义，在殖民地上就是帝国主义。所以学生运动倏然一变而倾向社会主义，就是这个原因。[2]

在西方，为社会主义行云布雨的常常是阶级矛盾；在中国，最先与社会主义直接感应的则是民族矛盾。以后者比前者，显出来的是一种历史造成的独特。当欧战还在烽火弥天的时候，中国曾经列名于后来战胜的一方。忧国忧时的人们因之而在战争结束之后怀着一腔希望欢呼过"公理战胜强权"。但中国最终得到的并不是公理，而是巴黎和会上列强交易之后的操刀一割。与二十多年前甲午战争失败带来的勒逼相比，这个事实包含着更多直露的强霸性。所谓"中国民族几十年受剥削，到今日才感受殖民化的况味"，正是直面强霸性所产生的大悟。其中既多愤激，也多透彻。19世纪的中国人曾用"俄北瞰、英西睒、法南瞵、日东眈"[3]来形容西洋和东洋岌岌乎迫来的外患，他们在四顾

---

[1]《蔡和森文集》，人民出版社1980年版，74页。
[2]《中国现代思想史资料简编》第一卷，浙江人民出版社1982年版，656页。
[3]《康有为政论集》上册，中华书局1981年版，165页。

东西南北的时候还没有找到一个能够概括俄、英、法、日的东西，其历历而数之的排比，表达的是形象性和具体性。但20世纪传来的"帝国主义"（也称"军国主义"）一词却以理论思维概括了中华民族与列强之间的矛盾。八十年以来民族创痛凝积出来的愤怒因此而贯注地汇集于帝国主义。资本主义在超越国界的过程中成为帝国主义，对于久受民族压迫之苦的中国人来说，社会主义学说易于亲近的一面正在于它以资本主义的末路预示了帝国主义的末路。由此产生的是一种可以寄托民族自强的天际曙色。于是，民族自强的耿耿之想便成为中国人接受社会主义的历史理由之一。李达与梁启超论辩之际，明白地说过：

> 在稍远的将来，中国的社会组织必有追踪欧美日本的一日。据现时趋势观察起来，欧美日本的社会改造运动，已显然向着社会主义进行，中国想要追踪欧美和日本，势不得不于此时开始准备实行社会主义。[1]

在相近的时间里，李大钊也表达过同一个意思：

> 再看中国在国际上地位，人家已经由自由竞争，发达到必须社会主义共营地位，我们今天才起首由人家的出发点，按人家的步数走。正如人家已达壮年，我们尚在幼稚；人家已远走了几千万里，我们尚在初步。在这种势力之下，要想存立，适应这共同生活，恐非取兼程并力社会共营的组织，不能有成。[2]

这些言辞富有代表性地说明了社会主义理想和自立于世界民族之林的

---

[1]《中国现代思想史资料简编》第一卷，浙江人民出版社1982年版，712页。
[2]《李大钊文集》下册，454—455页。

愿望在他们身上的交相汇融。作为一个影响过几代人的观念,"追踪欧美日本"之想本是中国人心中久已有之的东西。它催生过变法的康有为,也催生过革命的孙中山。民族矛盾的围箍逼迫,以其沉重的压力和剧烈的痛楚使民族自强成为近代中国的一个历史主题。在这一点上,后起的社会主义者们与先行的上一代人之间无疑保留着心路相通的一面。然而上一代人选择的是效法欧美日本以"追踪欧美日本",他们沿着这条路朝资本主义急急赶去,但换来的是颠连跌仆,学生老是被先生踩在脚下。后起的社会主义者们多半目睹过这个苦难的历程,因此,当他们继迹于追踪欧美日本之途的时候,他们用社会主义重新诠释了"追踪欧美日本"。1921年,陈独秀在一封信里提到欧美日本,挟着明显的蔑视和诅咒历数其"贪鄙、欺诈、刻薄、没有良心",然后对比说:"幸而我们中国此时才创造教育、工业在资本制度还未发达的时候,正好用社会主义来发展教育及工业,免得走欧美日本的错路。"[1]比之李达和李大钊,陈独秀把欧美日本与资本主义视作一体的批评里交织着更加强烈的民族积愤。民族自强的内容和意义都已经发生了变化。所以,在他们面前,张东荪和梁启超以资本主义立国的言论既是学理上不能相容的,又是情感上不能相容的。社会主义理论化出了一条"兼程并力"的捷径,使落后的中国无须效法欧美日本就能够昂头走到欧美日本的前头去。对于刚刚被巴黎和会血淋淋地撕开了民族创口的中国人来说,它所带来的历史震荡是文辞所无法阻遏的。于是,在反帝爱国运动巨浸接天之后,社会主义便挟着涛声和雷鸣,风起于青萍之末而万窍怒号于天下了。

欧战搅动了西方那半个世界。由战争催发的思潮巨变却越过重洋,把民族自强的旧论题和社会改造的新论题同时推到了那一代中国知识分子的眼前与心头。两者本来各有自己的内涵,但在20年代初

---

[1]《陈独秀文章选编》中册,52页。

期,它们都怀抱着自己的理想劲捷地走向社会主义,并因之而获得了同一。随后,思想潮流急遽地转化为现实的社会运动。

三

社会主义论辩初起之际,拥护马克思的人们着力阐扬的是理论内含的普遍真理和直接可行性。但当思想潮流开始转化为现实的社会运动之后,理论便会面对国情。最初被简化了的东西,这个时候却不能不成为进一步论说的题中应有之义。1923年9月,瞿秋白作《自民权主义至社会主义》,以富有思辨色彩的文字写出近代中国社会与欧西比照而显现的不相同:

> 中国宗法社会的皇帝制度破败之后十二年,方才露出一些民权主义的可能性,然而已经处于世界社会革命的时代;中国"四海之内莫非王土"的国家观念受枪炮、飞机、潜艇、新银行团的恐吓,方才烟消云散,想建立"民族国家",然而欧美各大民族国家却已显然表露他们是"阶级国家"。中国民权主义与民族主义的开始,恰好在世界的民权主义和民族主义崩坏的时期。于是中国的社会思想和社会运动的倾向便有些"徘徊不定"、不能自信的状况。实际生活要求民权主义,而思想的先驱却揭橥着社会主义。[1]

与社会主义讨论中马克思主义者们简捷高亢的言论相比,瞿秋白解说民权主义的这一段话无疑体现了对于中国资本主义的一种重估。由此,曾被激烈批判过的东西在审视之后又获得了可以说明的合理性。重估资本主义,有点像是朝着张东荪和梁启超回归。但穿透表象,可以看到的正是理论朝着国情的回归。这个过程带来了更多的全面性和

---

[1] 《瞿秋白选集》,人民出版社1985年版,55—56页。

深刻性，也带来了更多的困惑复杂和牵缠纠结："实际生活要求民权主义"是由近代中国的政治、经济、文化发展程度所限定的；"思想的先驱却揭橥着社会主义"又是在近代中国的政治、经济、文化发展过程中被造就出来的。于是，一面是中国人已经选择了社会主义；一面是资本主义在中国应有的行程还没有走完，两者各自据有自己的理由，昭示了一种历史作成的矛盾。

历史作成了矛盾，然而历史的发展又只有在矛盾的统一中才能够实现。"五四"后三十年，共产党人因此而面临着没有成法可以取用的理论难题和实践难题：一方面，要把民主革命和社会主义革命分开来；另一方面，又要把民主革命和社会主义革命连起来。前一种制约来自历史发展的阶段性，后一种制约来自革命过程的连续性。在两种制约之间寻求中国革命的制胜之路，不能不是一个从深度上超越社会主义讨论的艰辛历程。但就认识自身的历史递续而言，社会主义讨论所强调过的观念又已为后来的过程留下了既定的思想环境，并常常会被带入后来的过程之中。因此，深化和超越与曲折盘陀相伴相随。

从社会主义讨论开始，接受了马克思主义的中国人就已经发露出一种易见的急迫："我们无产阶级早已痛不堪痛（今日由段祺瑞下动员令送到这个战场上去死；明日由曹锟、张作霖下动员令送到那个战场上去死；天灾、人祸、穷困、死亡，日日困着我们，）忍不堪忍了！还论什么革命的经济条件具足不具足。"[1]虽说其间不无因时而发的忿激，但细看历史，则这种急迫中蕴结的社会内容比忿激要深沉得多。近代中国久处逼来的剧变之中，又久处进化的迂缓蹭蹬之中。旧的社会形态因剧变而日趋解体，新的社会形态却迟迟没有在剧变中长成。由于两头不到岸，这个过程所产生的阵痛遂不能不长久地绵延郁积，酿发急迫。这种由苦痛酿成的急迫是近代中国新陈代谢的一个突出特

---

[1]《蔡和森文集》，77页。

点。20世纪初头,相信"吾国立宪,则盛强可立致"的人们与相信"吾国革命而易共和,则法美不足言"[1]的人们曾各抱宗旨,作旷日持久之辩。然而"盛强可立致"和"法美不足言"又非常相像地表达了近代中国特有的历史环境营造出来的急迫。后起的社会主义者沿接了八十年来的新陈代谢,他们也会再现同一个历史环境营造出来的急迫。曾经以理性的思辨分析过中国社会具体状貌的瞿秋白,在后来的岁月中同样受此感染,愤怒地以意志召唤革命的大波。他用自己起伏的思想轨迹,反映了创造历史的人们同时又受到历史支配的事实。但是,再现于社会主义者身上的急迫已经不是一种率意直露之物了。它们常常与理论和模式纠织在一起,并因此形成了明显的特色。从中国人接受社会主义学说开始,苏俄便是这个学说唯一的一个可供观摩的对象。在一个新潮初起的时代里,传播社会主义的人们不能不从强调理论的普遍性开头;又不能不借助于苏俄的具体性来领会理论的普遍性。他们沿着这条路而入门,然而这条路也养成了一种用俄国人的方式思考中国问题的惯性。这种惯性带来了理论的模式化;也使成功的榜样引发见贤思齐之想,催人不知不觉地总想跨过脚下的崎岖和漫长。当大革命的波涛在血泊中落潮之后,共产党人面临的是不断逼来的屠戮围剿,于是,由历史环境作育出来的急迫便在十年内战中接连形成了牵动四面八方的盲动主义、冒险主义、教条主义。这个过程日益强烈地表现出直接取法苏俄的意向;带有社会主义性质的事物和政策被模式化的理论推动着,匆忙地进入民主革命的行程之中;又在失败后留下了一片茫然。从社会历史中产生的急迫依附于理论和模式超越了国情,但是,被急迫所放大的理论和模式却因此而变得偏枯。其结果是民主革命与社会主义革命既分不开来,也接不起来。从社会主义的普遍性、一般性、共性开始的人们在实践的颠簸起落中经历了中

---

[1]《远生遗著》上册,卷一,商务印书馆1984年版,88页。

国革命的特殊性、具体性、个性，由是，马克思主义的中国化便成为新陈代谢中的一个历史命题。

虽说马克思主义中国化的思想路迹并不直接地发端于社会主义讨论，但它所回答的问题却解开了社会主义讨论没有解开的一个结。从20年代末期到30年代中期，出现过中国社会性质问题的论战。它带有鲜明的政治色彩，拓开的则是一种切近历史和现状的理论深度。1922年召开的中国共产党第二次全国代表大会，曾在概括社会历史环境的时候具有作始意义地表述了半殖民地半封建的基本意思。但溯其由来，这种概括和表达本是共产国际与列宁启导的结果。来自启导的东西需要消化，而随后开始的国民革命则使人们还来不及消化就走入了热浪滚滚的时代洪波。因此，社会性质问题的论战正是以迟来的反刍补足了思想自身在历史发展和逻辑发展中应有的一个环节。这个过程既多论争，也多探求。身当其间而以文化事业为分工的马克思主义者们，为了廓清误说而多方面地涉及了中国的社会、经济、历史；由此产生的论述不仅是对列宁的解说，而且包含着多量具体思考之后的具体心得。半殖民地半封建一说因之而变得内涵丰富，有血有肉，并对众多的中国人发生了久远的影响。与社会主义讨论相比，迟起的社会性质论战无疑更专注于说明中国本身的实貌。围绕这个题目的理论阐述，已经淡化了20年代初期曾经有过的那种生涩和抽象。稍后，连类而起的还有社会史论战和农村社会性质论战。它们的集中出现和相互汇流，既反映了马克思主义对中国的影响，也反映了马克思主义在中国的内在化。在同一个时间里，转战于南方农村的共产党人则沿着武装斗争的艰难路途而贴近国情。他们是理论的实践者，并常常在实践的起落里付出自己的鲜血。因此，他们能够比其他人更直接地倾听实践的呼声。革命在内战中寻求发展，内战又以其不可回避的激烈性和残酷性验测了理论和国情之间的关系。由此产生的成功和失败，系结着生死存亡的沉重压力，比之读来的文章，它们给人的感受当然要深刻得多,也强烈得多。亲历武装革命的成功和失败,会积累体验,也会引发思索,使从事这一事业的人们不能不立足于中国这块土地去咀嚼来自理论的蕴义,并透过章句绎取谛理。在这个过程中形成的一系列著述富有创见地汇融了中国革命中的一般与具体、普遍与特殊、共性与个性。它们和另一部分马克思主义者在社会性质论战中的言论表现了历史的共鸣和呼应,但又更加鲜明地显示了马克思主义中国化的自觉。这种自觉贯注于理论的再创造。毛泽东说:

> 我们要把马、恩、列、斯的方法用到中国来,在中国创造出一些新的东西。只有一般的理论,不用于中国的实际,打不得敌人。但如果把理论用到实际上去,用马克思主义的立场方法来解决中国问题,创造些新的东西,这样就用得了。[1]

由中国人所创造的"新的东西",是"拿中国做中心"[2]而获得的一种真知。它们产生于国情对于成说和范式的修正与丰富之中。于是,从"马克思主义的立场方法"里派生出半殖民地半封建中国的新民主主义革命学说。在社会主义讨论过去了长长的岁月之后,这个学说第一次完整地叙述了社会主义在中国的前提和时序。

新民主主义革命以反帝反封建为宗旨,明白地指显了自己与"五四"前八十年历史在同一个主题之下的连续。但新民主主义革命又以无产阶级的领导权和社会主义的未来前途为元本,同样明白地指显了自己与旧民主主义革命在时代变迁中的代谢。"赋予资产阶级性质的革命以社会主义前途,承认了不可超越的历史阶段,同时又压抑了资本主义的未来发展。由此,新民主主义革命一面成为旧民主主义革命的

---

[1]《中共党史革命史论集》,中共中央党校出版社1982年版,10页。
[2] 同上书,9页。

继续，一面又成为社会主义革命的前导。"[1]借助于马克思主义的中国化，民主革命与社会主义革命既被分了开来，又被连了起来，由近代中国社会历史作成的独特矛盾因之而获得了理论上的统一。

历史现象常常是在回过头来看的时候才会显得清晰。以新民主主义学说反观社会主义讨论，可以看到：初学马克思主义的人们与张东荪、梁启超之间的分异，是一种只能用辩证思维才能解决的对立。但辩证思维的成熟却是后来认识深化的结果。因此，当日著名的社会主义者李达在三十年后重提旧时文章，自认"现在看来，是十分幼稚的"。[2]当然，幼稚并不是丑陋。它记录了中国社会主义运动初起时的真实痕迹。后来超越了这个阶段的人们多半是以此为起点的。

(1993年)

---

[1] 陈旭麓：《近代中国社会的新陈代谢》，上海人民出版社1992年版，409页。
[2] 《党史研究资料》（二），四川人民出版社1981年版，4页。

新版后记

　　本书出版于八年以前。当日自知下笔不能以通俗铺张见长，预想之中，本以为能够有耐心从头到尾读完一遍的人，怕是不会多过二三百人。因此今日得以重版，其实惶惑多于自喜。惶惑的本义，是由此而有了更多面对读者诸君的义务意识和责任意识，使我在以后的思考和写作中常常要想到他们，不得不更努力一些，以期从真实的历史中寻求内里的意义，历史给予后人而能够长久存在的，其实也只有真实和意义。

　　本书重版，主要对原书行文和史料中的错讹作了一些修正，并应编辑的建议增加了一篇2012年续写的关于"清流"的文章（《甲午乙未之际：清流的重起和剧变》）。

2016年12月

"当代学术"第一辑

美的历程
李泽厚著

中国古代思想史论
李泽厚著

古代宗教与伦理
陈 来著

从爵本位到官本位（增补本）
阎步克著

天朝的崩溃（修订本）
茅海建著

晚清的士人与世相（增订本）
杨国强著

傅斯年
中国近代历史与政治中的个体生命
王汎森著

法律与文学
以中国传统戏剧为材料
朱苏力著

刺桐城
滨海中国的地方与世界
王铭铭著

第一哲学的支点
赵汀阳著

生活・讀書・新知 三联书店 刊行